선교란 무엇인가

J. 앤드류 커크 지음 | 최 동 규 옮김

기독교문서선교회

기독교문서선교회(Christian Literature Crusade: 약칭 CLC)는
1941년 영국 콜체스터에서 켄 아담스에 의해 시작되었으며
국제 본부는 영국의 쉐필드에 있습니다.
현재 약 650여명의 선교사들이 59개 나라에서 180개의 본부를 두고,
이동도서차량 40대를 이용하여 문서 보급에 힘쓰고 있으며
이메일 주문을 통해 130여국으로 책을 공급하고 있습니다.
CLC는 청교도적 복음주의 신학과 신앙을 선포하는
국제적, 초교파적, 비영리 문서선교기관으로서, 하나님의 뜻에 합당한 책을 만들고
이 책을 통해 단 한 영혼이라도 구원되길 소망하며
이를 위해 주님이 오시는 그날까지 최선을 다할 것입니다.

What is Mission?

Theological Explorations

by
J. Andrew Kirk

translated by
Dongkyu Choi

Copyright © 1999 by J. Andrew Kirk

Originally published in English under the title
as *What is Mission?* by Darton, Longman and Todd Ltd.
Translated by permission of Darton, Longman and Todd Ltd.,
1 Spencer Court 140-142 Wandsworth High Street London SW18 4JJ

All rights reserved

Korean Edition
Copyright © 2009 by Christian Literature Crusade
Seoul, Korea

저자 서문

나는 1998년 여름에 연구 휴가를 가질 수 있는 행운을 얻었다. 중간에 집안 결혼식이 있었지만 – 그 행사는 꼭 언급되어야 한다 – 나는 대체로 방해받지 않고 집필 활동에만 집중할 수 있었다. 대부분의 내용은 출판하지만 않았을 뿐 이미 작성되어 있었기 때문에 내가 한 일은 주로 그 내용을 책의 목적에 맞게 조정하는 것이었다. 내용은 대체로 다른 사람들과의 대화와 자극을 통해서, 그리고 선교학 강의를 준비하면서 완성해두었었다.

여기에서 먼저 셀리오크대학(Selly Oak Colleges) 선교대학원에 소속된 나의 동료들이 현대의 중요한 선교 이슈들을 연구하도록 지원과 격려와 자극을 아끼지 않은 점에 대해서 그들에게 감사의 말을 표하고 싶다. 특별히 내가 없는 동안 나를 대신해서 모든 업무를 처리해 준 필립 세돈(Philip Seddon)에게 고마움을 전한다. 나는 그가 그 일을 감당하기 위해 얼마나 수고했는지 잘 알고 있다.

마이클 테일러(Michael Taylor), 앨런 앤더슨(Allan Anderson), 피터 펄제임스(Peter Fulljames), 로렌스 테일러(Laurence Taylor), 댄 비비(Dan Beeby), 존 피터스(John Peters), 존 코리(John Corrie)는 초벌 원고를 읽고 매우 유익한 논평을 해 주었다. 만일 그들이 완성된 책을 읽는다면 자신들의 통찰이 이 책에 얼마나 많이 반영되었는지 금방 발견하게 될 것이다. 그러나 최종 결과물에 대한 책임은 전적으로 내게 있다.

특별히 선교대학원의 행정 직원이면서 나의 개인 조교인 비벌리 스텁스(Beverley Stubbs)에게 고마운 마음을 전하고 싶다. 그녀는 오랜 시간을 투자해서 전체 원고를 남에게 내놓을 만한 형태로 만들어 주었고, 원고를 적절한 순서로 배열하는 수고를 아끼지 않았다. 약속한 작업 마감 시한이 빠르게 다가오자 그녀는 기한 내에 작업을 마치지 못할까봐 전전긍긍하는 나를 구출하기 위해 전심전력을 다했다.

마지막으로 다톤, 롱맨 앤드 토드 출판사(Darton, Longman and Todd)의 편집장인 모락 리브(Morag Reeve)에게 감사의 뜻을 전한다. 그는 이 책의 출판에 동의해 주었을 뿐만 아니라 의욕적으로 일을 추진해 주었다. 나는 이런 관심이 독자들에게도 그대로 이어져서 조화를 이루기를 희망한다. 나는 우리의 협력과정이 매우 부드럽고 전문적으로 진행되었다고 생각한다. 계약 담당 캐티 워럴(Katie Worrall), 관리 담당 헬렌 포터(Helen Porter), 홍보 담당 앨리슨 워드(Allison Ward), 원고정리 담당 폴린 쉘톤(Pauline Shelton)에게도 동일한 사의(謝意)를 표하고자 한다. 그들은 모두 내게 큰 도움을 주었다.

나는 여러 해 동안 내 강의와 세미나에 참여한 학생들, 개인 지도와 감독을 받았던 모든 학생에게 이 책을 헌정한다. 배움은 늘 다양한 방식으로 이루어지는 과정이 되었어야 했는데, 내가 부족한 탓에 그들은 충분히 그런 경험을 하지 못한 것 같다. '선교란 무엇인가'를 이해하는 것은 예수의 영이 교회들에 말씀하시는 것을 모든 하나님의 백성이 경청하는 것, 사람들의 일상적인 삶의 슬픔과 기쁨을 듣는 것, 서로에게 귀를 기울이는 것에 관한 문제다. 부분적으로, 여러분이 있기 때문에 내가 존재하는 것임을 고백한다. 모두에게 고마운 마음을 전한다.

앤드류 커크(J. Andrew Kirk)

역자 서문

　드디어 번역이 끝나 마음의 짐을 덜게 되었다. 기독교문서선교회와 계약을 맺은 때로부터 수년이 지났지만 학위과정과 목회기간에 시간이 없다는 핑계로 차일피일 미뤄오다가 올해 들어 작심하고 번역에 매달려 마침내 결실을 보았다. 내가 이 책을 번역하기로 마음을 먹게 된 것은 미국 풀러신학대학원에서 수학할 때였다. 어느 학기엔가 찰스 밴 엔겐(Charles Van Engen) 교수의 선교학 과목을 수강했는데, 그분이 소개한 이 책을 읽고 매료된 나머지 번역을 하기로 결심했던 것이다.

　교회성장학을 전공하는 사람으로서 내가 이 책을 번역하기로 결심한 데에는 나름대로 이유가 있었다. 만약 교회성장학을 교회를 성장시키는 기술을 개발하는 학문 정도로 여기는 사람이 있다면 그것은 너무나도 피상적이고 천박한 발상이 아닐 수 없다. 기술과 방법보다 더 중요한 것은 올바른 방향성의 정립과 토대의 마련이다. 모든 교회의 경험과 활동은 신학적 성찰에 의해 검토될 필요가 있다. 나는 교회성장에 대한 신학적 성찰의 토대로서 선교학적 교회론을 중시한다. 그런데 이 책은 내가 번역한 또 다른 책 『선교하는 교회 만들기』(*Essence of the Church*) − 원서의 제목은 '교회의 본질'(서울: 베다니출판사, 2003)이다 − 와 더불어 내게 일정한 선교적 관점을 제공해 주었다. 11장 '선교하는 교회,' 특히 그 안에 담긴 교회성장에 관한 신학적 통찰들은 교회성장학자로서 내가 이 책을 중시하게 된 직접적인 이유이다.

본서는 그 제목이 암시하는 바와 같이 '선교란 무엇인가?'라는 질문에 대한 신학적 답변을 담고 있다. 오늘날 한국교회의 선교 활동은 양적인 측면에서 볼 때 빠르게 늘고 있다. 5대양 6대주에 걸쳐 한국 선교사들이 퍼져 있고, 그들을 후원하는 한국교회의 관심 또한 뜨겁다. 이런 현상은 매우 고무적이지만 그와 더불어 반드시 필요한 것은 그 모든 선교적 활동에 대한 신학적 성찰 작업이다. 만약 우리가 행하는 모든 것이 단순히 하나님의 의지와는 무관한, 우리만의 잔치로 끝난다면 무슨 소용이 있겠는가?

인간이 가진 본성적 연약성으로 인해 선교 활동이 본질로부터 이탈할 가능성은 언제나 있게 마련이다. 중요한 것은 일탈을 미리 방지하고, 일탈했더라도 신속하게 본래성을 회복시켜주는 작업을 끊임없이 하지 않으면 안 된다는 것이다. 만약 '(올바른) 선교란 무엇인가?'라는 질문을 던지고 그것에 성실하게 대답하려는 진지한 작업을 게을리한다면 결국 서구의 교회들이 경험한 실패의 길을 따라갈 수밖에 없을 것이다.

진정한 선교를 모색하기 위한 논의의 출발점으로 저자는 성경에 나타난 예수 그리스도의 사역을 상정한다. 그리고 성경의 계시적 메시지를 현장의 상황과 연결하기 위해 오늘날 우리가 발을 디디고 살아가는 세계의 이슈들을 깊이 검토한다. 특히 폭력과 환경의 문제를 선교적 시각으로 분석하고 대안을 모색하는 필자의 통찰은 곳곳에서 예리하게 나타나고 있다.

또한 전통적으로, 사회 참여를 강조하는 에큐메니칼 진영과 복음전도를 강조하는 복음주의 진영이 날카롭게 대립해 왔으나, 저자는 어느 한쪽에 치우치지 않고 양쪽을 균형있게 다루려고 애쓴 흔적이 곳곳에 보인다.

특별히 3부 '선교의 실천'을 다룬 부분에서 선교하는 교회를 선교의 중요한 영역에 포함하고 있다는 점에 주목할 만하다. 선교는 단순히 해외에서 이루어지는 선교사의 활동과 그를 지원하는 모교회의 모금 행위로 축소되어서는 안 된다. 선교는 지역교회에서도 매우 중요하다. 아니, 선교는 전 세계 모든 지역에 존재하는 지역교회 그 자체에서 시작되지 않으면 안 된다. 보다 명료하게 말하자면, 가시적 교회로서 지역교회의 존재가 선교의 기점이다. 이 점을 명심한다면 왜 목회와 교회성장이 선교적 실천과 밀접한 관련을 가지고 있는지 깨닫게 된다.

글은 언제나 나름의 시공간적 제약 속에서 쓰이게 마련이다. 중요한 것은 관점이요, 관점을 적용하는 방식이다. 우리는 끊임없이 그 방식을 훈련해야 한다. 저자의 책에서 귀중한 통찰과 방법론을 배웠다면 오늘 우리의 선교 현장에서 일어나는 다양한 경험을 성찰하고 미래를 향한 대안을 모색하는 작업을 게을리 하지 말아야 할 것이다. 왜냐하면 우리에게는 우리의 사역이 있기 때문이다. 그런 의미에서 나는 이 책이 한국교회의 선교를 더욱 풍성하게 만들고 올바른 방향으로 나아가게 만드는 데 일조할 수 있기를 기대한다.

번역에 최선을 다했지만 사람이 하는 일이라 결함이 있을 것이라 생각한다. 번역을 할 때마다 참으로 저술보다 어려운 작업이 번역이라고 생각한다. 부족한 번역이지만 독자들의 사고 증진에 도움이 될 수 있기를 간절히 바란다. 번역과 출판을 허락해 준 기독교문서선교회(CLC) 박영호 박사님과 직원들에게 감사한 마음을 전한다. 작은 것이지만 이 번역서를 미국에서 아이들을 돌보느라 고생하고 있는 아내에게 바친다.

서울신학대학교 연구실에서
2009. 4. 30
최동규

WHAT IS MISSION

차례

저자 서문 **5**
역자 서문 **7**

서론 **13**
개요와 범위 **17**

1부 논의의 기초
1장 신학이란 무엇인가? 선교신학이란 무엇인가? **23**
2장 하나님의 선교와 교회의 응답 **47**
3장 예수 그리스도의 길을 따르는 선교 **71**

2부 현대선교의 이슈들
4장 복음 선포 **99**
5장 문화 속에서의 복음 **127**
6장 가난한 자들을 위한 정의 **157**
7장 타종교와의 만남 **189**
8장 폭력의 극복과 평화의 수립 **225**
9장 환경에 대한 책임 **253**
10장 파트너십의 공유 **281**

3부 선교의 실천
11장 선교하는 교회 **313**

후기: 선교는 어디로 가는가? **345**

참고문헌 **355**
색 인 **373**

WHAT IS
MISSION

서론

　이미 충분하게 연구된 어떤 주제에 관해 또 하나의 책을 쓸 때마다 모든 저자는 자신이 쓰는 책이 세상에서 유일하다고 생각하면서 정당화한다. 본 저자도 예외는 아니다. 여러 해 선교 교육을 해오면서 나는 '선교신학'(Theology of Mission)이라는 제목 아래 주요 주제들을 쉽게 이해할 수 있도록 개괄적으로 다룬 변변한 책이 없다는 것을 알게 되었다.
　교과 과정을 위해 제시되는 독서목록에는 대체로 표준적인 책들이 포함된다. 선교학과 관련된 목록의 첫 번째 자리에는 거의 언제나 데이비드 보쉬(David Bosch)의 걸작인 『변화하고 있는 선교』(Transforming Mission, CLC 刊)가 온다. 앞으로도 이 책은 예지적으로 미래를 내다보게 만드는 표준적 교과서로 남을 것이다. 한 세대에 한 권 나올까 말까 싶을 만큼 탁월한 이 책은 기독교 역사 속에서 선교 활동의 모든 과정을 추적할 뿐만 아니라 생각할 수 있는 거의 모든 시각에서 선교를 검토하고 있다. 그렇게 폭넓은 자료를 전문가적 시각에서 세세하게 다루면서도 균형 감각과 감수성 있게 섭렵할 수 있는 사람은 그리 흔치 않다.
　보쉬의 책은 기독교 선교의 전 주제를 조직신학적 방법으로 설명하고 있다. 그의 책을 읽는 것은 마치 여행자가 충분한 시간을 가지고 넓은 지역을 탐험하면서 동시에 섬세한 부분까지 주의를 기울이는 것과 같다. 반면에 나의 책은 개론서 이상의 내용을 담고 있다. 이 책은 쉬운 형식으로 선교신학에 관한 중요한 자료들을 제공하려는 의도로 쓰였다. 따라서 이 책은 상당히 폭넓은 이슈들에 관한 적절한 논의를 통해 학생들의 선교 학습을 돕는 안내서 역할을 할 것이다. 보쉬의 책과 내 책의 차이는 지도의 범위에 비유될 수 있다. 보쉬의 책은 매우 넓은 범위를 다루면서도 개별적인 집, 나무숲, 오솔길, 지형선을 섬세하게 보여준다. 반면에 나의 책은 보다 작은 범위를 다루면서 단지 큰 촌락, 작은 읍내와 도시들의 위치만을 알려준다.

나는 선교학도들에게 이 두 권의 책이 모두 필요하다고 생각한다. 『변화하고 있는 선교』와 넓은 영역을 다루는 다른 모든 책들은 일정한 주제에 관한 자신의 지식과 이해를 확인하기 위해서 재삼재사 돌아가서 봐야 할 자료집이다. 그러나 이런 책들의 연구 범위가 너무 방대하기 때문에 어떤 사람은 다소 위협적으로 느끼기도 한다. 특히 영어를 모국어로 사용하지 않는 학생의 경우에는 더욱 그렇다. 또한 피상적이지 않으면서도 상대적으로 간략하게 주요 문제들을 포괄하는 연구 방식의 필요성이 제기되고 있기도 하다.

본문에서 밝힌 바와 같이, 놀랍게도 보쉬는 자신의 책에서 내가 생각했던 만큼 그렇게 철저하게 모든 것을 연구하지 않았다. '부상하고 있는 에큐메니칼 선교 패러다임의 요소들'(Elements of an Emerging Ecumenical Missionary Paradigm)이라는 제목이 달린 그의 책 12장은 나의 책 8-10장에서 다루고 있는 주제들을 포함하고 있지 않다. 그 주제들이 최근 수십 년 동안 에큐메니칼 운동과 깊이 관련되어 있었다는 점, 그리고 그 책이 쓰일 당시 남아프리카공화국에 인종차별정책(apartheid)이 시행되고 있었다는 점을 생각할 때 이것은 다소 이상하게 느껴진다. 그런데 사실 선교 문제를 다루는 다른 책들도 그런 주제들을 좀처럼 중요하게 다루고 있지 않다. 그렇다면 그 주제들은 이제 막 선교학적 주제가 되기 시작한 것들이라고 보는 것이 옳을 수도 있다.

비교는 이 정도만으로도 충분할 것이다. 내가 학문적으로나 개인적으로

나 – 나는 개인적으로 그와 교제할 수 있는 특권을 누렸다 – 보쉬에게 많은 신세를 졌다는 점은 더 말할 나위도 없다. 또한 많은 다른 사람들의 책이 나에게 도움을 주었다. 바라기는 본문과 각주와 참고 문헌에 포함된 자료들을 통해서 그 자료들이 논의 중인 이슈에 나름대로 기여하고 있다는 점이 드러났으면 좋겠다. 만일 내가 어떤 중요한 연구 자료를 빠뜨렸다면 그것은 그 자료가 가치가 없어서가 아니라 전적으로 내가 무지하기 때문이다.

What is
Mission

개요와 범위

　이미 지적한 바와 같이, 내가 이 책을 저술하는 의도는 기독교 선교에 관심을 가지고 있는 모든 학생에게 스스로 광범위한 선교 이슈들을 탐구할 수 있도록 돕는 안내서를 제공하는 것이다. 이 책의 초점은 현재 논의되고 있는 신학적 문제와 논쟁들을 다양한 관점과 세계의 다양한 지역적 관점에서 성찰하는 것이다. 또한 나는 이 책의 내용을 흔히 사용하는 제목과 부제로 적절히 분할하고 가능한 한 다양한 의견을 제시하여 독자들이 읽기 쉽도록 구성하였다.

　이 책은 세 부분으로 나뉜다. 제1부에 속한 세 개의 장은 선교학의 기초와 방법론 문제를 다룬다. 나는 '하나님의 선교'(*missio Dei*)의 본질, 그것과 교회와의 관계성에 대해서 여러 가지 의견의 차이가 있음을 알고 있다. 이 문제는 대체로 우리가 하나님과 그분의 목적과 관계된 근본적인 문제들을 연구하는 방식, 그리고 예수 그리스도와 기독교 공동체가 그 연구방식 내에서 차지하는 위치에 따라서 발생한다.

　제2부는 일곱 개의 주제를 다루고 있다. 그 주제들을 선택하게 된 것은 다년간 여러 대륙에서 있었던 선교 교육에 참여하여 얻은 결과다. 한 권 안에 많은 주제를 포함하는 것이 쉽지 않았지만, 평범하지 않은 주제들을

제시한 데에는 나름대로 정당한 이유가 있다. 그것들은 모두 광범위한 영역과 현재의 복잡한 문제들을 다루고 있으며, 서로 조화를 이루고 있다. 따라서 내가 생각하기에, 그것들을 서로 분리하여 개별적으로 제시하는 것은 위험하다. 현실적으로 그것들은 많은 점에서 맞물려 있다. 나는 이 책에서 그 연결된 부분을 지적하려고 노력하였다.

제3부는 단 하나의 장으로 구성되어 있다. 이 장은 만일 교회가 자신의 본질을 선교를 위한 교회로서 충분히 의식하고 있다면 스스로 어떻게 존재하고 행동해야 하는지에 관해서 다루고 있다. 어떤 면에서 이 장은 그 어디에서도 적절하게 다뤄지지 않은 논의를 포함함으로써 다소 느슨한 목적을 단단히 조일 수 있는 기회를 제공한다. 후기는 여러 가지 논쟁에 대한 개인적인 평가와 미래에 대한 대담한 탐색을 담고 있다. 나는 이 후기를 친구들과 동료들이 초벌 원고를 읽고 제시한 유익한 비평과 논평들을 읽은 뒤에 작성하였다.

나는 독자들이 처음부터 끝까지 이 책을 읽을 필요 없이 자신의 관심 분야에 따라 각 장을 분리해서 읽어도 좋다고 생각한다. 물론 처음부터 끝까지 책을 읽으면 연구 영역을 전체적으로 이해할 수 있는 유익을 얻게 될 것이다. 나는 각 주제별로 현재 논쟁이 어디까지 진행되고 있는지를 개괄적으로 정리하려고 노력하였다. 어떤 경우에는 나 자신의 관찰과 평가를 포함하기도 하였다. 그런 나의 작업에 대해서 사람들이 주제넘은 짓으로 여기지 않을 것이라고 생각한다. 이 책이 유익한 교육적 도구가 되도록 하기 위해 나 자신의 견해를 최대한 억제하려고 노력하였다. 그러나 내 생각에 오해로부터 구성되었거나 부적절한 추론 방식에 의해 이루어진 일부 견해에 대해서는 정말 그렇게 하기 어려웠다. 나는 이 모든 문제에 대해서 내가 어떤 고정된 입장을 취하고 있다는 인상을 주지 않기를 바랐다 – 실제로 나는 그런 사람이 아니다.

주제들 중에 일부 – 폭력의 정당화, 전도의 수단, 교회의 정치 참여에 관한 본질적인 문제 – 는 두 번째 천 년의 대부분 기간 동안 계속 논쟁되어 왔다. 그 어떤 대답도 쉽게 할 수 있는 상황이 아니다! 종교 상호간의 대화, 문화화, 가난한 자들에 대한 우선적 선택과 같은 주제들은 보다 최근에 생겨난 것이다. 각 주제는 항해하는 그리스도인들이 보다 고요한 바다에 도달하기 전에 반드시 뚫고 지나가야 하는 논쟁의 폭풍을 제시한다. 선교적 중요성을 담은 주제인 환경에 대한 책임은 보다 현대적인 이슈라고 볼 수 있다. 선교는 불안정한 사업임에도 불구하고 확신과 헌신을 수반한다. 물론 이 경우에 그 확신과 헌신은 임시적으로만 기능하고 언제든지 수정될 수 있는 것이어야 한다. 심지어 교회의 선교에 관한 확고한 신념을 부정하는 듯이 보이는 사람들조차 나름대로 자신의 태도에 대한 확고한 이유를 가지고 있다.

마지막으로, 나는 이 책에 포함된 성(性) 편향적 언어에 대해서 말하고 싶다. 나는 인간 종의 절반을 가리키는 남성명사를 가급적 사용하지 않으려고 노력하였다. 나는 이런 처리과정이 옳다는 점에 대해서는 어떤 의심도 하지 말아야 한다고 생각한다. 개인적으로 나는 일부 사람들이 작위적으로 고안한 양성 포괄적 여성명사의 사용보다 두 가지 대명사 곧 '그'(he)와 '그녀'(she) – '그의'(his)와 '그녀의'(her) – 를 함께 사용하는 방식을 더 선호한다. 단수명사를 가리키기 위해 복수명사인 '그들'(they) 혹은 '그들의'(their)를 사용하는 것이 인정될 때 영어는 성을 구분하지 않는 다른 언어들과 어깨를 나란히 할 수 있을 것이다. 그러나 이 일은 아직 일어나지 않았기 때문에 우리는 여전히 예전의 방식을 반복해서 쓰는 어색함을 겪을 수밖에 없다.

그런데 내가 단어 사용에 어려움을 느끼는 한 경우가 있는데, 그것은 하나님을 가리키는 명칭과 관련이 있다. 문제는 단순히 하나님께서 남성적 속성과 여성적 속성을 동일한 정도로 가지고 있다는 데 있지 않고 오히려 심미적인 차원, 곧 '그/그녀,' '그의/그녀의'를 대신해서 '하나님'을 반복해서 사용하는 추세에 있다.

'창조자'(creator), '생명의 유지자'(sustainer), '구원자'(redeemer)와 같은 용어 사용에 담긴 딜레마를 극복하기 위해 고안된 다른 전통적인 방법들은 이 점에 대해서 적절하게 말하지 않고 있다. 왜냐하면 그 단어들이 하나님의 활동을 한 부분으로 제한하기 때문이다. 그러나 하나님께서는 동시적으로 그 모든 것들을 의미하며, 더 나아가서 그 시대의 모든 것을 의미한다. 그러므로 하나님에 대해서 배타적으로 여성명사를 사용하면 다른 풀리지 않는, 매우 긴장된 문제가 생길 수 있다는 점을 고려해서, 별로 내키지는 않지만 나는 당분간 하나님에 대해서 남성명사를 사용할 것이다. 어떤 사람들은 나의 소심함, 얼버무리는 태도, 정당화될 수 없는 변명을 탐탁지 않게 여길 수도 있을 것이다. 그러나 누구도 내가 하나님에 관한 가부장적 입장을 가지고 있다고 단정 짓지 않기를 바란다. 인간 자체만큼이나 오래 된 인간의 비극으로부터 벗어나는 것이 어렵기는 하지만, 그럼에도 불구하고 남성을 지배, 권위주의, 통제와 동일한 것으로 여겨서는 결코 안 된다.

제1부

논의의 기초

What is
Mission

1장

신학이란 무엇인가?
선교신학이란 무엇인가?

1. 첫 인상

어디에서 논의를 시작하는 것이 좋을까? 신학은 그 범위가 매우 넓은 학문이다. 오늘날에는 기독교 신앙이 전 세계로 확산되었기 때문에 그 만큼 다양한 사람들이 다양한 시각으로 자신들만의 독특한 상황 속에서 신학을 하고(doing theology) 있다. 그런데 그들 중 많은 사람은 본능적으로 신학에 대해서 부정적인 입장을 취하고 있다. 그들은 신학이란 주로 학문적으로 훈련된 전문가, 곧 보통 사람이 이해할 수 없는 특수한 언어와 개념을 사용하는 전문가가 취급하는 것으로서 상당히 추상적이고 이론적인 것을 추구하는 어떤 것이라는 인상을 받고 있다. 그러나 신학은 본래 그런 것이 아니다. 신학은 어떤 그리스도인도 참여할 수 있는 의욕적인 활동이다. 이 점에서, 교회가 어떻게 선교를 수행할 것인지를 결정하고자 할 때 신학이 얼마나 중요하고 유용한 것인지를 보여주는 것이 이 책의 한 가지 목적이기도 하다는 점을 말해 두고 싶다.

셀리오크대학(Selly Oak Colleges)의 선교대학원에 개설되는 과목 중에서 어느 하나는 먼저 처음 몇 주 동안 다양한 사람들이 신학과 선교를 이해하고 있는 방식들에 대해서 살펴본다. 동시에 그 과목은 수업에 참여하는 여러 학생에게 각자 자신의 결론을 제시할 것을 요구한다. 우리의 삶 속에서 많은 부분이 그렇듯이 의미는 행함(doing) 속에서 보다 분명해진다. 이런 점에서 나는 이 책의 독자들이 내가 제기하고 논의하는 여러 문제에 대해서 함께 고민하고 씨름함으로써 선교의 의미와 실천에 관해 보다 많은 것을 깨닫기를 간절히 바란다.

1) 실제적 정의를 향하여

신학을 정의하고자 할 때 우선적으로 필요한 것은 섣불리 그 의미를 미리 결정하는 것이 아니라 과거의 풍부한 전통을 살펴보는 것이다. 짧은 설명은 어쩔 수 없이 불완전할 수밖에 없을 것이다. 그러나 한두 문장 이상으로 정의를 확대하는 것 역시 자칫 지루하고 답답하게 만들 위험성을 안고 있다. 여기에서 내가 의도하는 바는 종종 '실제적인 정의'(working definitions)로 불리는 것, 곧 포괄적이거나 불변적인 의도를 담고 있지 않으면서 동시에 본 연구의 기초가 될 만한 설명을 제시하는 것이다.

그렇다면 도대체 신학이란 무엇인가? 한 저자는 그것을 "신앙에 대한 성찰적 자기이해"라고 말한다.[1] 아마도 이 개념은 믿음의 실체에 관해서, 그리고 삶의 지식에 관한 다른 근원들과의 관계에 관해서 가능한 한 깊이 사고하려는 열망을 담고 있는 "이해를 추구하는 신앙"이라는 옛 개념을 따르고 있는 것 같다.[2] 몇몇 사람들은 "신에 관한 합리적 사고나 말" 혹은 "신에 관한 이성적인 담화"라는 신학의 지적 본성을 강조한다.[3] 이 개념에 따르면, 신학은 지성적인 사람들로 하여금 신앙에 관한 보다 포괄적

---

1) Herold Brown(Trillhaas의 글 인용), "On Method and Means in Theology" in John Woodbridge and Thomas McComiskey, *Doing Theology in Today's World* (Grand Rapids, Zondervan, 1991), 149.
2) 다음 자료를 참조하라. Paul Helm, *Faith and Understanding* (Edinburgh, Edinburgh University Press, 1997), 3-76.
3) David Wells (Brian Hebblethwaite and Maurice Wiles의 글 인용), "The Theologian's Craft" in Woodbridge and McComiskey, *Doing Theology*, 182.

이고 정당화된 판단에 이르도록 돕는 학문이다.

18세기 서구 세계에서 일어난 계몽주의는 신학을 대학에서 배워야 할 적절한 학과로 생각하는 그리스도인들의 관념에 이의를 제기하였다. 이것은 신학 역시 정당하게 과학적 지위를 주장할 수 있음을 증명하려는 시도의 기원이 되었다. 예를 들어, 찰스 하지(Charles Hodge)는 신학을 "신적 계시의 사실들을 다루는 과학"으로 정의하였으며, E. H. 반크로프트(E. H. Bancroft)는 신학을 "신에 관한 과학일 뿐만 아니라 신과 우주의 관계에 관한 학문"으로 정의하였다.[4]

그러나 이런 종류의 정의들은 의심스러울 정도는 아니지만 매우 모호하다. 여기에서 모호하다고 말하는 이유는 첫째로, 그런 정의들이 신학의 범위를 제한하고 있기 때문이며, 둘째로, 과학의 본성에 관한 인식이 달라졌기 때문이다. 오늘날 과학 연구자들은 다른 학문들을 각기 고유한 기준에 따라 연구해야 한다고 인식하고 있다. 만약 '과학'(science)이라는 용어의 사용이 다양한 신앙 양상을 이해하려는 지적 엄밀성의 추구를 뜻한다면 그것은 적절하다고 말할 수 있다. 그러나 일부 사람들의 경우 '과학적'이라는 용어를 특정한 신학 분야를 지칭하는 것으로 사용함으로써 부적절한 연구 자세를 드러내고 있다.[5]

적어도 1960년대 중반 이후부터 신학의 실천적 특성을 강조하는 경향이 두드러지게 나타났다. 이것을 다른 방식으로 말하자면, 신학의 본성을 실천에 대한 성찰로 이해하려는 경향이 확대되었다고 말할 수 있다. 1960년대 말에 여러 종류의 해방신학이 폭발적으로 일어난 현상은 신학의 과제에 관한 논의를 학문 집단 내에서만 가능한 것처럼 보다 협소한 차원에 제한시키려는 지적 구조의 아성을 파괴하였다. 신학이란 "말씀의 빛에서 본 역사적 실천(praxis)에 대한 비판적 성찰"[6]이라고 언급한 구스타보 구띠

---

4) ibid., 184.
5) 다음 자료를 참조하라. J. Andrew Kirk, *The Mission of Theology and Theology as Mission* (Valley Forge, Trinity Press International, and Leominster, Gracewing, 1997), 14-18.
6) James Nickoloff (ed.), *Gustavo Gutiérrez: Essential Writings* (Maryknoll, Orbis Books, 1996), 33.

에레즈(Gustavo Gutiérrez)의 유명한 정의는 사고, 존재, 행위 사이의 밀접한 관계, 다시 말해서 신앙, 삶, 행동 사이의 밀접한 관계를 신학 연구 과제의 전면으로 가져오는 계기가 되었다. 그는 신학의 경우에 이성적 논의는 결코 세계 속에 존재하는 인간의 전체 상황과 분리될 수 없으며, 또한 그들이 관계 맺고 있는 공동체와도 분리될 수 없음을 주장하였다. 오랫동안 신학의 고전적 의미는 신앙에 관한 지적 이해, 곧 계시와 신앙의 비전을 이해하려는 인간의 지적 노력이라고 생각되어 왔다. 그러나 신앙은 분명하게 주장되어야 할 진리를 의미할 뿐만 아니라 하나님과 인간에 대한 실존적 상황, 태도, 헌신을 의미한다… 우리는 신학이 이런 헌신에 대한 지적인 이해임을 긍정한다.[7]

데이비드 포드(David Ford)는 현대 신학에 관해서 포괄적으로 연구한 그의 편저(『현대 신학과 신학자들』<The Modern Theologians, CLC 刊>) 마지막 부분에서 모든 적절한 신학은 "자신과의 관계 형성," "세계와의 관계 형성," "하나님과의 관계 형성"이 되어야 한다고 결론 내리고 있다. 신학의 궁극적인 저자는 하나님이시며, 그 신학의 지평을 형성하는 것은 자연과 문화 전체이며, 학문의 주제는 "자아들의 철저한 변혁에 관한 구체적인 관심"이다.[8] 여기에서 우리는 시험적으로 신학을 하나님의 실체, 그분과 세계와의 관계에 관한 학문적 성찰로 정의할 수 있을 것이다. 이 정의의 관점에서 신학의 의도는 하나님의 목적과 행위를 분명하게 설명하고, 하나님을 안다고 말하는 사람들의 신앙과 실천을 평가하는 것이다. 물론 우리는 이 진술의 함축적 의미를 더 발전시켜야 할 필요가 있다. 그 과정에서 결정적인 관점은 하나님과 신앙의 선교적 본질에 집중하는 것이 될 것이다.

---

7) ibid., 24. 또한 다음 자료를 참조하라. Maria Pilar Aquino, *Our Cry for Life: Feminist Theology from Latin America* (Maryknoll, Orbis Books, 1993).

8) David Ford (ed.), *The Modern Theologians: An Introduction to Christian Theology in the Twentieth Century*, 2nd edn (Oxford, Blackwell, 1997), 726-7. '신학함(doing theology)의 방법'에 관한 매우 유용하면서도 여러 전문분야에 걸친 국제적인 논의는 다음 잡지를 보라. *Gospel in Context* (vol. 1, no. 1, January 1978). 또한 다음 자료를 참조하라. John Parratt, *A Guide to Doing Theology* (London, SPCK, 1996).

2. 신학의 가정들

신학을 정의하려는 시도는 많은 흥미 있는 문제들을 제기한다. 그러나 그 문제들을 논의하기 전에 신학 행위(the doing of theology)가 기초하고 있는 가정(假定)들을 살펴볼 필요가 있다.

1) 개방된 탐구

먼저, 신학은 비판적 성찰과 관련되어 있기 때문에 개방된 탐구(open enquiry)의 자세를 취해야 한다. 교회의 전통, 세속적 세계관, 정치적 이데올로기, 도덕적 사조 – 심지어 현재의 학문적 합의 – 중에 어느 것도 신학적 연구 과정을 통해 발견할 수 있는 내용을 제한할 수 없다. 물론 슈베르트 오그덴(Schubert Ogden)이 주장한 바와 같이, 신학의 충분성 혹은 정당성을 "예수와의 관계성, 곧 얼마나 그리스도인들이 그분을 경험하고 있느냐"와 "인간 경험에의 신뢰성, 곧 사람들이 얼마나 그것을 경험하고 있느냐"의 문제로 측정해야 하지만, 그럼에도 불구하고 신학 연구는 수많은 가능성에 개방되어야 한다.[9] 신학은 비판적 방법을 사용한다. 다시 말해서 신학은 대안적 견해의 인식과 수용, 감정과 편견에 호소하는 논증의 거부, 혹은 타인의 의견에 대한 부정확한 전달의 거부, 자신에 대한 비판에 반응하려는 의지, 그리고 분명하고 정직할 뿐만 아니라 사랑의 마음으로 논증하려는 자세를 요구한다.

2) 불가피한 긴장

신학은 불가피하게 많은 긴장을 동반한다. 신학의 주제는 계시의 실제(하나님께서 행하시고 말씀하심)와 사회적, 문화적 상황의 현실에 의해 주어

---

9) Schubert Ogden, "Doing Theology Today" in Woodbridge and McComiskey, *Doing Theology in Today's World*, 422.

진다. 그러나 그 신학의 전개는 결코 교회의 교리(dogma) 혹은 사회적, 문화적 분석에 의해 방해되지 않는다. 두 가지 소여(所與), 곧 하나님의 자기 계시와 우리의 인간적 경험의 의미를 이해하려는 노력인 신학은 오류의 여지가 있는 인간에 의해 수행된다는 점에서 일종의 인간적 구성물이다. 그럼에도 불구하고 그것은 개인의 일시적인 생각이나 발명품이 아니다. 존 요더(John Yoder)가 말한 바와 같이, 만일 "그리스도의 몸 안에… 인격들이 있어서 언어 속에 있는 한계와 그것의 남용 가능성을 감지하고 우리가 사용하는 말의 무익성에 대해서 경계적 태도를 취할 수 있어야 한다"[10]면 거기에는 그 '무익성'을 판단하기 위한 확고한 기준이 있어야 할 것이다.

기독교 신앙이 지구 전체로 확산되었다는 것은 다양한 입장에서 신학을 연구함으로써 전체 지평을 확산시킬 가능성이 열린 것을 의미한다. 그러나 그렇다고 해서 무조건 모든 것이 가능하다고 말하는 무분별한 다원주의적 태도를 용인하는 것은 아니다. 왜냐하면 모든 것이 인정되어야 한다면 소위 계급구조적 입장, 민족주의적 입장, 자유 시장 존중의 입장 등과 같은 특수한 신학적 입장들에 대해서 이의를 제기할 수 없게 되기 때문이다. 오늘날 포스트모던 문화의 주장이 무엇이든지 간에 기독교 신앙은 분파주의적 이해관계 속에서 일어날 수 있는 조작 가능성에 대처하기 위해 반드시 대항 메시지를 제시할 수 있는 '거대 담론'(grand narrative)에 기초할 필요가 있다. 기독교 신앙의 언어와 상징들을 급진적으로 재해석하려는 몇몇 시도들은, 그것들이 어떤 철학적 관점 혹은 이데올로기적 관점에서 이루어지든지 간에, 나름대로 승인된 의미와 온전성을 지닌 담론에 강압적으로 이질적인 입장을 부과하려는 것으로 여겨져야 한다.[11]

따라서 신학 연구라고 해서 모든 것이 정당화될 수는 없다. 신학은 때

---

10) John Yoder, "Thinking Theologically from a Free-Church Perspective" in Woodbridge and McComiskey, *Doing Theology in Today's World*, 255-6.

11) 형식과 자유의 적절한 균형에 대해서 신학적으로 더 자세한 논의가 이 책의 다른 부분, 특히 5장 '문화 속에서의 복음'에서 시도될 것이다.

때로, 특히 기독교 공동체가 과거에 경험하지 못한 새로운 도전(예를 들면, 영지주의, 성직주의, 식민주의, 인종주의, 세속주의로부터 제기된 도전들)에 직면할 때 자신의 경계를 분명하게 확정할 필요가 있다. 물론 새로운 영역을 개척하는 곳에서는 논쟁이 불가피할 것이다. 사실 이상적으로 말하자면, 기독교는 이미 '개혁되었고 또한 항상 개혁되고 있다'(*reformata semper reformanda*). 그런데 만약 신앙 공동체에 믿음에 관한 확정된 입장이 없었다면 그 신앙 공동체는 결코 다양한 형태로 발전될 수 없었을 것이며, 그 공동체의 신학은 기껏해야 하찮고 공허한 것이 되었을 것이다. 자식이 아버지의 집을 떠나는 것은 언제나 가능하다. 그러나 가정을 떠나려는 결정과 행위에 대해 평가해 줄 적절한 판단 기준이 없으면 그 자식의 삶은 곧 방탕에 빠지고 말 것이다.

3) 선교가 없으면 신학도 없다

이 책의 주제와 매우 밀접하게 연관된 마지막 가정은 선교가 없는 신학은 존재할 수 없다 – 다시 말하자면 선교적이지 않은 신학은 존재할 수 없다 – 는 것이다. 신학이 그 본질상 삶의 모든 차원에 영향을 미치는 근본적인 관심에 관한 학문이라는 점에서 이것은 어느 정도 관찰의 문제다. 중요한 문제들에 대해서 신학적으로 성찰하는 사람들이 취하는 입장은 항상 다양하다. 따라서 그들은 때때로 서로 모순된 결과를 야기하기도 하고 어떤 경우에는 그들이 무엇을 행하고 있는지 의식하지 못하기도 한다. 최근에 학자들이 자주 언급한 바와 같이, 신학은 철저하게 일정한 입장을 드러내야 하는 학문이다. 이런 특성은 심지어 신학이 어느 편에도 개입하지 않는다고 주장하는 경우에도 동일하게 적용된다. 많은 점에서 신학은 다른 사람들을 특정한 방식으로 믿고 행동하도록 설득하는 일과 관련되어 있다. 그것의 선교적 본질은 피할 수 없다.

3. 신학의 과제들

1) 비판적 평가

만약 우리가 신학을 대범하게 해석한다면 폭넓은 범위에 걸친 신학의 목표 중에 그 어느 것도 평가절하할 수 없다. 사실 이 세상에 '순수한' 신학이란 결코 존재하지 않는다. 이미 앞에서 설명한 바와 같이, 신학의 주된 기능은 각 그리스도인과 공동체의 믿음과 행위를 비판적으로 평가하는 것이다. 오그덴은, 신학을 적절한 의미에서 평가할 때 그것은 "특정한 비판적 성찰 – 그리스도인들이 자신들의 경험을 표현할 때 암시적으로 혹은 표면적으로 드러내는 **정당성의 주장을 확인**할 것을 요구하는 성찰 – 의 과정 혹은 산물을 가리킨다"고 말하였다.[12] 로버트 슈라이터(Robert Schreiter)에 따르면 이것은 단지 신학이 의미하는 전체 과정 중 한 부분에 불과하다. 그는 "신학은 의식을 해방하는 교육 과정"이라고 말하면서 그것은 또한 "행동을 촉구"한다고 덧붙였다.[13]

2) 현실의 분석

슈라이터가 말한 신학의 두 모드(modes) 중에 후자의 관점에서 보자면 신학은 현실을 분석하는 데 기여할 수 있다. 일정한 사회적 학문들은 정치적, 경제적 전략의 기저에 깔려 있는 이데올로기적 연관성을 폭로하는 역할을 한다. 심리 분석은 억압 기제(機制)와 행동 유형을 설명하기 위해 무의식의 차원을 벗겨낸다. 이와는 다른 차원에서 신학은 인간이 인간 존재에 관한 궁극적 진리를 피하기 위해 만들어내는 영구한 우상들을 폭로하는 일을 수행할 수 있다. 그런 (신학적) 분석은 일종의 회개로의 부름을 의미하며, 이때 신학은 변화 혹은 어떤 새로운 출발의 원인을 파악하는 데 도움을 주는 도구 가운데 하나가 된다.

---

12) Schubert Ogden, "Doing Theology Today," 422(진한 표시는 필자가 한 것임).
13) Robert Schreiter, *Constructing Local Theologies* (London, SCM Press, 1985), 18.

3) 가난한 자들의 권익신장

해방신학의 영향 아래 가난한 자들의 권익신장(empowering)을 신학 과제 중의 하나로 인정하는 것이 오늘날 매우 당연한 것처럼 여겨지고 있다. 비록 이것이 다소 애매하게 전개되고 있긴 하지만 신학이 자신의 원천들(resources)을 사용해서 정상적인 사회로부터 배제된 사람들의 가치와 존엄성을 긍정하고 그들이 완전하게 사회에 편입될 수 있도록 도와야 할 책임을 맡고 있다는 가정이 그 주장에 담겨 있다.14) 이런 맥락에서 신학에는 라틴 아메리카의 관점에서 이해된 바와 같이 '무언가를 아래로부터 뒤집기'를 의미하는 전복적 기능이 있다고 주장된다. 이런 의미에서 신학은 사회의 밑바닥에 속한 사람들의 열망을 신앙의 언어로 분명하게 표현하는 일을 돕는다.

4) 변증학

확대해서 보자면 신학은 교회가 부름 받은 모든 유형의 행위들(이것들에 대해서는 앞으로 살펴볼 것이다)을 각각의 방식에 따라 행하도록 장려할 책임을 지니고 있다. 예를 들면, 전도를 지원하기 위한 여러 과제 중 하나로서 변증학을 언급할 수 있을 것이다. 변증학은 하나님께 대한 믿음을 반대하는 의견들 – 가령 신은 지배를 위한 전략적 도구이거나 사회적 소외 혹은 심리적 고통을 극복하기 위한 인간 무능력의 투사(投射)에 불과하다는 주장들 – 에 반응하여 기독교 신앙이 얼마나 그리고 왜 참된 것인지, 그리고 다른 신앙 체계들 혹은 도덕적 가치들이 얼마나 현실을 왜곡시킬 수 있는지를 증명하려는 노력이다. 이런 의미에서 신학에는 단순히 신앙에 대해서 방관자적 태도를 취하는 종교현상학적 연구 이상의 의미가 있다.15)

---

14) 글을 쓰고 있을 당시에 한 가지 적절한 사례를 발견했는데, 그것은 최빈국(最貧國)들이 부채총액 탕감운동을 위해 성경의 희년 주제를 사용한 것이었다.
15) 다음 자료를 참조하라. David Ford (ed.), *The Modern Theologians*, 724.

5) 세계와의 관련성

신앙을 현대 세계와 관련짓도록 그리스도인을 일깨우는 역할을 변증학과 밀접하게 연관된 신학의 기능으로 언급할 수 있다. 그리스도인은 자신이 처한 상황의 현재적 가치와 관습들을 무비판적으로 수용하지 않고 '그리스도의 마음'과 일치하는 성찰을 하기 위해서 신학을 활용해야 한다(엡 4:20-24; 골 3:2; 롬 12:1-2; 고후 10:5). 따라서 신학은 예수 그리스도의 메시지로부터 끊임없이 솟아나는 그리스도인의 일차적인 삶의 원리, 태도, 행위의 관점에서 성찰하는 정확하고도 훈련된 사고 과정을 의미한다.

6) 지도자 훈련

마지막으로, 신학은 기독교 공동체의 지도자들을 훈련하는 데 매우 중요한 도구다. 하나님께서 모든 그리스도인을 사역자로 부르셨음을 강조하는 재발견된 소명론에 의하면 이 말은 단순히 전통적으로 인정되어 온 안수 받은 자의 사역을 의미하지 않으며, 오히려 그리스도인이 세속 직업과 자발적 선교단체를 통해 봉사하는 방식으로 지역사회를 위해 행하는 모든 종류의 사역을 의미한다. 신학 교육에 의해 지지되는 성직주의적 모델로부터 보다 포괄적인 모델로 향하는 이런 이동(적어도 이론적으로는 그렇다 – 일반적으로 실천이 이론을 따라잡는 데에는 오랜 시간이 걸린다)은 신학의 내용과 잠재적 가능성에 대해서 심각하게 재성찰할 것을 요구하고 있다.[16]

---

16) 신학 교과 과정을 취급하는 실무자들이, 신학이 더 이상 문화적 상황에서의 발전에 의해 규정되지 않는다는 사실을 깨닫기까지는 다소 시간이 걸릴 것이다. 이미 수많은 실험이 진행되고 있다. 예를 들어, 셀리오크대학에서도 선교신학과 관련된 완전히 새로운 학위가 개발되었는데, 그것은 '관찰, 판단, 행동'(see, judge, act)이라는 교육학적 원리에 기초한 것이다. 신학 교육에 관한 다양한 문화적 관점에 관해서는 다음 자료들을 참조하라. Siga Arles, *Theological Education for the Mission of the Church in India: 1947-1987* (Frankfurt, Peter Lang, 1991); Daniel Schipani, *Religious Education Encounters Liberation Theology* (Birmingham, Religious Education Press, 1988); Joon Surh Park and Naozumi Eto(eds.), *Theology and Theological Education in Asia: Today and Tomorrow* (Seoul, NEAATS, 1992); Jack Seymour and Donald Miller,

4. 신학의 원천들

칼 바르트(Karl Barth)는, 신학은 한 손에 성경을 들고 다른 한 손에 신문을 들고 하는 작업이라는 유명한 말을 하였다. 최근에 해방신학자들은 두 권의 책, 곧 하나님에 관한 책과 삶에 관한 책에 관하여 말하고 있다. 또 어떤 사람들은 이중적 경청, 곧 (성경에 기록된) 하나님의 음성을 듣는 것과 민중의 외침을 듣는 것에 관하여 말하기도 한다. 신학적 성찰에 관한 이런 이중적 관점은 그리스도인들의 기본문서에 담겨 있는 보편적 특성과 의도를 그리스도의 생애와 메시지가 적용되는 모든 상황의 특수한 현실과 결합시킨다. 신학은 이 두 가지를 이해하고 연관시키려는 지속적인 과정이다.

그 과제는 다소 복합적이다. 가장 최선의 방식으로 그 과제를 수행하기 위해서 때때로 '매개'(媒介)로 언급되는 다른 원천들이 사용될 수 있다.[17] 고전적 관점에서 볼 때, 가장 두드러진 두 개의 원천은 전통과 이성이다.

1) 전통

전통은 시간의 흐름 속에서 기독교 공동체에 축적된 것으로서 한 세대에서 다음 세대로 계속 전해 내려온 지혜를 가리킨다. 기독교의 몇몇 분파는 전통을 신앙의 의미를 해석하기 위한 특권적 도구로 여기고 있다. 그들은 하나님의 성령의 섭리적 인도 아래 전통이 이전 세대에 감춰져 있던 것을 후세에 드러낸다고 확신한다.

따라서 전통은 교회로 하여금 자신에게 위탁된 메시지의 축적된 이해를 소유할 수 있게 해 준다. 다른 시대, 다른 장소에 살았던 그리스도인들의 경험은 오늘날의 교회가 그 교회의 설립을 가능케 한 텍스트를 해석하고

Theological Approaches to Christian Education (Nashville, Abingdon Press, 1990); Susan Thistlethwaite and George Cairns(eds.), *Beyond Theological Tourism: Mentoring As a Grassroots Approach to Theological Education* (Maryknoll, Orbis Books, 1994).

17) 다음 자료를 참조하라. Jon Sobrino and Ignacio Ellacuria, *Systematic Theology: Perspectives from Liberation Theology* (Maryknoll, Orbis Books, 1996), 9ff.

적용하고자 할 때 매우 다양한 선택권을 제공한다. 그러나 기독교의 다른 분파들은 종종 전통을 성경과 모순된 것으로 보이는 교리를 확산하기 위해 사용해왔다는 점에서 그 전통의 발전에 관한 어떤 관념에 대해서도 의심스럽게 생각한다.[18] 교회들이 이데올로기적 목적을 위해 자신들의 교의를 조작할 수 있는 있음을 현실적으로 수용할 때 섭리에 대한 자신들의 믿음은 경감될 수밖에 없다.

2) 이성

이성은 17세기 이후에 근대 세계를 구성하는 중요한 요소로서 등장하였다. 과학적 방법에 본질적으로 내재하고 있는 합리성과 그것의 보편적 적용은 실제 세계에 관한 지식이 이성의 견지에서 볼 때 논란의 여지가 없는 명백한 근거에 기초할 수 있다는 생각을 지지해 주었다. 이성은 무지, 미신과 경쟁하여 진리와 오류를 구분하는 데 유일하고도 필수적인 기준으로 인정되었다. 이성이 기독교 성경과 교의에 적용되었을 때 그것은 무엇이 신뢰할만한 것인지를 판단하는 척도가 되었다.

무모한 합리주의의 시대가 지나가면서 많은 것이 달라졌다. 오늘날에는 이성에의 요구가 많이 완화되었다. 예를 들면, 숱한 논쟁을 거친 후, 무엇이 합리적이냐(가령 기적의 가능성)를 판단할 때 오직 이성만을 기준으로 사용하는 것은 불합리하다는 점이 지적되고 있다. 합리성의 판단을 위해서는 미리 규정되거나 변호되지 않은, 곧 이성 이외의 다른 기준을 논의에 (은밀하게) 도입해야 한다. 그러나 이성은 다른 종류의 신앙과 행위를 위해 제시된 논리적 설득력을 분별하는 한 도구로서 여전히 매우 정당하고 가치가 있다. 또한 비록 제한적이기는 하지만 현대적 삶과 관련하여 기독교 신앙의 특정 해석을 위해 제시된 증거의 통일성, 일관성, 무모순성을 평가하고자 할 때 이성이 중요한 역할을 수행하는 것만큼은 분명하다.

---

[18] 다음 자료를 참조하라. Donald Musser and Joseph Price (eds.), *A New Handbook of Christian Theology* (Nashville, Abingdon Press, and Cambridge, Lutterworth Press, 1992), 490-1.

3) 분석과 행위

최근의 논의에 나타나는 경향을 보면, 이성에 대한 강조는 점점 줄어드는 반면 역사적 연구, 사회-정치적 분석, 변혁적 행위와 같은 매개에 대한 강조는 점점 늘어가고 있다. 마르크스주의적 사고의 수용은 그리스도 메시지의 이해와 신학함(doing theology)을 위한 새 방법을 모색하는 데 기여하였다. 역사적 방법은 경제적, 사회적 경영의 특수 형태를 고안하고 옹호하고자 할 때 구조적 설득력이 얼마나 중요한 역할을 하는지 보여주었다. 사회 분석은 노동 조건의 소외, 노동과 자본 사이의 갈등과 같은 한정적 개념들을 분명하게 밝혀주었다. 변혁적 행위는 변화의 과정 속에서 겪은 교훈에 기초하여 이론이 어느 정도 수정되어야 하는지를 설명해 주었다.

이런 학문 분야들은 각기 고유한 방식으로 기독교의 자기이해를 보편적 구원의 한 메시지로 확대하는 데 기여한다.[19] 포괄적인 해방을 위한 한 도구로서 신학은 '복음의 정치적 해석학'으로 불린다. 그것은 인간을 위한 하나님의 해방 계획을 실현하기 위해 성경의 텍스트, 역사, 사회 체계와 행위의 이해를 함께 엮는 방법을 사용한다.

5. 신학의 방법들

현대신학은 방법론적 차원에서 볼 때 자기의식적(self-conscious)이다. 이것에 관해서는 다양한 신학적 배경에서 쓴 많은 글이 있다.[20] 신학은 행

---

19) 여기에서 구분한 세 가지 분야는 신학의 외적 작업의 도구(external work-tools)로 불릴 수 있을 것이다. 비록 평가하기는 쉽지 않지만 중요하면서도 특별한 역할을 하는 내적 도구(internal tools)도 있다. 살아계신 하나님 앞에서 이루어지는 예언, 꿈, 기도를 포함하는 영성, 적절하게 조절된 도덕적 감성을 뜻하는 것으로서 하나님의 인격에 기초하며 현 시대의 윤리적 질문에 의해 작동하는 양심이 이것에 해당한다.

20) 지난 30년 동안에 다음과 같은 영향력 있는 연구들이 이루어졌다. Jürgen Moltmann, *A Theology of Hope* (London, SCM Press, 1967); Johann Baptist Metz, *Faith in History and Society: Toward a Practical Fundamental Theology* (London, Burns and Oates, 1980); Gustavo Gutiérrez, *A Theology of Liberation: History, Politics and*

위를 통해서 가장 잘 평가될 수 있다는 확신 – 이 책은 그것을 말하고자 한다 – 에 기초하여 여기에서는 단지 한두 개의 간단한 지침만을 제시하고자 한다.

대부분의 신학 연구가 그랬던 것처럼 우리 역시 성경의 본질, 내용, 역할에서부터 논의를 시작하는 것이 좋겠다. 성경은 다양한 각도에서 봐야만 이해할 수 있는 책이다. 그것은 상당히 오래된 문서로서 이스라엘 백성의 하나님께서 세계무대 위에서 어떻게 행하셨고 어떻게 세계와 상호작용을 하셨는지에 관해 말한다. 그것은 역사, 이야기, 법, 격언, 예전 자료, 시가, 훈계, 약속, 위협, 교훈, 환상 등 문학 장르의 관점에서 볼 때 매우 다양한 종류를 담고 있다. 그것은 하나님과 선택된 백성 간의 커뮤니케이션의 결과물로서 어느 시대, 어느 장소에서도 동일하게 적용되는, 인간이 가진 근본 문제들에 대한 해결책을 담고 있다.

신학의 과제는 이 문서로 하여금 스스로 말하게 함으로써 (무엇보다도 그것의 고유한 관점에서) 그 문서를 이해하고 그 문서의 이야기와 교훈이 그 이후의 모든 세대에 어떻게 적용될 수 있으며, 얼마나 중요한 것인지를 분별하는 것이다. 이런 민감하고 복합적인 과제는 일종의 해석 과정, 다시 말해서 2천 년 전 혹은 그보다 훨씬 이전에 기록되고 일정한 역할을 담당했던 하나님의 말씀이 어떻게 오늘날에도 여전히 충성과 복종을 명령하는 하나님의 말씀으로 여겨질 수 있느냐의 문제를 해명하는 해석 과정으로 볼 수 있다.[21] 이것은 부분적으로 해석학 – 메시지를 이해하고 적용하는 학문 – 이 의도하고 있는 바이기도 하다.

Salvation (London, Darton, Longman and Todd, 1972); George Lindbeck, *The Nature of Doctrine: Religion and Theology in a Post-Liberal Age* (London, SPCK, 1984); Rosemary Radford Ruether, *Sexism and God-Talk: Towards a Feminist Theology* (London, SCM Press, 1983).

21) 다음 자료들을 참조하라. Lamin Sanneh, *Translating the Message: The Missionary Impact on Culture* (Maryknoll, Orbis Books, 1992); Anthony Thiselton, *New Horizons in Hermeneutics: The Theory and Practice of Transforming Biblical Reading* (London, HarperCollins, 1992); Nicholas Wolterstorff, *Divine Discourse: Philosophical Reflections on the Claim That God Speaks* (Cambridge, Cambridge University Press, 1995).

이 책은 시종일관 이런 해석학적 기획(The hermeneutical enterprise)에 기초할 것이다. 해석에 대해서 말하자면, 나는 이것이 텍스트와 그 텍스트가 제공하는 메시지의 해석 사이에 이루어지는 커뮤니케이션이 되어야 한다고 생각한다. 그것은 텍스트의 원**의미**(sense)로부터 그것의 현대적인 **의미**(meaning)로의 이동을 의미한다. 전자는 종종 **문자적 의미**(sensus literalis)로 불리는데, 원 저자가 글을 쓸 때 전달하고자 했던 메시지를 가리킨다.[22] 반면에 후자는 종종 **충만한 의미**(sensus plenior)로 불리는 것으로서 예수의 제자들을 모든 진리 가운데로 인도하실(요 16:13) 성령 – 성경의 신적(神的) 저자 – 께서 모든 새 세대에 전달하고자 의도한 메시지다(눅 24:27; 행 8:31 이하). 흔히 사람들은 원 저자들이 오는 세대들을 위해서가 아니라 직접 그의 메시지를 들을 독자를 염두에 두고 글을 썼을 것으로 가정한다. 그러나 말씀은 하나님에 관해, 그리고 예수 그리스도 안에서 성취된 그분의 불변하는 목적에 관해 쓰였으며, 또한 변하지 않는 인간의 기본 조건에 대해서 말하고 있다.

해석학적 작업을 이해하려는 또 다른 시도는 종종 언어학에서 **기호**(sign)로 사용된 단어와 **상징**(symbol)으로 사용된 단어의 구분을 통해서 이뤄지기도 한다. 기호로서의 언어의 의미는 어느 정도 단어의 어원적 기원과 의미론적 발전에 의해, 그리고 그 단어들이 위치하고 있는 문법적 상황에 의해 지배된다. 최소한 다른 사람에게 의사를 전달하기 위해서는 일반적으로 받아들여지고 있는 단어의 정의(定義)를 따라야 한다. 이런 이유에서 모든 문자 언어는 그들의 고유한 사전을 가지고 있다. 만일 한 번에 적절하게 의사를 전달하지 못하면 우리는 다른 사람이 "이제 당신이 말하는 것을 이해했습니다."라고 말할 때까지 계속해서 다시 말할 수 있다. 이런

---

22) *Sensus literalis*는 일종의 전문용어로서 반드시 '문자적 의미' 곧 어떤 단어나 구(句)의 일차적 혹은 정확한 의미를 뜻하지는 않는다. 오히려 그것은 분명한 혹은 표준적인 의미를 발견하려는 시도를 뜻하는 것으로서 역사적, 문학적 컨텍스트에 대해서, 그리고 사용되고 있는 문학 유형 혹은 장르 – 예를 들어, 역사적 평가, 과학적 묘사, 법률적 정의, 은유, 상징, 우화, 시 등 – 에 따라 언어 용례가 달라지는 방식에 대해서 적절한 주의를 기울이는 것을 가리킨다. 지금까지 텍스트에 언급된 내용, 언어의 풍부함과 다양성에 대해서 잘못된 평가로 인해 성경에 대한 매우 이상한 해석이 도출된 사례들이 많이 있었다.

행위는 특별히 모국어가 아닌 언어로 의사소통할 때 중요하게 생각된다.

전적으로 새롭거나 일반적인 용법에서 벗어난 방식으로 단어를 사용하는 것, 혹은 개인의 사적인 어휘를 구사하는 것은 몰이해를 초래할 수밖에 없다. 이 경우, 발명은 혼돈의 어머니가 된다. 그러나 어떤 단어가 하나의 상징으로 사용될 때 그것은 문맥에 따라 새로운 의미를 차용할 수 있다. 그렇게 될 때 텍스트는 전체적으로 다른 차원의 의미를 내포할 수 있으며, 본래의 독자를 넘어 새로운 대상에게 적용될 가능성을 가진다. 이 경우, 의미는 결코 과거의 역사에 고정되지 않는다.

그런데 성경은 계시의 역사에 관해 말한다. 그러나 그 역사는 결코 신약성경이 마감되었다고 해서 멈춰지지 않는다. 그 역사는 오늘날에도 계속된다. 예수 그리스도 안에서 용서하시고 새 생명을 주시는 하나님께 반응해 온 기독교 공동체는 초대교회와 그들의 삶이 보여준 것과 동일한 차원에서 구원사의 한 부분을 형성한다. 해석학적 과제는 오늘날 현 세대에 속한 우리가 이 세계와 모든 삶의 현실 속에서 하나님의 구원을 증언할 때 수행된다. 각 세대 사이에 역사의 연속성이 있는 것처럼 원의미와 현대적 의미 사이에도 연속성이 있다.

특정한 문학 이론들이 말하는 것과 달리, 텍스트는 우리의 상상을 이용한 어떤 해석에도 개방되어 있지 않다. 텍스트를 임의적 독서에 종속시키는 것은 텍스트를 파괴하는 것, 곧 텍스트의 온전성을 부정하는 것과 같다. 더욱이 그런 재구성은 단지 우리 자신의 소리 혹은 우리 주변의 문화로부터 들려오는 소리를 반복하는 것에 불과할 뿐이다. 그것은 가장 나쁜 의미의 유아론(唯我論) – 우리는 단지 우리 자신의 존재와 사고에 관한 그 무엇이 될 수 있을 뿐이라는 신념 – 이다. 그러므로 해석학이란 원의미와 해석된 의미 사이에 있는 충실하고도 상상적인 연결 고리들을 발견하는 섬세한 작업이다.

해석학은 텍스트가 필수적으로 참조해야 할 현대적 컨텍스트(context)를 이해하지 않고서는 전혀 불가능하다. 신학은 단지 다른 학문들의 도구를 이용함으로써 자신의 과제를 성취할 수 있다. 이것은 우리가 거대한 해석의 갈등 속에서 살아가고 있다는 점에서 결코 간단한 문제가 아니다. 신학을 하는 사람은 현대 세계의 사건들에 관한 광범위한 설명들을 인식해야 한다. 그리고 그는 그 설명들이 서로 다른 이유를 분별하고 그것에 대한 가장 적절한 판단을 제시해야 한다.

신학의 방법은 다음과 같은 다섯 가지 이상적 원리로 요약할 수 있을 것이다.

(1) 열린 탐구

신학 연구는 열린 '탐구'(inquiry)로부터 시작된다. 신학에는 항상 배워야 할 많은 것들이 있다. 그것들을 연구하기 위해서 보다 많은 정보, 사실 분석을 통합해야 하고 보다 많은 통찰들을 수집하고 판단해야 한다. 탐구는 두 가지 중요한 목표를 가지고 있는데, 그 중의 하나는 무엇이 중요한 것인지, 무엇이 주변적인 것인지를 분별하는 것이며, 다른 하나는 여러 가지 상이한 지식들을 서로 연결하는 것이다.

(2) 집중

신학 연구는 연구되고 있는 문제에의 '집중'(immersion)을 요구한다. 신학적 과제는 각 사람에게 가능한 만큼 충분히 다양한 종류의 연구 도구를 사용할 것을 요구한다. 역사 연구, 문화 연구, 사회과학적 분석 등이 연구 도구에 포함될 수 있으며, 관념적 차원에서 적절한 철학적 지식도 사용될 수 있을 것이다.

(3) 성실성

신학 연구에는 '성실성'(integrity)이 필요하다. 여기에서 성실성이란 연구 자료의 소여성(所與性)과 가치를 존중하고 그 자료에 대한 성급한 판단을 피하는 태도와 관련된다. 또한 성실성은 우리의 가정(假定)과 경향으로 인해 자신도 모르는 사이에 연구 분야를 왜곡하지 않도록 끊임없이 주의하고 살펴볼 것을 요구한다.

(4) 통합

신학 연구에는 '통합'(integration)의 방법이 사용된다. 통합의 방법이란 한 학문 분야에서 얻은 지식이 다른 분야에 얼마나 유익이 되는지 보여주기 위해 학문들의 경계를 넘어 각 분야의 조각들을 일정한 설득적 패턴 안에 모으는 능력을 말한다.

(5) 상상력

신학 연구에는 '상상력'(imagination)이 동원된다. 신학은 과거의 산물을 존중하고 공상적인 재해석에 빠지는 유혹에 저항해야 한다. 또한 신학은 현재에 대하여 냉정하게 평가해야 한다. 이와 더불어 신학이 미래를 향해 노정되어 있다는 점을 기억할 필요가 있다. 신학은 시험해 볼 수 있는 여러 가지 다양한 가능성을 보는 안목을 요구하는 창의적인 작업이다. 따라서 신학자는 어떤 놀라운 발견에도 열려 있는, 다시 말해서 냉철한 머리에 독창성과 창의력을 겸비한 사람이어야 한다.

6. 그렇다면 선교신학이란?

오늘날 기독교계는 신학과 선교의 관계에 관해 열띤 논쟁을 벌이고 있다. 전통적으로 선교에 관한 연구는 전체 신학 커리큘럼의 넓은 범위 속에서 단지 한 부분을 차지하는 것으로 여겨져 왔다. 데이비드 보쉬(David Bosch)는 선교학이 신학의 학문적 추구와 관계하는 여러 방식들을 요약하고 있다.[23] 프리드리히 슐라이에르마허(Friedrich Schleiermacher)의 영향 아래 선교학은 선교적 상황 중에 있는 교회의 자기실현의 학문인 실천신학

---

23) David Bosch, *Transforming Mission: Paradigm Shifts in Theology of Mission* (Maryknoll, Orbis Books, 1991), 490-3; 또한 다음 자료들을 참조하라. J. Verkuyl, *Contemporary Missiology: An Introduction* (Grand Rapids, Eerdmans, 1978), 6-17; Jan Joneneel, *Philosophy, Science and Theology of Mission in the Nineteenth and Twentieth Centuries*, Part II (Frankfurt, Peter Lang, 1997), 9ff.

에 부수되어 있었다. 그것은 여러 시대 속에서 교회가 어떻게 확장되었는지를 연구하는 교회사의 한 분과로 취급받기도 하였다.

다른 한편, 선교학은 그 자체의 고유한 영역을 보유한 신학의 한 분야로 인정받기도 하였다. 그 증거로 여러 대학에 선교학 교수직이 설치된 것을 언급할 수 있는데, 이 현상은 먼저 유럽 대륙에서 나타났으며 후에 미국에서도 나타났다. 그러나 선교학은 신학에 속한 다른 분야들과 단절되는 아픔을 겪기도 하였다. 그것은 보쉬가 "이국적이면서 또한 주변적인 문제를 다루는, 신학기관의 '외국업무 분과'(department of foreign affairs)"로 부르는 것이 되었다.24) 많은 신학자는 모든 신학분야가 가지고 있는 선교적 본질과 관련성을 성찰해야 할 필요성을 전혀 느끼지 못했다. 반면에 선교학자들은 그들의 전문 분야를 '적절한' 신학을 동반하는 네 가지 패턴 – 성경적 기초, 선교 이론, 선교 역사, 선교 실천 – 으로 구분함으로써 선교학을 신학의 영역과 구분된 자기 충족적 학문으로 여기는 것처럼 보였다.

마침내 전통 신학의 전형적인 사고방식을 깨뜨리려는 과감한 움직임 속에서 몇몇 학자들이 모든 신학 분야에 선교적 차원이 결합되어야 한다는 제안을 제시하였다. 이론적으로 볼 때 이것은 매우 당연하다. 그러나 실천적인 차원에서 이것은 다른 분야의 전문가들이 그들의 연구가 지닌 선교적 차원을 충분히 깨닫지 못하는 한 실현될 수 없는 일이다. 신학이 일종의 선교적 신학(a missionary theology)이 되는 데에는 전체적으로나 부분적으로 쉽게 극복할 수 없는 두 가지 걸림돌이 있다. 첫 번째 걸림돌은 선교의 본질에 대한 혼란이다. 선교의 본질은 서구 세계에서 너무도 오랫동안 해외 곧 교회가 아직 세워지지 않았거나 아직 연약한 상태에 있는 곳에서 이루어지는 어떤 활동으로 여겨져왔다. 오늘날에도 복음이 필요한 어떤 지역을 의미하는 '선교지로 가는 것'에 관해 이야기함으로써 그들의 편견을 드러내는 사람들이 있다. 그들은 선교를 기껏해야 교회의 여러 **활동들**(activities) 중에 가장 핵심적인 활동으로 여긴다. 교회의 본질적으로 **존**

---

24) David Bosch, *Transforming Mission*, 492.

재함(being)으로서의 선교는 아직 적절하게 인식되지 않았다.

두 번째 걸림돌은 다양한 신학 분야의 전문가들이 거의 예외 없이 그들의 연구 주제들을 본질적으로 선교적인 특성을 지니고 있는 것으로 여기지 않는다는 사실이다. 어처구니없는 것은, 그들이 하나님께서 본질상 선교적인 분이라는 사실을 기꺼이 인정하면서 그런 태도를 보인다는 것이다. 예를 들어, 성경이 선교사들을 위해 선교사들이 쓴, 시종일관 선교에 관한 이야기를 담고 있는 책으로서 완전한 정의를 실현하고 있다는 점을 전제하고 성경을 연구할 수 있다면 그것은 기존의 성경연구에 비해 얼마나 놀라운 차이를 보이겠는가! 성경의 내용과 의도를 고려한다면 어떻게 다른 방식으로 성경을 연구할 수 있겠는가?

어떤 사람들은, 선교란 모든 사람을 위한 좋은 소식으로 해석되는 특정 메시지의 진리성에 대한 깊은 헌신의 표현이기 때문에 결코 학문기관에서 다룰 만한 적절한 연구 분야가 아니라고 주장한다. 그러나 그런 생각은 모든 신학 연구가 암시적으로 헌신적인 특성을 지니고 있으며, 동시에 헌신과 정밀한 연구는 상호 배타적이지 않다는 점에서 혼란을 야기한다. 차라리 모든 신학 분야가 암시적으로 선교적 주제들을 가지고 있다는 점을 실토하고 인정하는 것이 더 낫지 않겠는가!

본 장을 마감하면서 나는 잠정적이고 임시적인 정의를 제시함으로써 내가 선교신학에 대해서 어떤 이해를 하고 있는지 보여주고자 한다. 마치 간단한 지도와 같은 이 정의를 통해 나는 선교신학의 대략적인 영역들을 제시하고자 한다. 보다 자세한 내용은 우리의 연구를 진행함에 따라서 차근차근 제시될 것이다.[25]

---

25) 다음 자료를 참조하라. F. J. Verstraelen, A. Camps, L. A. Hoedemaker and M. R. Spindler, *Missiology, an Ecumenical Introduction: Texts and Contexts of Global Christianity* (Grand Rapids, Eerdmans, 1995), 1-7, 438-57. 저자들 중 한 사람이 1998년 봄학기에 셀리오크대학 선교대학원에서 개설한 '선교의 핵심 주제들'(Core Themes in Mission)이라는 과목에 참여했는데, 그때 그는 아래와 같은 정의를 만들어냈다.

선교신학은 기독교 신앙의 관점에서 기독교 세계선교의 **동기, 메시지, 전략, 목표**를 결정하는 기본 전제와 기초 원리를 다룬다.

선교신학은 신앙의 사람들이 예수 그리스도의 사역 안에서 드러난 것과 같은, 이 세계를 향한 하나님의 목적을 이해하고 성취하고자 할 때 제기되는 문제를 다루는 학문적 연구다. 그것은 그리스도인이 선교적 명령을 수행할 때 채택하는 태도와 행위에 대한 비판적 성찰이다. 그리고 그것의 과제는 전체 선교의 실천을 보다 나은 기초 위에서 정당화하고, 수정하고, 세우는 것이다.

선교와 관련된 문제들이 제기되는 이유는 이 세계가 복합적이고 다양하기 때문이다. 새로 등장하는 각 그리스도인들의 세대는 이전 세대가 직면하지 못했거나 적절하게 반응하지 못한 이슈들과 씨름해야 한다. 또한 그리스도인들 내부에 하나님의 목적에 대한 의견을 달리하는 집단들이 있기 때문에 문제가 발생하기도 한다. 그들은 다른 신앙을 가지고 있는 사람들을 복음화하는 것이 정당한지, 정부에 저항하는 것이 언제나 정당화될 수 있는지, 특수한 상황에서는 폭력이 사용될 수 있는지 등과 관련된 이슈에 대해서 서로 다른 입장을 보인다. 바로 이런 문제들이 있기 때문에 해답을 찾고 싶어 하는 호기심도 생겨나는 법이다.

하나님의 목적은 하나님께서 이 세계 안에서 행하시는 바로 그것이다. 하나님의 현실(the reality of God)에 헌신된 사람은 그분의 관심에 동참하기 위해 어떻게 그분이 이 세계에 개입하시는지 이해하고자 노력한다. 그 목적은 결코 풀 수 없는 수수께끼가 아니다. 하나님께서는 자신이 창조하시고 사랑하시는 사람들을 곯려주는 분이 아니다. 숨어 계시거나 멀리 떨어져 계시는 분도 아니다. 그분은 한 인격체로서 우리 중에 오셨으며 우리에게 "나를 본 자는 아버지를 보았다"고 말씀하셨다(요 14:9). 예수 그리스도는 하나님께서 정의, 화해, 평화, 연민으로 만드신 전체 창조 질서 위에 그분의 주권을 세우기 위해 행하신 역사적 기획의 이해를 가능케 하는 규범적 존재이시다.

따라서 선교신학은 "나라가 임하시오며 뜻이 하늘에서 이루어진 것 같이 땅에서도 이루어지이다"(마 6:10)라는 기도에 대해서 그것의 한 응답이 되기를 원하는 사람들의 동기(動機)와 행위를 "보다 나은 기초 위에서 정당화하고, 수정하고, 세우는" 역할을 한다. 간단히 말해서 선교신학은 모든 영역의 선교적 순종과 관련하여 무엇이 최선의 실천인지를 지속적으로 검토할 뿐만 아니라 그런 실천에 정당성을 부여해야 할 과제를 안고 있다.[26] 선교신학은 종말론적으로 – 하나님의 통치가 지상에 완전하게 실현되리라는 믿음의 관점에서 – 읽혀지는 사도적 복음과 역사에 근거하여 이론과 실천을 시험한다. 그 시험은 하나님 나라의 구체적인 삶에 관해서 분명하게 말하는 새로운 질서의 관계와 구조와 태도를 실현하려는 노력을 통해서 수행된다. 그것은 또한 종교적, 세속적, 혹은 이데올로기적 특성을 드러내는, 지금까지 알려진 모든 종류의 대안적 시도를 비판적으로 평가한다. 말할 필요도 없이 선교신학은 지속적으로 이루어져야 할 과제다. 왜냐하면 선교신학은 항상 기독교 공동체를 지향하면서 그 공동체가 자신에게 주어진 선교에 반응하여 올바른 방향으로 나아가도록 돕는 역할을 하기 때문이다.

---

[26] 4장부터 10장까지의 내용은 내가 선교신학에서 가장 본질적인 것이라고 생각하는 영역들이다.

토의과제

1. 어떤 신학이 젊은 그리스도인들을 자극하고 도전할 수 있겠는지에 관해서 말해 보자.

2. 아래에 주어진 두 가지는 그리스도인들 중에 찬반이 엇갈리는 이슈들이다. 당신은 이런 신학적 쟁점들에 대해서 어떤 해결책을 제시할 수 있는지 말해 보라.
   ① 믿음보다 경험이 더 중요하다.
   ② 교회 밖에는 구원이 없다.

3. 교회가 인종차별을 극복하기 위해 노력하고자 할 때 무엇이 최선의 실천적 방안이 될 수 있겠는지 말해 보자.

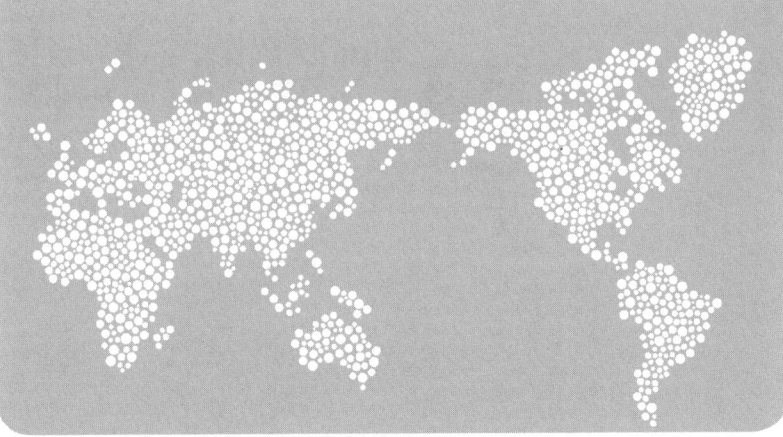

WHAT IS MISSION

2장

하나님의 선교와 교회의 응답

1. 올바른 선교와 그릇된 선교

'선교'와 '선교사'라는 단어가 많은 곳에서 부정적인 이미지를 나타내고 있다. 16세기 스페인과 포르투갈의 정복자들(*conquistadores*)가 시작한 근대 선교 운동사의 대부분은 왕권과 제단 사이의 동맹, 곧 땅을 약탈하는 국가와 부수적인 결과로 회심자들을 얻는 교회 사이의 동맹으로 해석되었다. 심지어 식민통치와 복음전파 사이에 그다지 직접적인 연관성이 없어 보이는 곳에서도 선교 사업은 종종 토착문화를 파괴하고 외국문화를 이식하는 것과 관련된 것으로 여겨진다.

오랫동안 서구의 선교 사업 – 종종 세속적인 사업 행위처럼 꼼꼼하게 계획된 – 은 유럽 문명의 강제적인 판매 행위로 해석되어 왔다. 사업 관계자들은 유럽 문명을 인간의 창의력으로 만들어낸 가장 뛰어난 산물로 인정하는 것을 당연하게 여겼다. 이런 선교 이미지에는 참된 것들도 많이 담겨 있지만, 반면에 많은 과장을 포함하고 있기도 하다. 선교 역사를 완전히 부정적인 방식으로 읽으려는 사람들은, 교회와 선교기관의 문서 창고에 앞으로도 오랫동안 그들의 부정적인 해석을 지지해 줄 수많은 이야기와 비사(秘史)가 가득 차 있다고 생각한다. 반면에 세계의 여러 곳곳에는 (내가 개인적으로 들은 바처럼) 지금도 여전히 감동과 칭찬의 대상이 되고 있는, 영웅적이고 희생적인 그리스도인들의 섬김의 이야기가 많이 있다.

언어학적으로, 이런 논쟁은 '선교사'라는 용어를 버리고 단지 '선교'라는 용어만 남겨놓는 결과를 가져왔다. 따라서 오늘날 전자는 종종 '선교 파트너'(mission partners, 혹은 '교환 파트너'<exchange partners>)로 불린다. 아마도 이것은 '파트너'(partner)와 '파트너십'(partnership)이라는 말이 다른 상황에서 적절하고 동의할만한 용어로 인식되고 있기 때문인 것으로 보인다. 선교는 오늘날 세속 세계에서 어떤 특정한 반향을 불러일으키고 있는 단어 중의 하나다. 최근에 많은 사업체와 기관이 고급 광택지로 만든 팸플릿의 첫머리에 그들의 특별한 존재 이유, 설립 목적과 비전을 담은 사명선언문(mission statement)을 만드는 일에 열중하고 있다. 일반적으로 한 조직체의 사명선언문은 그 조직체가 이 세상에 보내져서 해야 할 일이 무엇인지를 설명한다고 여겨진다.

기독교계에서 흔히 사용되는 '미션'이라는 말이 여기에 사용되고 있음을 주목해야 한다. 영어에는 이 말을 대체할만한 용어가 거의 없다. 그리스 정교회와 로마 가톨릭 전통에서는 '사도직'(apostolate)이라는 용어를 사용하기도 한다. 이 용어는 라틴어가 아닌 헬라어에서 파생된 말로서 별로 유리한 점이 없었던 초대교회의 사도시대로 연결시켜 주는 이점을 가지고 있다. 그러나 이 용어는 그다지 널리 사용되고 있지 않다 – 사도적 단체(apostolic societies) 혹은 사도적 회중(apostolic congregations)에 대해서 말하는 것은 그리 옳게 보이지 않는다. 천천히, 그리고 다소 고통스럽게, 선교는 과거에 전도와 교회개척만을 강조했던 서구 기독교의 선교 개념에서 탈피하여 세계의 모든 영역과 모든 장소에서 일하시는 하나님의 선교에 참여하는 교회의 본질적 부르심을 회복하는 것으로 재정의되고 있다.

선교는 더 이상 해외 혹은 다른 문화권에서 이루어지는 교회의 활동으로 생각되지 않고 있다. 선교의 전방(mission frontier)은 일차적으로 지리적인 영역이 아니라 신앙, 확신, 헌신의 영역에 있다. 따라서 세계교회협의회(WCC)의 세계선교와 전도분과위원회(Commission on World Mission and Evangelism)가 개최한 멕시코시티대회(Mexico City Conference, 1963)는 선교의 전방을 다음과 같이 설명하였다. "선교의 전방은 전 세계에 걸쳐 존재한다. 그것은, 눈에 보이지는 않지만, 신앙과 불신앙을 가르는 분리선으로서 다른 모든 전방들을 초월하며, 우주적 교회에 그 교회가 감당해야 할 우선적인 선교적 도전을 제시한다."[1)]

선교는 심원하지만 아주 단순하기도 하다. 그것은 파송된 기독교 공동체가 해야 할 일[2)], 더 구체적으로 말하자면 자신이 위치한 바로 그 자리에서부터 해야 할 일 – "너희가… 예루살렘과… 땅 끝까지 이르러 내 증인이 되리라"(행 1:8) – 을 가리킨다. 비록 지역적 상황에 따라 각각 다른 방식으로 수행되겠지만 선교의 의무는 기독교 공동체가 세워진 모든 곳에서 동일하게 적용된다. 그 의무의 본질에 관한 자세한 설명이 이 책 전체를 통해서 될 것이다. 이런 의미에서 선교에 관한 이해는 현재의 모습을 정확하게 파악하는 만큼 증진된다고 말할 수 있다.

2. 하나님의 선교(Missio Dei)

선교의 본질을 탐구하고자 할 때 가장 일반적으로 고려하는 개념들 중에 하나가 하나님의 선교다. 이 용어는 국제선교협의회(International Missionary Council)의 빌링엔대회(Willingen Conference, 1952)에서 처음 사용되었는데, 일차적인 의미는 온 우주 안에서, 그리고 그 우주를 위해 일하시

---

1) R. K. Orchard (ed.), *Witness in Six Continents: Records of the CWME… Mexico City 1963* (London, Edinburgh House Press, 1964); 또한 다음 자료를 참조하라. *Minutes of the Second Meeting of the CWME* (Geneva, WCC, 1963), 53, 125-7.

2) 이 장의 나중 부분에서 논의하겠지만, 어떤 사람들은 교회를 선교의 일차기관으로 여기지 말아야 한다고 생각한다.

는 하나님의 목적과 활동을 가리킨다. 이 용어의 광범위한 특성은 그것에 수많은 의미가 달려 있음을 의미하기도 한다. 합법적으로 혹은 비합법적으로, 하나님의 선교라는 이 용어는 모든 종류의 선교적 의제(議題)를 발의하는 데 사용되어 왔다. 우리가 앞으로 살펴보겠지만, 하나님의 목적을 신학적으로 해석하려는 사람들 사이에는 광범위하게 형성된 일정한 동의가 존재하고 있다. 물론 그 목적에 어떻게 구체적으로 반응해야 하는지에 관해서는 상당한 불일치가 있는 것도 사실이다.

어쩌면 하나님의 선교는 너무도 쉽게 당연한 것으로 수용되었는지도 모른다. 이런 점에서 이 용어가 명확한 의미를 갖는 표현이 되지 못하고 일종의 슬로건처럼 되는 경향이 나타나기도 한다. 그러므로 내 생각에 이 용어를 시사적인 유행어 혹은 운동표어 이상의 무엇으로 활용하고자 한다면 그것이 가지고 있는 가정(假定)들을 면밀히 살펴봄으로써 그것의 의미를 잘 검토해 보아야 한다.

1) 의미

하나님께서 선교하신다는 주장은 일정한 특성을 지닌 인격적인 하나님에 관해서 말하는 것을 전제하고 있다. 만일 누군가 - 일부 신학자들의 경우처럼 - 하나님은 항상 우리의 인식 범위를 초월해 존재하기 때문에 하나님에 관해서 정확하게 말하는 것이 불가능하다는 입장을 취하거나 혹은 '존재의 근거'(ground of Being), '궁극적 실체'(ultimately Real)[3]와 같이 추상적이고 비인격적인 범주를 사용하기 좋아한다면 결국 선교는 부적절한

---

3) 이런 식으로 대문자를 사용하는 관습은 마치 그 표현 이면에 뭔가 중요한 것이 있으리라는 잘못된 인상을 준다. 그러나 이런 표현 방식을 사용하는 이유는 어떤 최상의 존재를 묘사할 때 언어 표현의 근본적인 불확실성을 드러내기 위해서이다. 따라서 그것은 본질적으로 부정(否定)의 과정이다. 다음 자료들을 참조하라. Kenneth Hamilton, *The System and the Gospel: A Critique of Paul Tillich* (London, SCM Press, 1963); Alistair Macleod, *Tillich: An Essay on the Role of Ontology in His Philosophical Theology* (London, George Allen and Unwin, 1973), 61-7; Paul Badham, *A John Hick Reader* (London, Macmillan, 1990), 12-13, 172-3; John Hick, *An Interpretation of Religion: Human Responses to the Transcendent* (London, Macmillan, 1989).

개념이 되고 말 것이다.

  선교는 인격적 주체를 전제로 한 행위다. 그것은 하나님에 관한 인식 가능성을 다루는 철학적 토론이 아니며, 그분이 누구이고 어떤 속성을 가지고 있는지 이해하기 위해서 어떤 특정한 명제를 사용하지도 않는다. 하나님께서 우주 안에서 그분의 의지를 성취하기 위해 적극적으로 활동하고 있음을 깨닫기에 충분한 내용이 어느 시대, 어느 장소의 교회에나 이미 알려져 있고 또한 그곳에서 말해질 수 있다는 점이 필연적으로 전제되어야 한다.

  만일 이 전제가 흔들린다면 하나님께서는 삶의 모든 영역에 관심과 열정이 있을 뿐만 아니라 정의를 사랑하시고, 자비로 충만하셔서 용서하시는 분이심을 확신하는 것이 불합리해질 수밖에 없다. 더 나아가 하나님의 나라나 통치에 관해서 말하는 것 혹은 인간의 경험으로부터 하나님에 관한 유비적 언어를 사용하는 것 - 하나님의 사랑에 관한 호세아 선지자의 표현처럼, "내가… 내 팔로 안았음에도… 그들에게 대하여 그 목에서 멍에를 벗기는 자 같이 되었으며"(호 11:3-4) - 도 불가능할 것이다. 유비적인 언어를 사용하는 사람들은 그것의 잠재적인 위험성을 잘 알고 있다. 그러나 그들은 하나님에 대해서 그 어떤 종류의 인격적 묘사도 거부하는 입장이 가지고 있는 더 큰 위험성에 대해서도 잘 알고 있다.

  지금까지 비인격적인 용어를 사용하여 하나님을 파악하려고 했던 모든 시도는 불가피하게 극도의 막연함으로 끝나거나 - 모든 진술이 순간적으로, 그리고 점진적으로 제한되어 버리기 때문에 - 또 다른 이름의 무신론으로 끝나버리고 말았다. 이런 현실은 어쩌면 영국의 신학자 돈 큐피트(Don Cupitt)가 자신의 영적인 순례를 그리기 위해 사용했던 '하나님과의 작별'(Taking Leave of God)과 '믿음의 바다'(The Sea of Faith)라는 두 표현을 통해서 잘 묘사될 수 있다. 여기에서 인간 삶의 현실을 향한 탐험의 여행은 이민에 비유된다. 하나님께서는 사람들이 결코 돌아가려고 하지 않는 옛 나라에 홀로 남겨진다. 이제 사람들은 옛 생활로 되돌아가는 것만 빼고 어디든지 가고 싶은 대로 데려다 줄 수 있는, 혹은 그 어느 곳에도 데려다

줄 수 없는 - 어쩌면 그것은 아무 문제가 되지 않을 수도 있다 - 바다를 향해 항해를 시작한다.[4)]

따라서 **하나님의 선교**를 지성적으로 말하는 것은 명시적인 아브라함의 믿음에서 기원된 단일신론의 전통들 - 유대교, 기독교, 이슬람교 - 내에서만 가능하다. 만일 누군가 하나님에 관한 모든 언어가 인간의 구성물에 불과하다고 믿고 해체되고 파편화된 삶의 경험을 이해하기 위해 어떤 위대한 이론을 모색한다면, 그는 차라리 **인간의 선교**(missio hominis)를 말하는 것이 나을 것이다. 물론 인격적인 용어로 하나님을 말하는 것이 매우 정당하고 의미 있다는 주장이 모든 종류의 담화가 옳다는 것을 의미하지는 않는다. 그런 주장은 역사적으로 볼 때 모순이다. 오히려 그 주장은 사람들이 참된 언술과 거짓된 언술을 구분할 수 있게 해주는 충분한 근거가 있음을 의미한다.

2) 하나님의 목적

하나님의 목적에 관한 논의는 하나님의 선교가 지닌 의미를 탐구하기 위한 필수적인 예비 작업이다. 왜냐하면 이런 논의를 통해서 왜 하나님에 관한 터무니없는 개념들이 정당한 것으로 채택되는지 밝혀낼 수 있기 때문이다. 지금까지 창조와 인간의 역사 속에서 하나님께서 활동하시는 이유를 설명하는 다양한 방식이 소개되었다. 요하네스 버카일(Johannes Verkuyl)은 선교를 하나님께서 "우주와 모든 인간에 대한 자신의 해방하는 통치권을 재확립하는 일에 적극적으로 참여하는 것"으로 묘사한다.[5)]

---

4) 이미 『즐거운 학문』(The Gay Science)에서 하나님의 죽음을 선언한 니체가 바다의 은유를 사용했다는 것이 의미 있는가? "일찍이 사람들은 먼 바다를 바라보았을 때 '신'(God)을 말하였다. 그러나 나는 이제 그대들에게 '초인'(superman)에 대해 말하기를 가르치련다"(『짜라투스트라는 이렇게 말했다』<Thus Speak Zarathustra>). 다음 자료들을 참조하라. R. J. Holingdale, *A Nietzsche Reader* (Harmondsworth, Penguin Books, 1977), 202-3; Nietzsche, *Thus Spake Zarathustra: A Book for Everyone and No One* (Harmondsworth, Penguin Books, 1961), 109.

5) Johannes Verkuyl, "The Biblical Notion of Kingdom: Test of Validity for Theology of Religion," in Charles Van Engen, Dean Gilliland and Paul Pierson (eds.), *The Good*

에밀리오 카스트로(Emilio Castro)는 "성령의 능력으로 모든 자가 하나님과 교제하도록 만드시는 그리스도 예수의 주권 아래에서 모든 피조물을 모으는 것이… 하나님의 목적"이라고 말한다.[6] 윌버트 쉔크(Wilbert Shenk)는 "오늘날 하나님의 구속적 권능이 피조물을 부패와 죽음의 권세로부터 해방시켜 신적 목적을 성취하기 위해 특정한 전략을 통해 나타나고 있다"고 확신한다.[7]

3) 어떤 하나님?

기독교 계시를 따르기보다 존 힉(John Hick)이 주장하는 소위 코페르니쿠스적 혁명[8], 곧 행성들이 태양을 중심으로 돌고 있는 것처럼 인간계의 여러 다른 신앙전통들이 하나님을 중심으로 구성되어 있다는 주장을 따르는 사람들은 하나님의 선교를 본래 기독교 신앙에 주어진 것보다 더 넓은 의미를 내포하고 있는 것으로 생각한다. 말하자면 그들은 하나님의 선교 개념이 예수 그리스도의 배타적 중심성에 기초한 기독교 텍스트의 경계를 파괴한다고 생각한다. 이런 자유분방한 주장은 하나님의 선교를 정의나 해방과 같이 거대 주제를 중심으로 포괄하고, 그 관점에서 종교적이든 비종교적이든 모든 전통들이 그들의 의미 규정에 기여하는 방식들을 파악하려는 경향을 보인다.[9]

News of the Kingdom: Mission Theology for the Third Millenium (Maryknoll, Orbis Books, 1993), 72.

6) Emilio Castro, in Van Engen, Gilliland and Pierson (eds.), *The Good News of the Kingdom*, 133.

7) Wilbert Shenk, "The Mission Dynamic" in Willem Saayman and Klippies Kritzinger (eds.), *Mission in Bold Humility: David Bosch's Work Considered* (Maryknoll, Orbis Books, 1996), 84.

8) John Hick, *God and the Universe of Faith* (London, Macmillan, 1973).

9) 다음 인용문을 참조하라. Marjorie Hewitt Suchoki, "In Search of Justice: Religious Pluralism from a Feminist Perspective" in John Hick and Paul Knitter (eds.), *The Myth of Christian Uniqueness: Toward a Pluralist Theology of Religions* (Maryknoll, Orbis Books, 1987), 149:

대부분의 그리스도인들이 이런 접근방식을 따르지 않는 데에는 여러 가지 이유가 있다. 이미 논의한 바와 같이, 구체적이고 특정한 전통에서 하나님을 제거하면, (정의와 같은) 도덕적 실체들이나 (해방과 같은) 새로운 삶을 의미하는 용어들은 추상적이고 애매한 개념으로 전락하게 된다. 그것들은 실제 공동체에서 사용하는 특정한 관습에서 논거를 찾아야 한다. 기독교 공동체는 하나님에 관해서 말할 때 당연히 성부, 성자, 성령에 관해서 말해야 한다. 거기에 어떤 다른 하나님이 있을 수 없다. 그러므로 하나님의 선교에 관해서 말하는 것은 무조건 **삼위일체 하나님의 선교**(missio Trinitatis)를 가리키는 것이다.10) 만일 다른 신앙전통들이 하나님 – 혹은 어떤 그에 상응하는 존재 – 을 묘사하기 위해 대안적 표현을 사용한다면 그것은 그들의 문제일 뿐이다. 유사하지 않은 언어들을 혼용하는 것 혹은 분간할 수 없는 방식으로 그것들을 해석하려 든다면 단지 혼란만 야기하게 될 것이다.

4) 추진력

만일 하나님께서 이 세상에서 활동하시는 이유를 이해하고자 한다면 하나님의 선교라는 개념 속에 있는 삼위일체적 본성은 반드시 다뤄야 할

한 종교를 보편화함으로써 그것이 다른 모든 종교를 판단하고 평가하는 규범으로 취급하는 것은 억압으로 이어지고, 결국 자유주의자들이 근본적인 것으로 여기는 규범 – 세계 공동체 안에서 복지를 창조하는 규범적 정의 – 의 부재를 야기하게 된다.

10) 제임스 쉐러(James Scherer)에 따르면, 1960년대 초 '세속적 신학들'(secular theologies)의 영향 아래에 있었던 일부 선교학자들이 의도적으로 선교의 비삼위일체적 개념을 안출하였다. 그것은 "신적인 힘에 의해 안내된 내재적 역사과정으로 이루는… 세계와 역사의 변혁에 관한 이론으로서 다소 계몽주의의 이신론적 견해에 비견될 수 있다." ("Church, Kingdom and *Missio Dei*: Lutheran and Orthodox Correctives to Recent Ecumenical Mission Theology," in Van Engen, Gilliland and Pierson <eds.>, *The Good News of the Kingdom*, 86.) 로저 바삼(Roger Bassham) 따르면, 세계교회협의회(WCC), 복음주의, 로마 가톨릭의 세 흐름이 만나는 가장 중요한 합류 지점은 "선교적 활동의 삼위일체적 기초를 인식하는 데 있었다"("Mission Theology: 1948-1975" *Occasional Bulletin of Missionary Research* <vol. 4, no. 2, 1980>, 156). 나는 이런 판단이 20년 후에 수정될 필요가 있다고 생각하지 않는다.

주제다. 이 주제를 다루고 있는 대부분의 중요한 저작들에서[11] 끊임없이 언급되는 것은 하나님의 선교가 자신이 창조하신 우주와 특별히 자신의 형상을 닮은 인간 존재에 대한 하나님의 끝없고 비할 바 없는 사랑으로부터 시작된다는 것이다. 만일 창조가 사랑의 행위 그 자체라면 사랑은 인간과 자연이 역사적 시간 내에 출현하기 이전부터 하나님 안에 존재하고 있었던 실재(實在)여야만 한다. 사랑은 매우 인격적인 실재로서 오직 상호적인 관계 - "사랑 안의 존재"와 같이 - 안에서만 가능하다. 이런 이해는 하나님 - 자신 안에서 상호 인격적인 사랑을 활발하게 작동하는 하나님 - 에 관한 관계적 인식을 주장한다.

따라서 최근 선교적 논의에서 삼위일체를 공동체로 생각하는 관념이 사람들로부터 주목을 받게 된 것은 그리 놀랄 일이 아니다. "삼위일체 하나님은 신적 위격들의 공동체이다… 사랑(아가페)에 의해 성립되고 유지되는, 하나님이신 통일체/공동체는 인류를 위한 계획을 수립하신다."[12] 다시 말해서 하나님의 선교는 하나님 자신의 본질로부터 직접적으로 흘러나온다. 이 표현보다 더 기본적인 것은 있을 수 없다. 이 세계에 대한 하나님의 의도는 모든 점에서 그분이 존재하는 방식 - 사랑, 공동체, 평등, 다양성, 자비, 연민, 정의 - 을 드러내는 것이다. 사랑은 일반적으로 최고의 특성으로 여겨지지만 그것은 단지 하나님의 다른 모든 속성들이 가진 기능의 관점에서 바르게 이해될 수 있다. 예를 들면, 하나님의 정의는 자비롭고, 그분의 용서는 정의에 준하여 베풀며, 그분의 평등은 특수성을 고려하고, 그분의 사랑은 부드러울 뿐만 아니라 엄격하기도 하다.

---

11) 몇 가지 예를 들자면 다음과 같다. Michael Nazir Ali, *From Everywhere to Everywhere: A World View of Christian Mission* (London, Collins, 1990), 9; Vinoth Ramachandra, *The Rediscovery of Mission* (Carlisle, Paternoster Press, 1996), 237ff.; George Lemopoulos (ed.), *Your Will Be Done: Orthodoxy in Mission* (Geneva, WCC Publications, 1989), 80.
12) Michael Kinnamon (ed.), *Signs of the Spirit: Official Report, World Council of Churches Seventh Assembly* (Geneva, WCC Publications, 1992), para. 18.

5) 사랑의 논리

신적 사랑은 나르시시즘(narcissism, 자신에 대한 자기도취적 관심)과 정반대 되는 개념이다.[13] 그것은 타인을 최고와 최선으로 대하려는 자세, 그리고 그것을 위해 자신이 성취할 수 있는 모든 것을 희생하려는 열정을 가리킨다.[14] 예수께서 원수사랑(마 5:44)에 대해서 말씀하신 이유가 바로 여기에 있다. 예수께서 말씀하신 원수사랑은 우리를 미워하는 자들을 선대하고, 우리를 저주하는 자들을 축복하고, 우리를 모욕하는 자들을 위해 기도하고(눅 6:28), 그들을 먹이고 결코 복수하지 않는 것(롬 12:19-20)으로 해석된다.

사랑은 이론적으로 이해될 수 있는 개념이 아니다. 그것을 올바로 평가하기 위해서는 행위를 통해 드러나는 것을 보아야 한다. 신약성경이 사랑에 대한 가장 심원한 이해는 예수의 생애 안에서 보여주신 하나님의 행위로부터 시작된다고 주장하는 이유가 여기에 있다. "사랑은 여기 있으니 우리가 하나님을 사랑한 것이 아니요 하나님이 우리를 사랑하사 우리 죄를 속하기 위하여 화목 제물로 그 아들을 보내셨음이라"(요일 4:10). 다음 구절은 하나님께서 자신의 현존을 향유하기 위해 창조하였으나 하나님의 뜻대로 살지 않는 사람들의 적대 행위에 대한 가장 아름다운 반응을 표현하고 있다. "곧 우리가 원수 되었을 때에 그의 아들의 죽으심으로 말미암아 하나님과 화목하게 되었은즉"(롬 5:10).

다른 말로 하자면 하나님께서는 철저하게 자신 안에서 선교를 행하신

---

13) 고전적인 그리스 전설에 따르면, 나르키소스(Narcissus)는 여신 네메시스(Nemesis)의 저주를 받아 자기 자신의 아름다움을 관조하게 되었고, 그로 말미암아 자기 자신과의 깊은 사랑에 빠지게 되었다.

14) 사랑이 전혀 무관심한 방향으로 해석될 때 그것이 착취로 이어질 수 있다는 점이 지적되기도 한다. 특별히 여성에 대한 남성의 착취가 여기에 해당된다고 볼 수 있는데, 그런 착취는 종종 자기희생이 본질적으로 여성의 본성에 잘 어울린다는 신학적 입장에 기초한다(다음 자료를 참조하라. Musser and Price <eds.>, *A New Handbook of Christian Theology*, 300). 그러나 사랑은 남성에게도 똑같이 요구되며 – 어쩌면 더 많이 요구될지도 모른다. 왜냐하면 남편에게 아내를 사랑하라는 명령이 주어졌기 때문이다(엡 5:28) – 근본적으로 사랑하는 사람은 결코 남을 착취할 수 없다.

다. 보내고 보냄받는 것이 그분의 본성 안에서 완전하게 통합된다. 왜냐하면 사랑은 목적을 수행하면서 결코 계산하지 않기 때문이다. 어느 누구도 관심 밖으로 밀려나지 않는다. 심지어 반대되고, 거부되고, 오해될 때에도 사랑은 계속된다. 사랑은 원심적이다. 그것은 항상 중심으로부터 밖을 향해 뻗어나가려는 특성이 있다.

6) 하나님의 나라

현대의 선교신학자들 중에 하나님의 통치 혹은 지배를 배제한 채 하나님의 선교 개념을 파악하려고 시도하는 사람은 아무도 없을 것이다. 비록 그 개념 이면의 실체가 매우 단순할지라도, 그 표현은 현대인들에게 매우 낯설게 들리거나 적어도 이상하게 들릴 것이다. 왕권에 관한 언설은 남성적이고, 계급적이고, 위압적이고, 강요적인 듯이 들린다. 그러므로 하나님의 목적 안에 담긴 의미는 반드시 현대적인 사고 형식에 맞출 필요까지는 없지만 적어도 오해되지 않도록 설명되어야 한다. 기독교 신앙에 관한 기본적인 문서들에 이 표현이 공통적으로 나타나고 있다면 그것을 계속해서 사용해야 한다.

미래에 관한 비전을 표현하고 있는 성경 구절들 중 한 곳에서 바울은 예수 그리스도를 "모든 통치와 모든 권세와 능력을 멸하시고 나라를 아버지 하나님께 바칠" 분으로 묘사하고 있다(고전 15:24). 그 본문에서 바울은 하나님 나라를 인류의 노예화하려는 모든 지배에서 자유롭게 된 삶으로 이해한다. 그는 또한 '권세'(powers)를 지금 여기에서 인간의 삶을 파괴하는 적으로 이해한다. 최종적인 적은 죽음이다(고전 15:26). 그 밖의 다른 곳에서 바울은 노예화하는 모든 삶의 양상으로 권세를 정의한다. 예를 들자면 죄(롬 7:14), 계명(롬 7:10), 허무와 썩어짐(롬 8:19-21), 이 악한 세대(갈 1:4), 약하고 천박한 초등학문(갈 4:9), 악의 영들(엡 6:12)이 여기에 해당한다. 반대로 하나님 나라는 더 이상 파괴적인 세력에 종속되지 않는 삶을 말한다.

다른 의미에서 하나님 나라는 하나님의 성령이 지배하고, 의와 평강과 희락이 완전하고도 영구적으로 경험되는 삶의 영역이다(롬 14:17). 그것은 모든 사람이 똑같이 즐거워하고, 다른 사람을 선대하는 기쁨이 자신을 하나님의 완전하고 고귀한 은사로 고양시키는 것을 경험하는 메시아적 잔치다. 그곳은 하나님께서 "만유의 주"로서 다스리시는 영역이다(고전 15:28). 그분은 우주적으로 삶, 정의, 사랑, 지혜, 진리의 근원으로 인식되고, 유일한 구속자, 역사와 의인(義人), 자비로운 심판의 주로서 인식된다.

하나님 나라에 관한 성경적 언급들을 세계사와 교회에 연결시키고자 할 때 "썩어짐의 종노릇 한 데"서부터 "하나님의 자녀들의 영광의 자유"로 나아가는 해방의 관점에서 하나님 나라를 이해하는 것이 매우 중요하다(롬 8:21).

"일찍이 죽임을 당한 것" 같이 서 있는 어린양이 하나님 나라에 관한 비전의 중심에 있다(계 5:6). 이 장면은 하나님 나라의 의미를 파악하는데 매우 중요하다. 왜냐하면 삼위일체 하나님께서 자기를 희생하신 능력에 의해서 적대적인 세력들이 정복되고 하나님의 세계가 참된 창조와 섬김의 능력 안에서 다시 생명을 되찾을 수 있게 되었기 때문이다.

> 신약성경의 증언에 따르면, 믿음의 눈으로 볼 때 십자가는 패배한 것처럼 보이는 그곳에 하나님의 나라를 드러내신 장소다… 십자가는 하나님의 나라가 가까웠다는 본래적인 복음 선포의 의미가 계시된 장소다. 교회는 바로 이 믿음에 의해 유지되고 살아간다. 왜냐하면 연약함 속에서 십자가에 달린 바로 이 예수가 "성결의 영으로는 죽은 자들 중에서 부활하사 능력으로 하나님의 아들로 선포"되신 분이기 때문이다(롬 1:4).[15]

---

15) Lesslie Newbigin, *The Open Secret: An Introduction to the Theology of Mission*, revised edn (London, SPCK, 1995), 49; 또한 다음 자료들을 참조하라. Richard Bauckham, *The Bible in Politics: How to Read the Bible Politically* (London, SPCK, 1989), 148-9; Richard Bauckham, *The Theology of the Book of Revelation* (Cambridge, Cambridge University Press, 1993), 75.

3. 교회의 선교(Missio ecclesiae)

1) 선교의 정의

선교는 교회 삶의 가장 한 가운데에 있기 때문에 그것은 교회 현실의 한 양상으로 생각되기보다 오히려 교회의 본질을 규정하는 것으로 생각되는 것이 바람직하다. 선교를 교회가 감당해야 할 여러 의무들 중 하나로 전락시키지 않는 한 교회는 본질적으로 선교적이다. 교회가 선교적이기를 중단하는 것은 스스로 교회되기를 중단하는 것과 같다. 그러므로 교회의 자기이해와 정체성에 대한 인식(교회론)은 근본적으로 세상 끝 날까지 예수 그리스도의 복음을 전하고 그 복음을 따라 살아야 할 소명과 밀접한 관계에 있다. 선교 활동에 대한 강력한 사명의식이 없다면 교회는 보편적(catholic)이거나 사도적(apostolic)인 공동체로 여겨질 수 없다.

교회가 자기 실체를 제대로 파악하지 못함으로써 사람들은 단순히 교회적 삶과 전통을 유지하는 것이 대안적 선택인 양 이야기해 왔다. 그러나 그것은 결코 대안적 선택이 될 수 없다. 만일 교회가 단지 자신을 위해서만 존재한다면 교회는 자기 자신을 부정하게 된다. 다시 말해서 그 교회는 십자가에 달리시고 부활하신 예수 그리스도에 의해 존재하도록 부르심을 받은 공동체가 아닌 다른 그 무엇이 되고 만다.

> 선교는 우리의 기독교적 삶의 근본적인 현실이다. 우리가 그리스도인인 까닭은 우리가 인류 전체를 위한 그분의 목적을 성취하기 위해 그분과 함께 동역하도록 그분에 의해 부르심을 받았기 때문이다. 이 세상에서의 우리의 삶은 선교를 수행하는 삶이다. 삶은 단지 그것이 선교적인 차원을 가지는 한에서만 어떤 목적을 가진다.[16]

---

16) Emilio Castro, "Liberation, Development and Evangelism: Must We Choose in Mission?," *Occasional Bulletin for Missionary Research* (July 1978), 87.

선교의 본질을 분명하게 설명하기 위해서는 먼저 교회가 무엇인지에 관한 질문에 대답해야 한다. 교회는 전적으로 하나님께서 설정하신 목적을 위해 존재한다. 그러므로 교회는 자기 자신의 고유한 관심사를 만들어낼 자유를 가지고 있지 않다. 교회는 말씀과 행위로 예수 그리스도에 관한 좋은 소식을 전파함으로써 하나님께서 이 세계 내에서 활동하고 있다는 사실을 증언하는, 이른바 하나님의 선교에 반응하는 공동체다.

2) 선택

　불안한 이 세계와 관계를 맺기 위해 하나님께서는 모든 존재를 위한 자신의 동정적이고 해방적인 의지를 수행하는 일에 헌신할 사람들의 공동체를 찾으신다. 성경은 이 행위를 묘사하기 위해 '언약'(covenant)과 '선택'(election)이라는 두 단어를 사용한다. 하나님께서는 자신이 부른 사람들과 어떤 특별한 관계를 맺으시고, 메시지를 들을 모든 사람에게 예수 그리스도 안에 있는 구원의 말씀을 전달해야 할 특별한 책임을 그들에게 부여하신다. 불행하게도, 역사의 과정 속에서 이 관계는 너무나 자주 어떤 특정한 권리 혹은 보다 우월한 권력을 나타내는 것으로 잘못 해석되었다. 그로 말미암아 교회는 유혹을 받아 종종 자신이 사회 안에서 명시적인 권리와 특전을 가지는 것이 당연하다고 생각하는 잘못을 저지르고 말았다.

　선택은 임명을 의미한다. 정치적 과정에서처럼 선택한 사람에게 우선적인 책임이 있다. 오늘날과 같이 평등과 다원주의를 매우 강조하는 시대에는 신이 특별하게 인류 전체로부터 하나의 집단만을 불렀다는 사실이 쉽게 이해되지 않는다. 따라서 몇 가지 중요한 점들을 지적해야겠다.

　(1) 하나님의 백성이 부르심을 받은 것은 그럴만한 자격이 있어서가 아니다

　그들은 다른 사람들보다 더 나은 자격을 갖추고 있거나 더 뛰어난 사람

들이라고 볼 수 없다. 그들은 삶에서 실패와 가난을 겪는 사람들이다. 그런데 역설적이게도, 그들은 하나님에게서 용서받고 자신들의 귀중한 가치를 재발견하는 새로운 출발을 경험해야 한다는 사실을 인정하지 않는 사람들이다. 오만한 그리스도인이란 개념은 논리적으로 명사(名辭) 모순에 해당한다.

(2) 하나님의 백성이 부르심을 받은 이유는 자신의 이익을 얻기 위해서가 아니다

이 세상에서 가장 빈곤한 사람들을 위해 일하는 **새로운** 종류의 교회들 중에는 충분한 믿음을 가지고 구하는 모든 사람에게 하나님께서 선물을 쏟아 부어 주실 것이라는 허황된 가르침을 가르치는 교회들이 있다. 그들은 하나님을 위해 자신들이 뭔가 행한 것에 대한 답례로 하나님께서 반드시 자신들을 축복하실 것이며, 그것이 하나님과 자신들 사이에 맺은 약속이라고 믿는다. 종종 '번영의 교리' 혹은 '건강과 부'의 가르침으로 불리는 이런 주장은 그들을 기만적이고 왜곡된 신앙으로 이끈다. 이것은 과거의 '적하(積荷) 신앙'(cargo cult, 멜라네시아나 뉴기니 등지에서 일어난 것으로서 조상의 영혼이 재화<財貨>를 가지고 배나 비행기로 돌아와 백인을 쫓아내고 지상 낙원을 만들어 준다고 믿는 신앙 - 역주)17)의 현대판과 같다. 물론 하나님을 알고 사랑하는 사람이 누리는 많은 축복이 있는 것은 사실이다. 그런데 특이하게도, 그 축복은 하나님께서 세계를 온전히 다스리시기까지 예수 그리스도를 따르기 위해 다른 모든 것을 포기할 때에만 주어진다(막 10:28-31; 8:34-37).

---

17) 피선교민이 주장하는 신앙으로서 복음이 풍부한 물질적 축복을 동반한다고 믿는 것이다 - 이 내용에 관해서는 다음 자료들을 참조하라. Friedrich Steinbauer, *Melanesian Cargo Cults: New Salvation Movements in the South Pacific* (London, George Prior, 1979); Carl Loegliger and Garry Trompf, *New Religious Movements in Melanesia* (Suva, University of the South Pacific, 1985).

(3) 선교를 향한 하나님의 부르심은 봉사를 향한 부르심이다

다시 말해서 봉사는 교회의 기능들 가운데 하나가 아니라 교회를 규정하는 정의(定義)들 가운데 하나다. 예수께서 세우신 공동체는 **디아코니아**(diakonia)이다(막 10:43-5). 하나님의 백성은 그들의 형식적인 경건에 의해서가 아니라 예수 그리스도께서 자신과 동일시하는, 도움이 필요한 사람들에게 보여주는 그들의 자발적인 연민에 의해 평가된다(마 25:44; 행 11:29; 12:25).

언약과 선택에 관한 성경적 이해는 하나님의 백성에게 유익한 것임에 틀림없지만 그것은 오직 하나님의 백성이 되는 것이 이 세계에서 행하시는 하나님의 활동에 참여하기 위한 - 그것이 비록 희생과 고통을 의미한다고 할지라도 - 특권임을 인식하는 사람에게만 적용된다. 세계의 여러 곳에 흩어져 있는 그리스도인들 중에는 이 사실을 잘 이해하고 있는 사람들이 많이 있다. 그들은 예수 그리스도의 진리를 신실하게 증언하기 위해 그들 자신의 안전 혹은 세속적 출세를 포기한다. 서구에 살고 있는 우리 그리스도인들은 우리의 친구들과 이웃들이 향유하고 있는 안락한 삶을 다른 사람들과 함께 나누어야 할 모든 종류의 합당한 이유들을 잘 알고 있다. 표면적으로, 우리는 궁핍한 사람들에게 반응하지 못하고 그들에게 복음을 전하지 못하는 나름대로의 이유도 설명한다. 우리 사회가 가지고 있는 전제들 가운데 많은 것들이 삶에 대한 기독교적 입장과 맞지 않으며, 무관심 혹은 적개심으로 뒤덮인 사회에서 작은 소수파가 되어버린 우리는 자중할 수밖에 없다고 말한다.

그러나 교회는 스스로 자신이 처한 처지에 의해 왜곡될 수 있는 여러 가능성을 잘 예방할 수 있어야 한다.[18] 그럴 수만 있다면 교회가 예수 그리스도께서 모든 개인과 민족에게 - 실로 오늘날의 모든 왜곡된 세계 질서에게 - 좋은 소식이 된다는 사실을 알고 전하는 기쁨과 영광을 누릴 권리를 가지는 것은 지극히 당연하다.

---

18) 다음 자료를 참조하라. Lesslie Newbigin, *The Open Secret*, 77-8.

4. 하나님의 나라와 교회

1) 교회를 통한 선교?

지난 반세기 동안 하나님의 선교와 교회와 세계 사이의 관계에 관한 활발한 논의가 교회 안에서 일어났다. 과거에, 하나님의 모든 목적은 오직 교회를 통해서만 배타적으로 성취된다고 믿는 그리스도인들이 존재했던 시절이 있었다. 하나님 나라를 교회와 완전히 동일시하거나 하나님 나라를 순수한 미래적 사건으로만 여기는 신학들도 있었다.[19] 지난 두 세기의 놀라운 선교 약진의 밑바탕에는 교회 중심적 선교학(a Church-centered missiology)이 있었다. 자립, 자치, 자전하는 교회의 설립을 강조하는[20] 선교학은 그 선교 방식에 내재되어 있는 **교화적**(civilising) 특성으로 말미암아 어느 정도 하나님 나라에 관한 (왜곡된) 입장을 반영하고 있다.[21]

2) 세계를 통한 선교?

반면에 교회를 거의 전적으로 무시하는 신학들도 있다. 그런 신학들은 세계 내에서 이루어지는 하나님의 직접적인 활동을 선교의 핵심 실마리로 여긴다. 그것들은 때때로 하나님께서 구원하시는 공동체에 초점을 맞추는 구속사(救贖史)와, 하나님께서 정한 길에서 떠나 소외됨으로써 심판에 이르게 될 사람들에 초점을 맞추는 세속사(世俗史)를 구분하는 것을 거부한다. 그 신학을 주장하는 사람들에 따르면, 구원은 세상 안에서 일어나며, 하나님께서는 인간화, 곧 인간의 번영을 위해 단계적으로 조건을 만들어나가는 인간화의 과정을 통해 자신의 목적을

---

19) 다음 자료들을 참조하라. Wilbert Shenk, "The Mission Dynamic," 84-5; Howard Snyder, *Kingdom Lifestyle: Calling in the Church to Live under God's Reign* (Basingstoke, Marshall Pickering, 1986).
20) 다음 자료를 참조하라. James Scherer, "Church, Kingdom and *Missio Dei*," 82-3.
21) 다음 자료를 참조하라. Charles Taber, *The World Is Too Much with Us: 'Culture' in Modern Protestant Missions* (Macon, Mercer University Press, 1991), 60-1, 79-80.

이루어가신다.

과거의 선교 패턴들은 교회를 세상을 향한 하나님의 선교의 담지자로 보았다. 오늘날에는 불의, 인종차별, 고독, 그 밖의 여러 개인적 위기가 발생하는 상황 속에서 인간화의 주제가 분명한 이슈로 떠오르고 있다. 세상은 그 인간화를 추구하는 사람들에 반응하는 교회와 더불어 하나의 중요한 초점이 되었다. 이런 관계성 속에서 선교는 도시의 갱신, 시민권 운동, 지역사회 발전 프로젝트에 참여하는 것과 동일한 그 무엇이 되고 말았다.[22]

세상에서 무슨 일이 일어나고 있는지 해석하는 역할을 제외하면 교회는 이런 하나님의 선교 개념으로부터 다소 동떨어져 있다.

이런 방식의 선교 이해와 가장 밀접하게 연관된 인물들은 네덜란드의 두 신학자인 밴 르우웬(A. T. Van Leeuwen)과 J. C. 호켄다이크(J. C. Hoekendijk)이다.[23] 르우웬은 하나님께서 역사 과정 속에서 세속 영역과 종교 영역 사이의 구분, 성직과 세속 직업 사이의 구분을 철폐하셨다고 주장한다. 이 견해에 따르면, 기독교의 진수(眞髓)는 복음 자체가 삶의 전 영역을 변혁하기 시작할 때 기독교가 하나의 종교로서 스스로를 불필요한 것으로 만든다는 것이다. 하나님께서 가장 중요하게 여기는 일은 모든 사람을 위한 복지가 강화된 그런 사회를 만들기 위해 다양한 (기술적, 경제적) 혁명을 통해 인간의 발전을 도모하는 것이다.[24]

호켄다이크는 나치 이데올로기의 영향 하에서 형성된 교회의 선교가 얼마나 왜곡된 것인지를 깊이 탐구하는 작업으로부터 시작했다.[25] 국민교

---

22) Roger Bassham, "Mission Theology: 1948-1975," 53.
23) 다음 자료들을 참조하라. A. T. Van Leeuwen, *Christianity in World History: The Meeting of Faiths East and West* (New York, Scribners, 1964) and J. C. Hoekendijk, *The Church Inside Out* (London, SCM Press, 1967).
24) 성(聖)과 속(俗)의 잘못된 구별에 대한 다른 해석은 이 책 11장을 보라.
25) J. C. Hoekendijk, *Kirche und Volk in der deutscher Missionswissenschaft* (Munich, Kaiser Verlag, 1967).

회(volkskirche, 전체 국민의 교회)는 국가에 의해 국가 이데올로기를 지지하거나 수동적이고 우매한 기관이 되어 국민의 자기정체성을 보존하는 역할을 하도록 조작되었다. 교회를 선교의 중심에 놓을 때 교회는 자신의 운명과 우선적 역할을 논하는 자리에서 스스로 재판관과 배심원이 되는 모순을 낳는다. 거기에는 자기비판을 위해 외부에서 주어진 그 어떤 근본적인 기준도 없다. 라틴 아메리카의 선교학자인 이스마엘 아마야(Ismael Amaya)는 근대에 추진된 선교 사업들을, 그럴싸하게 보이는 문화의 형식적 차원을 중시하는 경향을 교회가 무비판적으로 받아들인 결과로 여긴다.[26] 그는 교회 – 특히 미국의 – 가 개인적 자유와 자유 시장 경제의 아메리칸 드림(American dream)과 복음을 혼동한 점을 비판한다.

그러므로 선교에 대한 교회 지향적 견해에 내재해 있는 위험들을 제거할 수 있는 해결책은 교회를 하나의 실체(實體)로 최소화하는 것이다. 그리고 겉치레하고 자기를 과장하는 교회의 주장들을 배제하고 교회를 오직 하나님 나라의 지평 안에서만 작동하도록 해야 한다. 호켄다이크는 이 점에 관해서 다음과 같이 단호하게 말한다. "교회의 본질은 그것의 기능, 곧 그리스도의 사도적 사역에 참여하는 기능에 의해 충분히 규정될 수 있다."

3) 선교와 공동체

그러나 교회를 하나님의 선교를 감당하는 대행자 혹은 센터로 여기는 것은 종종 사람들이 말하는 것만큼 그렇게 잘못된 것만은 아니다.[27] 예

---

26) Ismael Amaya, "A Latin American Critique of Western Theology," *Evangelical Review of Mission* (vol. 7, 1, 1983), 20.
27) 스탠리 하우어와스(Stanley Hauerwas)는, 가장 자존심을 내세우는 현대의 신학자들이 포기한 – 정도의 차이는 있지만 – 이 논제 곧 '교회 밖에는 구원이 없다'는 논제를 다음과 같이 도발적으로 주장한다.

> 교회는 하나님의 이야기 속에서 지엽적인 역할을 맡지 않았으며, 오히려 그리스도 안에서 실행된 구원에 필수적인 역할을 담당하였다. 교회가 인상적이긴 하지만 그러나 죽은 창시자를 기억하기 위해 모인 사람들이 아닌 점은

를 들어, 바울의 옥중서신들(에베소서와 골로새서)에서 교회는 "다 그리스도 안에서 통일되게"(엡 1:10) 하려는 하나님의 목적 바로 그것의 중심에 위치하고 있다. 성경은 교회가 복음의 수단이 될 뿐만 아니라 복음의 한 부분이 된다는 점을 말하고 있다(엡 3:6). 종종 사람들이 망각하기도 하지만 이런 주장의 근거는 분명하다. 예수 그리스도 안에서 화목하게 하시는 하나님의 행위(고후 5:19)는 단지 각 개인들(롬 5:10-11)과 만물(골 1:20)뿐만 아니라 인간과 인간 사이의 관계 회복을 목적으로 한다.

소외의 극복은 서로 대립하는 집단들 사이의 적대 행위를 끝내는 방식으로 나타나야 한다(엡 2:14-22). 화해는 각 집단이 단지 서로 우호적으로 지내자고 결정할 때가 아니라 그들이 같은 공동체에 속할 때 이루어진다. 그들은 그 공동체에서 자신들의 정체성을 포기하고(골 3:11) 공동의 목표를 위해 자신들의 야심을 유보하는 법을 배운다. 선교하는 교회(the Church in mission)가 모든 종류의 민족주의에 위협이 되고 교정 수단이 되는 이유가 여기에 있다. 만일 교회가 모든 문화적, 민족적 경계를 넘어 "그리스도를 경외함으로 피차 복종하라"(엡 5:21)는 명령을 심각하게 받아들였다면 오늘날 세계에는 근본적이고 철저한 변화가 일어났을 것이다.

4) 하나님의 나라, 교회, 세계

하나님의 선교라는 영역 안에서 하나님 나라와 교회와 세계가 빚어내는 관계의 복잡성을 인정함에도 불구하고 몇 가지 신학적 통합 작업을 시도해야 한다. 대부분의 선교학자들은 교회를 단지 자기의식적 하나님

과거에나 현재에나 여전히 마찬가지다. 오히려 교회는 부활하신 주님을 증언하기 위해 열방으로부터 모인 사람들을 가리킨다. 교회가 없다면 세상은 문자 그대로 구원에 대해 아무런 희망도 가질 수 없다. 왜냐하면 세상은 자신이 어떤 한 이야기를 구성하는 한 부분임을 깨달아야 하는데, 그 이야기는 교회 없이는 절대로 알 수 없기 때문이다(*After Christendom? How the Church Is to Behave If Freedom, Justice and a Christian Nation Are Bad Ideas* <Nashville, Abingdon Press, 1991>, 36).

선교의 중심에 서 있는 교회에 관해서는 이 책 11장에서 더 자세하게 논의할 것이다.

나라의 대행자로 생각하면서 이 작업을 수행해 왔다. 만일 하나님 나라가 병들고 깨어진 세계, 그리고 하나님 나라를 모르는 많은 사람들에게 온전한 삶을 회복시켜주는 것과 관련되어 있다면 교회는 하나님 나라의 대행자가 될 수도 있을 것이다. 그러나 왕 되신 하나님의 통치를 인정하고 복종하지 않는다면 결코 그 나라에 속할 수 없다. 세속사는 오는 하나님 나라가 인간의 모든 삶의 영역에서 선하고, 정의롭고, 아름답고, 참된 모든 것을 완성할 때 비로소 의미를 가진다. 그러나 그것은 결코 하나님의 구원과 동일시 될 수 없다. 왜냐하면 하나님의 구원은 타락하고, 불의하고, 추하고, 거짓된 모든 세계의 제거를 전제로 삼고 있기 때문이다(계 21:26-27).

그러므로 교회는 의도적으로 하나님 나라의 의미와 연결된 상관성(relevance)을 증명하지만 결코 그 하나님 나라와 동일시 될 수는 없다. 교회는 하나님 나라의 살아 있는 해석이 되어야 할 위험한 의무를 지니고 있다. 만약 그렇지 않으면 하나님 나라는 단지 개량(改良)을 위한 슬로건, 이데올로기, 혹은 인간적 프로그램에 그칠 수 있다.[28] 교회는 하나님 나라를 설교하고 교육함으로써 그것의 지지자가 되고, 예배하는 삶을 통해서[29] 그것의 전달자가 되며, 화해와 평화와 정의를 위한 활동을 통해서 그것의 도구가 된다. 이와 관련하여 카스트로는 다음과 같이 말한다.

> 교회는 하나님 나라의 예기(豫期)가 되도록… 부름 받았다. 그것은 자신의 내적인 삶 속에서 정의의 가치와 돕는 사랑을 보여주고, 전체 인간 공동체를 위해 아브라함의 전통 중에서 찾아볼 수 있는 중재적 기능 곧 사제적 종

---

28) 다음 자료를 참조하라. Lesslie Newbigin, *Sign of the Kingdom* (Grand Rapids, Eerdmans, 1980), 19.
29) 예상하고 있는 바와 같이, 동방 정교회는 예배를 하나님 나라에 대한 증언을 가능케 하는 강력한 수단으로 강조한다. "예전의 기능은 우리 각 개인을 교회의 '산 돌'(living stones)로, 그리고 공동체를 하나님 나라가 드러난 진정한 표상으로 변화시키는 것이다." (Ion Bria <ed.>, *Go Forth in Peace: Orthodox Perspectives on Mission* <Geneva, WCC, 1986>, 17).

의 사명으로 발전시키고, 소망을 가지고 하나님 나라의 오심을 성례전적으로 축하하고, 주님의 오심을 교훈하는 비유의 열 처녀처럼 깨어 있고, 주님을 선포하고 섬기기 위해 부르심을 받아 전 세계로 파송되는 하나님의 선교적 백성이 되는 것을 가리킨다. 교회는 하나님 나라를 세상에 알리고 나타냄으로써 그 사명을 감당한다.30)

쉔크는 다음과 같은 유용한 방식으로 여러 개념들의 관계를 정리한다. 첫째, 하나님의 통치가 선교에 우선한다. 둘째, 선교가 교회보다 우선한다. 셋째, 오순절 날에 세상에서 이루어지는 예수 그리스도의 선교를 계속하도록 성령께서 제자 공동체를 구비시켰다.31) 선교의 세 번째 사실로부터 교회가 예수의 길을 따르는 부르심을 어떻게 이행해야 하는지 다음 장에서 보다 구체적으로 살펴볼 것이다.

다음과 같은 몇 가지 기본적인 사실들을 이해하는 것은, 그것이 하나님의 선교 안에서 하나님 나라와 세계와 교회에 어떤 방식으로 연결되든지 간에 매우 중요하다.

(1) 인간의 역사와 문화는 예수 그리스도 안에서 얻는 구원의 지식과 의식적이고 직접적인 방식으로 접촉한 적이 없다고 해서 모두 의미가 없는 것은 아니다. 인간 존재는 하나님의 형상으로 창조되었기 때문에 비록 필연적인 타락에 의해 그 형상을 잃어버렸음에도 불구하고 하나님의 새 창조의 한 부분을 구성한다.

(2) 모든 종류의 불의, 질병, 억압, 폭력을 극복하는 과정에서 인간이 얻은 이득을 예수 그리스도의 복음 안에서 제공되는 구원과 동일하게 생각하지 말아야 한다. 복음은 우상숭배라는 보다 근본적인 문제를 제거한다. 그러나 그 이득이 현실 세계와 전혀 무관한 어떤 질서라고 볼 수는 없

---

30) Emilio Castro, *Freedom in Mission: The Perspective of the Kingdom of God* (Geneva, WCC Publications, 1985), 62.
31) Wilbert Shenk, "The Mission Dynamic," 90.

다. 왜냐하면 오고 있는 하나님 나라 안에 약속된 변화는 내면적 생활과 외면적 생활, 개인 생활과 사회생활을 포괄하는 전체 삶과 관련되어 있기 때문이다.

(3) 이것은 하나님의 선교가 세상과 교회 양자 속에서 수행된다는 것을 의미한다. 하나님의 선교는 복음과의 접촉이 없는 인간사(人間史)에서 보다 덜한 정도로 수행되고, 반면에 사람들이 복음을 믿고 복종하는 곳에서는 보다 더한 정도로 수행된다. 우리는 신학적 연구 과정을 진행하면서 여러 차례 이와 같이 서로 다른 영역들의 관계를 살펴볼 것이다. 그 관계를 올바로 이해하는 것은 건전한 선교관을 확립하는 데에 결정적으로 중요하다.

토의과제

1. 사랑, 정의, 성결, 분노, 자비와 같은, 하나님의 본질을 드러내는 양상들이 하나님의 선교를 어떻게 모양 짓는지 말해보자.

2. 하나님의 나라가 교회와 세상에 대해서 어떤 관련성을 가지는지를 설명하는 다이어그램을 그려보자.

3. 선교에의 비전을 잃어버린 교회와 그것을 회복하기 위해 취할 수 있는 단계들을 설명해 보자.

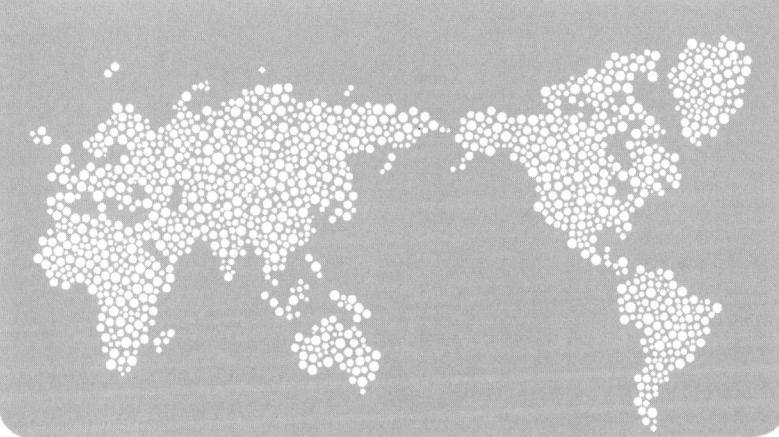

3장
예수 그리스도의 길을 따르는 선교

1. 주제의 중요성

이 장의 제목은 부분적으로 1989년 세계교회협의회(World Council of Churches)가 샌안토니오(San Antonio)에서 개최한 세계선교와 전도 대회의 주제 – "당신의 뜻이 이루어지이다: 그리스도의 길을 따르는 선교" – 로부터 영감을 얻었다.[1] 이 주제는 하나님의 뜻을 행하는 것과 예수를 따르는 것 사이에, 그리고 '하나님의 선교'(missio Dei)와 '그리스도의 선교'(missio Christi) 사이에 불가분의 연관성이 있음을 말한다. 만일 하나님의 선교가 해방신학자들이 말하는 '구체적 실천'에 근거하지 않는다면 그것은 공허한 것이 될 수 있으며, 이데올로기적 조작이나 정치적 조작 혹은 종교적 조작 – 혹은 세 가지 모두 – 에 노출되고 말 것이다.

또 다른 판단 기준은 위르겐 몰트만(Jürgen Moltmann)의 뛰어난 기독론적 연구서인 『예수 그리스도의 길』(*The Way of Jesus Christ*)이다.[2] 그는 이런 특

---

[1] 다음 자료를 참조하라. Frederick R. Wilson, *The San Antonio Report: Your Will Be Done: Mission in Christ's Way* (Geneva, WCC Publications, 1990), 5-6. 이 표현은 다음 자료에서도 발견된다. *Mission and Evangelism: An Ecumenical Affirmation* (Geneva, WCC, 1983), Section 4.

[2] Jürgen Moltmann, *The Way of Jesus Christ: Christology in Messianic Dimensions*

별한 제목을 선택한 이유에 대해서 다음과 같이 말한다.

> 내가 원하는 것은… 역사 속에서 갈등을 겪으며 길을 가면서 방향을 찾는 사람들을 위한 기독론이었다… 역사한테서 추방당한 몸이 되어 삶을 찾는 사람들에게는 순례자들을 위한 기독론이 필요하다… 이것은 길의 기독론(a christology of the way)을 의미한다. 그 기독론은 자신 너머를 가리키며 사람들을 그리스도의 미래로 끌어당겨 그리스도의 길 위에 있게 하고 그 길을 따라 앞으로 나아가게 한다.3)

예수 그리스도의 길은 두 가지 분명한 요소를 지니고 있는데, 하나는 예수의 공생애 활동이며 다른 하나는 제자들이 보여준 모습이다. 첫 번째의 경우, 우리는 예수께서 자신의 사명을 어떻게 수행하셨는지를 묻는다. 두 번째의 경우, 우리는 예수를 따르는 자들이 어떻게 살아야 하는지를 묻는다. 선교에 관해 말하는 신약성경의 본문들 중에 가장 포괄적인 것인 요한복음 20:21 – "아버지께서 나를 보내신 것 같이 나도 너희를 보내노라." – 을 진지하게 생각하고자 할 때 이 연구는 매우 중요하다. 여기에서 특별히 "같이"라는 단어가 주는 의미를 잘 파악할 필요가 있다. 예수 그리스도는 어떻게 세상으로 보내졌는가? 그분은 어떻게 제자들을 세상으로 보내시는가?

만일 "가서 너도 이와 같이 하라"(눅 10:37) – 이 구절은 멸시 받는 한 민족에 속한, 까닭 없는 폭력의 희생자들에게 보여준 자비를 의미한다 – 는 교훈 혹은 "그러므로 하늘에 계신 너희 아버지의 온전하심과 같이 너희도 온전하라"(마 5:48)는 교훈 – 이 구절은 원수들을 사랑해야 함을 말한다 – 을 마음에 둔다면 다음과 같은 비슷한 질문들이 생길 수 있다. 가서 예수께서 하신 것처럼 행한다는 말은 무슨 뜻인가? 그분과는 전혀 다른 환경에 처해 있는 우리의 상황에서 예수 그리스도의 길을 따르는 선교를 수행할 수 있는 가능성은 무엇인가?

(London, SCM Press, 1990).
3) ibid., xiii-xiv.

그러나 여러 가지 차이점 - 아래에서 살펴볼 것이다 - 에도 불구하고 예수 그리스도의 길을 따르는 것(제자도)이 선교적 신실성을 검증하는 유일한 방법이라는 뿌리 깊은 확신이 기독교 공동체의 역사 속에 면면히 흘러오고 있다. 교회는 그리스도의 선교를 무시하거나 변형시키는 바로 그 순간 길을 잃게 된다. 예를 들어, 16세기에 중남미의 스페인 정복자들이 "예수 그리스도의 길을 따르는" 선교를 행하였다고 생각하는 것이 과연 가능한가? 혹은 고대와 근대에 교회와 국가의 동맹 관계를 지지하는 옹호자들이 예수의 길을 따르는 선교란 예수께서 어떤 분이신지를 신실하게 성찰하는 작업임을 생각할 수 있었겠는가? 비록 그리스도의 길을 따르는 선교를 깨닫고 재적용하는 문제가 복잡하다고 할지라도 기독교 공동체는 자신의 행위를 측정할 표준 - 자신의 정책, 프로그램, 실천에 이의를 제기할 수 있는 표준 - 이 필요하다. 그것 없이는 선교는 단순히 그 어떤 특정 문화 혹은 역사의 한 순간이 보여주는 것에 임의적으로 반응하는 것으로 전락하고 만다.

2. 역사적 예수에 관한 탐구

최근까지 기독교 운동의 시작과 오늘날에 존재하는 교회와 사복음서의 관계에 관한 많은 질문이 검토되고 논의되어 왔다. 여기에서 모든 이슈를 하나씩 떼어 내어 충분히 논의하는 것은 불가능하다. 내가 할 수 있는 일은 몇 가지 문제를 짧게 설명하고 예수 그리스도의 길을 따르는 선교에 관하여 생각하고 있는 가정들을 요약적으로 제시하는 것이다.

어떤 학자들은 예수의 생애 중에 일어난 사건들을 사건이 일어난 그대로 생생하게 재발견할 가능성이 없다고 믿는다. 예수의 역사에 대한 유일한 접근은 시간이 훨씬 지난 뒤 그분의 제자들에 의해 쓰인 저작물들뿐이라는 점에 근거하여 그들은 성경에 나오는 복음이야기들이 지나치게 초대교회의 해석으로 가득 차 있기 때문에 본래의 예수를 복원하는 일이 거의 불가능하다고 생각한다. 이런 그들의 생각은 복음서 저자들이 예수의 생애에 일어난 사건들을 있는 그대로의 사실로서 보고하는 데에는 관심이 없었고 오직 그리스도의 의미에 대한 신학적 통찰을 드러내는 데에만 관심이 있었다는 주장을 전제로 한다. 더욱이 이 견해에 따르면, 복음서에 나타난 예수의 상은 적어도 그분이 죽은 후 30-40년 후에 교회가 직면한 이슈들에 일정한 지침을 주기 위해 형성된 것이다.

가장 회의적인 입장을 취하고 있는 이 견해는 성경의 역사적 자료들은 초기 기독교 공동체들이나 그들에 반대했던 집단들에 관심이 없고, 대신 오직 신앙적인 관점에서 예수 이야기를 기술하는 데에만 관심이 있었다고 생각한다. 그렇게 함으로써 그들은 강력한 억압 세력들의 위협 아래에서 힘겹게 살아가고 있는 회중들에게 희망과 용기를 불어넣어 주고자 했다는 것이다. 이런 가정들은 예수에 관한 이야기들 속에 담겨 있는 초대교회의 삶과 증언이 어떻게 반영되어 있는지를 알아낼 목적으로 복음서의 텍스트들을 정밀하게 조사하는 결과를 낳았다. 이 목적을 달성하기 위해 사용된 방법을 소위 양식비평 - 혹은 전승사 - 이라고 부른다. 이 방법은 기독교 공동체들의 최종 양식을 당연한 것으로 생각하기 전에 어떻게 그것들이 그 공동체 내에서 기술 혹은 재기술되었는지 조사하려는 목적을 갖고 복음서의 각 부분을 연구하는 것을 내용으로 한다.

역사적 예수에 관해 관심을 보이지 않는 진영들도 있었지만, 그럼에도 불구하고 예수께서 보여주었을 진정한 모습에 대한 탐구는 지금까지 한 번도 중단된 적이 없었다. 현재 신약 성경학자들이 하고 있는 소위 역사적 예수에 관한 탐구 과정은 셋째 국면으로 접어들고 있다. 초대교회가 설교한 예수 이면에 숨겨져 있는 그분의 본래 모습을 찾으려는 작업에는 거의 저항할 수 없는 어떤 힘이 작용하고 있다. 그렇게 하는 데에는 나름대로 중요한 몇 가지 이유가 있다.

1) 나사렛 예수에 대한 관심 부족을 정당화해 주었던 근본적인 전제들이 모두 문제시되었다. 예를 들어, 신앙에 의한 관점은 불가피하게 역사를

곡해할 수밖에 없다는 견해, 신앙은 역사에 의지할 필요가 없다는 견해, 혹은 초대교회는 이방 세계가 주로 보편적 이상(理想)에 관심이 있었기 때문에 있는 그대로의 모습대로 말하는 것에 관심이 없었다는 견해 등이 그것에 해당된다.

2) 역사적 연구의 한 방법인 양식비평 혹은 전승사는 일종의 순환논법에 근거하고 있다는 점이 주목되었다. 예수에 관한 이야기들이 주로 초대교회에 관한 정보를 전달하고 있다고 **가정한다면** 당연히 그렇게 보일 것이다. 각 자료는 복음서 이야기의 기초 위에 재구성한 소위 '주장된'(alleged) 공동체들의 관점에서 파악될 것이다. 그러나 그렇게 재구성한 역사를 검증할 수 있는 독립적인 자료가 없기 때문에 복음서의 기사(記事)들이 예수의 삶보다 초대교회의 삶에 관해서 더 많이 말하고 있다는 주장을 시험할 방도가 없다. 결론은 이미 전제 속에 주어져 있고 심각한 역사적 문제는 무시되었다.

3) 만일 '예수운동'(Jesus movement)을 움직이는 역사적 원인을 발견할 수 없다면 그 예수운동의 탄생과 성장은 하나의 수수께끼에 불과할 것이다. 오직 예수의 원형적 이야기에 의해서만 설명될 수 있는 심각한 역사적 사실들이 있다. 초대교회에 대한 박해는 유대인과 헬라인과 로마인에 의해 무차별적으로 자행되었다. 안타깝게도 작고 무력한 이 공동체로 하여금 그토록 괴롭고 두렵도록 만든 것은 무엇이었을까? 또한 복음서들에는 예수에 대한 반대 행위들도 기록되어 있다. 예수에 관해서 상상의 날개를 펴서 재구성해본다면 그분의 십자가 처형은 불가해하다.[4] 초대교회에는 어떤 의미에서 역사의 종말이 그 시대에 이미 도래했으며, 실제로 일어난 십자가 사건은 사람들이 상상했던 방식이 아니었다는 믿음이 있었다. 예수의 죽음 이후에 와해되지 않은, 예수의 추종자들이 형성한 공동체가 실

---

4) 다음 자료를 참조하라. Tom Wright, *Jesus and the Victory of God* (London, SPCK, 1996), 59.

제로 존재했었다. 그들이 이스라엘의 적들인 이교도들의 손에 죽은 메시아에 관한 이야기에 자신들의 존재근거를 둔 이유는 무엇이었을까? 또한 그들은 어떻게 유대인들로 하여금 하나님께서 악을 정복하기 위해 이미 자신의 약속들을 성취하고 계시며 자기 백성이 세계 내에서 감당해야 할 선교적 사명을 재설정하셨다고 믿게 만들었을까?

이런 이유들과 또 다른 이유들 때문에 역사적 탐구의 심각한 문제들이 다시 다뤄지고 있다. 오늘날, 복음서들을 만들어낸 초대교회의 환경보다도 초대교회를 탄생시킨 예수의 환경에 관심을 가지는 경향이 있다. 그럼에도 불구하고 어떤 학자들은 여전히 복음서의 담화들에 나오는 예수에 관한 정보를 통해서는 정확하게 실제 역사적 상황에 들어맞는 모습으로서 그분의 액면적 가치를 알 수 없다는 선험적 가정을 가지고 작업하고 있다. 달리 말해서 예수께서는 복음서 저자들이 제공하는 모습과 다른 모습으로 존재했었으리라는 가정은 쉽게 시들지 않고 있다. 그러나 만일 예수의 이야기에서 초대교회의 삶이 아닌 유대인들의 삶을 재구성한다면 우리가 다른 자료들을 통해 알고 있는 것과 일치하는 패턴이 나타난다. 더욱이 초대교회의 난제를 설명할 수 있는 것은 바로 그 이야기들이다.

3. 선교에 미치는 역사의 중요성

그 어떤 컨텍스트에서도 예수께서 하나님의 구원 계획에 관해서 말씀하시고 행하신 것은 교회의 선교에 관한 모든 논의의 출발점이 된다.[5] 이것은 예수께서 어떤 분이신지, 그리고 그분이 어떤 목적을 가지고 계셨는지를 발견하는 것이 다른 모든 것에 우선하는 필수적인 내용임을 의미한다. 그리고 그런 까닭에 역사적 탐구는 반드시 해야 할 정당한 과제가 된다.

---

5) 다음 자료를 참조하라. Donald Senior and Carroll Stuhlmueller, *The Biblical Foundations for Mission* (London, SCM Press, 1983), 144-6.

역사적 연구를 추구하는 관점에서는 예수 그리스도를 믿는 믿음을 보호해야 할 아무런 이유가 없다. 실제로 무슨 일이 일어났는가? 그리고 과거의 실제 모습에 기초한 믿음이 – 심지어 그 믿음이 예수께서 살아계시고 현존하심을 믿는 믿음이라고 할지라도 – 왜 그토록 중요한가?

만약 이 접근방식을 택하지 않는다면 예수는 상상 속의 인물, 그분 자신이 실제로 보여주었던 모습과 전혀 무관한 이상적인 상징 혹은 프로그램이 되고 만다. 이런 일이 벌어진다면 역사적 순수성에 근거하여, 예수를 재구성하려는 모든 노력을 재검토하고 반대할 수 있는 가능성이 사라진다. 정말 무모순성을 확보하려면 절대적으로 다양한 예수의 상이 필요하다. 내 경험에 비추어 볼 때 복음서에서 보여주고 있는 예수의 이미지와 대조를 이루는 여러 형태의 재창조된 예수의 이미지들은 일반적으로 그렇게 해가 되지 않는다.

자료에 대한 가장 만족스러운 설명은 종종 아주 간단한 형태로 제시된다. 달리 말하자면, 이론이 증거에 대해서 설명하는 방식이 복잡하면 할수록 그 이론은 실체로부터 더 멀어지는 경향이 있다. 만일 모순인 것처럼 보이는 것에 대한 그럴듯한 설명이 모두 빠짐없이 규명되지 않는 한 일반적으로 예수에 관한 이야기들과 발언들이 확실하게 전해졌을 것이라고 가정하는 것을 무조건 불합리한 것으로 치부할 수는 없다. 오히려 추측을 실증할 구체적이고 설득력 있는 증거가 없을 때, 일어났을 법한 개연적 사건에 대한 공허한 논의를 거부하는 것은 어느 정도 정당하다. 이것은 건전한 역사적 상식에 속한다. 가장 신뢰할만한 사실로 평가할 수 있는 단계에 이르기 전에 역사가는 잘 검증된 자료를 제시할 수 있어야 한다.

역사비평은 가설들을 고찰하고 대안적 설명의 장점들을 비교 검토하는 것을 의미한다. 그러나 산출된 증거는 충분히 신뢰할만한 것으로서 원칙적으로 입증할 수 있어야 한다. 복음서를 비평하는 이론들은 피상적으로 연관된 사고, 암시, 언어, 역사적 환경 사이의 약한 연결 위에 세워져 왔다. 추측들 중에는 흥미 있고, 심지어 매우 창의적인 것들도 많이 있다. 그러나 문제는 증거가 너무 빈약하다는 것이다. 역사 분석으로 절대적 확실성을 성취할 수는 없다. 무언가 의미 있는 것을 말하기 위해서 역사분석은 단지 가능성이 있는 것으로부터 개연성이 있는 것으로 옮겨 가야 한다.

복음서를 실제 사건들의 진지한 기록으로 취급해야 할 충분한 이유들이 있다. 적어도 복음서들이 그것을 암시적으로 혹은 명시적으로 주장하고 있다(예를 들면, 눅 1:1-4; 23:48; 막 1:16-20; 6:1-3; 11:15-16; 14:43-46). 복음서 저자들은 실제 세계의 사건을 언급하지 않는 이야기 – 예를 들면, 비유 – 와 널리 알려진, 실제 일어난 이야기 사이의 차이를 알고 존중했다. 유대교 환경에서 글을 써야 했던 그들은 자신들의 신앙을 역사적 사건들에 연결하면서 하나님께서 그것들을 통해서 일하신다고 믿었을 것이다. 그들은 출애굽 사건, 팔레스타인 정착, 북왕국 멸망, 바빌론 유수, 마카비 승리와 같은 이야기들 – 이것들은 그들의 역사에서 결정적인 계기들을 가리킨다 – 을 어떤 도덕적 교훈을 주기 위해 고안해 낸 우화, 곧 꾸며낸 이야기로 이해할 수 없었을 것이다. 결론적으로, 어떻게 하나님께서 이 세계에 자신의 정의로운 통치를 일으키는지에 관해서 얼마든지 좋은 이론을 만들 수는 있지만, 그리고 하나님의 구원은 특정 지역, 특정 시간에 일어난 구체적인 사건을 통해 성취된다는 확신도 가능하지만, 그 이론과 확신 자체가 사회적 추방, 투옥, 고문, 순교의 위협 혹은 그것들의 실제를 만들어낼 수도 없고, 또한 그렇게 되지도 않았다.[6]

대체적으로 볼 때, 복음서가 말하고 있는 예수의 이야기가 초기 기독교 공동체들의 존재에 관한 가장 가능한 설명이다. 로마의 지배 아래 있었던 1세기의 유대인들에 대해서 우리가 알고 있는 지식에 가장 적합한 인물인 예수는 또한 복음서의 예수이기도 하다. 복음서의 이야기들은 놀라운 속도로 퍼져 나갔을 뿐만 아니라 그 집단을 말살하려는 산발적이고도 지속적인 시도 속에서도 살아남은 기독교 선교운동의 창시자가 된 한 비범한 인물에 관한, 신뢰할만한 생생한 묘사를 보여주고 있다.

역사적 방법론에 관한 이슈로부터 선교의 통전성에 관한 이슈로 전환

---

[6] 다음 자료를 참조하라. Tom Wright, *The New Testament and the People of God* (London, SPCK, 1992), 445.

하는 것은 예수께서 어떤 분인지, 그분이 어떤 의도를 가지고 활동하셨는지, 그리고 그분이 과연 성공했는지에 관한 문제들을 탐구하는 것을 의미한다.

4. 예수의 공생애

1) 개요

복음서들을 보면 예수의 공적 활동에 논리적으로 뚜렷한 한 가지 패턴이 나타나고 있음을 알 수 있다. 예수께서는 요한으로 불리는 인물이 요단강에서 사람들에게 세례를 베풀 때 처음 부각되었다. 그분은 하나님 나라의 도래를 주요 메시지로 선포하면서 순회 사역을 시작했다. 그분은 또한 많은 사람을 고쳐 주셨고 작은 한 집단을 구성하여 자신을 따르도록 하셨다. 그분은 당시의 정치적이고 종교적인 지도자들과 갈등을 빚었는데, 그 이유는 그분이 당시 지도자들이 정결하지 않다고 생각하는 사람들과 함께 먹고 그들이 무례하다고 생각하는 주장을 일삼았기 때문이었다. 부분적으로 성전에서의 극적인 사건 때문에 결국 그분은 체포되어 로마인들에게 넘겨졌으며, 관례적으로 반역자에게 사용된 방식으로 처형되었다. 며칠 후 그분의 제자들은 그분이 다시 살아났으며 그들에게 나타나셨다고 주장했다.

2) 세례

예수께서는 동포들과 함께 요한에게서 세례를 받음으로써 이스라엘을 향해 죄의 심판과 회개와 용서를 선포한 요한의 메시지에 자신을 일체화시켰다. 그의 메시지는 하나님께서 어떤 특별한 방식으로 행하실 것을 선언하는 내용 – "천국이 가까이 왔느니라"(마 3:2) – 을 담고 있었다. 예수께서는 자신의 행위를 특별한 선교의 시작으로 해석하였다 – "우리가 이와 같이 하여 모든 의를 이루는 것이 합당하니라"(마 3:15).

3) 유혹

유혹에 관한 이야기는 그것을 통해 예수의 삶의 방향이 도전 받고 명확하게 설명되는 까닭에 그에게 주어진 특별한 사명의 의미를 확인해 준다. 예수의 사명을 이해하는 핵심 열쇠 중의 하나인 '하나님의 아들'이라는 표현 – "네가 만일 하나님의 아들이어든"(마 4:3, 6) – 의 의미는 아직도 논쟁 중에 있다. 예수께서 받으신 유혹은 그 호칭을 자신에게 적용하는 것이 아니라 자신이 정말 자격자인 것을 사람들이 확신하도록 공개적으로 극적인 기적을 보여주는 것이었다. 예수께서 사탄의 제안을 따르지 않고 거부한 것은 그분이 이미 특정한 선택의 권리를 배제했음을 암시한다.

일반적으로 예수께 주어진 가장 큰 유혹은 그 땅을 지배하고 있었던 로마에 대항하는 반란의 중심이 되는 것이었다고 본다. 하나님의 통치가 도래했다는 주장에 대한 한 가지 자연스러운 해석은 하나님께서 자기 백성을 외국 침략자들의 부정한 주둔으로부터 해방시키고 자신의 도덕적 명령에 다시 헌신케 함으로써 번영을 회복하게 될 것이라는 생각이었다(행 1:6). 이 두 가지는 서로 밀접하게 연관되어 있다. 예수의 실제 사명은 이러한 염원에 대한 급진적인 재해석으로 여겨져야 할 것이다.

4) 논쟁

그럼에도 불구하고, 예수께서 취한 행동에는 자칫 오해하기 쉬운 수많은 논쟁적 행위가 포함되어 있다.[7] 예수께서는 요한이 설교했던 하나

---

7) 어떤 사람은 예수께서 결코 안전을 도모하지 않았다고 말할 것이다. 하나님의 다스리심에 관한 문화적 기대가 1세기 팔레스타인 지역에 너무 강하게 퍼져 있어서 예수께서는 오해받을 위험성을 감수해야 했다. 그분의 공적 사역은 대체로 하나님의 통치에 대한 자신의 해석을 실천하는 것, 그리고 그 해석을 "들을 귀 있는 자"(막 4:23)에게 가능한 한 효

님 나라에 관한 메시지를 계속 선포했다. 그분은 상당히 미심쩍은 인물들 중에서 자신의 일을 함께 나눌 일단(一團)의 사람들을 선택하여 불렀다.[8] 그분은 자신이 성경의 말씀을 성취하고 있음을 공개적으로 주장하였다(눅 4:21). 그분은 갈릴리 전역을 다니면서 치유와 축사 사역을 하였다(막 1:39). 그분은 다음과 같은 행위를 함으로써 심각한 논쟁을 불러 일으켰다.

① 한 중풍병자의 죄를 용서하셨다(막 2:1-12).
② 한 세리를 불러 자신을 따르게 하셨다(막 2:14), 세리의 친구들과 함께 잡수셨다(막 2:15-16).
③ 금식에 관한 엄격한 규정을 따르도록 제자들에게 강조하지 않으셨다(막 2:18-20).
④ 안식일 규정을 명백하게 어기셨다(막 2:23-27; 3:1-5).

5) 갈등

예수께서 의식적으로 자신을 메시아 - 이 세계에 대한 하나님의 통치의 예정된 대행자 - 로 생각하고 있었는지에 대해서는 지금까지 뜨거운 논쟁이 계속 되고 있다. 한 때 '메시아 비밀'(messianic secret)로 불리는 이론이 크게 유행한 적이 있었다. 이 이론에 따르면, 예수께서는 매우 의식적으로 메시아 호칭을 거부하고 대신 '인자'라는 덜 감동적인 호칭을 좋아했다(예를 들면, 막 14:61-62). 그분은 여러 사람에게 그런 소문을 퍼뜨리지 말라고 명령했으며(막 1:44), 여러 경우에 잘못된 희망이 유발되는 것을 걱정하여 공적인 장소에서 물러나셨다(눅 5:15-16). 그러나 이 이론은 두 가지 매우 중요한 사실을 무시하고 있다. 첫째, 이 이론은 당시 1세기에는 메시아의 본성에 관해 한 가지로 통일된 의견이 없었다는 점을 무시하고 있다. 둘째,

---
과적으로 전달하는 것이었다.
8) 적어도 마태, 가나나인 시몬, 가룟 유다가 이에 해당한다(막 3:18).

이 이론은 예수의 행위가 그분의 말보다 더 큰 영향력을 미치고 있었음을 무시하고 있다. 아마도 우리는 예수께서 메시아에 대해서 해석한 만큼 자신을 메시아로 생각했다고 가정해야 할 것이다. 우리가 그렇게 해야 할 가장 확실한 이유는 그의 가르침과 행위가 유발시킨 갈등에 있다.[9] 그 갈등은 예수께서 자신과 하나님 나라와의 관계를 해석한 것에 대한 직접적인 결과로 주어진 것이다. 아래의 내용은 예수와 대립했던 사람들 - 정치 지도자들과 종교 지도자들 사이의 믿기 어려운 제휴(막 3:6) - 과 예수 사이에 있었던 갈등의 주원인들이다.

(1) 전통과 율법

예수께서 자기 백성의 전통들이 완전히 폐기되어야 한다고 가르치거나 그렇게 실천하지 않은 것이 사실이긴 하지만(마 5:17-19) 그렇다고 해서 그것들을 절대화한 것도 아니었다. 그분은 전통의 목적이 안내하고 훈계하는 것이며 지배하거나 노예화하는 것이 아니라고 가르쳤다(마 23:3-4). 전통은 하나님께서 창조의 과정 중에 있는 새 질서의 맥락 속에 설정되어야 한다. "새 포도주는 새 부대에 넣느니라"(막 2:22). 이 질서 안에서 중요한 것은 사랑과 정의의 관계다. 그것들은 미움, 착취, 사기, 폭력의 의도를 감추는 관례에 순응함으로써 생겨나는 것이 아니라(막 7:14-15, 20-23) 새 마음에서 생겨난다(렘 31:33).

산상설교는 하나님 나라에 요구되는 의를 묘사하고 있는데(마 6:33), 그 의는 현재 실천되고 있는 의의 기준을 넘어선다(마 5:20). 사실 그것은 피와 살을 가지고 있는 보통의 평범한 인간에게 해당되는 것이 아닌, 일종의 영웅적 윤리로서 해석될 수 있다. 그러나 그것은 그 어느 제자도 피해갈 수 없는 삶의 방식이다. 그 가르침은 하나님 나라에서의 제자도와 그것을 실천하는 구성원을 규정짓는다(마 5:20; 7:21-23; 25:34 이하).

---

9) 다음 자료를 참조하라. J. Andrew Kirk, *A New World Coming* (Basingstoke, Marshalls, 1983), 100-2.

(2) 민족주의와 혈연

예수와 유대교 지도자들 간의 갈등은 규정과 규칙에 관한 것이 아니라 그것들이 표상하는 근본적인 정체성에 관한 것이었다.10) 음식에 관한 율법, 안식일, 결혼 관습, 할례와 성전의 정결성 등은 이스라엘 민족의 신적 기원을 가리키는 상징들이었는데, 그것들이 예수 당시에 심각할 정도로 문제가 되고 있었다. 예수께서는 이 상징들의 중요성을 상대화하거나 그것들이 사람들의 삶을 더 풍요롭게 하기 위해 적용되어야 한다는 점을 지적함으로써 – "안식일이 사람을 위하여 있는 것이요 사람이 안식일을 위하여 있는 것이 아니니"(막 2:27), "모든 음식물을 깨끗하다 하시니라"(막 7:19) – 특정한 민족 집단에 속하는 것의 본질에 대해서 의미 있는 언급을 하셨다.

자기 부친에 대한 가족의 의무를 지키기 위해 (합법적으로) 허락을 요청하는 제자에게 예수께서 보이신 반응 – "죽은 자들로 자기의 죽은 자들을 장사하게 하고 너는 가서 하나님의 나라를 전파하라"(눅 9:60) – 은 대부분의 사람이 괘씸하게 여겼을 것이다. 우리는 단지 예수께서 도래하는 하나님 나라에 반응하여 확연하게 다른 가치를 지닌 대안적 공동체를 만드는 것을 자신의 사명으로 이해하고 있었다는 점만을 지적할 수 있다. 이것은 두 가지 다른 언급에 의해 강조되었다. "누구든지 하나님의 뜻대로 행하는 자는 내 형제요 자매요 어머니이니라"(막 3:35), "내가 진실로 너희에게 이르노니 나와 복음을 위하여 집이나 형제나 자매나 어머니나 아버지나 자식이나 전토를 버린 자는 현세에 있어 집과 형제와 자매와 어머니와 자식과 전토를 백배나 받되 박해를 겸하여 받고 내세에 영생을 받지 못할 자가 없느니라"(막 10:29-30). 예수께서는 하나님께서 자신을 통해 무엇을 행하고 있는지를 분명하게 이해하고 계셨다. 앞의 두 구절을 통해서 예수께서는 자신의 이해에 대해 새로운 충성을 선언하라고 요구하고 있다. 이 새로운 공동체 안에서 혈연과 민족 집단에 대한 충성은 개인의 정체성

---

10) "구별된 규범을 지키는 것은 이웃 나라 이교도들로부터 이스라엘을 구분지어 주는 바로 그 수단이었다"(Tom Wright, *Jesus and the Victory of God*, 383).

을 규정하는 주요 근거가 되지 못한다. 이것이야말로 정말 급진적인 설교가 아닐 수 없다!¹¹⁾

다른 말로 하자면 하나님 나라에 대한 예수의 비전은 민족적 주권을 지키는 것이나 민족적 순수성을 유지하는 것과 아무런 관련이 없었다. 하나님 나라에서 인종과 민족적 정체성은 핵심 문제가 아니다. 그것들은 차별의 근거를 제공하지 않는다. 선언하셨을 뿐만 아니라 그것을 따라 사신 예수의 메시지는 하나님 나라로 부르시는 그분의 초대에 응하지 못하게 하고 특정 국가, 민족 집단, 가족에 계속 충성하게 하려는 모든 시도를 비판한다.

(3) 소외된 사람들

최근에 예수의 선교에서 찾아볼 수 있는 여러 양상 중에서 외부자들(outsiders)과 연대하시려는 그분의 의지가 많이 언급되고 있다. 1세기 팔레스타인의 사회적 조건에 대한 역사적 연구들은 예수께서 활동하시던 시대에 많은 사람이 지역사회 생활의 정상적인 혜택에서 배제되어 있었다는 증거를 다수 제시하고 있다.[12] 그들은 문둥병자들과 다른 질병에 걸린 자들,[13] 율법에 관해서 충분히 엄격하지 않았던 '죄인들,' 창녀들, 빚진 자들, 로마에 협력하는 자들, 매인 노동자들이었다. 복음서는 이들을 집단적으로 '가난한 자들'로 언급한다. 그 이유는 두 가지다. 첫째, 그들은 의지할만한 재산 혹은 가족이 없었기 때문이고, 둘째, '규범적' 사회가 여러 가지 면에서 그들을 일탈자로 여겼기 때문이다.

예수께서는 이들과 만나 함께 먹었으며, 그들을 만지고, 고치고, 용서하

---

11) 예수의 요구는 분명히 초기 기독교 공동체 구성원들에게 너무도 급진적인 것이었음에 틀림이 없다(행 10:15; 15:5, 20).
12) 다음 자료들을 참조하라. Gerd Theissen, *The Gospels in Context: Social and Political History in the Synoptic Tradition* (Minneapolis, Fortress Press, 1991); 72-5; Helmut Koester, *Introduction to the New Testament: History, Culture and Religion in the Hellenistic Age* (Philadelphia, Fortress Press, 1982), 62-3; Sean Freyne, "Bandits in Galilee: A Contribution to the Study of Social Conditions in First-Century Palestine," in Jacob Neusner et al., *The Social World of Formative Christianity and Judaism* (Philadelphia, Fortress Press, 1988), 62-4; Richard Horsley, *Sociology and the Jesus Movement* (New York, Continuum, 1994), 71-80, 88-90.
13) 질병 혹은 신체적 장애는 죄로 인한 하나님의 불만족의 징표로 생각되었다.

고, 그들이 '내부자들'(insiders)보다 앞서 하나님 나라에 들어가게 될 것임을 선언하신다.

> 예수께서 선포하시고 가난한 자들, 병자들, 죄인들, 세리들을 대하시면서 보여주시는 하나님의 나라는 전체 피조 세계 위에 하나님의 주되심(lordship)을 높이 드러낼 뿐만 아니라 민족들의 멋지고 기쁜 잔치를 가능하게 한다(사 25:6-8; 눅 13:29)… 우리는 예수께서 죄인들, 세리들과 함께 먹고 마시는 행위를 이런 맥락에서 보아야 한다. 이들 '불의한 사람들'과 함께 함으로써 그분은… 자비하신 하나님의 수용과 죄의 용서가 의미하는 것을 자신의 인격 안에서 드러내고 있다… 예수께서는 자신의 시대에 차별 받는 사람들과 메시아 시대의 축제적 잔치를 벌이신다… 이 잔치를 통해서 그분은 일을 행하시는 하나님의 방식을 드러내신다.[14]

가난한 자들이란 기본적인 생활필수품이 부족한 사람들보다 더 넓은 범주를 가리키며, 예수 당시의 팔레스타인에서 매우 큰 집단을 형성하고 있었다. 이들은 통치 체제로부터 불이익을 받는 사람들로서 권력을 가진 사람들에 의해 사회에 무익한 자들, 사회 부적응자들, 사회 전복을 꾀하는 자들로 규정된 '대중'(大衆)이었다. 그들은 차별, 편견, 특권 보호 때문에 시민사회의 완전한 구성원이 될 기회를 전혀 갖지 못했다. 하나님 나라의 설교는 다른 종류의 체제를 말하고 있었기 때문에 그들에게 좋은 소식으로 다가왔다(눅 6:20).

그 어느 누구도 지배 체제와 그것을 대신할 체제의 본질에 대해서 예수와 필적할만한 인식을 가지지 못했다. 예수께서는 그 새로운 대안적 체제를 '하

---

14) Jürgen Moltmann, *The Way of Jesus Christ*, 115. 또한 다음 자료들을 참조하라. Jon Sobrino, *Christology at the Crossroads: A Latin American Approach* (London, SCM Press, 1978), 353-74; Jon Sobrino, "The Epiphany of the God of Life in Jesus of Nazareth" in Pablo Richard et al., *The Idols of Death and the God of Life* (Maryknoll, Orbis Books, 1983), 66-102; Jorge Pixley and Clodovis Boff, *The Bible, the Church and the Poor* (Tunbridge Wells, Burns and Oates, 1989), 56-65, 68-71.

나님 나라'라고 불렀다. 그것의 실제 내용을 구체적으로 언급하기 위해 나는 그 표현을 '지배가 없는 하나님의 질서'(God's domination-free-order)로 바꾸어 말한다.15)

(4) 돈, 명예, 권력
하나님 나라에 대한 예수의 생각은 생각할 수 있는 거의 모든 영역에서 그분이 살던 시대의 지도자들이 가졌던 생각과 완전히 달랐다.

> 돈은 절대자가 되고자 하는 우상이기 때문에 하나님과 돈을 함께 섬기는 것은 불가능하다(마 6:24)… 예수께서는 그 누구도 함께 있기를 원치 않았던 사람들과 더불어 잘못된 편에 서신다… 그분은 하나님께서 소자들 곧 사회에 대한 아무런 가치를 느끼지 못하는 사람들 편에 서 있다는 것을 선언하신다(마 9:10 참조)… 그분은 아버지의 자기 계시가 지혜로운 자들이 아닌 단순한 자들에게 나타난 것을 기뻐하신다(마 11:25 이하)… 그분은 "집권자들이 그들을 임의로 주관하고 그 고관들이 그들에게 권세를" 부린다고 주장하면서 정치적 권력의 정체를 폭로하신다(막 10:42).16)

톰 라이트(Tom Wright)는 소유에 무관심하라는 예수의 요구를 땅에 대한 우상숭배적인 태도와 연결한다. 어떻게 해서든지 '약속된' 땅에 대한 권리를 지키려는 유대인의 의식을 통해서 보면 돈의 기만적 본성에 관한 예수의 말(예를 들면, 마 6:19-21; 눅 12:13-15, 33-34) 가운데 많은 것을 잘 이해할 수 있다. 땅은 유대인의 세계관에서 가장 중요한 것 가운데 하나였다. 그것은 그들을 "끝내 얻을 수 없는 그들의 땅을 지키기 위한 전쟁"으로 끌어들었다.17) 같은 맥락에서, 자기 외에 대부분의 사람을 기본적인 삶의

---
15) Walter Wink, *Healing a Nation's Wounds: Reconciliation on the Road to Democracy* (Uppsala, Life and Peace Institute, 1997), 5.
16) Carlos Bravo, "Jesus of Nazareth, Christ the Liberator" in Sobrino and Ellacuria, *Systematic Theology*, 111-12.
17) Tom Wright, *Jesus and the Victory of God*, 403-5.

영역에서 배제시키는 대가를 치르고서라도 자기 땅 – 어떤 형태로든지 사유재산으로 이해되는 – 의 권리를 지키려는 태도는 모든 사람에게 넉넉한 복을 주시려는 하나님의 의지를 부정하는 것이었다고 – 현재에도 그렇다 – 말할 수 있다.18)

복음서의 이야기들은 우리에게 정치적 권력에 대한 예수의 태도를 구체적인 형태로 재구성할 수 있는 충분한 정보를 제공하지 않는다. 그러나 하나님 나라에 관한 그분의 말과 태도가 로마인들, 헤롯당원들, 사두개인들의 권력과 갈등을 빚었다는 것을 암시하는 수많은 힌트가 있다. 로마 제국을 지탱하는 세금 납부에 관한 유명한 질문에 응답하면서 예수께서는 하나님의 권위와 지상 권력자들이 가진 권위를 분명하게 구분하신다(막 12:17). 헤롯을 "저 여우"로 부르는 그분의 말(눅 13:32)은 헤롯의 권리에 대한 무관심과 그를 타산적이고 부정직한 실용주의자로 보는 입장이 반영되고 있다. 산헤드린 공의회의 행위에 대한 예수의 모욕(요 18:19-23; 마 26:57-68)은 정의의 왜곡을 인정할 수 없다는 – 그 땅에서 가장 높은 종교적 권위가 있는 자들이 실행했다고 할지라도 – 그분의 의지를 반영한다. 예수께서 폭력을 목표 달성을 위한 한 방법으로 선택하기를 거절했다는 것은 거의 의심의 여지가 없다 – 후에 이 주제를 다시 다룰 것이다(막 14:48-49; 눅 22:38, 49-51; 마 26:52; 요 18:36-37). 그분의 말들은 폭력이 하나님의 의를 이루는 정당한 수단이라고 믿는 모든 사람을 비판한다.

(5) 성전

예수의 생애 중 마지막 주간이 시작되는 때에 일어난 사건들 – 예루살렘 입성, 무화과나무의 저주, 성전 정화 사건 – 은 우리에게 그분의 선교를 이해하는 데 필요한 중요한 실마리를 제공한다. 유월절에 예루살렘 감람산에 몰려든 군중은 예수께 로마의 지긋지긋한 점령으로부터 그들을

---

18) 토지 소유권에 관해서 유럽인들과 다른 문화에 속한 사람들 사이에 존재하는 날카로운 견해 차이가 식민지 시대에 분명하게 드러났다. 유럽인들에게 "저것은 누구의 땅입니까?"라고 물으면 종종 "누구의 것도 아닙니다."라는 대답을 들을 수 있는데, 이 경우 그 말은 "모든 사람의 것입니다."라는 뜻을 내포한다.

구해달라고 촉구하였다. 그들은 정치적 해방 곧 민족의 독립을 소리 높여 외쳤다.

> 호산나 찬송하리로다 주의 이름으로 오시는 이여 찬송하리로다 오는 우리 조상 다윗의 나라여 가장 높은 곳에서 호산나 하더라(막 11:9-10).

성전 전체가 내려다보이는 산모퉁이에는 불안정한 축제 기간 동안 군중들을 통제할 목적으로 주둔하였던 로마군의 강력한 안토니오 성채가 있었다. 예수께서는 인파에 의해 성전에 이르렀다. 그곳에는 여러 길로 갈 수 있는 극적인 분기점들이 있었다. 제국 수비대의 군사력을 공격하기보다 예수께서는 성전 상인들의 경제력을 공격하였다. 두 가지 중에서 어느 것을 선택하느냐 – 두 가지 모두 거룩한 곳에서의 신성모독으로 여겨졌다 – 의 문제는 매우 중요했다. 무화과나무에 관한 중간 삽화(막 11:12-14, 20-21)는 예수의 행위에 대한 한 가지 이해의 실마리를 제공한다. 하나님께서 선택하신 백성인 이스라엘을 표상하는 그 무화과나무는 많은 것을 약속 받았으나 아무런 열매를 맺지 못했다(사 5:2; 눅 13:7). 하나님의 심판의 때가 이르렀다.

이스라엘이 직면한 심각한 문제는 정치적 자유의 부재가 아니라 하나님의 구원계획에 대한 무시였다. 진짜 적은 로마의 이교도가 아니라 이스라엘 백성이 고집스럽게 가지고 있었던 하나님에 관한 착각이었다. 그들은 그들의 민족적 특권을 지키고 싶어 했다. 하나님은 그들을 위해 이용될 뿐이었다. 그러나 "내 집(하나님의 집)은 만민이 기도하는 집이라 칭함을 받아야" 했다(막 11:17). 이스라엘이 해야 할 일은 이방인들에게서 구원받는 것이 아니라 이방의 빛이 되어 하나님의 구원을 베풀어서 땅 끝까지 이르는 것이었다(사 49:6).

또한 이스라엘의 예배는 그 중심에서부터 타락해 있었다. 성전의 관리자였던 사두개인들은 희생 제물로 사용할 짐승들을 매매함으로써 막대한 이득을 챙겼다. 제사에 사용될 짐승들은 흠이 없어야 했다. 그것들은 그들의 시장에서 사오 배의 가격으로 팔렸고, 정상적인 현금과 교환된 특수한 동전으로만 구입이 가능했기 때문에 그들에게 큰 이득을 안겨주었다. 또한 그들이 그 사업은 독점했기 때문에 얼마든지 폭리를 취할 수 있었다. 성전은 "강도의 소굴"이 되었다(막 11:17).

사람들은 예수께서 예루살렘으로 입성하실 때 그분을 메시아로 선언하였다. 그러나 그분은 그들에게 자신이 진정 어떤 종류의 메시아인지를 보여주었다. 성전 정화 사건은 낡은 질서가 끝나고 예수와 더불어 모든 것이 새롭게 되었음을 행위로 보여준 하나의 강렬한 비유와도 같았다. 그 순간부터 옛 성전은 새 성전으로 대체된다. 십자가에 달리시고 부활하신 그분의 몸은 하나님께서 예배를 받으시는 바로 그 장소가 될 것이다(요 2:19-21; 마 26:61). 예수의 심판 행위는 미움 혹은 복수심에서 생겨난 것이 아니었다. 그분은 예루살렘을 위해 우셨는데, 그것은 예루살렘의 백성들이 하나님께서 베푸시는 구원을 받아들이지 않았기 때문이었다(눅 19:41-44).

이 사건 이후 예수께서는 더 이상 물러날 곳이 없게 되었다. 그분은 현 정권의 중심부에 도전하셨다. 그분은 민족 해방을 위한 성전(聖戰)의 관점에서 자신의 사명을 해석하기를 거부하셨다. 그분은 이스라엘의 가장 거룩한 상징이 파괴될 것을 예언하셨는데, 그것은 하나님께서 더 이상 이스라엘 백성 중에 계시지 않는다는 것을 암시하였다. 40년 동안 유지되어온 돌로 지은 성전은 해체되었고 다시 재건되지 않았다. 닷새 후 그분의 육신의 성전도 파괴되었으나 사흘 후에 부활하심으로 다시 재건되었다.

성전 정화 사건은 길을 잃은 이스라엘 백성에 대한 심판의 시작이었다. 반면에 십자가 사건은 예수께서 자신의 죽음과 부활을 통해 구원의 새 시대, 새 질서, 새 백성의 개념을 공표하심으로써, 정치적 부패, 경제적 압제, 국수주의적 외국인기피증, 자기 의, 폭력 사용 등으로부터 파생되는 모든 파괴적인 세력으로부터의 해방을 가능케 하셨음을 믿는 모든 사람에게 하나님의 심판의 종결을 의미하였다. 지금까지 예수의 선교 전체를 살펴보았는데, 이야기를 매듭짓는 최종적인 내용은 제자들에게 용서할 것을 요구한 말씀에 담겨 있다. "서서 기도할 때에 아무에게나 혐의가 있거든 용서하라 그리하여야 하늘에 계신 너희 아버지께서도 너희 허물을 사하여 주시리라"(막 11:25).

5. 예수의 선교와 제자들의 선교

여기에서 간단히 제시한 예수의 공생애에 관한 개괄적 설명이 그 당시에 일어난 사건들을 신실하게 성찰한 결과라고 가정한다면 그것으로부터 우리는 예수 그리스도의 길을 따르는 우리의 선교에 관해 무엇을 연역해 낼 수 있는가? 그 어떤 결론도 논쟁의 여지없이 명쾌한 것은 없지만 그래도 어느 정도 확정적인 것들을 말하는 것이 안전해 보인다.

1) 따름

예수께서는 자신과 함께 있도록 부른 사람들이 하나님의 지상통치를 선포하고 실현하는 자신의 사명을 계속 이어받을 것이라고 믿었다. 그것에 대한 증거는 충분히 있다. 예루살렘과 유대에 그리스도인들로 구성된 새로운 공동체가 존재했고 그 공동체가 박해의 어려움 속에서도 살아남은 것에 대해서 다른 이유를 상상하는 것은 사실상 불가능하다.

하나님 나라가 가까웠으니 회개하고 복음을 믿으라는 설교(막 1:14-15)는 십자가에 달리셨다가 부활하신 메시아의 이름으로 회개와 죄의 용서를 선포해야 할 사명에 의해 더욱 확장된다(눅 24:46-47). 예수의 선교에서 제자들의 선교로 옮아가면서 메시지의 중심은 하나님 나라에서 그리스도의 인격으로 바뀐다. 이 주장은 복음 메시지의 그리스도 중심성에 대해서 일정한 거리를 두고자 하는 사람들이 느끼는 논쟁적 필요성에서 나온다. 그들의 주장은 적어도 신중한 역사 분석을 통해서 지원을 받는다.

관련 구절에서 핵심은 "때가 찼고"라는 표현이다(막 1:14). 이 표현이 '하나님의 복음'이다. 어느 때를 말하는가? 구원을 위해 하나님께서 결정적으로 행동하시는 때를 말한다. 이 복음의 의미가 점차적으로 드러났다. 그것은 하나님의 백성이 그분의 세계를 위한 그분의 목적을 이해하기를 거부했기 때문에 하나님 자신이 고통당하심을 의미한다. 하나님 자신이 죽음에 이르게 된 것은 백성들의 적대적 행위 때문이었다. 이것은 연극의 놀라운 역설과도 같다. 하나님 자신이 하나님에 대한 모독으로 유죄 판결을 받았다. "그분은 인류의 총체적이고도 완전한 해방을 추구하셨다. 그러나 우리는 그분을 기존 질서의 전복자로 몰았다."19)

고난과 희생을 통한 하나님 나라의 출범은 죽은 자들에게서 일어나신 예수의 부활과 다시 살아나신 그분의 몸을 본 자들의 증언을 통해 입증되었다.

> 하나님께서는 이 부정의를 구원의 계획에 통합하셨다. 하나님께서는 살인자들을 절멸하지 않고 오히려 예수의 부활과 제자들을 통해 그분의 궁극적인 구원과 대의명분을 보여주셨다. 부활이 없었다면 그분에 대한 우리의 믿음은 정당화 될 수 없을 것이다. 제자들이 없었다면 그분에 대한 믿음은 불가능했을 것이다.20)

따라서 따름(following)은 증언(witnessing)을 의미하며, 그리스도의 길을 따른다는 것은 죽음에 이르기까지 증언하는 것(순교)을 의미한다.

> 이 말씀을 하심은 베드로가 어떠한 죽음으로 하나님께 영광을 돌릴 것을 가리키심이러라 이 말씀을 하시고 베드로에게 이르시되 "나를 따르라" 하시니… 이 일들을 증언하고 이 일들을 기록한 제자가 이 사람이라 우리는 그의 증언이 참된 줄 아노라(요 21:19, 24).

---

19) Carlos Bravo, "Jesus of Nazareth, Christ the Liberator," 119. 또한 예수 드라마에서 그분의 고난과 처형, 그리고 아무도 예상하지 못했지만 너무나도 중요한, 이야기 마지막 부분의 비틀림에 관한 주석은 다음 자료를 참조하라. J. Andrew Kirk, *God's Word for a Complex World: Discovering How the Bible Speaks Today* (Basingstoke, Marshall Pickering, 1987), 130-4.

20) Carlos Bravo, "Jesus of Nazareth, Christ the Liberator," 119.

2) 전도, 정의, 연민, 비폭력

비록 극복해야 할 많은 장애물이 있지만 그리스도의 길을 따르는 일은 아주 단순한 것들을 요구한다. 그것은 예수와 하나님 나라의 복음을 전파하는 것(행 28:30, 전도), 모든 사람이 하나님께서 삶에 주신 선물과 행복을 충분히 누리도록 강조하는 것(정의), 사람들의 필요를 채워주기 위해 자원을 공급하는 것(연민), 하나님의 의지를 행하는 수단으로서 결코 흉기를 사용하지 않는 것(변화의 수단으로서 비폭력을 실천하는 것)을 요구한다.

그러므로 예수 그리스도의 길을 따르는 교회의 선교는 이 세계에서 일하시는 하나님의 정의롭고 자애로운 통치의 수단이 되어야 한다. 여기에서 이 과제를 짧게 세 가지로 요약해 보자 - 그것들은 다음 장들에서 보다 자세히 다룰 것이다.

(1) 삶의 창조

교회는 회복, 특히 부분적으로 인간 삶의 온전성(wholeness)을 회복하는 모든 활동에 참여해야 한다. 육체 치유의 영역에서 볼 때 교회는 건강한 생활방식을 가르치고 가능케 해 줌으로써, 그리고 다른 곳에서는 가능하지 않은, 모든 사람을 위한 기본적인 건강관리 업무를 시행함으로써 질병 극복에 참여할 수 있다. 종종 사람들은 사랑과 보호가 부족할 때 생기는 정신적 고뇌로 고통당한다. 하나님의 사람들은 그렇게 어려움을 겪는 사람들, 타인들로부터 학대 받는 사람들을 위해 자기 자신을 개방하고, 더 나아가 자신의 가정과 교회를 개발할 수 있다. 무지와 편견이 있는 곳에서 예수의 제자들은 틀에 박히고 완고한 생각 - 적에 대한 이미지 - 을 깨뜨리기 위해 도전할 수 있다. 이런 일을 하는 사람들은 인간이 가진 악한 면보다도 선한 면을 신뢰한다(고전 13:4-6). 그들은 적절한 교육을 통해서 사람들에게 자기 신뢰의 존엄성을 심어주려고 노력할 것이다.

(2) 복지 창조

하나님의 사람들 중에 어떤 사람들은 모든 사람의 복지를 위해 국가에서 마땅히 제공해야 할 것들을 확보하고자 힘쓰는 정치적 과제를 부여받을 것이다. 모든 사람은 부(富)가 사회 전반에 걸쳐 골고루 분배됨으로써 모든 사람의 필요를 채우도록 해야 할 책임을 지니고 있다(요일 3:17-18). 우선적으로 적절한 힘을 가지고 독립적으로 살아가기 위해 시간과 공간을 필요로 하는 사람들, 곧 약자, 자기보호 능력이 부족한 자, 깨어진 자에게 관심을 보여야 한다. '평화'(샬롬, 눅 19:42)의 여러 의미 중 하나는 "복지와 건강의 충만함"이다.[21] 이 용어는 사람들이 환경과 구조에 의해서 무기력해지지 않는 사회, 더 나아가 서로 도움을 주고받음으로써 공동체적 삶을 영위할 수 있는 사회로 이해될 수 있다.

(3) 비폭력 창조

기독교 공동체는 '눈에는 눈, 이에는 이'라는 파괴적 논리에 의한 악순환의 구조를 극복하려는 모든 노력에 참여해야 한다(마 5:38-42). 그런 노력은 적대적인 집단들 사이에 신뢰를 구축하고, 폭력적 힘에 사로잡혀 있는 곳에 진정한 민주적 절차를 회복하기 위한 근본적인 노력을 포함할 것이다. 선교는 폭력에 대한 예수의 반응 곧 폭력을 행사하는 사람들에게 복음을 전하고자 했던 예수를 따르는 것을 의미한다. 예수 주변에는 좌절된 유다의 폭력, 베드로의 '거룩한' 폭력, 예수와 함께 십자가에 달린 '자유의 투사'가 행한 '정당한' 폭력, 로마 군인들의 직무상의 폭력 등 다양한 폭력이 있었다. 이 모든 것은 나름대로 자기 자신의 논리에 의해 정당화되었지만 궁극적으로 인간됨의 새로운 방식을 성취하는 수단으로서는 무익한 것들이었다.

그 밖에도 이러저러한 많은 방식이 탐구되었지만 하나님의 백성은 메시아이신 예수 안에서 자신들의 믿음을 표현한다. 그들은 하나님의 엄청난

---

21) 아마도 이것이 인간 공동체 내에서 무엇을 뜻하는지를 가장 잘 보여주는 그림은 새 하늘과 새 땅에 관한 이사야의 환상에서 찾아볼 수 있다(사 65:17-25; 미 4:1-4 참조). 샬롬의 의미에 관한 더 자세한 내용은 4장과 8장을 참조하라.

능력에 의지해서 세계를 뜯어고칠 수 있다고 착각하지 않는다. 오히려 그들은 말과 행위의 증거를 통해, 하나님께서 이 병든 세계에 아무 충고나 도움도 주지 않고 제 멋대로 하도록 내버려 둠으로써 그분이 주신 삶의 선물들을 외면하는, 완고한 결정에 의해 야기되는 결과를 거두게 하지 **않으신다**는 것을 보여주고자 한다. 점차적으로는 새 모델이 필요할지라도, 그분은 여전히 망가진 이 세계를 고치고 보존하는 일에 관심을 가지고 계시며, 부분적으로나마 회복된 삶의 모습을 우리에게 보여주신다. 그분은 주 예수 그리스도의 은혜를 아는 사람들의 헌신된 손과 마음을 통해 자신의 목적을 이루어 가신다(고후 8:9).

토의과제

1. 예수께서 정확하게 무엇을 행하셨고 무엇을 말씀하셨는지 알 수 없다고 말하는 사람들에게 당신은 어떻게 대답할 것인지 말해보자.

2. 사복음서 중에 하나를 선택하여 그 안에 기록된 예수의 공적 사역을 간략히 요약해 보자.

3. 예수께서 예루살렘으로 입성하시고 성전을 정화하신 내용을 짧은 연극 대본으로 만들어 보자. 그리고 그 사건들이 주는 제자도의 교훈은 무엇인지 말해보자.

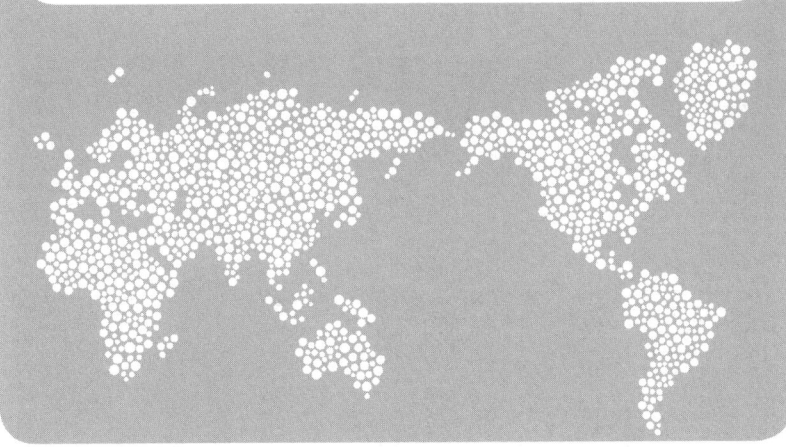

WHAT IS MISSION

제 2 부

현대선교의 이슈들

What is
Mission

4장
복음 선포

전 세계 교회에서 이루어지고 있는 전도의 의미, 목적, 방법에 관한 논의 중에서 몇 가지는 강력한 선교 슬로건이 주는 영향을 받았다. '전도'(evangelism) 혹은 '복음화'(evangelisation)[1]라는 단어는 지난 150년 동안 교회의 거친 사고방식을 통해 세간의 주목을 받았다.[2] 어느 정도, 이 현상은 "세계복음화는 우리 세대에!"(The evangelisation of the world in this generation)[3]라는 구호를 필두로 하여 기억될 만한 슬로건들이 광범위하게 사용된 결과로 일어났다고 말할 수 있다. 최근에는 "세계복음화를 2000년까지!"(The evangelisation of the world by the year 2000)라는 슬로건이 사용되기도 하였다. 이런 슬로건들은 측정 가능한 목표를 설정하고 그것의 달성을 자신하는 지나친 낙관주의적 태도를 보이고 있지만, 그런 약점에도 불

---

[1] 나는 이 두 개의 명사를 서로 바꿔 쓸 수 있다고 생각한다. 두 단어가 가진 각각의 의미를 구분하려는 시도는 별로 유익하지 않은 것으로 평가되고 있다.
[2] 다음 자료를 참조하라. David Bosch, *Transforming Mission*, 409.
[3] 이 표현은 1911년 사망할 때까지 『세계선교평론』(*Missionary Review of the World*)의 편집자로 활동했던 A. T. 피어슨(A. T. Pierson)이 만든 것으로 알려져 있다. 이 표현은 북미의 학생자원운동(Student Volunteer Movement)의 선교적 열심에 의해 알려지기 시작했으며, 그 기원은 전도자 D. L. 무디(D. L. Moody)에게까지 거슬러 올라간다 – 이 내용에 관해서는 다음 자료를 참조하라. T. Yates, *Christian Mission in the Twentieth Century* (Cambridge, Cambridge University Press, 1994), 12-13.

구하고 그것들은 전도의 긴급성과 의무에 대하여 그리스도인들을 일깨우는 역할을 했다.

1. 선교와 전도

전도와 선교가 서로 연관된 방식에 관해서는 여러 상이한 기독교 전통에 속한 사람들 사이에 아직 일치된 의견이 없다. 대부분의 사람은 두 가지를 분리하면서 전도를 선교의 한 부분, 곧 "교회의 전체 활동 중에서 본질적인 차원"으로 생각한다.[4] 그러나 **교회의 선교**는 곧 **전도**이며 교회의 봉사 사역은 엄격하게 부수적인 것, 곧 교회의 복음전파 사명의 한 결과로 믿는 사람들 – 이들 중 대부분은 보수적이고 복음적인 부류에 속한다 – 은 이런 분리 방식에 반대한다.

선교를 전도와 동일시하는 주된 이유는, 전도를 교회의 선교가 포함하는 여러 영역 가운데 하나로 여길 때 전도의 우선성이 점차 부식되고 상실될 수도 있다는 점을 두려워하기 때문이다. 이들의 논점은 이것이다. 비그리스도교인들이 억압 받고 가난한 사람들을 위해 많은 가치 있는 활동에 참여할 수도 있고 관련될 수도 있지만 오직 기독교 공동체만이 확신을 가지고 예수 그리스도에 관해서 이야기할 수 있다는 것이다. 그들은 이것이야말로 교회가 감당해야 할 근본적이고 필수적인 과제라고 말한다.

어떤 사람들은 선교와 전도의 구분을 그대로 유지한 채 전도에 일차적 지위 혹은 우선성을 둔다.[5] 따라서 만일 그리스도인들이 전도와 봉사 중에서, 다시 말해서 말로 복음을 전하는 것과 행위를 통해서 복음의 실체를 드러내는 것 사이에서 한 가지를 선택해야 한다면 그들은 첫 번째 것

---

4) David Bosch, *Transforming Mission*, 412. 여기에서 보쉬는 세계교회협의회(WCC)의 에반스톤 총회 자료를 인용하고 있다.
5) 예를 들면, The Grand Rapids Report, *Evangelism and Social Responsibility: An Evangelical Commitment* (Exeter, Paternoster Press, 1982).

을 선택할 것이다. 이들에게 선교는 전도보다 넓은 개념이다. 그것은 "세상으로 보내진 교회가 행하는 모든 것"이다.6) 그러나 교회가 행하는 그 모든 것은 전도에 대한 우선적인 헌신에 의해 주도되어야 한다.

이런 의견 차이는 전도의 의미에 대한 강조방식의 차이로부터 발생한다. 당분간 나는 (복음주의자들을 포함하는) 교회의 여러 분파 중에서 다수의 의견, 곧 선교는 전도와 동의어가 아니라는 의견을 받아들이고자 한다. 흥미롭게도, 둘 사이의 분리를 유지하려는 사람들이 제시하는 주된 이유는 두 가지를 융합하고자 하는 사람들이 제시하는 이유와 같다. 그들은 만일 전도가 교회의 선교 소명의 모든 부담을 떠맡아야 한다면 전도가 가진 그것만의 날카로운 특성이 사라질 것이라고 주장한다. 달리 말하자면, 만일 어떤 형태로든 그것이 예수 그리스도의 실체를 선포하기 때문에 교회가 행하는 모든 것을 전도라고 부른다면 사실상 아무 것도 전도가 아니라는 것이다. 그러나 이 점을 언급할 때 (내가 아래에서 말하는 것처럼) 행동을 통해서 복음의 변화시키는 능력을 드러내는 산 증언과 상관없이 이루어지는 전도는 결코 진정한 전도일 수 없음을 강조할 필요가 있다.

2. 전도의 유보 조건

1988년 성공회 주교들이 모이는 램버스회의(Lambeth Conference)에서 10년전도(Decade of Evangelism) 프로젝트가 발의되었다. 이 아이디어의 내용은 2천 년대의 마지막 10년 동안 그리스도인들이 어떤 특별한 방식으로 모든 사람을 예수 그리스도와의 생명적 관계로 인도하기 위해 집중해야 한다는 것이었다. 많은 다른 교파도 같은 프로젝트를 운영했다. 그러나 모든 사람이 그것을 만족해 하지 않았다. 일부 교회 지도자들은 여러 가지 이유를 들어 그 개념을 의심스러워했다. 그들은 그것이 지난 반세기 동안 (주로 유럽의) 교회가 잃어버린 신자들을 만회하기 위해 위로부터 부

---

6) John Stott, *Christian Mission in the Modern World* (London, Falcon Books, 1975), 30.

과한 어떤 전략처럼 보인다고 불평했다. 다시 말하자면 그것은 교회가 단순히 그 자체의 성장만을 촉진하기 위해 고안한 수단으로 해석될 수 있다는 것이다.

그들은 또한 그것이 복음 메시지를 보다 창의적인 포장과 보다 공격적인 판매를 통해 시장에서 팔 수 있는 어떤 것으로 강조함으로써 그리스도인들 가운데 복음의 본질에 관한 혼란을 일으킬 수도 있다고 생각한다. 그들은 또한 그런 프로젝트가 다른 신앙 공동체에 속한 사람들에게 그들이 십자군 정신을 가진 사람들의 '표적'이 되고 있다는 느낌을 줌으로써 편협하고 옹졸한 신앙을 확산하는 위험성을 보인다고 주장한다. 따라서 이런 종류의 특별 프로그램에 관해서 심각한 의구심을 가지고 있는 사람들은 교회가 전체 프로젝트를 조용히 폐기하고 기도와 성찰을 통해서 교회의 근본을 재검토하는 일에 힘써야 한다고 충고한다.

보다 넓은 범위에서 볼 때 다른 반대 이유들도 있다. 예를 들면, 전도는 서구 국가들의 제국주의적 팽창과 매우 밀접하게 연관되어 있었다는 주장이다. 이것은 특별히 스페인과 포르투갈이 중앙아메리카와 남아메리카를 정복할 때 수많은 토착민들에게 강제로 – 목숨을 위협하면서 – 세례를 받게 했다는 사실에서 분명하게 드러난다. 그때 그 이국 그리스도인들은 토착민의 땅을 강제로 빼앗았으며 그들의 보물을 약탈했다.[7]

전도는 독점적 진리 소유에 대한 거만한 주장을 암시한다는 반대 이유도 있는데, 그것은 식민지 기획과 관련되어 있다. 이런 유의 전도 개념은 비그리스도인들의 신앙은 열등하거나, 부족하거나, 잘못된 것이라고 전제한다. 전도자들은 종종 청자(聽者)들의 신앙, 문화, 환경에 대한 철저한 지

---

7) 다음 자료들을 참조하라. Gustavo Gutiérrez, *Las Casas: In Search of the Poor of Jesus Christ* (Maryknoll, Orbis Books, 1993); Mario Rodriguez Leon, "Invasion and Evangelization in the Sixteenth Century" in Enrique Dussel (ed.), *The Church in Latin America; 1492-1992* (Tunbridge Wells, Burns and Oates, 1992), 43-54; Leonardo Boff and Virgil Elizondo, *The Voice of the Victims* (London, SCM Press, 1991); Leonardo Boff, *New Evangelization: Good News to the Poor* (Maryknoll, Orbis Books, 1991), 95-103; L. Rivera, *A Violent Evangelism: The Political and Religious Conquest of the Americas* (Louisville, Westminster/John Knox Press, 1992).

식 없이 메시지를 주장하는 것을 당연하게 여긴다. 언젠가 아메리카 원주민 한 사람은 복음을 들었을 때 이렇게 불평했다. "하나님은 왜 우리의 선조들에게 자신을 계시하시지 않았는가?" 이 질문에는 그들 역시 기독교 선교사들이 오기 이전에 하나님에 관한 지식을 가지고 있었다는 확신이 암시되어 있다.8)

결론적으로, 주로 국민이 선택하지 않은 권위주의적 체제의 지배를 받은 국가에서 일부 선교사들의 전도 활동은 보수주의적 주장과 이데올로기를 조장하는 도구 역할을 했다는 의심이 제기되어 왔다. 그 선교사들이 그들의 설교에 사람들이 정말 열망하는 정의, 민주주의, 자유에 대한 언급을 전혀 포함하지 않았으며, 심지어 그들이 군사독재 체제 아래에서 복음을 설교할 완전한 자유를 가지고 있었다는 사실이 이 주장을 지원한다.

이 논점의 다른 측면에서 볼 때, (주로 전형적인 에큐메니칼 운동에 속한) 교회들이 전도를 경시했다고 비난받아 왔다. 세계교회협의회(WCC)에 대한 유명한 도전을 통해서 도널드 맥가브란(Donald McGavran - 교회성장 이론의 아버지, 11장 325쪽을 보라)은 세계교회협의회의 웁살라총회(Uppsala Assembly, 1968)가 복음을 전혀 듣지 못한 사람들을 배반할 것이라고 예견했다. "내가 말한 '배반'(betray)이라는 단어는 20억의 사람들이 틀림없이 하나님과 (인간)에 관한 잘못되고 부적절한 개념에 갇힌 채 죄와 어둠 속에 그대로 남아 있는 결과를 가져올 실행 과정 계획을 가리킨다."9)

구원을 교회 **밖에서** 행하시는 하나님의 해방적 활동의 관점에서 해석함으로써 교회가 세상을 향한 메시지를 담지하고 있다는 생각 전체를 문제시한 것 같은 세계교회협의회의 방콕대회(Bangkok Conference, 1973) 직후에 하비 획스트라(Harvey Hoekstra)는 에큐메니칼 운동이 전도를 복음을 듣지

---

8) 다음 자료들을 참조하라. Stanley Hauerwas, *After Christendom?*; T. O. Beidelman, *Colonial Evangelism: A Socio-Historical Study of an East African Mission at the Grassroots* (Bloomington, Indiana University Press, 1982).

9) Donald McGavran, "Will Uppsala Betray the Two Billion?" in Arthur Glasser and Donald McGavran (eds.), *The Conciliar-Evangelical Debate* (Waco, World Books, 1972), 234.

못한 사람들에게 예수 그리스도의 복음을 전하는 것으로 보는 전통적 개념을 포기했다고 맹비난하였다.10) 부분적으로 우리는 여기에서 다른 신앙을 가진 사람들과의 협력 속에서 사회갱신에 전력을 기울이는 것을 뜻하는 '보다 넓은 전도' 개념을 옹호하는 저 유명한 『평신도의 탐구』(Layman's Inquiry)11)가 출판된 이후에 발생한 논쟁이 재연되고 있음을 본다.

세계교회협의회는 그 구조 속에서 전도의 임무를 강등시킨 것 같은 인상을 주고, 여러 공식적인 발표문에서 전도를 충분히 중요한 것으로 부각시키지 않음으로써 괜한 일을 했다고도 볼 수 있다. 예를 들면, 세계교회협의회의 세계선교와 전도 분과위원회가 개최한 샌안토니오대회(San Antonio Conference of the WCC's Commission on World Mission and Evangelism, 1989)에서 대회장이나 분과위원장이나 세계교회협의회 총무 중 그 어느 누구도 자신의 연설에 전도에 관한 언급을 포함하지 않았다.12)

그러나 강력하게 에큐메니칼 입장을 변호하는 사람들도 있다. 유진 스미스(Eugene Smith)는 비판가들이 갱신된 공동체의 창조를 제외하고서 오직 개인적 결정에 대해서만 집중하고, 인종차별주의적 교리를 지지하는 명목적 그리스도인들(nominal Christians)에게는 할 말이 없어 보이는 편협한 전도관(傳道觀)을 주장하고 있다고 비난한다.

> 개인 전도를 강조하는 대부분의 전통적 입장들은 오늘날 우리가 직면하고 있는 도전에 부적절하다. 사람들을 제단으로 초청하여 자신들이 그리스도를 만났음을 말해주지만 정작 인종차별주의적 태도에 대해서는 전혀 문제 삼지도 않고 바꾸지도 않은 채 그들을 파송하는 그런 유의 전도에 대한 혐오감이 널리 확산되어 있을 뿐만 아니라 정당화되고 있다… 정의에 대한 성경의 요구에 관심이 있는 많은 사람들이 소위 '전도'라는 라벨이 붙은 프로

---

10) Harvey Hoekstra, *The World Council of Churches and the Demise of Evangelism* (Wheaton, Tyndale House, 1979).
11) William Hocking, *Rethinking Missions: A Layman's Inquiry after One Hundred Years* (New York, 1933).
12) 다음 자료를 참조하라. Frederick R. Wilson, *The San Antonio Report*, 100-14, 115-28, 129-38.

그램에 냉담한 반응을 보이는 까닭은 바로 그런 잘못된 전도에 대한 반발심 때문이다.13)

3. 전도의 의미14)

전도의 정의가 그것을 고안해내는 사람 수만큼이나 많다는 것은 지극히 당연하다. 아마도 그것들의 대부분은 전도에 관한 어느 설명에도 적용될 수 있는 많은 내용을 포함하고 있다는 의미에서 옳은 것일 수 있다. 그러나 데이비드 보쉬(David Bosch)가 주장하는 것처럼, 너무 모든 것을 포괄하려는 것은 오히려 도움이 되지 않을 수도 있다.15)

분명히 전도는 사건이 일어나는 과정이기 때문에 동사를 사용함으로써 가장 잘 묘사될 수 있다. 만일 전도에 깔려 있는 기본 개념이 좋은 소식(good news)이라면, 그 소식과 관련하여 일어날 수 있는 일은 일반적으로 그 소식을 공유하거나, (언론매체의 기사 제목처럼) 공표하거나, 퍼뜨리거나, 공고하는 것이다.16) 기본적이면서도 가장 효과적인 방식은 특별하게

---

13) Eugene Smith, "Renewal in Mission" in Glasser and McGavran (eds.), *The Conciliar-Evangelical Debate*, 261.
14) 전도에 관한 문헌은 방대하다. 전도에 관한 다양한 관점에 관해서는 다음 자료들을 참조하라. William Abraham, *The Logic of Evangelism* (Grand Rapids, Eerdmans, 1989); Michael Green, *Evangelism in the Early Church* (London, Hodder and Stoughton, 1970); Michael Green, *Evangelism through the Local Church* (London, Hodder and Stoughton, 1990); Raymond Fung, *Evangelistically Yours: Ecumenical Letters on Contemporary Evangelism* (Geneva, WCC, 1992); Orlando Costas, *Liberating News: A Theology of Contextual Evangelism* (Grand Rapids, Eerdmans, 1989); Philip King, *Good News for a Suffering World: What Does the Christian Faith Really Have to Offer?* (Crowborough, Monarch Publications, 1996); David Wells, *God the Evangelist: How the Holy Spirit Works to Bring Men and Women to Faith* (Grand Rapids, Eerdmans, 1987); Colin Horseman, *Good News for a Postmodern World* (Cambridge, Grove Books, 1996); Harry Sawyer, *Creative Evangelism: Toward a New Christian Encounter with Africa* (London, Lutterworth Press, 1968); John Drane, *Evangelism for a New Age* (London, Marshall Pickering, 1994).
15) David Bosch, *Transforming Mission*, 412-13.
16) 덧붙여서 말하자면, 지금까지 많은 교회에서 즐겨 사용된 단어는 '설교하다'(preach)와

중요한 정보에 대해서 그것이 참되고 의미 있다고 말하면서 전하는 것이다. 전도에 관한 한 가지 유명한 정의는 생생한 소식을 전달한다는 이런 의미를 매우 잘 나타낸다고 볼 수 있다. "전도는 증언이다. 그것은 한 거지가 다른 거지에게 어디에서 음식을 얻을 수 있는지 말하는 것과 같다."17)

그리스 정교회의 전통에서는 '증언하다'(witnessing to)와 '증명하다'(testifying)라는 단어들을 종종 전도를 의미하는 말로 사용한다. 그러므로 "복음적 증언은 여기에서 자신을 그리스도인으로 생각하지 않는 사람들에게 그리스도를 알려주는 것… 하나님과 인간의 관계 회복을 의미하는 구원으로의 초대로 이해된다."18) "분명히 말해서 그들의(그리스 정교회의) 공통 과제는 '하나님의 은혜의 복음을 증언하는 일'(행 20:24)이다."19)

만일 전도가 좋은 소식을 증언하거나 알려주는 것에 관한 것이라면 무엇이 좋은 소식인가? 대부분의 사람은 즉시 그것은 하나님께서 모든 인간의 유익을 위해 예수 그리스도를 통해 성취하신 행위라고 말할 것이다. 보쉬는 그것을 "우주의 창조자요 주인이 되시는 하나님께서 인격적으로 인간의 역사에 개입하셨고, 궁극적으로는 역사의 주인이시요 구주와 해방자이신 나사렛 예수의 인격과 사역을 통해 그 일을 행하셨음을 선언하는 것"이라고 설명한다.20) 이와 비슷하게 셀리오크대학(Selly Oak Colleges)의 선교대학원에서 사용하는 선교 선언문은 다음과 같은 내용을 포함하고

'선포하다'(proclaim)라는 것들이다. 그러나 그 단어들은 예배 의식의 공식 설교와 연결됨으로써 유용성이 다소 떨어진다.

17) Daniel Niles, *That They May Have Life* (New York, Harper and Brothers, 1951). 이 자료는 다음의 책에서 인용되었다. Norman Thomas (ed.), *Classic Texts in Mission and World Christianity* (Maryknoll, New York, 1995), 158. 인용문은 일반적으로 여기에서 끝나지만 그 다음에 이어지는 내용도 눈여겨 볼만하다.

그리스도인들은 그들의 하사품을 제공하지 않는다. 그들에게는 하사품이 없다. 그들은 단지 그들의 주인이 베푼 식탁에 초대된 손님일 뿐이다. 전도자로서 그들은 다른 사람들도 오라고 부른다… 그리스도인들은 비그리스도인들과 같은 입장에 서 있으면서 하나님의 거룩한 행위인 복음이 무엇인지 말할 뿐이다.

18) Ion Bria (ed.), *Go Forth in Peace*, 30.
19) George Lemopoulos (ed.), *Your Will Be Done*, 11.
20) ibid., 412.

있다. "사람들은 전도를 통해서 스스로 복음 곧 자신들의 죄가 그리스도를 통해서 용서되고, 자신들의 삶을 지배하고 있던 권세가 깨지고, 마침내 하나님과의 생명적 교제 관계가 회복된다는 좋은 소식을 받아들이도록 초대 받는다."

예수 그리스도에 관한 중심적인 논의와 더불어 종종 하나님의 나라 혹은 하나님의 통치가 (이 책의 2장과 3장에 언급된 이유들 때문에) 추가된다. 이런 맥락에서 초대교회의 전도 이야기를 다루고 있는 사도행전이 하나님 나라를 선언하는 것으로 시작되고 종결된다는 점이 종종 지적되어 왔다 (행 1:3; 28:31 참조). 따라서 전도는 "하나님께서 예수 그리스도 안에서 새 질서(인간의 새로운 존재방식)를 세우시고, 사람들이 다른 모든 방도를 버리고 이 현실을 받아들이도록 그들을 부르고 계신다는 좋은 소식을 퍼뜨리는 것"으로 이해될 수 있다.[21]

만일 전도가 본질적으로 어느 때든지 가장 좋은 소식 곧 하나님께서 구제할 길 없는 죄인들을 사면하시고 그들을 자유롭게 하시는, 그야말로 정의와 자비의 균형을 완전하게 성취할 수 있는 한 방법을 찾아내셨다는 사실을 선언하는 것이라면, 그것은 또한 그들이 그들에게 주어진 행운을 믿고 영원히 감옥을 떠나도록 초대하는 것이다.[22] 그러므로 전도는 직설법

---

21) 이 질서는 성경이 "없어질" 것이라고 말하는(고전 2:6) 사물들의 현 질서와 비교할 때 새롭다. 그것은 또한 하나님의 원 의도가 회복된 세계를 가리킨다(행 3:21).
22) 영어로 표현된 것들에서 찰스 웨슬리(Charles Wesley)의 수많은 찬송가를 보면 복음의 깊은 개인적 의미가 매우 아름답게 포착되어 있는 것을 알 수 있다. 그 중에서 한 곡의 가사를 음미해 보자.

> 놀랍도다! 이 신비여! 영웅호걸도 죽음을 막을 수 없도다. 누가 그분의 기묘한 계획을 알 수 있으랴! 으뜸 스랍은 하나님의 깊은 사랑을 측량하려고 했으나 헛수고로 끝났도다.
> 놀랍도다! 이 자비여! 땅이여, 찬양하라. 천사여, 더 이상 알려고 하지 마라.
> 오랫동안 갇혀 있던 내 영은 죄와 자연의 밤에 구속되도다.
> 당신의 눈은 광채를 발하고, 나는 지하 감옥을 빛으로 밝히도다.
> 나를 묶었던 차꼬가 풀어지고 내 심령은 자유롭게 되도다. 나는 일어나, 앞으로 나아가, 당신을 따르리라.
> 이제는 그 어떤 죄의 비난에도 두렵지 않으리. 예수, 그분 안에 내가 있도다!
> 나의 생명의 주, 그분 안에서 나는 삶을 얻고 거룩한 의를 힘입는도다.
> 나는 담대히 영원한 보좌 앞에 나아가 그리스도를 통해 나의 면류관을 얻으리.

과 명령법의 형태를 모두 가지고 있다. 그것은 메시지의 전달일 뿐만 아니라 메시지의 내용에 반응하여 일정한 형태로 행동하도록 촉구하는 도전이기도 하다.

소식을 듣는 것만으로는 충분하지 않다. 그것의 의미를 인격적으로 경험하기 위해서 적극적인 행동이 요구된다. 초대는 다양한 방식으로 이뤄질 수 있다. 그 중의 한 방식이 마태복음에 기록되어 있다. "수고하고 무거운 짐 진 자들아 다 내게로 오라 내가 너희를 쉬게 하리라 나는 마음이 온유하고 겸손하니 나의 멍에를 메고 내게 배우라 그리하면 너희 마음이 쉼을 얻으리니 이는 내 멍에는 쉽고 내 짐은 가벼움이라"(마 11:28-29). 이 구절은 예수 그리스도에게서 쉼, 해방, 삶의 새로운 방향과 새로운 이해의 관점에서 구원을 설명한다. 전도는 사람들이 자신들의 삶의 방향을 예수 그리스도에게 맡기는 것이 왜 중요한지 이유를 설명하면서 그들로 하여금 그렇게 하도록 초대하는 것이다.

그 초대에는 잘못된 삶의 방식에서 돌아서라는 요구 조건을 함축하고 있다. 어떤 세례식에서 '악에 대한 거부선언'이라고 부르는 것이 바로 그것에 해당한다. 이것은 데살로니가의 그리스도인들이 복음에 반응하여 "우상을 버리고 하나님께로 돌아와서 살아 계시고 참되신 하나님을 섬기고" 있음을 확인한 바울의 말에 잘 나와 있다(살전 1:9). 혹은 사람들이 "어둠에서 빛으로, 사탄의 권세에서 하나님께로 돌아오게 하기" 위해 바울을 파송하신다는 예수의 말씀 중에서도 그 내용을 발견할 수 있다(행 26:18).

4. 복음의 내용

메시지의 내용은 전달되는 상황에 따라 다를 수 있다. 좋은 소식을 뜻하는 복음에는 풍부한 요소들이 담겨 있다. 그것은 당연히 하나님께서 깨어지고 잘못된 상황을 바로 잡으시는 것을 의미하는 구원의 내용을 다룬다. 이때 그 상황은 인간이 해결책이 무엇인지 모르며, 심지어는 무엇이 문제인지도 모르는 경우를 뜻하는 **방황**(lostness)으로 묘사될 수 있다. 그것은 하나님, 이웃, 정상적인 삶의 환경으로부터 떨어져 있거나 단절된 채 지내거나 갈등 관계에 있는 경우를 뜻하는 **소외**(alienation)로 묘사될 수도 있다. 그것은 또한 갈등, 이기심, 자기주장을 극복하지 못하는 무능력을 뜻하는 **무력함**(helplessness)으로 묘사될 수도 있다. 그것은 또한 유혹에 저항하는 인간의 능력을 파괴하는 어떤 **질병**(disease)으로 묘사될 수도 있다.[23]

그렇다면 하나님께서는 자신이 의도한 대로 기능하지 않는 이 세계를 어떻게 바로 잡으시는가? 간단히 말하자면, "예수 그리스도로 말미암아 화평의 복음을 전함"으로써 그렇게 하신다(행 10:36). '화평'은 본래 하나님께서 억압과 폭력, 모든 사람이 필요한 것을 나누고 부족함과 야만성이 없는 공동체를 갈망하는 인간의 상황을 바꾸실 것이라는, 구약성경에 기록된 많은 약속을 가리킨다.

> 예수 그리스도에 의해 이루어진 샬롬(*Shalom*), 곧 메시아적 평화는 하나님과의 새로운 관계를 의미할 뿐만 아니라 인간과 그의 이웃 사이의 새로운 관계를 의미하기도 한다. 샬롬은 주님께서 자신과 상관없이 주신 선물이 아니다. 오히려 그분 자신이 샬롬이시다(엡 2:14). 그리고 자신의 죽음을 통해서 그분은 인간들 중에 존재하는 모든 적대 관계를 끝장내셨다.[24]

1) 구약성경에서의 복음

우리는 먼저 예언자들이 하나님의 백성들에게 약속한 것을 살펴봄으로써 하나님의 구원활동을 더 잘 이해할 수 있다. 간략하게 전달하기 위해서 나는 일반적으로 신약성경에 앞서 기록된 문서들 중에 복음의 내

---

[23] 다음 자료를 참조하라. Philip Clayton, *God and Contemporary Science* (Edinburgh, Edinburgh University Press, 1998), 42-4.
[24] René Padilla, *Mission Between the Times: Essays on the Kingdom* (Grand Rapids, Eerdmans, 1985), 75.

용을 가장 잘 담고 있는 것으로 여겨지는 이사야서의 한 구절을 분석하고자 한다.

> 좋은 소식(*bashar*)을 전하며
> 평화(*shalom*)를 공포하며
> 복된 좋은 소식을 가져오며 구원(*yashach*)을 공포하며
> 시온을 향하여 이르기를 네 하나님이 통치하신다(*malak*)
> 하는 자의 산을 넘는 발이 어찌 그리 아름다운가(사 52:7).

이 구절을 각 부분으로 나누어 살펴보자.

(1) 좋은 소식을 가져오는 것

메시지 전달자는 사람들에게 기쁨과 즐거움을 줄 좋은 소식을 공개적으로 선포하기 위해 파견된다. 메시지의 내용은 하나님의 해방과 돌보심(사 40:9-11), 그분의 성실과 구원(시 40:10), 적들에 대한 그분의 승리(시 68:12), 그분의 구원(시 96:2)이다. 물론 그 메시지는 모든 사람을 위한 것이지만 가장 큰 기쁨으로 그것을 들을 사람들은 가난한 자, 고통 받는 자, 마음이 상한 자, 포로 된 자, 갇힌 자들(사 61:1)이다. 좋은 소식은 유대인과 이방인 모두를 위한 것이다(사 40:5; 49:6; 51:4). 하나님 자신이 최고의 전도자이시다(사 55:11).

(2) 평화의 공포

샬롬은 보통 '평화'라는 말로 번역된다. 그러나 히브리 원어는 종종 그 의미가 수동적인 것 – 화해, 휴전, 휴식, 고요, 평온, 평정 – 에 한정되는 영어 단어보다 훨씬 풍부한 의미를 가지고 있다. 샬롬을 설명하는 영어 단어들은 단지 갈등, 적대 감정, 스트레스, 근심 혹은 싸움이 없는 상태를 암시한다. 그러나 히브리 원어의 근본 의미는 복지와 건강(시 38:3; 사 38:16-17), 공동체 전체의 재산(욥 15:21; 시 72:7; 37:11; 122:6)을 충분하게 소유하

고, 안전(욥 5:24)을 보장받는다는 의미에서 **'완전함'**(completeness)을 가리킨다. 무엇보다도 그것은 언약의 하나님과 맺은 올바른 관계 안에서 살아가는 것을 의미하며, 그럴 때 자신의 백성을 심판하거나 비난할 까닭이 전혀 없으신 하나님께서 공동체 생활의 모든 면에 대해서 기뻐하신다(사 54:10; 53:5; 렘 29:11; 말 2:6). 메시아는 샬롬의 대행자이시다(사 9:6-7).

(3) 구원의 메시지

구원을 뜻하는 히브리 원어의 기본 의미는 '광활함(spaciousness)'을 창조하는 것' 혹은 '삶의 공간'이다. 이 어원적 의미로부터 그 단어는 하나님께서 의도하신 대로 번성할 능력을 제한하거나 한정하는 그 어떤 것으로부터도 해방된 인간의 자유를 의미하게 된다. 그것은 또한 '승리하는 것'을 의미하기도 한다. 구약성경에서 가장 최고의 사례는 출애굽과 **새 출애굽** – 바벨론 유수로부터의 귀환 – 이다. 그것들은 하나님께서 자신의 백성을 매우 어려운 역경에서 구출해 내어 그들에게 새로운 미래를 주신 사건들이다. 시편(예를 들어, 9:9; 35:10; 82:3; 140:12; 146:7)과 스바냐서(예를 들어, 2:3; 3:12, 19-20)의 여러 곳에서 하나님의 구원을 기다리는 사람들은 모든 면에서 무력한 것으로 묘사되고 있다. 그들은 물질적으로 가난하고, 육체적으로 장애를 지니고 있고, 핍박을 당하며, 억압을 당하고 있는 사람들이다. 구원은 집단적으로든지 개인적으로든지 모든 악과 범죄로부터 해방되거나 구속되거나 면제되는 것을 의미한다(겔 36:29; 37:23). 이 일의 중개자는 자신 안에 모든 사람들의 죄를 담은 하나님의 특별한 종이시다(사 53장).

(4) 하나님이 통치하신다는 선포

이스라엘 백성과 특별한 관계를 맺으시고, 그들이 애굽에서 강제 노역에 시달리고 있을 때 그들을 구출해 내시고, 그들에게 삶에서 실천해야 할 해방적 법률과 생계를 유지할 수 있도록 비옥한 땅을 주신 그 하나님께서 합리적으로 다스릴 것이다. 이 하나님의 권위는 온 우주, 모든 나라,

이스라엘, 모든 개인적 삶의 영역으로 확대된다. 아무도 그분의 궁극적 통제 영역 밖으로 벗어날 수 없다(시 24편; 47:8; 103:19; 145:11-13). 그러나 하나님의 통치는 강제적이거나 보복적이거나 차별적이지 않으며, 오히려 해방적이다(시 145:14-20; 146:7-10).

통치와 권위에 대한 이런 이해는 권력을 어떻게 배치해야 착취적인 것이 되지 않을 수 있는지를 생각하지 않는 사람들에 의해 자주 오해되거나 잘못 전달된다.[25] 따라서 메리 캐롤 스미스(Mary Carroll Smith)는 "승리와 성공, 승리와 정복"을 말하는 모든 언어 – 특히 비유대계 백인들 혹은 인도 유럽인들의 언어 – 는 종교적 이상을 통해서 권력 유지를 정당화하는 사회 집단 혹은 계급의 이데올로기를 반복한다고 주장한다.[26]

이런 식의 비판은 오늘날에도 자주 제기되고 있으며, 역사적으로도 상당히 인정 받고 있다. 그럼에도 불구하고, 그것은 몇 가지 근본적 사실들을 적절하게 다루지 않고 있다. 첫째, 세상에 만연해 있는 악의 본성 문제가 그것이다. 만일 그것이 정복되지 않으면 인간 사회에서 불의한 구조가 영원히 존속할 것이다. 예를 들어, 스미스는 많은 사회에서 여성들이 부분적으로나마 평등을 성취한 것에 대해서 어떻게 생각하는가? 만일 그것이 편협한 신앙에 대한 정의의 '승리' 혹은 연대 운동의 '성공'이 아니라면 달리 어떻게 설명할 수 있는가?

둘째, "모든 권력은 타락한다"라는 진부한 말을 암묵적으로 수용하는 사람들이 있다. 포스트모더니티(postmodernity)를 대변하는 작품들에 의해 입지가 강화된 일부 집단은[27] 권력을 지향하는 모든 주장을 별로 달갑지 않은 주제에 어떤 특별한 삶의 해석을 부과하려는 숨겨진 의도를 가지고 있는 것으로 여긴다. 그러나 이것은 반쪽짜리 진리에 불과한 것으로서 매우 위험하다. 권력은 인간 삶에 있어야 할 불가피한 실체들 가운

---

25) 권력의 본성과 실행에 관한 보다 자세한 성찰은 이 책 10장을 참고하라.
26) Mary Carroll Smith, "Response" to Orlando Costas, "A Radical Evangelical Contribution from Latin America" in Gerald Anderson and Thomas Stransky (eds.), *Christ's Lordship and Religious Pluralism* (Maryknoll, Orbis Books, 1981), 156-8.
27) 다음 자료를 참조하라. Zigmunt Bauman, *Postmodern Ethics* (Oxford Blackwell, 1993), 21-8.

데 하나다. 그것은 다양한 방식으로, 때로는 아주 교묘하게 행사된다. 그러나 권력과 억압 사이에 반드시 어떤 연관성이 있다고 생각할 필요는 없다. 만일 모든 권력이 본질적으로 억압적인 것이었다면 자유는 결코 불가능했을 것이다. 왜냐하면 해방은 제멋대로 남을 굴복시키는 행위에 맞서기 위해 더 우월한 힘의 행사를 필요로 하기 때문이다. 그렇지 않다면 남은 대안은 불의가 세상을 온통 지배해도 전혀 관심을 두지 않는 정적주의(quietism)일 뿐이다.

셋째, 하나님께서 권위를 행하시는 방식 – 이 방식이야말로 우리를 기독교 복음의 핵심으로 인도한다 – 은 종종 이상주의적으로 모든 권력과 싸우는 것처럼 보이는 사람들이 강하게 비난하는 타락한 권력의 집행과정과 정반대되는 방식이다. 올랜도 코스타스(Orlando Costas)는 스미스의 견해를 비판하면서 오해를 바로잡는다.[28] 그는 그리스도의 권위를 말하는 언어는 "모든 것과의 **화해**를 추구하고… 그렇게 함으로써 악과 소외의, 그리고 승리자–희생자 신드롬의 완전한 **철폐**에 초점을 맞추는, 철저하게 새로운 삶의 질서와 깊이 연관되어 있다." 그는 또한 "스미스 교수의 제안(오래된 유럽 종교들이 가지고 있는 죽음과 부활의 순환구조)은 역동적이고 철저하게 새로운 질서를 설명하는 데 아무런 도움이 되지 못한다."고 주장한다. 그녀의 제안은 악의 심판을 설명하지 못하고 인간 삶의 근본적인 왜곡 현상을 극복할 수 있는 방안을 제시하지 못한다. 더욱이 고대 이방종교로의 회귀는 서구의 '자유주의'와 낭만주의, 그리고 그것의 진화 결과인 낙관주의의 현대적 변종에 불과하다. 코스타스의 입장에서 볼 때, 이 모든 것은 "정치적으로나 경제적으로 불가피하게 기존질서와 야합할 수밖에 없다."[29]

그리스도인들은 '왕,' '하나님 나라,' '주님,' '권위,' '권세' 등의 언어를 사용

---

28) Orlando Costas, in Anderson and Stransky (eds.), *Christ's Lordship and Religious Pluralism*, 163-7.
29) 이것은 또한 철저한 가치상대주의 혹은 절대 관용을 말하는 포스트모더니스트들의 주장에 대한 유효한 비판이다 – 이 내용에 관해서는 다음 자료를 참조하라. Zigmunt Baumann, *Postmodern Ethics*, 238-9.

하거나 설명할 때 주의하고 조심하며, 신중해야 한다. 그러나 그렇다고 해서 그런 언어의 사용과 설명을 두려워하거나 포기할 필요는 없다. 만약 그렇게 한다면 그것은 해방과 희망의 메시지를 담고 있는 복음을 제거하는 것과 마찬가지임을 알아야 한다. 그런 언어의 사용은 위에서 개괄적으로 설명한 평화와 구원이 주는 의미와의 연관 속에서 검증될 수 있다. 권력을 사용하는 이유는 무엇이며, 또한 어떤 관심을 가지고, 어떤 동기에서 권력을 사용하는가?

2) 신약성경에서의 복음

예수의 첫 제자들이 선포한 좋은 소식의 본질은 인간 존재의 이기심, 불안정성, 지배하려는 욕심에 의해 깨어진 관계를 다시 회복하는 일이 더 센 폭력을 통해서가 아니라 그 폭력의 결과들을 온전히 감수하여 폭력의 순환 고리를 끊는 능력을 통해서 성취된다는 것이다. 이것이 바로 '만인에 대한 만인의 투쟁' 논리에 기초한 옛 질서의 드러난 혹은 숨겨진 폭력을 그대로 유지하려는 세력과 갈등을 빚음으로써 야기된 예수의 죽음(요 11:50-52)이 보여주는 역사적 현실이다. 폭력은 어떤 대가를 치르고서라도 손에 쥔 권리와 특권을 지키고 강화하기 위해 사용되었다. 따라서 예수는 "백성을 위하여" 죽어야 했다. 만일 백성들이 그분을 충분히 믿었다면 대신 국가 – 착취와 만행을 자행했던 정권 – 가 멸망했을 것이다.

예수 자신의 언어로 표현하자면, 그분은 "자기 목숨을 많은 사람의 대속물로" 주기 위해 오셨다(막 10:45). 이 행위는 "많은 사람을 위하여 흘리는"(막 14:24), "내 피로 세우는 새 언약"(눅 22:20)이었다. 죄와 사망의 옛 질서에는 하나님의 정의와 자비와 연민의 적절한 대행자가 되기 위해 자체를 개혁하려는 의지가 전혀 없었기 때문에 새 질서가 필요하게 되었다. 새 질서에 대한 옛 질서의 저항이 너무도 강했기 때문에 새 질서는 오직 하나님 자신이 값비싼 대가를 치르심으로써만 실현될 수 있었다. 아버지께서 아들을 버리신 사건(막 15:34)은 아버지와 아들 모두에게 너무도 고통스러운 경험이었다. 예수의 십자가 사건은 너무도 끔찍한 것이어서 그것을 보다 부드럽게 표현해 보려는 시도들이 많이 행해졌다.30) 그러나 예수께서 죄를 짊어지셨고, 그로 말미암아 악의 문제를 해결하셨다는 사실 이외에는 그 어떤 것도 심판의 의미를 약화시킬 수밖에 없고, 따라서 도덕적 우주를 가능하게 만드는 하나님의 정의를 주장할 수 있는 근거를 잃게 된다.

수년 전 위르겐 몰트만(Jürgen Moltmann)은 그리스도의 죽음이 내포하는 극도의 심각성을 다음과 같은 말로 강력하게 표현하였다.

> 십자가 위에서 아버지는 아들을 버렸으며 태양이 골고다 언덕을 뒤덮은 깊은 어둠 속으로 숨어버린 것처럼 그에게서 얼굴을 숨겼다… 예수의 십자가 처형에 담겨 있는 그 십자가는 바로 정확히 이것을 말한다. 즉 그가 "나의 아버지"라고 불렀고, 자신을 그분의 아들이라고 여겼던 바로 그 하나님에 의해 버림받았다는 것이다. 여기 아버지와 아들의 관계 속에서 정확히 "영원한 죽음," "하나님의 죽음"으로 묘사되어온 한 죽음의 사건이 경험된다… 아버지는 아들의 죽음으로 고통당한다. 따라서 아버지의 고통은 아들의 죽음에 상응한다.31)

이 표현은 너무 지나치거나 위험해 보일 수 있다. 그러나 그것은 십자가에 버림 받은 예수의 울부짖음을 고려할 때, 그리고 '복종하다,' '파송하다'라는 말들과 복음에 관한 바울의 설명 중에서 그와 유사한 단어들이 사용되고 있는 것을 고려할 때 정당화된다.

---

30) 그것을 한 예언자의 순교라는 관점에서 보는 사람들, 그것을 희생적 사랑의 한 예로 해석하는 사람들, 그것을 악에 대한 승리의 관점에서 보는 사람들이 그런 시도를 했다 - 이 내용에 관해서는 다음 자료를 참조하라. Alistair McGrath, *Historical Theology: An Introduction to the History of Christian Thought* (Oxford, Blackwell, 1998), 283-97.
31) Jürgen Moltmann, *The Trinity and the Kingdom of God* (London, SCM Press, 1981), 80-1.

그리스도 예수 안에 있는 속량으로 말미암아 하나님의 은혜로 값없이 의롭다 하심을 얻은 자 되었느니라. 이 예수를 하나님이 그의 피로써 믿음으로 말미암는 화목제물로 **세우셨으니**(롬 3:24-25); 하나님은… 죄로 말미암아 자기 아들을 죄 있는 육신의 모양으로 **보내어** 육신에 죄를 정하사(롬 8:3); 자기 아들을 아끼지 아니하시고 우리 모든 사람을 위하여 **내주신** 이가 어찌 그 아들과 함께 모든 것을 우리에게 은사로 주시지 아니하시겠느냐(롬 8:32); 때가 차매 하나님이 그 아들을 **보내사** 여자에게서 나게 하시고 율법 아래에 나게 하신 것은 율법 아래에 있는 자들을 속량하시고 우리로 아들의 명분을 얻게 하려 하심이라(갈 4:4-5).

유사한 표현이 요한의 첫 번째 편지에서 – 예를 들면, 요일 4:8, 10, 14 – 발견된다. 그것은 전 세계에 구원의 효력을 나타내는 그리스도의 죽음이 삼위일체 하나님의 선물(고후 9:15)이라는 사실을 말한다. 죽음이라는 이 한 가지 행위 안에서 하나님께서는 같은 절차를 반복함 없이 폭력의 악순환을 끊는 방법을 발견하셨다. 그분은 또한 정의와 자비를 조화하심으로써 선과 악 사이의 구분을 유지하면서도 인간의 죄를 제거하는 일을 성공적으로 이루어 내신다. "곧 이때에 자기의 의로우심을 나타내사 자기도 의로우시며 또한 (그럴 뿐만 아니라) 예수 믿는 자를 의롭다 하려 하심이라"(롬 3:26).

신약성경에는 지금까지 언급한 방식들 외에도 복음을 설명하는 다른 방식들이 많이 있다. 그 중에 하나가 새 인간의 창조다 – 그리스도께서 마지막 아담이시며, 하나님께 복종하는 새로운 해방적 삶으로 고양됨으로써 죄의 권세에서 자유롭게 된 새 종족의 머리가 되신다(롬 5-6장). 하나님의 자녀들로 하여금 자발적인 자세로 기쁘게 하나님의 뜻을 행하도록 격려하는 성령의 은사(롬 8:9-17)도 그것에 해당한다. 피조물 전체가 좌절과 부패에서 구원 받게 될 것이라는 약속(롬 8:18-25)도 있다. 종국적으로, 하나님께서는 새 공동체의 창조 안에서 인력으로 화해할 수 없는 자들 – 유대인과 비유대인, 문명인과 비문명인, 남자와 여자, 특권자와 착취당하는 자, 모든 종족, 문화, 계층의 사람들(롬 9-11장; 엡 2:13-22; 3:3-7; 골 3:10-11; 갈 3:28) – 을 화해시키신다.[32]

5. 전도의 목적

우리는 기독교 공동체가 전도에 힘쓰는 목적을 너무 협소하게 정의해서는 안 된다. 의심할 여지없이 주된 강조점은 용서의 제공, 하나님과의 새로운 시작에 각 개인이 반응하도록 추구하는 것이다. 이것을 가리켜 주로 '회심'(conversion)이라고 부르는데, 이것은 단지 전도의 한 가지 양상에 불과할 뿐이다. 회심은 자기중심적인 삶을 떠나 하나님 중심적인 삶으로 전환하는 결정적인 순간이다(행 26:18; 엡 5:8; 골 1:13; 갈 4:8). 그것은 또한 계속적인 활동이기도 하다.

> 그리스도의 부르심에 대한 반응 곧 회심은 일종의 계속 진행되는 경험, 기독교적 성숙을 향해 나아가는 성장 과정이다… 회심자는 "측량할 수 없는 그리스도의 풍성함"(엡 3:8)을 인간 공동체와 사회에 충분히 사용하도록 끊임없이 도전받는다.[33]

어떤 사람들은 회심을 '한 개인의 삶에 그리스도를 모셔 들이는' 반복할

---

32) 복음의 실체에 관한 보다 자세한 성찰은 다음 자료들을 참조하라. René Padilla, *Mission Between the Times*, 73-82.; J. Andrew Kirk, *The Meaning of Freedom: A Study of Secular, Muslim and Christian Views* (Carlisle, Paternoster Press, 1998), 206-12.

33) Zvomunondita Kurewa, "Conversion in the Africa Context," *International Review of Mission* (68, 1979), 161. 회심의 의미와 중요성에 대해서는 다음 자료들을 참조하라. Andrew Wingate, *The Church and Conversion* (Delhi, ISPCK, 1997); Joseph Mattam and Sebastian Kim (eds.), *Mission and Conversion; A Reappraisal* (Bandra, Mumbai, St Paul's, 1996); Jim Wallis, *The Call to Conversion* (San Francisco, Harper and Row, 1981); Richard Longenecker, *The Road from Damascus: The Impact of Paul's Conversion on His Life, Thought and Ministry* (Grand Rapids, Eerdmans, 1997); Cyril Okorocha, *The Meaning of Religious Conversion in Africa: The Case of the Igbo of Nigeria* (Aldershot, Avebury, 1987).

수 없는 개인적 결정으로 이해하면서 그것이 전도의 유일한 목적은 아니지만 최소한 주요 목표로 여겨져야 한다고 생각한다. 그러나 그런 견해를 가진 사람들은 회심과 중생(重生), 그리고 인간의 행위와 하나님의 행위를 혼동하고 있다. 중생은 분명히 구원을 위해 예수 그리스도를 신뢰하는 사람 안에 하나님께서 새 본성을 탄생시키는 한 번뿐인 사건이다. 반면에 회심은 첫 경험 이후에도 여러 차례 반복된다. 그것의 의미는 바울이 로마의 그리스도인들에게 경고한 말로 요약될 수 있다. "너희는 이 세대를 본받지 말고 오직 마음을 새롭게 함으로 변화를 받아 하나님의 선하시고 기뻐하시고 온전하신 뜻이 무엇인지 분별하도록 하라"(롬 12:2). 이 말씀을 통해서 바울은 이렇게 말하고 있다. "당신이 앞으로 될 모습을 세상이 형성하지 않게 하라." 유추해서 말하자면, 만일 당신이 아직 일정한 모습으로 형성되지 않은 나무 조각과 같다면 세상으로 하여금 가구 제조업자가 되도록 허락하지 말라는 것이다. 오히려 성령의 인도를 통해서, 모든 사상, 관념, 의견을 예수 안에 있는 진리(엡 4:21)에 맞춤으로써 하나님께서 모양과 형상을 결정하도록 하라는 것이다. 그것은 하나님께서 인간 삶의 모든 양상에 개입하셔서 만들어 가시는 과정이다.

하나님의 관점에서 볼 때 전도의 목적을 예수 그리스도의 형상 안에서 일어나는 온전한 새 생명의 창조(고후 3:18) – 죄의 결과로 잃어버린 영광의 회복(롬 3:23; 히 2:10) – 로 여길수 있으며, 인간의 관점에서 볼 때 그것을 예수 그리스도의 뒤를 따르는 것으로 여길 수 있다. 후자의 경우는 일종의 순례 혹은 경주로 묘사될 수 있다. 그때 하나님의 말씀의 빛은 사람들의 발걸음을 인도하며(시 119:105), 사람들의 눈은 "믿음의 주요 또 온전하게 하시는 이"인 예수를 바라본다(히 12:2). 두 경우 모두 전도를 통해서 끝없이 전적인 변화를 기대한다. "대위임령(Great Commission)의 중심 목적은 제자를 만드는 것인데, 그것은 사랑과 의 – 정의를 지지하는 것 – 의 실천을 동시에 포괄한다."[34]

---

34) David Bosch, "Toward Evangelism in Context" in Vinay Samuel and Chris Sugden, *The Church in Response to Human Need* (Oxford, Regnum Books, 1987), 188.

예수 그리스도의 길을 따르는 것은 전도를 총체적으로 드러내는 양상이며 전도의 진정성을 증명하는 것이다. 거기에는 영혼과 하나님 사이의 거래를 의미하는 그 어떤 내적인 사건도 없다. 또한 그 어떤 외적이고 가시적인 표징도 없다. 단지 행동하는 제자를 인도하는 질문은 다음과 같다. "그리스도시라면 이와 같은 상황에서 과연 어떤 **행동**을 할 것인가?"

결론적으로, 전도가 지향하는 목적은 인간의 실패, 결함, 약점이 뒤엉킨 삶의 잔해에서 깊은 나눔, 신뢰, 성실, 겸손의 새 공동체를 건설하는 것이다. 전도의 과제는 살아계신 하나님의 존재를 분명하게 보여주는 것이다! 그런데 현실을 볼 때 그런 공동체가 별로 없을 뿐만 아니라 있더라도 예수 그리스도 안에서 그들이 받은 고귀한 소명을 따라 사는 것이 매우 힘들다는 사실 때문에 어떤 사람들은 전도의 내적이고 개인적인 본성을 강조하는 방향으로 나아간다. 그러나 만일 복음이 화해에 관한 것이라면 전도는 교회로부터 세상으로 나아갈 것이 아니라 교회 자체 안으로 들어가야 한다.

이온 브리아(Ion Bria)는 복음 증언의 목표를 다음과 같은 방식으로 요약한다.

> 죄, 하나님으로부터의 분리, 악에의 굴복, 하나님 형상의 부재로 특징지어지는 삶에서 돌이켜 죄의 용서, 하나님의 계명에 복종, 삼위일체 하나님과 갱신된 교제, 신적 형상의 회복과 더불어 이루어지는 성장, 그리스도께서 보여주신 사랑의 원형이 우리 안에 실현될 때 나타나는 새로운 삶으로의 변화. 보다 간략하고 간결하게 말한다면, 복음 증언의 최종 목표는 회심과 세례다. 회심은 의도적으로 죄, 죽음, 악에서 하나님 안에 있는 참된 삶으로 전환하는 것이다. 세례는 하나님의 백성의 공동체 곧 교회의 삶으로 새 구성원을 받아들이는 것이다.[35]

---

35) Ion Bria, *Go Forth in Peace*, 31.

6. 전도의 이유

1) 예수 그리스도의 메시지는 전파되어야 한다

예수 이야기에 관한 일반적인 지식은 많은 사회에서 더 이상 당연한 것으로 수용되고 있지 않으며, 그것에 대해서 모르는 사람들도 많이 있다. 사람들은 대체로 신약성경에 나오는 기본적인 내용을 모르고 있을 뿐만 아니라 알고 있더라도 그들의 제한된 이해는 진지한 토론보다도 논쟁을 통해 흥미를 유발하는 대중매체에 의해 전파된, 예수에 관한 놀랍고도 선정적인 견해들에 의해 심각하게 왜곡되어 있을 수 있다.

전도는 일종의 이야기를 말하는 일(a story-telling task)이다.[36] 이 일을 통해서 예수의 생애는 1세기 유대교와 로마 제국의 지정학적 현실을 뛰어넘어 다시 살아난다. 전도해야 할 한 가지 강력한 동기는 "예수 그리스도가 세계 역사의 중심이고 목표라는, 복음에서 생겨난 긍정적인 확신"[37]이다. 어쩌면 우리는 세계 내에서 태어난 모든 사람이 왜 예수 그리스도께서 이 세계로 오셨고 그분이 무엇을 하셨는지 알 **권리**가 있다고 주장할 수도 있을 것이다. 그 예수의 이야기가 참되다고 믿는 사람은 반드시 그것을 말해야 한다.

> 전도해야 할 교회의 권리와 의무는 또한 이 세상에 태어나는 모든 **인간 존재**가 예수 그리스도와 그분의 해방하는 복음을 알 권리와 재결합한다… 복음은 소유물이 아니다. 그것은 청지기직(stewardship)이다. 그 어느 누구도 우리에게서 이 특권을 빼앗거나 이 책임을 면제해 줄 수 없다. 전도의 긴급성이 바로 여기에 있다![38]

---

36) 다음 자료를 참조하라. Raymond Fung and Georges Leucopalos, *Not a Solitary Way: Evangelism Stories from Around the World* (Geneva, WCC, 1992).
37) Carl Braaten, *The Apostolic Imperative* (Minneapolis, Augsburg Press, 1985), 77.
38) The Evangelical Methodist Church in Bolivia, "A Bolivian Manifesto on Evangelism in Latin America Today" in Norman Thomas (ed.), *Classic Texts in Mission*, 164.

2) 인간은 벌고 소비하는 것 이상의 존재다

소비주의가 일종의 선교적 기획을 진지하게 드러내고 있다는 인식이 있다. "돈이 다 떨어질 때까지 쇼핑하라," "24시간 쇼핑하라"는 구호들이 그것을 암시한다.[39] 그러나 복음의 관점에서 볼 때 그런 행위는 이미지와 현실을 혼동하고 있다. 마치 무의식의 세계 속에 살고 있는 것과 같다. 개인 성취, 향락, 경험, 만족을 추구하는 매일의 삶은 메시아적 잔치를 왜곡된 방식으로 반영하고 있다. 이런 삶을 추구하는 사람들에게 삶은 예상된 권리로서 이해되거나 언제나 풍부한 수여자에게서 제공되는 놀라운 선물로서 해석될 수 있다.

이것이 바로 탕자(와 형)의 이야기가 늘 가장 강력한 단편이야기로 평가되는 이유다. 동생은 법적 권리에 의해 자기 몫의 재산을 상속받았으나 독립적인 생활과 쾌락의 욕구를 채우는 데 모두 허비해 버리고 말았다 - 누가 현대 개신교가 고립된 개인을 만들어냈다고 말했던가? 형도 역시 고립되어 있었으며, 향락은 힘든 노동에 대한 정당한 보상이라고 믿는 개인주의적 노동윤리에 사로잡혀 있었다. 두 사람 모두 옳지 않았다. 그러나 결국에는 동생만이 참된 삶의 근원이 어디에 있는지를 깨달았다.

소유의 매력과 유혹이 만족되거나 치유되지 않을 때, 혹은 전혀 아무 것도 소유할 기회를 얻지 못할 때 우리가 어떤 모습으로 **존재**하게 되는지 복음이 말해준다는 점에서 전도는 일종의 해방하는 일(a liberating task)이다. 상황, 성격, 업적 혹은 사회적 신분과 상관없이 모든 인간 존재는 고유한 가치를 지닌다. 어떤 사람이 아르헨티나 북부에서 온 한 토착 기독교 지도자에게 복음이 그의 백성을 위해 무엇을 했는지 질문하였을 때 그는 복음이 백인들을 똑바로 볼 수 있게 만들어 주었다고 대답했다.

---

[39] 암스테르담의 스키폴 공항 면세점에는 다음과 같은 표어가 사용되고 있다. '보고, 사고, 날아가십시오!'(See, buy, fly).

3) 인간은 죄의 능력에 의해 혼란에 빠져 있다

많은 문화가 죄를 범죄로 보는 정태적(靜態的) 관점을 지니고 있다. 다시 말해서 마치 시험에서 합격 최저점에 미달되는 것과 같이 죄를 특정한 도덕 기준에 도달하지 못한 상태로 본다. 죄는 우리가 행하는 어떤 것(범행) 혹은 행하지 못한 어떤 것(태만)으로 여겨진다. 성경 본문이 이런 점을 보여주고 있기도 하지만 성경은 또한 죄가 옳고, 정당하고, 선하고, 아름답고, 건전한 것을 끊임없이 삼켜버리는 실제적인 힘이라는 점을 강조하기도 한다. 바울의 용어를 빌자면, 그것은 일종의 '권세'다(골 1:16; 엡 6;12; 롬 8:38).

이런 의미에서 죄는 우리로 하여금 잘못된 선택을 하게 하여 결국에는 더 파괴적인 결과를 초래하게 만든다. 따라서 만일 어떤 문화가 외적인 행동을 강조하고, 인간 삶의 폭력적 측면과 교육의 힘을 합리적으로 분석하면서 개인과 공동체를 보다 건전한 행동방식을 향해 나아가도록 하는 데에만 힘쓴다면 미묘하고도 심층적인 죄의 실제적인 힘을 놓칠 수도 있다. 그 결과, 현실적인 문제들에 대해서 혼란스럽게 느낄 뿐만 아니라 그것들에 어떻게 반응해야 하는지에 대해서도 잘 모르게 된다.

그러므로 전도는 일종의 치료하는 일(a therapeutic task)이다. 복음의 전달자는 그것의 메시지를 신중하게 듣고 이 세계에서 삶을 경험함으로써 인간의 곤궁한 상황을 진단하고 치유책을 처방할 수 있는 사람이다. 그러나 치유는 오직 '나쁜 소식,' 곧 죄의 문제는 교육, 자기훈련과 같은, 심지어 영성의 추구와 같은 인간적인 처방약으로는 결코 해결될 수 없다는 소식을 들을 때에만 일어날 수 있다. 아스피린은 결코 암종(癌腫)에 대한 해결책이 아니다.

7. 전도의 수단

 전도의 첫 번째 원리는 목적이 반드시 수단을 정당화하지 않는다는 것이어야 한다. 전도의 목표가 아무리 긴급하고 전도의 이유가 아무리 고상하다고 할지라도 일부 방법들은 결코 받아들일 수 없다. "어떤 방식이든지 인간의 완전한 존엄성을 파괴하거나 그것의 가치를 떨어뜨리는 행위는 결코 용납될 수 없다."[40]

 믿음을 갖도록 유인하는 공개적 혹은 은밀한 공작, 문화적 혹은 심리적 압력을 가하는 행위는 수용될 수 없는 방법에 포함될 수 있다. 제자도의 대가에 대해서는 언급하지 않은 채 단지 신앙의 이점에만 집중하는 것도 수용될 수 없다. 예를 들어, 런던의 한 전도단체를 홍보하는 포스터는 신앙의 단계에 관해 이렇게 말하는 것을 보았다. "신앙을 가지면 당신은 좌절, 근심, 고독, 슬픔, 불확실, 비관, 불만족, 불안정, 의존에서 해방될 것입니다." 그 자체만 놓고 볼 때 – 실제로 그런 내용이 전부였다 – 그것은 분명 진실이 아니다.

 근래에 기술적인 면에 집중하는 경향이 유행한 적이 있었다. 어느 한 상황에서 성공적인 것처럼 보이는 방법들이 전혀 다른 상황에 적용되었다. 한 예로 '대중전도'(mass evangelism), 곧 한 복음전도자의 메시지를 듣거나 그에 의해 치료받기 위해, 혹은 그 두 가지를 위해 사람들이 대규모의 사람들이 모이는 집회를 들 수 있다. 사람들은 이런 상황에서 예수 그리스도에 대한 참된 믿음을 얻기 위해 나온다. 그러나 그런 행사에 들어가는 엄청난 시간과 비용, 에너지, 그리고 완전히 세속적인 사람들을 이런 종류의 집회로 끌어들이기가 어렵다는 점, 대규모 군중으로 모인 사람들의 감정 조작이 내포하는 위험성과 모든 그리스도인이 자신의 신앙을 입증해야 할 책임을 지니고 있다는 점 때문에 이 방식으로부터 보다 개인적인 접근방식으로 이동하는 경향이 생겨났다.

 만일 복음을 들을 뿐만 아니라 볼 필요가 있다는 점이 옳다면 메시

---

40) A. Mission Affirmation (Selly Oak, School of Mission and World Christianity, 1992).

지뿐만 아니라 메신저 곧 전달자도 중요하다. 실제로 연구 조사에 따르면, 사람들은 어느 한 그리스도인의 삶에 매력을 느낄 때 예수 그리스도의 메시지에 흥미를 가지기 시작한다.41) 전도는 사람들이 '멈춰 서서, 보고, 듣도록' 설득하는 것이다. 변화된 삶이 주는 도전보다 더 나은 방법이 어디 있겠는가! 단지 그렇게 할 때에만 전도자는 친구 혹은 동료에게 복음의 진리를 납득시키고 반대와 의심에 대해 대답할 기회를 얻게 될 것이다.

전도가 진정한 것이 되려면 반드시 다음과 같은 두 가지 추가 고려사항을 충족해야 한다. 첫째, 전도는 그것의 가치를 신뢰하는 공동체에서 진행되어야 하며, 전도한 사람을 '이방인'(stranger)을 환영하여 가족의 일부로 삼는 법을 알고 있는 공동체에 소속시키는 것으로 귀결되어야 한다. 이 점에서 "믿음은 홀로 시작해야 가능하지만 홀로 신앙생활 하는 것도 파멸을 불러올 뿐이다."라는 존 웨슬리(John Wesley)의 말은 매우 지혜롭다. 둘째, 전도는 그것이 우리의 일이기 전에 하나님께서 오랫동안 해 오신 일이다. 성부께서 기초를 닦으시고, 성자께서 초청장을 보내시며, 성령께서 복음에 회개와 믿음으로 반응하도록 촉구하신다.

마지막으로, 유명하지만 오늘날에는 매우 비판을 받는 에든버러세계선교대회(Edinburgh World Missionary Conference, 1910)에서 발표된 것들 중에 한 구절을 인용함으로써 전도에 관한 이 장을 마감하는 것이 좋겠다. 그것은 내가 위에서 언급한 내용을 지지한다. 에든버러대회는 전도의 구성요소 중에서 인간 대행자의 역할을 강조했다는 점 때문에 - 부분적으로는 정당하다고 인정할 수 있지만 - 비난을 받아왔다. 다시 말해서 그 대회는 기독교 세계로부터 비기독교 세계로 교회를 확장하는 관점에서 인간 대행자의 역할을 너무 강하게 주장했으며, 군사적 은유들을 - 유감스럽게도 1914-1918년 전쟁의 참혹한 대학살의 관점에서 - 너무 과다하게 사용했다. 부당한 문화적 가정(假定)들과 영적 승리주

---

41) 다음 자료를 참조하라. John Finney, *Finding Faith Today: How Does It Happen?* (Swindol, Bible Society, 1992).

의에도 불구하고 그 대회는 전도에 대한 다음과 같은 적절한 조건을 강조하기도 하였다.

> 하나님의 성령은 죄악에 빠진 인간들의 죄를 깨닫게 하는 능력을 가지신 유일한 분이시다… 회개, 확신, 회복, 오랫동안 지속되어온 불화의 청산 등에서 나타나는 성령의 참된 열매는 오직 하나님이 인간의 마음과 양심에 복음의 능력을 드러내신다는 설득력 있는 증거를 제시한다.[42]

---

42) Commission I, "Carrying the Gospel to All the Non-Christian World" in John Mott, *Addresses and Papers of John R. Mott,* vol. V, The International Missionary Council (New York, Association Press, 1947), 28.

토의과제

1. 지금까지 당신이 참여했던 전도활동에서 배운 교훈이 무엇인지 이야기해 보자.

2. 충분히 알지는 못하지만 공감할만한 친구에게 당신이 예수 그리스도의 복음을 좋은 소식으로 생각하는 이유에 대해 말해 보자.

3. 만일 사도 바울에게 질문할 기회가 있다면 당신은 그에게 전도에 관해 어떤 질문을 던질 것인가? 그가 어떤 대답을 하리라고 생각하는가?

5장
문화 속에서의 복음

1. 문제의 중요성

얼핏 보기에 기독교 선교에 관한 책이 문화 문제를 다루는 것이 이상하게 보일 수 있다. 이 책의 다른 주제들은 감당해야 할 과제로서 선교를 묘사하는 일반적인 경향에 잘 부합한다. 그러나 복음과 문화의 문제는 전혀 다른 주제인 것처럼 보인다. 우리는 전도할 수도 있고, 대화에 참여할 수도 있고, 정의와 환경보호를 위해 일할 수도 있고, 평화를 위해 일하는 사람이 될 수도 있고, 다른 공동체들과 협력관계를 맺을 수도 있다. 그러나 문화와의 관계는 좀 다르다. 사람들은 문화 자체를 목표로 한 어떤 특정한 프로젝트도 수행하지 않는다.

그럼에도 불구하고, 문화의 문제는 선교의 모든 영역에 영향을 미친다. 그것은 모든 곳에 스며든다. 만일 문화의 영향력을 무시한다면 상황을 심각하게 오판하는 잘못을 범하게 될 것이다. 그러므로 문화가 모든 점에서 선교의 중심에 오는 몇 가지 이유를 상기하면서 시작하는 것이 도움이 될 것이다.

1) 복음은 문화를 통해 전달된다

첫째로, 복음 – 복음의 본질적 메시지에 관해서는 이미 앞 장에서 개략적으로 다루었다 – 은 항상 문화적으로 중개된다. 이것은 매우 분명하다. 예를 들어, 나는 개인적으로 뭔가를 가장 중요한 요소로서 강조할 수 있는데, 그런 행동에는 나의 문화적 배경이 일정한 영향을 미치고 있다. 복음이 초문화적(trans-cultural)이라는 점은 옳다 – 이것은 나중에 다시 논의할 것이다. 그러나 복음은 오직 문화의 관점에서 표현될 수 있으며, 그런 점에서 그것은 매우 다양한 방식으로 이 문화에서 저 문화로 옮겨져야 한다.[1]

이 점은 결코 놀랄만한 것이 못 된다. 복음은 많은 단편적인 좋은 소식으로 구성되어 있으며, 그것을 이해하기 위해서 사람들은 자신의 언어로 그 소식을 들어야 한다(행 2:8). 비록 신적인 기원을 가지고 있기는 하지만 복음의 메시지는 인간적인 채널을 통해 전달된다(고후 4:7). 인간 존재는 문화의 바다에서 살아간다. 성경 저자들은 복음의 메시지를 전달하기 위해 문화를 사용했다. 어느 때에는 다른 문화로부터 도구를 빌려 오기도 했다. 예를 들어, 바빌론의 바다 괴물인 리워야단(Leviathan, 사 27:1; 시 104:26; 욥 3:8; 41:1)이 언급된 경우를 들 수 있다. 또한 하나님께서 그의 백성과 맺은 언약은 히타이트인들(Hittite)이 그들의 가신(家臣)들과 맺은 조약 형식을 반영하고 있으며, 잠언서의 많은 부분은 타문화의 것들과 매우 유사하다. 바울이 그의 시대에 통용되고 있었던 철학적 용어와 종교적 용어를 사용했다는 점은 보다 중요하다. 플레로마(*pleroma*, 충만), 아포루트로시스(*apolutrosis*, 노예의 구원 혹은 해방), 퀴리오스(*kurios*, 주인, 헬라문화에서 존귀한 자에 대한 경칭) 등이 이에 해당되는데, 이런 용어들은 예수 그리스도의 빛 아래서 새로운 의미를 내포하게 되었다.

마지막으로, 복음의 메시지는 하나님께로부터 오지만 가능한 한 가장

---

1) 다음 자료들을 참조하라. Alan Neely, *Christian Mission: A Case Study Approach* (Maryknoll, Orbis Books, 1995), 3; Roger Bowen, *So I Send You: A Study Guide to Mission* (London, SPCK, 1996), 76-94.

인간적인 형태를 입고 온다(요 1:18). 하나님께서 특정한 문화 속에서 탄생하신다. 하나님의 영원한 말씀은 정상적인 분만 과정을 통해 한 아기로 태어나셨다. 그 아기는 그 시대에 관례적이었던 의식들을 치렀다(눅 2:21-24). 예수 그리스도께서는 1세기 팔레스타인에서 한 유대인으로 태어나셨으며, 아람어를 모국어로 사용하셨다 – 어쩌면 헬라어를 사용하셨는지도 모른다. 그분은 목수의 일을 배우셨으며, 아마도 나사렛 사람들에게 익숙했던 물건 제작 기술을 익혔을 것이다.

예수께서는 한 사람의 유대인으로 태어나셨지 우주인으로 태어나시지 않았다. 비록 유대인들이 그분을 받아들이지 않았지만 그분은 자기 백성에게 오셨다(요 1:11). 그분은 율법에 해박하셨으며, (유월절과 같이) 해마다 지키는 축제에 참가하셨다. 그분은 자신의 바르 미츠바(*bar mitzvah*, 13세가 되는 소년들을 위한 유대교의 성인식 – 역주)를 경축하셨으며, 회당에 참석하셨고, 유대 역사에 깊이 몰두해 있었다. 이야기꾼으로서 그분은 상당한 예술적 재능을 보여주기도 하셨다. 하나님께서 특정한 지리적 환경 속에서 특정한 역사의 순간에 한 인간이 되셨다(성육신)는 사실은 복음과 문화의 관계를 이해하는 중요한 열쇠들 가운데 하나다.

2) 초대교회의 삶에 내포된 문화의 문제들

신약성경은 교회의 확장과정 속에서 문화와 관련하여 제기된 풍부한 이슈들을 담고 있다. 초대교회는 몇 가지 미묘한 문제에 직면해야 했다. 실례로 두 가지를 들 수 있다. 로마에 있는 교회에 보낸 편지 초반부에서 바울은 이방인들의 도덕적 조건이라는 주제를 언급한다(롬 2:12-16). 그는 그들이 도덕적 기준을 잃지 않았다고 주장한다. 그들의 삶은 그들이 옳고 그른 것 사이의 구분을 받아들이고 있음을 보여준다. 이것은 인간 존재로서 그들에게 천부의 양심이 있기 때문에 가능한 일이었다. 양심은 비록 완전히 독립적인 길잡이는 아니지만 도덕이라는 영역이 존재하고 있다는 사실을 암시한다. 선과 악을 분별해야 할 필요는 모든 문화에 주어진 현실이다. 그런데 문화는 모든 사람들이 자신의 양심을 따라 살지 못하고 있음을 보여준다. 따라서 그것은 복음의 필요를 보여주는 잠재적인 우방(友邦)이 된다(롬 3:9, 23).

복음에 의해 일어난 가장 강력한 변화들 중 하나는 '깨끗한 것'과 '더러운 것' 사이의 구분이 철폐되었다는 것이다(막 7:19; 행 10:15). 다양한 문화적 환경 속에서 살아가는 사람들에게 그 두 가지의 구분은 그들의 삶의 방식을 총체적으로 드러낸다. 그것은 1세기의 유대인들을 위한 것이었다.[2] 그러므로 만일 유대인 그리스도인들이 이방인 그리스도인들과 더불어 먹고자 한다면 그들의 삶을 지배해 온 고대의 신념을 깨뜨려야만 했다. 그러나 바울은 '식탁 교제'(table fellowship)가 복음이 타협될 수 없는 가장 심층적인 원리의 문제라고 확신했다. 복음은 이방인과 유대인에게 완전히 동등한 지위를 요구한다. 그 어떤 문화적 규범 혹은 관습도 그리스도인들을 분리시킬 수 없다. 함께 식사하는 것은 타협할 수 있는 사항이 아니다(고전 11:17-22, 33-34 참조). 복음은 어떤 사람들이 다른 사람들보다 우월하다고 믿는 모든 관념을 - 역사, 관습, 도덕적 성취, 피부색을 포함하여 그 관념의 근거가 무엇이든지 간에 - 폐기시킨다. 문화는 피조 세계의 일정한 현실에 속해 있기는 하지만, 그렇다고 해서 그것이 교회 안에서 분열의 한 원인이 될 이유는 전혀 없다. 따라서 베드로의 행동(갈 2:11-14)은 복음을 (문화적으로) 왜곡한 것이었다.

3) 영적 이원론

그리스도인 중에서 문화의 문제 때문에 신앙 요소를 오해하거나 그것을 왜곡시키는 경우가 많이 있다. 예를 들어, 서구 교회는 오래 전부터 은연중에 복음에 대한 이원론적 이해와 실천을 받아들이는 강한 경향을 보여 왔다. 이 경향은 **신앙주의**(fideism, 올바른 행동에 비해서 올바른 믿음을 더 강조하는

---

2) 다음 자료를 참조하라. James Dunn, *The Parting of the Ways between Christianity and Judaism and Their Significance for the Character of Christianity* (London, SCM Press, 1991), 107-13.

사조), **주관주의**(subjectivism, 근본적인 변화의 요청에 비해서 감성적인 필요를 더 강조하는 사조), **개인주의**(individualism, 구원을 정의할 때 동료 인간들과의 화해보다 하나님과의 개인적인 화해를 더 강조하는 사조), **금욕주의**(prohibitionism, 자신을 예술적인 삶으로부터 분리시키려는 경향)를 통해 표현된다.

4) 인종과 민족의 정체성

우리는 우리 자신의 문화에 너무 익숙해 있어서 그것의 결함을 쉽게 보지 못한다. 또한 다른 문화의 강점과 유익한 점도 잘 보지 못한다. 우리에게 익숙한 것이 다른 사람의 행위를 판단하는 기준이 되는 경우가 많다. 우리는 문화가 우리의 신념과 행동에 끼치는 미묘한 – 어쩌면 교활한 – 영향을 잘 살피지 않는다. 이런 현상은 특히 민족적 정체성 혹은 인종적 정체성의 영역에서 자주 나타난다. 각자가 특정한 집단에 소속됨으로써 안정감을 얻는 것은 인간의 발전과 번영에 매우 중요하다. 어느 집단에 속하는 것은 일종의 창조의 선물이다. 이것은 창세기 10장에 나오는 소위 '민족의 목록'에서 매우 의미 있다.[3] 거기에는 자손들이 "족속과 언어와 지방과 나라대로" 흩어져 살고 있다는 표현을 세 번 반복하고 있다(창 10:5, 20, 31 – 개역개정판에는 5절이 약간 다르게 표현되었으며 '지방'이라는 말도 빠져 있다 – 역주). 오늘날 이 표현의 각 부분이 함축하고 있는 모든 의미를 제외한다면 분명히 그 집단들은 동일한 언어를 사용하면서 한정된 지리적 영역 안에 함께 살고 있는 사람들의 확대 가족을 의미할 것이다.

좋은 뜻으로 말하자면, 민족적 특수성과 문화적 특수성은 인간 삶의 풍부한 다양성을 반영하며, 사람들로 하여금 고유한 역사, 관습, 전통을 가진 일정한 집단과 자신을 동일시함으로써 안정감을 얻게 만든다. 그런 연합의 상실 – 뿌리 없음 – 은 자아의 위기를 초래하고 점차적으로 인격 장애를 유발할 수도 있다.

---

[3] 문화의 다원성과 관련된 창세기 10장의 의미에 대한 폭넓은 설명은 다음 자료를 참조하라. George Hunsberger, *Bearing the Witness of the Spirit: Lesslie Newbigin's Theology of Cultural Plurality* (Grand Rapids, Eerdmans, 1998), 244-55.

다른 한편 민족성의 강조는 한 민족 집단에 속해 있다는 사실이 다른 사람들에 대한 적대감을 수반하는 극심한 종족주의(tribalism)와 자민족중심주의(communalism)로 이어질 수 있다. 만일 우리가 우리 자신을 긍정하는 주된 방식이 타인을 경멸하거나 우리와 다를 수 있는 그들의 권리를 거부하는 방식이라면 그것은 병적인 것이다. 나쁜 뜻으로 말하자면, 이런 방식의 문화적 표현은 문화적 우월주의와, 인종적 순수성이라고 하는 기만적이고 왜곡된 관념에 기초한 인종주의(racism)의 편견과 폐쇄적 계급제도의 공포를 낳는다.[4] 이런 문제는 신약성경에서도 찾아볼 수 있는데, 유대인과 이방인 사이, 헬라인, 로마인과 다른 민족들 사이에 이런 문제가 있었다. "야만인"(골 3:11)은 문명 세계 밖에 있는 사람들을 가리켰다. 그들은 짐승처럼 길들여지지 않은 – 'savage'(미개한)의 원의미 – 사람들 곧 순수한 자연 상태 그대로인, 개간되지 않고, 원시적이고, 세련되지 못하고, 근본적으로 통제할 수 없는 사람들로 여겨졌다.[5]

문화적 특수성에 대한 한 사회의 태도는 같은 영역에 속한 다수 집단과 소수 집단 사이의 상호관계에서 나타난다. 이민을 통해서든지 혹은 강제적인 민족 이동을 통해서든지 혹은 임의적인 민족적 경계 설정을 통해서든지, 오늘날 대부분의 국가는 서로 다른 역사, 관습, 종교, 언어, 전통을 지닌 다양한 민족 집단으로 구성된다. 이런 현상은 불편한 관계와 잠재적인 불안정을 야기한다. 실제적인 혹은 느낌으로 다가오는 인종차별은 깊은 상호불신을 낳을 수 있으며, 그들의 공동체에서 권력과 영향력을 장악하기 위해 상황을 이용하려고 하는 기회주의자들에 의해 조작될 수 있다. 성숙한 사회 공동체는 일관성 있는 정치와 법의 체제 안에서 가능한 한 다양성을 존중할 것이며, 문화적 혹은 민족적 문제를 잘못 처리해서 생기

---

[4] 인종주의와 문화 요소의 관계에 대해서는 다음 자료들을 참조하라. Charles Kraft, *Anthropology for Christian Witness* (Maryknoll, Orbis Books, 1996), 109-14; Charles Taber, *The World Is Too Much with Us: Culture in Modern Protestant Missions* (Macon, Mercer University Press, 1991), 38-41.

[5] 영어에서, 한 가지 유사한 (인종주의적) 용례로서 예술에 무관심한 사람들을 가리키는 'philistine'(속물)이라는 단어를 들 수 있다.

는 모든 고발에 대해 가능한 한 공정한 조사를 실시할 것이다.[6]

문화적 정체성의 유익과 해악에 대한 높은 인식은 복음을 따라 살고자 하는 그리스도인들에게 매우 중요하다. 문화적, 민족적 차이에 대한 그들의 태도는 예수 그리스도를 증언하는 데 긍정적일 수도 있고 부정적일 수도 있다. 복음은 정확하게 동일한 기초 위에서 모든 사람에게 구원을 제공한다. 그것은 오직 은혜로만 가능하다. 어느 누구도 자랑할 이유가 없다(고전 1:28-31). 교회는 깊은 굴욕과 값비싼 화해의 자리, 곧 그리스도의 십자가에서 생겨났다(빌 3:4-9; 엡 2:14). 그것은 본질적으로 우주적 친교, 다시 말해서 새로운 인간, 거룩한 나라, 하나님 나라 안에 있다(벧전 2:9-10).

성경적 관점에서 역사의 궁극적 실재는 한 성령을 통해 한 하나님, 한 구세주를 함께 예배하는, 모든 문화적, 민족적 배경을 가진 사람들로 구성된 새 공동체가 될 것이다(엡 2:18, 22; 계 7:9 이하). 이런 미래상이 주는 의미는 첫째로, 교회가 자기 자신을 어느 한 가지 문화 혹은 민족과 동일시하는 배타적 태도를 취할 수 없다는 것이며, 둘째로, 어느 그리스도인 집단도 언어와 같은 문화적 상징들을 배타적으로 사용함으로써 다른 집단들과의 연대를 깨뜨리는 장애물을 만들 수 없다는 것이다. 따라서 그리스도인들의 일차적인 정체성은 성령에 의해 예수 그리스도를 주님으로 고백하는 데 있다(고전 12:3). 문화적 소속은 자아를 이해하는 보조 수단일 뿐이다.

> 정체성에 관한 모든 다른 정의들을 상대화하고 충성을 요구하는 복음의 보편성은 사람들의 정체성을 대체하거나 억압하지 않는다. 또한 그것은 획일화된 어떤 것을 만드는 수단도 아니다. 그것은 사람들이 그들과 다른 사람들과의 협력관계 안에서 자신들의 정체성을 발견해야만 하는 상호관계의 특징을 지닌 공동체를 창조한다는 것을 의미한다.[7]

---

6) 자신과 다르게 보이는 사람들에 대해서 동질화(homogenising), 악마화(demonising), 낭만화(romanticising), 다원화(pluralising)를 통해 차이를 극복해야 한다는 의견이 제시되어 왔다. 이것에 대해서는 다음 자료를 참조하라. Robert Schreiter, "Teaching Theology from an Intercultural Perspective" *Theological Education* (26, 1), 19.

7) Chris Sugden, "God and the Nations" in Patrick Benson (ed.), *The Church and the Nations* (EFAC Bulletin, 47, 1996), 4.

5) 기독교 신앙의 서구적 본성

세계의 교회들, 특히 아시아의 교회들은 최근까지도 그 교회가 속한 곳의 역사와 문화와 상관없는 신앙을 증언해야 하는 힘든 시절을 겪었다.[8] 근대 선교 운동의 결과 가운데 하나로서 타종교와 타문화의 부흥이 일어났다. 문화적 불화의 문제는 개념적 차원과 실제적 차원을 모두 가지고 있다. 개념적으로 볼 때, 복음이 섬세하게 표현된 서구사회의 가치와 제도로부터 신앙을 분리하는 일은 어려운 일이다. 마찬가지로 아주 오랫동안 전혀 다른 신앙 체계에 의해 형성된 사회를 복음에 연결시키는 것도 어려운 일이다. 최근에 지역문화와 교감을 나누고 있기는 하지만 일반적으로는 침입자로 보이는 신앙을 어떻게 권한단 말인가? 이런 어려운 점들은 동일화(identification)의 결핍과 이식(transplantation)의 문제와 결합되어 있다.

사실상, 그리스도인이 되는 것은 가족, 집단 혹은 민족을 배반하는 것처럼 보인다. 특히 세례는 자신이 속한 문화적 뿌리를 포기하고 이질적인 종교와 결합하는 표식으로 간주된다. 더욱이 이 종교는 그것이 낳은 (서구) 사회가 느슨한 도덕적 기준을 묵과하고, 영적인 가치에 대한 무관심, 종교적 비방, (노인과 노숙자와 같은) 약자에 대한 관심 부족, 경제적 침략을 조장했다는 점에서 열등한 것으로 여겨진다. 또한 이 종교는 시대의 딜레마에 직면했을 때 전혀 명쾌한 메시지를 내놓지 않는 것처럼 보인다.

> 중국 선교의 역사에서, 기독교는 중국인들에게 신뢰받지 못했다. 기독교는 파괴적인 것으로 분류되었다. 반기독교 5·4운동은 "그리스도인이 한 명 늘면 중국인이 한 명 줄어든다"라는 조롱을 통해 그들의 분개심을 표현했다… 중국 교회가 물려받은 기독교 형태는… 파편적일 뿐만 아니라 세계에 대해서 일관된 이해를 가지고 있지도 않다. 신학적 개념들은 종종 양 극단으로 분

---

8) 한 가지 예외는 인도의 '성 도마의 그리스도인들'(Christians of St Thomas)이다. 그들은 전승에 따라서 사도 도마가 말라바르 해안을 따라 세운 초기 교회들의 전통을 직접 계승하고 있다고 주장한다 – 이 내용에 관해서는 다음 자료를 참조하라. Nazir Ali, *From Everywhere to Everywhere*, 25, 33-4.

열된다. 그들은 은혜와 자연, 교회구조와 개인구원, 전도와 사회적 관심, 거룩한 것과 세상적인 것을 모순된 것으로 여긴다.[9]

6) 선교 역사의 이슈들

근대 선교 운동은 진지한 성찰을 필요로 하는, 복음과 문화와 관련된 많은 중요한 문제를 제기하였다. 아마도 서양 선교사들에 의해 아프리카, 아시아, 라틴 아메리카로 전해진 복음이 토착문화들에 끼친 것보다 더 큰 충격을 끼친 경우는 없을 것이다. 수용자 문화와 관련하여 복음과의 접촉을 거의 언제나 부정적으로 해석하는 관점이 있다. 일반적으로, 토착문화는 오해, 무시, 굴욕을 당하였으며, 그 결과로 생긴 교회들은 그곳 주민의 생활 전통과는 거리가 먼 이질적인 문화가 되었다. '문명화'는 복음화를 위한 필수불가결한 과정으로 생각되었다.[10]

이런 역사 전개는 그 자체로 희화적(戱畵的)이며 부분적으로 서구의 자기중심주의에 기인한 것일 수 있다고 주장하는 관점도 있다. 서구의 자기중심주의는 토착민을 서구 주도의 공략에 대한 수동적 대상으로 여기는 것 같다. 그러나 많은 경우에 토착민들은 기독교 메시지와 선교사들이 강요하는 관습들을 다양하게 창의적으로 번안하는 방식으로 그들의 문화가 파괴되는 것에 저항했다.[11] 이런 맥락에서 많은 이들이 성경을 자국어로

---

9) Michael Poon Nai-Chiu, "Christianity and the Destiny of China" in Benson (ed.), *The Church and the Nations*, 24.

10) Donald Jacobs, "Contextualisation in Mission" in James Phillips and Robert Coote (eds.), *Toward the Twenty-First Century in Christian Mission* (Grand Rapids, Eerdmans, 1993), 237. 존 포비(John Pobee)는 이 점에 관해서 이렇게 말한다.

> 여기에서 백지 상태(*tabula rasa*)에서의 실천이 선교의 한 특성이었다는 점을 주장할 필요는 없다. 그 실천은 노골적으로 비기독교 문화가 결코 복음의 예비 과정(*preparatorio evangelica*)이 될 수 없고, 따라서 기독교가 확립되기 전에 파괴되야 한다는 주장을 담고 있었다("A Passover of Language" in Saayman and Kritzinger <eds.>, *Mission in Bold Humility*, 55).

11) 다음 자료들을 참조하라. Lamin Sanneh, "Partnership, Mission and Cross-Cultural Sensitivity"; William Burrows, "Catholics and Radical Inculturation," both in Saayman and Kritzinger (eds.), *Mission in Bold Humility*.

번역할 때 토착문화를 중시해야 한다는 점을 강조했다 – 가장 대표적인 사람으로 라민 사네(Lamin Sanneh)를 들 수 있다.[12]

> 언어와 문화의 밀접한 연관성은… 선교 후원 아래 이루어지는 언어 학습과 발전이 사회 전체에 일정한 파급 효과를 유발한다는 점을 의미했다. 한 가지 효과는 성경 번역의 대중적 평준화다… 선교사들이 발전시킨 자국어는 당연히 일반 평민들의 재산이었다. 그러나 선교사들은 그것을 종교의 탁월한 수단으로 만듦으로써 그 언어를 종교적 배타주의의 규범으로부터 분리시켰으며, 일반적으로 전통 종교들 안에서 배제된 사람들을 해방시켰다.[13]

찰스 태버(Charles Taber)는 줄곧 일부 선교사들이 1차 세계대전과 2차 세계대전 사이에 존재했던 문화인류학의 기능주의학파에 지나치게 의존함으로써 복음과 문화에 대한 그들의 견해가 왜곡되었다고 주장한다. 그 기능주의학파는 문화를 다소 정적이고, 조화롭고, 자기 충족적이고, 완전한 통일체로 여기는 경향을 보였다. 선교 운동이 문화를 파괴했다는 비난이 일자 훗날 선교사들은 문화에 속한 그 어떤 것도 상관하지 말아야 한다고 믿는 정반대의 실수를 저질렀다.

> 기능주의는 존재하는 것을 말할 때 그것이 작동되고 있기 때문에 존재한다고 생각하는 경향을 보였다. 이 점은 선교 활동에서 오래된 자민족중심적 판단주의에 대한 과잉 반응으로 이어졌을 뿐만 아니라 거의 모든 것을 과도하게 승인하려는 입장을 낳았다. 그것은 또한 인류학자들로 하여금 각 사회에서 특권층에 속한 사람들의 설명과 해석을 액면 그대로 믿는 반면 문화로부터 혜택이나 보상을 받지 못했던 사람들, 심지어 가혹하게 억압당하고 있었던 사람들의 관점을 도외시하도록 만들었는데, 결국 선교사들도 그들과

---

12) 다음 자료를 참조하라. Lamin Sanneh, *Translating the Message: The Missionary Impact on Culture* (Maryknoll, Orbis Books, 1992).
13) Lamin Sanneh, *Religion and the Variety of Culture: A Study in Origin and Practice* (Valley Forge, Trinity Press International, 1996).

같은 전철을 밟게 만들었다.[14]

7) 타문화 커뮤니케이션

문화가 없는 곳 혹은 문화에 아무런 특징이 없는 사회에서는 복음이 전달될 수 없다는 점을 인정하고 다양한 문화의 중심으로 뛰어드는 사람은 곧바로, 그리고 반드시 다음과 같은 몇 가지 결정적인 선교학적 질문에 직면하게 될 것이다.

(1) 복음은 모든 문화 속에서 동일한가?

세계의 모든 그리스도인이 참되다고 인정하고 확언할 핵심적인 진술이 있는가? 다시 말해서 어떤 언어로든지, 그리고 사고방식이 다르더라도 분명히 동일한 것으로 인정할만한 방식으로 표현할 수 있는, 하나님과 예수 그리스도와 세계에 관한 메시지가 있는가? 오히려 과거의 역사적 현실들은 이 점에 관해서 부정적인 의견이 있음을 암시한다. 특정한 역사적, 문화적 관점들이 복음에 대한 우리의 이해를 왜곡한다는 주장은 자명한 것으로 여겨져 왔다. 한 편의 교회들이 다른 편의 교회들을 향해서 복음에 충실하지 않는다고 비난하는 것은 아주 일반적인 일이 되어버렸다. 비난은 주로 이해하거나 받아들이기 어려운 요소들을 그냥 무시하는 태만에 대해서 혹은 신앙과 실천을 문화적 규범에 동화시키는 것 – 종종 '혼합주의'로 불린다 – 에 대해서 이루어진다.[15] 만일 왜곡이라는 말이 무의미한 것이 되지

---

14) Charles Taber, *The World Is Too Much with Us*, 105-6, 142, 153. 그는 또한 구조주의가 문화의 중요한 요소들, 특히 매우 유사한 기본 구조들을 이해하기 위한 보다 창의성이 풍부한 도구가 될 수 있다고 믿는다.

15) 다음 자료들을 참조하라. Keith Ferdinando, "Sickness and Syncretism in the African Context" in Antony Billington, Tony Lane and Max Turner (eds.), *Mission and Meaning* (Carlisle, Paternoster Press, 1995), 272-84; Charles Taber, *The World Is Too Much with Us*, 147, 154; Jerald Gort, Hendrik Voom, Rein Fernhout and Anton Wessels (eds.), *Dialogue and Syncretism: An Interdisciplinary Approach* (Grand Rapids, Eerdmans, 1989); Charles Stewart and Rosalind Shaw, *Syncretism/Anti-Syncretism: The Politics of Religious Synthesis* (London, Routledge, 1994); W. A. Visser't Hooft, *No Other Name:*

않으려면, 비록 표현이야 여러 가지 방식으로 이루어진다고 할지라도, 본질적으로는 그 의미가 변하지 않는 뭔가 분명한 핵심적인 것이 있어야 한다. 그렇지 않으면 거짓 복음과 잘못된 전도에 관해서 말할 수 없을 것이기 때문이다. 일탈(逸脫)이란 항상 규범에서 파생된다.

(2) 복음의 언어는 어떻게 번역되어야 하는가?

상이한 여러 언어에는 '용서,' '은혜,' '사랑,' '화해'와 같은 말 속에 표현된, 예수 그리스도 안에 담겨진 하나님의 행위와 목적의 의미를 정확하게 전달하는 단어와 글귀와 개념이 얼마나 있는가? 현재 사용하고 있는 말들은 사용 가능한가? 필요하다면 이미지들을 결합시켜서 새로운 말을 만들어 낼 수 있는가? 다른 종교 전통에 속한 사람들과 세속적인 사람들은 이런 용어들을 얼마나 자주 듣는가? 복음에 대해서 동일한 용어들이 사용되고 있다면, 혹은 유사한 용어들이 공통적인 어조를 띠고 있으나 서로 아주 다른 내포적 의미를 함축하고 있을 때 – 예를 들면, 자유, 정의, 새 시대, 계몽하다 – 어떻게 되는가?

(3) 메시지의 참된 요소와 거짓 요소는 어떻게 구분해야 하는가?

복음을 고백하거나 실천하는 한 방식이 다른 방식보다 더 순수하다는 것을 어떻게 알 수 있는가? 우리의 견해는 우리의 문화적 편견 혹은 힘을 얻고 유지하기 위한 전략을 반영하고 있지는 않는가? 그리고 만일 모든 것을 허용하는 다문화주의(multi-culturalism)를 허용한다면, 신앙의 통일성과 공동체의 일치성은 어찌 되는가? 현실에서는 어느 누구도 완전한 상대주의자가 아니다.

(4) 복음은 언제 문화와 조화를 이루고, 언제 갈등을 일으키는가?

복음이 문화와 밀접하게 연관되는 곳에서 발생하는 몇 가지 논쟁적인

The Choice between Syncretism and Christian Universalism (London, SCM Press, 1963).

문제들 – 예배 형식, 치유 행위, 리더십 스타일, 가족 전통, 의사 결정 과정과 같은 – 은 얼마만큼 복음에 지배될 수 있는가? 그리고 그것을 결정하는 주체는 누구인가? 예수 그리스도에게로 개종하는 사람들에 대해서 어느 정도의 변화를 기대해야 하고, 변화에 걸리는 시간은 어느 정도로 예상해야 하는가?[16] 이것은 긴밀한 관계로 이루어진 사회에 속한 사람들에게는 개인적으로 매우 심각한 문제다. 일본인의 속담 중에는 이런 것이 있다. "만일 못 하나가 튀어나오면 망치로 쳐서 박아 넣어라."

부가적으로, 이런 문제는 '복음의 가치들'이 하나님 나라의 징조이기 때문에 모든 문화에 정당하다고 말하는 것을 뜻하는가? 다시 말해서 기독교 신앙 자체는 어떤 문화적 상황과도 상관없이, 변할 수 없는 특정한 문화적 태도를 전제하고 있는가? 예를 들면, 사회 내에서의 여성의 지위, 태중 생명의 존엄성, 진정한 참여 민주주의의 확립, 특정한 교육 방식 등은 어떻게 이해되는가?

2. 문화에 대한 인식

문화라는 주제를 논의할 때 종종 모든 사람이 해당 문화의 의미를 동일한 방식으로 이해할 것이라고 가정하는 경향이 있다. 지금까지 나는 마치 아무 문제가 없는 듯이 그 용어를 사용해 왔다. 그러나 어떤 이들은 그렇게 넓고 다양한 현상을 설명하기 위해 어떤 포괄적인 용어를 사용하는 것이 유익하다는 주장에 대해서 심각한 의심을 품기도 한다. 예를 들어, 서구 세계는 짜임새 있고 획일적인 문화를 다소 의심스러운 것으로 만드는 광범위한 파편화(fragmentation)의 특성을 지니고 있다. 서구의 국가들에서뿐만 아니라 역사적으로 토착적인 민족들 중에서도 다민족, 다종교의 이주를 통해 신앙, 태도, 생활양식 면에서 매우 현격한 차이가 나타나고 있

---

16) 뉴비긴은 다음 자료에서 이 문제를 다룬다. Lesslie Newbigin, *The Open Secret: An Introduction to the Theology of Mission* (London, SPCK, 1995), 135ff., 144, 148; 또한 다음 자료를 참조하라. Chales Taber, *The World Is Too Much with Us*, 168.

다. 이런 현상은 아마도 세대의 차이, 특히 종종 'X세대'로 지칭되는 집단과 그들의 부모 세대 사이에 가장 두드러지게 나타나고 있다고 볼 수 있다. 삶에 대한 관점과 무언가를 행하는 방식이 그 두 집단을 갈라놓는 가장 첨예한 이슈가 된다.17)

그러나 세계 내에서 모든 종류의 변화가 빠르게 가속화되는 것처럼 보일지라도 거기에는 시간을 넘어 존재하는 일정한 연속성이 있다. 계속해서 일어나는 각 세대는 단지 최근의 가치들 - 질적으로는 이전의 것들과 크게 차이가 없는 - 을 수용하기 위해서 직전 세대의 가치들을 부분적으로 거부하는 기간을 거친다. 그러나 그들에게도 일시적인 저항 집단이 생겨난다. 상이한 문화 표현들의 차이점을 강조하는 사람도 있고 유사점을 강조하는 사람도 있는데, 이것은 인식, 취향 혹은 이데올로기적 성향의 문제일 수 있다. 일단 선택을 한 후에는 자신이 선택한 것에 맞는 증거를 충분히 제시하는 것이 그리 어려운 일은 아니다.

물론 세상에는 많은 문화적 표현이 존재하고 있는데, 심지어 상당히 밀착된 관계망으로 구성된 사회에서도 그렇다. 그러나 그들의 문화를 번성케 하는 능력은 사회를 묶는 하부구조와 기관들이 실험의 자유를 허용하는 정도에 의존한다. 따라서 나는 각각 개체 문화를 이해하기 위해 유사한 분석 도구들을 사용함으로써 일반적인 용어로 문화의 여러 구성요소들에 관해서 말하는 것이 의미 있다고 생각한다. 이런 생각에 기초하여 문화의 의미에 대해서 보다 자세히 고찰해 보자.

1) 정의(定義)

지나치게 폭넓은 묘사는 우리에게 그리 유용하지 못하다. 익살스런 사람은 문화를 "우리가 주위에서 행하고 있는 것"이라는 말로 표현하기도

---

17) 'X세대'(Generation X)는 1970년대 초에 '베이비부머'(baby boomers)로 태어난 젊은 사람들을 의미한다 - 이 내용에 관해서는 다음 자료들을 참조하라. Douglas Coupland, *Generation X: Tales for an Accelerated Culture* (London, Abacus, 1992); Nick Mercer, "Postmodernity and Rationality: The Final Credits or Just a Commercial Break?" in Lane and Turner (eds.), *Mission and Meaning*, 322-8.

한다. 물론 진지하게 생각할 의도를 가지고 이런 말을 한 것은 아닐 테지만 문화라는 것이 다양한 방식으로 표현된 인간 삶이라는 점에서 그 표현은 나름대로 많은 진실을 담고 있다. "그것(문화)은 삶에 대한 하나의 포괄적인 계획(a comprehensive plan)이다."[18] 또한 "그것은 한 사회의 복합적이고도 통합적인 복사 장치(coping mechanism)다."[19] "그것은 대대로 인간 집단의 연속적인 삶을 형성하는, (그리고 그것에 의해 형성되는) 모든 생활방식의 총합이다."[20] 더 나아가 그것은 "일정한 인간 집단에 의해 창조되고 공유될 뿐만 아니라 그들의 자녀들에게 전달되는, 그리고 그들의 경험을 이해하고 그들의 집단적 이익에 따라 자연 세계와 사회 세계에 대처할 수 있게 해주는… 어느 정도 일관된 관념들"이다.[21]

2) 문화 유형의 구분

문화에 관한 보다 세부적인 내용을 살펴보면 문화의 의미가 더 정확하게 드러난다. 다른 용어와 다양한 범주를 사용하고 있기는 하지만 문화를 연구하는 대부분의 학자들은 **신념, 가치, 외적 형식**을 문화의 세 가지 기본 요소로 언급한다. 그것들은 서로 얽히는 정도가 매우 크기 때문에 완전히 독립적인 실체로 취급하지 않도록 조심해야 한다. 철저한 설명을 위해 바람직한 것일지라도 현실에서는 그렇게 명확하지 않을 수도 있다. 이런 점에 주의하면서 각 요소에 대해서 살펴보자.

(1) 신념(Beliefs)

신념은 종종 어떤 문화 혹은 사회의 세계관으로 불린다.[22] 그것은 경

---

18) Alen Neely, *Christian Mission*, 4.
19) Charles Kraft, *Anthropology for Christian Witness*, 38.
20) Leslie Newbigin, *The Open Secret*, 142.
21) Chales Taber, *The World Is Too Much with Us*, 3.
22) Marguerite Kraft, *Worldview and the Communication of the Gospel: A Nigerian Case Study* (Pasadena, William Carey Library, 1978); Guillermo Cook (ed.), *Crosscurrents in Indigenous Spirituality: Interface of Maya, Catholic and Protestant Worldviews*

험, 전통, 역사, 자연 세계와의 관계 등을 해명하면서 여러 가지 삶의 궁극적 문제들을 취급하는, 인간 실존에 관한 다소 일관된 해석을 의미한다. 특히 그것은 다음과 같은 삶의 주요 관심사들을 다룬다.

① 공통적 인간사(人間事): 모든 인간이 겪는 삶의 단계들 – 출생과 죽음, 사춘기, 청년기, 성적 자각, 지적 발달.
② 인간의 차이: 사람들을 개별적인 집단으로 구분하는 특성들 – 성, 인종, 경제적 차이, 사회적 신분, 선천적 능력.
③ 고통: 대부분의 사람이 겪는 불행한 환경으로서 어떤 이들은 다른 이들보다 더 큰 삶의 짐을 지고 살아간다 – 질병, 장애, 유아사망, 돌연사, 불치병, 자연재해, 착취, 폭력.
④ 성공과 실패: 개인이든지 공동체든지 간에 번영하는 사람들과 불행한 일을 겪는 사람들 사이의 분리 – 권력자들과 약자들, 부자들과 가난한 자들, 혜택을 입은 사람들과 그렇지 못한 사람들.
⑤ 삶의 의미: 어떤 것이 삶의 근본 목적이 될 수 있으며, 또한 어떤 것이 삶의 목적이 되어야 하는가? 그것은 이어받은 전통을 통해서 오는가? 그것은 개별 존재들이 만드는가 아니면 공동체가 만드는가? 우리는 선과 악의 존재와 차이를 어떻게 설명하는가? 두 가지 실체 – 가시적인 것과 비가시적인 것 – 가 있는 것인가 아니면 오직 한 가지 실체만 있는 것인가? 만일 두 가지가 존재한다면 – 두 번째 것이 어떻게 정의될지라도 – 우리는 그것들에 어떻게 관련되어 있는가?

인간은 신념 없이 존재할 수 없다. 신념은 인간이 어떻게 기능하느냐에 관한 문제다.[23] 신념은 합법적인 것과 비합법적인 것, 적절한 것과 부적

(Leiden, Brill, 1997).
23) 세군도는 신념에 관해서 생각하게 만드는 많은 관찰을 제시하면서 그것들이 어떻게 기능하는지에 대해서 말한다. 다음 자료를 참조하라. Juan Luis Segundo, *Faith and Ideologies* (London, Sheed and Ward, 1984):

사회에 대해서 말하는 것은 신앙에 대해서 말하는 것이다. 그것은 끊임없이 타

절한 것에 대한 우리의 감각이 기초하고 있는 이론적 토대를 구성한다. 그것은 우리가 삶의 기복에 대처하도록 돕는다. 그것은 일상적인 사건, 낯선 사건, 예기치 못한 사건에 의미를 준다. 그것은 개인 혹은 사회의 삶에서 발생하는 중요한 사건의 한계를 정하는 상징과 제의(祭儀) – 신중한 것이든지 지나친 것이든지 – 기저에 놓여 있다.

(2) 가치(Values)

가치는 개인 혹은 사회가 수용할 수 있는 것 혹은 견딜 수 없는 것으로 여기는 도덕적 원칙과 기준이다. 그것은 특정한 행동 방식 혹은 생활양식을 정당화하기 위해 사용된다. 그것은 일반적으로 한 개인 혹은 사회의 삶에서 모든 순간을 지배하는 근본 신념으로부터 파생된다 – 다소 밀접한 관계를 맺고 있다. 그것은 여성의 사회적 지위, 자산의 소유권, 법에 복종해야 하는지 혹은 깨뜨려야 하는지의 문제, 성적 관계의 유형, 결혼, 환경에 대한 태도, 노동과 여가에 대한 견해와 같은 다양한 현실을 결정한다.

현대 사회에서 신념 체계가 불명확하고 불확실한 만큼 가치 역시 점점 더 파편화되고 갈라지고 있다. 삶의 주요 문제들에 대해서 입증되거나 신뢰할만한 대답이 보이지 않기 때문에 가치의 영역은 끊임없이 요동치고 있다. 예를 들면, 죄를 다스리는 문제에 대해서 법과 질서를 존중하는 견해와 자유주의자들의 견해가 충돌하는 것, 낙태 문제에 대해서 임신중절 합법화를 지지하는 세력과 그것에 반대하는 세력 사이의 논쟁을 들 수 있다. 아마도 사람들이 말할 수 있는 정도는 기껏해야 – 다소 얄궂게도 – 사회가 기본 인권의 **절대적인** 가치에 대한 나의 관심에 영향을 미치지 않는 만큼 나의 **상대적인** 신념과 생활양식을 허용한다는 것이 최고의 가치라는 것에 불과하다.[24]

자로부터 빌려온 경험으로 자기 자신의 경험 안에 존재하는 공백을 메우는 보편적(universal) 경향이다. 신앙은 인간 존재의 절대적으로 보편적인 차원이다 (7).

24) 내가 쓴 책 『자유의 의미』(*The Meaning of Freedom*, 특히 5-7장)는 자유에 관한 현대적 견해들 속에 내재하고 있는 많은 역설적 요소들을 상세하게 다루고 있다.

(3) 외적 형식

이것은 대부분의 사람들이 문화라는 단어를 들을 때 떠올리는, 문화의 한 구성요소다. 아마도 그것은 한스 요스트(Hanns Johst)가 저 유명한 표현, "나는 '문화'라는 말을 들을 때마다… 권총의 안전장치를 해제한다."[25] – 종종 고어링(Goering)의 말로 여겨지기도 한다 – 라는 말을 했을 때 마음에 품고 있었던 이미지를 그대로 가리킨다.

문화의 외적 형식은 우리의 신념과 가치를 드러내는 모든 표현들이다. 우리는 그런 표현들에 둘러싸여 있고 그런 표현들 속에 살아가고 있기 때문에 그런 것들을 당연한 것으로 생각한다. 그 중에 가장 근본적인 것은 **언어**(어휘, 어형, 구문, 속담, 속어의 사용)다. 그 다음에 중요한 것이 **예술**의 세계인데, 시각 형식(회화, 데생, 사진, 영화, 문학), 청각 형식(음악, 연설), 구술 형식(이야기, 유머), 구성(構成) 형식(건축, 조각, 조경, 목각) 등을 모두 포괄한다. 게다가 한 문화가 적극적으로 권하거나 묵인하거나 금지하는 엄청난 **관습**들이 있다. 예를 들면, 접대, 인사, 자녀들의 이름, 구혼, 음식이 각 문화마다 다르다. 마지막으로, 소위 사회의 근간으로 불리는 **제도**를 들 수 있는데, 가족, 법, 교육체계, 경제구조와 같은 것이 여기에 속한다.

이런 구분 외에도 문화의 영역을 구획하는 여러 가지 다양한 방식이 있다. 예를 들어, 폴 히버트(Paul Hiebert)는 문화의 **인식적**(cognitive), **감성적**(affective), **평가적**(evaluative) 차원에 대해서 말한다. 문화의 인식적 차원은 우리에게 지식의 자료, 추론의 방식, 지혜를 제공한다. 문화의 감성적 차원은 우리의 감정과 미(美)의 인식과 연결되어 있다. 문화의 평가적 차원은 우리의 가치와 충성에 영향을 미친다. 문화는 사람들의 행동과 그들이 만들어내는 생산물 속에서 가장 분명하게 표현된다. 그것은 국기, 국가(國歌), 제복, 몸짓 등과 같은 특정한 상징, 유형이나 체계 – 이것들은 문화를 특별한 실체로 인식하게 만드는 요소들이다 – 와 결합되면서 자리를 잡는다.[26]

---

25) *The Concise Oxford Dictionary of Questions* (Oxford, Oxford University Press, 1981), 135.
26) Paul Hiebert, *Anthropological Insights for Missionaries* (Grand Rapids, Baker Book House, 1985), 30-41. 그는 또한 문화를 물질적 영역, 표현적 영역, 의식적 영역으로 구

오늘날의 세계에서는 문화 유형들이 매우 복합적인 형태를 띠고 있기 때문에 피상적으로 범주화하는 일은 피해야 한다. 단순한 기술과 그리 복잡하지 않은 사회적, 경제적, 정치적 구조로 구성된 소규모 – 초보적인 혹은 원시적인 – 사회와 교육되고 산업화가 진행되었을 뿐만 아니라 '인공지능화 된'(cybernetic) 도시 사회[27]를 한 가지 수준에서 구분하는 것이 유익할 수도 있겠지만 사실 문화 유형들이 복잡하게 얽혀 있음을 입증하는 증거도 많이 있다. 게다가, 만일 문화를 두 가지 유형 – 전통적/현대적 문화와 종교적/세속적 문화 – 으로 구분할 때 사용되는 네 가지 주요 구성요소를 인정할 수 있다면 그것들을 조합하여 다수의 유형을 만들어내는 일이 가능하다.[28] 예를 들어, 영화 혹은 축구팬들이 행하는 의식 속에서 '포스트모던'(postmodern) 유형의 사람을 발견하고, 통신수단과 의학의 수단인 기계장치를 사용하는 모습 속에서 '모던'(modern) 유형의 사람을 찾아내고, 보수적인 종교 형식에 집착하는 모습 속에서 '전통적'(traditional) 유형의 사람을 분간하는 일은 아주 쉬운 일이다. 어쩌면 그들은 최신 유행하는 옷과 음악을 가지고 싶어 한다는 점에서 초현대적인(ultra-modern) 성향을 띨 수도 있고, 징벌이나 최상의 교육에 대해서는 전통적인 입장을 취할 수도 있을 것이다. 다양한 가능성이 있다는 사실은 문화가 그 안에 속한 사람들만큼이나 다양하다는 것을 상기시켜준다. 단순화함으로써 교육적 이득을 얻을 수도 있지만 자칫 지나친 단순화가 가져올 위험성에 대해서도 인지할 필요가 있다.

분한다. 물질적 영역은 물체의 창조, 표현적 영역은 예술, 의식적 영역은 잔치, 축제, 성지순례 등과 같은 의례와 관련된다(171-83).

27) Charles Taber, *The World Is Too Much with Us*, 163-4(이 책에서 유형을 채택하였음).

28) 그러나 오늘날 종교적/세속적 구분은 한 세대 전에 비해 많은 문제를 내포하고 있는 것으로 여겨지고 있다. 왜냐하면 보다 많은 사람들이 '영성의 세계'(a world of spirituality)에 살고 있기 때문이다 – 이 내용에 관해서는 다음 자료를 참조하라. Bert Hoedemaker, *Secularization and Mission: A Theological Essay* (Harrisburg, Trinity Press International, 1998), 1-21.

3. 문화의 교차

1) 적응(Accommodation)

다른 문화에서 이루어지는 복음의 표현 혹은 문화의 관점에서 행하는 복음에 대한 해석을 둘러싼 복잡한 이슈들을 풀기 위해서 많은 개념적 도구가 개발되어 왔다. 제일 먼저 사람들은 문화에 대한 복음의 '적응'에 대해서 말했다. 이 용어가 처음 사용될 때 그것은 사람들이 기독교 신앙을 다른 신앙 체계들로부터 구분할 수 있는 본질적인 요소들을 결정한 뒤 그것들을 언어, 상징, 예증들을 통해 다른 문화의 수용자들을 순응시키고 조화시키는 것을 의미했다.[29] 그것은 때때로 선교사들이 피선교지 사람들의 관습을 받아들이고 그들의 종교가 가지고 있는 상징들을 기독교 형식에 맞게 조정하는 방식으로 이루어졌다. 저 유명한 마테오 리치(Mateo Ricci)와 로베르토 데 노빌리(Roberto De Nobili)의 경우가 여기에 해당한다고 볼 수 있다.[30]

2) 토착화(Indigenisation)

두 번째 단계는 토착화인데, 이 개념은 가톨릭 진영에서보다 개신교 진영에서 보다 일반적으로 사용된다. 러셀 챈드란(Russell Chandran)은 이것을 "계시된 기독교 메시지를 분명하게 드러내는 단계, … 그리고 각 세대에 '나름대로 적합한' 방식으로 그 메시지를 해석하는 단계"로 이해한다. 이것은 "어떤 공식도 계시의 충분한 의미를 드러낼 수 없다"는 점에서 계시의 재공식화와 재해석을 의미한다.

---

29) 다음 자료를 참조하라. Alen Neely, *Christian Mission*, 5.
30) ibid., 32-50; William Burrows, "Catholics and Radical Inculturation" in Saayman and Kritzinger (eds.), *Mission in Bold Humility*, 12-13. 그 과정은 사실 알레산드로 발리냐노(Alessandro Valignano)가 마테오 리치(Mateo Ricci)에게 철저하게 중국인의 마음과 정신의 습관으로 들어갈 것을 가르친 데에서 시작되었다.

힘을 지니고 있는 사람들의 언어를 사용하기 위해서 우리는 그들의 종교와 문화를 긍정적으로 평가해야 한다… 그러나 토착화의 논리와 고전적인 종교 형식에서 취한 비기독교적 용어로 장식된 기독교신학을 구분하는 것이 중요하다.[31]

토착화에 대한 가장 유명한 표현은 헨리 벤(Henry Venn)과 루퍼스 앤더슨(Rufus Anderson)에 의해 고안되고 롤랜드 알렌(Roland Allen)에 의해 발전된 삼자(三自)이론 - 자립, 자치, 자전 - 이다.[32] 토착화의 의도는 가급적 빨리 외국의 원조에 의존하지 않고 스스로 유지해 나가는 지역교회를 세우는 것이다. 그러나 적합한 선교에 대한 이런 완벽한 동기조차도 그것이 일종의 사업 추진의 충동과 힘을 전제하고 있다는 점에서 서구문화의 부정적 색조를 띠고 있다는 점이 지적되어 왔다.

선교단체들과 지역교회들은 점차 문화 해석의 한 모델로서 토착화가 너무 정태적이라는 점을 인식하기 시작했다. "복음의 '토착화' 혹은 '문화변용'(acculturation)을 추구하는 모든 프로그램에는 교회가 사회의 보수적이고 회고적인 요소들에 말려들 위험성이 내재되어 있다."[33]

3) 문화화(Inculturation)

문화는 있는 모습 그대로 수용될 수 있으며, 그렇게 되기 위해서는 반드시 적절한 번역 기술이 필요할 것으로 여겨졌다. 이런 입장에서 '문화화'라는 보다 역동적인 용어가 사용되기 시작했다. 이 개념은 특별히 가톨릭 선교학자들이 자주 애용해 왔다. "문화화는 복음에 의해 문화가 변화되고, 그 문화의 관점에서 복음이 재표현되는 '기묘한 교환'(marvellous exchange)을

---

31) 다음 자료에서 인용하였다. Norman Thomas (ed.), *Classic Texts in Mission and World Christianity*, 172-3.
32) 다음 자료를 참조하라. David Paton, *The Ministry of the Spirit: Selected Writings by Roland Allen* (Grand Rapids, Eerdmans, 1962).
33) Leslie Newbigin, *The Open Secret*, 144.

통해서 변증법적으로 작용한다."34)

가톨릭교회는 전체 삶이 지니고 있는 성례전적 특성을 강조해 왔다. 이것은 그 교회가 복음의 구두선포보다 그 복음의 구체화된 표현 혹은 **현존**(presence)을 더 강조하는 경향을 보여 왔음을 의미한다.35) 이런 경향은 말씀의 육화를 강조하는 가톨릭교회의 중심적 사고에서 유래한다. "교회는 예수께서 나사렛이라는 동리에 사셨던 것과 같이 구체적인 지역적 현장성을 가지고 각 사람들 중에 온전히 육화해야 한다. 이것이 진정한 보편성(catholicity)이다."36)

그러나 문화화는 로마 가톨릭교회가 모든 지역교회의 가시적 통일성을 지나치게 강조하는 것에 대해서 이의를 제기한다. 궁극적으로 '최고의 주교'(primus inter pares)인 교황에게 주어진 가르치는 권위에 의거해 볼 때 기독교의 다중심적 시각은 복음의 지역적 표현들을 통제로부터 벗어나게 만든다고 볼 수 있다.37) 적어도 이론상으로 볼 때, 개신교는 지역교회의 자율성을 강조하는 다중심적 교회론에 대해 덜 두려워 하고 있다.

> 차이의 수용은 기독교 신앙이 그 어떤 문화에서도 육화할 수 있음을 의미한다. 그 결과 기독교는 자신을 지지하는 문화의 숫자만큼 많은 중심점을 가지게 된다. 기독교의 이런 다중심적 본성은 일부 사람들의 시각에서 볼 때 전통적으로 기독교와 관련된 안정성의 신학을 파괴하는 것처럼 보일 수

---

34) Thomas Stransky, "From Vatican II to *Redemptoris Missio*: A Development in the Theology of Mission" in Van Engen, Gilliland and Pierson (eds.), *The Good News of the Kingdom*, 142; 또한 Aylward Shorter, *Toward a Theology of Inculturation* (Maryknoll, Orbis Books, 1988).
35) 다음 자료를 참조하라. William Burrows, "Catholics and Radical Inculturation," 136.
36) Thomas Stransky, "From Vatican II to *Redemptoris Missio*," 142.
37) 로마 가톨릭교회의 한계를 확장시킨 사례로 비교적 최근에 일어난 두 가지를 든다면 아프리카 상황에서의 치유사역과 관련된 잠비아의 말링가(Malinga) 대주교의 경우와, '기초교회공동체'(base ecclesial communities)를 '교회의 재창조'(reinvention of the Church)로서 주장하는 보프(Boff)의 경우를 들 수 있다. 다음 자료를 참조하라. Leonardo Boff, *Ecclesiogenesis: The Base Communities Reinvent the Church* (Maryknoll, Orbis Books, 1986). 두 경우에 대해서 로마 교황청은 중앙에서 검토하지 않은 채 실험을 강행하는 것을 허용하지 않았다.

있다. 그럼에도 불구하고 오직 하나의 문화적 중심점을 가진 기독교로의 회귀는 이제 불가능하다.[38]

4) 상황화(Contextualisation)

1950년대 이후 특정 문화 속에서 정치 참여와 사회적 행동이 교회의 선교에 영향을 미치는 방식에 대한 자각이 커지면서 기독교 신앙의 성육신적 본질에 대한 이해도 함께 발전하였다.[39] 일반적인 관점에서 보자면, 교회가 복음에 신실하면서 동시에 특정한 역사적 현실에 참여하기 위해 인류학을 정치적이고 사회적인 분석에 결합시킨 것을 분별의 도구로 활용했다고 볼 수 있다. 예수께서 당시의 일부 종교 지도자들과 논쟁하면서 말씀하신 내용(마 16:2-3) 곧 '시대의 표적을 분별'하는 것이 선교신학의 부가적 과제가 되었다.

상황화를 주장하는 사람들은 문화와 사회경제적 삶이 서로 영향을 주고받는다는 점을 인식한다. 그러므로 복음을 문화와 연계하면서 문화에 대해 보다 비판적인(혹은 예언적인) 입장을 취하는 경향이 있다. 상황화의 개념이 처음 부각된 것은 1970년대 초 신학 교육의 영역에서였다.[40] 그 개념을 사용한 사람들은 사회 부정의, 정치적 소외, 인간 권리의 남용 등을 개혁하기 위해 일정한 이데올로기적 참여를 수반하는 신학 방법으로 그것을 사용하고자 하였다. 호세 미구에즈 보니노(José Miguez Bonino)는 "역사

---

38) Tite Tienou, "Forming Indigenous Theologies" in *Toward the Twenty-First Century in Christian Mission*, 248-9.
39) 제3세계에서 해방신학이 일어나도록 기여한 초기 연구들 중에 하나로 다음 자료를 들 수 있다. Richard Shaull, *Encounter with Revolution* (New York, Association Press, 1955).
40) 코(Coe)는 세속주의와 기술, 정의를 위한 투쟁이 미친 특별한 영향에 대해서 언급하였다 (Shoki Coe, "In Search of Renewal in Theological Education" *Theological Education* [9, 1973], 233-43). 21세기가 시작되면서 자본의 세계화와 커뮤니케이션 도구의 세계화가 가져온 강력한 충격을 포함해야 한다고 말할 사람도 있을 것이다. 전자는 경제 활동에 활발하게 참여하고 있는 여러 나라의 대규모 인구를 포함하며, 후자는 서구에 의해 통제되고 있는데, '통속적인'(pop) 표현을 통해 문화를 평범하고 일상적인 것으로 만드는 경향을 보인다.

적 상황을 신학적 차원으로 끌어올리는 것"과 "구체적인 실천을 통한 신학적 성찰"에 대해 말한다. "역사적 상황을 사회정치적 도구를 통해 분석한 뒤 신학적 선택에 의해 채택한, 행동하려는 확고한 의지는… 신학적 과제의 출발점이 어디인지 인지한다."⁴¹⁾

4. 관계

이제 중요하면서도 다소 어려운 평가를 해야 할 때가 되었다. 이 평가는 엄청난 자료와 다양한 입장, 그리고 특성상 아직도 논쟁이 진행형이라는 사실 때문에 매우 시험적이고 제한적일 수밖에 없다. 따라서 나는 단지 여기에서 이런 거친 영역을 탐색하는 데 도움을 줄만한 몇 가지 이정표를 제시하고자 노력할 것이다.

세계교회협의회(WCC)의 경우, 상황화의 의미는 '공정하고 참여적인 사회의 지속적인 유지'에서 시작하여 '평화, 정의, 피조 세계의 보전,' '폭력을 극복하기 위한 프로그램'에 이르는 여러 가지 다양한 주제를 통해 적용되었다. 이 프로젝트들은 세계무대에서 일어나는 긴급한 문제들에 반응하기 위해 기획되었다. 폭력 극복에 대한 강조는 부분적으로 '인종차별주의에 맞서 싸우는 프로그램'으로부터 부상하였다. 그러나 남아프리카의 경우, 백인 독재정치가 막을 내리고 다인종 민주주의가 도래하였음에도 불구하고 사회 집단 간의 폭력과 다른 형태의 폭력들이 바라던 바처럼 그렇게 줄어들지는 않았다. 많은 고통의 이유 중에서 여성에 대한 편만한 가정 폭력의 본질을 강조했던 '여성10년'(Decade of Women, 1988-98)의 한 연장으로서 새로운 프로그램 하나가 진행되고 있다.

교회가 가장 현대적인 이슈들에 관해서 신학적, 그리고 실천적으로 말해야 한다는 것은 자명하다. 그러나 교회는 두 가지 중요한 고려사항을 염

---

41) 다음 자료에서 인용하였다. Norman Thomas (ed.), *Classic Texts in Mission and World Christianity*, 175.

두에 둘 필요가 있다. 첫째, "세계가 주제를 정한다(the world sets the agenda)"는 이전 세대의 슬로건은 단지 부분적으로만 참될 뿐이다. 세계에서 일어나는 일이 선교의 현장이 된다. 그것은 전략적 사고와 행위에 영향을 미칠 수 있고 우선순위를 설정하는 데 도움을 줄 수도 있다. 그러나 그것은 결코 궁극적인 선교의 목표들, 그리고 그 목표들을 성취하는 데 쓰일 그리스도의 뜻에 부합한 수단들을 규정할 수 없다. 그 목표들과 수단들은 복음에 관한 사도적 메시지의 중요성을 깊이 성찰하는 과정을 통해 확정된다. 교회는 신앙에 대해 근본적으로 확증된 것들과의 끊임없는 교감을 통해 예수 그리스도의 실체가 어떤 컨텍스트에서도 복음이 되는 특정한 방식을 구별할 수 있다.

둘째, 상황이 현대적일수록 적절하게 반응하기가 더욱 어렵다. 대부분의 기관처럼 교회도 빠른 사고와 신속한 해결책에 관한, 문화적으로 투과된 주장에 의해 영향을 받는다. 교회는 우물쭈물하는 모습이 무관심 혹은 우선순위의 혼선으로 해석될까봐 상당히 두려워하고 있다. 교회는 기껏해야 어제의 이슈들에 연관되어 있다는 사실로써 명성을 유지하고 있다. 둘 사이에서 균형을 잡는 일은 쉽지 않다. 어쩌면 세계의 여러 곳에 흩어져 있는 교회들이 동시에 성찰하고 행동하도록 서로 도울 수 있을 것이다. 분명한 것은, 만일 교회가 복음을 적절하게 상황화하기 위해서는 강력하고 전문적 지식을 갖추고 있는 각 지역의 선교전문가들이 필요하다는 사실이다.

리처드 니버(Richard Niebuhr)에 의해 고안된, 문화를 대하는 다섯 가지 유형[42] – **문화 위의**(above) 그리스도, **문화의**(of) 그리스도, **문화에 대립하는**(against) 그리스도, **문화와 역설적인 관계를 가진**(in paradoxical relationship to) 그리스도, **문화를 변혁하는**(transforming) 그리스도 – 은 지금까지 그리스도인들이 변화하는 상황 속에서 어떻게 신앙을 지키며 살아야 하는지를 고려할 때 매우 유익한 안내자 역할을 해 왔다. 각 양상이 교회가 처한 특정한 역사적 시기를 표현할 수도 있지만, 그리스도인들이 무언가를 주장할 때 항상 다른 모든 것을 배제하는 방식으로 해야 한다고 생각할 이

---

[42] Richard Niebuhr, *Christ and Culture* (New York, Harper, 1951).

유는 없다.[43] 특정한 상황들을 고려한다면 교회는 다른 집단들보다 한 가지를 더 강조할 필요가 있다. 예를 들어, 부조리한 어떤 정권과 타협하라는 압력이 있는 곳이나 하나님께서 인간의 복지를 위해 주신 윤리 규범이 포기되는 곳에서는 **문화에 대립하는** 입장을 취해야 할 것이다. 그러나 만일 그리스도인들이 박해 받는 소수파의 처지에 있다면 **문화 위의** 그리스도를 강조해야 할 것이다. 여러 가지 상황 중에서 기독교적 신실함을 온전하게 유지할 수 있는 유일한 방법은 문화로부터 후퇴하는 것이 될 수 있다. **역설의** 그리스도는 그리스도인들이 부득이하게 문화적 양상에 '예'와 '아니오'를 동시에 말해야 할 때 필요하다.

우리가 끊임없이 반복해서 말해온 바와 같이, 복음은 불가피하게, 그리고 당연히 **문화의** 제약을 받는다. 그러나 세상 안에서의 교회의 '현존'(presence) 혹은 육화(incarnation)는 근본적으로 이기적이고 결과적으로는 억압과 불평등을 만들어내는 문화 규범 혹은 정치 음모에 의해 타협될 수도 있다. 교회는 사회의 권력 구조에 없어서는 아니 될 필수요소가 되거나 권력에 팔리게 된다. 그런 요소가 기독교왕국 형태의 정치 구조 - 이때 기독교는 안전 혹은 자기 발전을 위해 정치 권력, 경제 권력과 제휴하였다 - 안에 미끄러져 들어와 자리를 잡았었다. 다시 말해서 복음이 제시하는 규범을 신실하게 따르는 것과 정치적 결정 과정에 능동적으로 참여하는 것 사이에서 균형을 유지하는 것은 매우 어려운 일이다. 금세기의 역사가 보여주는 수많은 사례가 이 점을 잘 증언하고 있다.[44]

이런 사실은 최종적으로 우리를 적절하면서도 알맞은 문화화의 과정을 보장하는 가장 효과적인 해법, 곧 보편적 교회로 이끈다. 만일 다양한 지역에 있는 교회들이 서로의 의견을 경청할 수 있다면 복음의 길들여짐(domestication, 지나치게 국지적인 태도를 취하는 경향)과 복음의 추상화(지나

---

43) 다음 자료를 참조하라. Paul Hiebert, *Anthropological Insights*, 53-8.
44) 다음 자료들을 참조하라. Arnold Snyder, "The Relevance of Anabaptist Non-Violence for Nicaragua Today," and José Miguez Bonino, "On Discipleship, Justice and Power" both in Daniel Schipani (ed.), *Freedom and Discipleship: Liberation Theology in Anabaptist Perspective* (Maryknoll, Orbis Books, 1989), 112-27, 133-8.

치게 일반화하는 경향) 현상을 막을 수 있을 것이다. 카리브 해 출신의 라스 뉴먼(Las Newman)은 '교제 공동체'(community in communion)로서의 교회 모델을 제시한다.45) 두 가지는 매우 진지하게 취급되어야 한다. 교회는 지역에 속한 공동체다. 지역 공동체로서 교회는 자신이 속한 상황 속에서 특정한 선교적 명령을 받는다. 교회는 자신이 위치한 곳의 사람들과 일체화되어 그들의 필요를 채워주고 그들의 짐을 분담해야 한다.

교회는 또한 보다 큰 특전과 책임을 지니고 있는, 교회들의 교제 공동체에 속한다. 그리고 지역 공동체는 보다 넓은 영역을 책임지는 국가적, 지역적, 국제적 구조들 – 어떤 점에서 대표성을 띠고 있는 – 에 참여해야 한다. 교회는 이와 같이 교회됨(being Church)에 원천적으로 내재하고 있는 두 가지 방식 곧 특정한 방식의 교회됨과 보편적 방식의 교회됨 사이에 존재하는 영원한 긴장을 경험한다.

> 모든 참된 공동체는 부조화와 긴장을 유발하는 차이점들을 견디며 살아가지 않으면 안 된다. 공동체의 목표는 진실로 공통적으로 지니고 있는 것을 발견함으로써 건강하고 온전해지려는 것이 되어야 한다.46)

복음의 문화화는 어떠한 선교적 접근방식에서도 반드시 필요하다. 복음에의 신실함은 인류가 지닌 공동 재산에 우리가 기여할 수 있는 가장 귀한 것이다. 영구적이고도 창의적인 긴장 관계 속에 놓여 있는 이 두 가지를 함께 묶는 것, 다시 말해서 서로에게서 배우는 것은 가장 기본적인 선교적 도전이 된다… 우리는 우리가 어느 신앙 공동체에 속해 있다는 것이 단순히 다양성을 제한하는 것이 아니라 오히려 지평을 확장하는 책임을 안고 있음을 암시하는 것이요 그 다양성이 우리에게 도전을 주는 새 가능성의 징표임을 이해하는 것을 암시한다.47)

---

45) Las Newman, "The Church as a Source of Identity" in Patrick Benson (ed.), *The Church and the Nations*, 32-3.
46) ibid., 33.
47) Emilio Castro, "Themes in Theology of Mission Arising Out of San Antonio and

복음에 의해 형성되는 교회 공동체를 발전시키는 것은, 만약 그 공동체가 속해 있는 문화적 전통들이 신앙 자체가 요구하는 객관적 필요조건과 조화를 이루고 있다면, 점차적으로 그 전통과 조화를 이루는 기독교 경험을 근원적인 방식과 형태로 표현할 수 있게 할 것이다. 이 때문에, 특히 문화화의 보다 섬세한 영역에서, 동일 지역에 속한 지역교회들은 서로, 그리고 전체 교회와의 관계에서 교제 공동체를 이루며 활동해야 한다. 만약 그 교회들이 보편적 교회와 특수한 교회 양자를 잘 고려한다면 신앙의 보화를 적절하고도 다양한 표현으로 번역할 수 있을 것이라고 확신한다.[48]

Canberra" in Van Engen, Gilliland and Pierson (eds.), *The Good News of the Kingdom*, 129-30.
48) Pope John Paul II, *Encyclical on Missionary Activity: Redemptoris Missio* (printed in Origins, CNS documentary service, vol. 20, no. 34, January 31, 1991), par. 53.

토의과제

1. 문화가 복음을 왜곡시킨 사례를 알고 있거나 경험했다면 이야기해 보자. 그리고 그런 경우에 어떻게 접근해야 하는지에 대해서도 이야기해 보자.

2. 교회는 문화와 상관없이 민주적인 수단에 의해 통제되기만 하면 된다고 생각하는 그리스도인들의 확신을 검토해 보자.

3. 교회는 복음전파를 위해 일정한 문화에 직면할 때마다 그 복음을 문화에 적합한 것이 되도록 힘써 왔다고 생각하는가? 성공적인 사례가 있다면 설명해 보자.

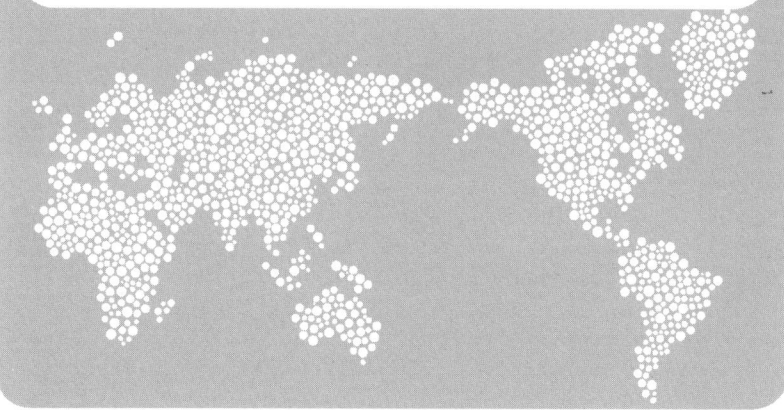

What is
Mission

6장
가난한 자들을 위한 정의

1. 연구의 범위

지난 40년간 전 세계에서 그리스도인들에게 가장 결정적이고도 강하게 도전해온 이슈 가운데 하나는 구스타보 구티에레즈(Gustavo Gutiérrez)가 "가난한 자들의 급증"(the irruption of the poor)이라고 말한 바로 그것이었다.

이 말은 지금까지 역사에 '부재'하였던 자들이 점차 그 안에 '존재'하기 시작했음을 의미한다. 가난한 자들과 억압받는 자들의 이런 등장은 통속적인 해방 투쟁과 그 투쟁으로부터 생겨나는 역사의식 안에 그들의 존재를 뚜렷하게 각인시키고 있다. 교회 안에서도 그들의 존재가 인식되고 있는데, 그것은 교회 내에서 가난한 자들의 목소리가 점차 더 많이 들리고 그들이 자신들의 시각으로 신앙을 생각하고 실천할 권리를 공개적으로 주장하고 있기 때문이다.[1]

이 장에서 우리는 삶에 요구되는 최소한의 것조차 누릴 수 없는, 인류 중 다수에 해당하는 사람들의 상황과 관련된 기독교 선교의 문제들을 다

---

1) Gustavo Gutiérrez, *The Truth Shall Make You Free: Confrontations* (Maryknoll, Orbis Books, 1990), 8-9.

루고자 한다. 그 문제들은 전 지구적인 이슈들과 지역적인 이슈들로 나뉘는데, 그것들은 그리스도인들과 깊이 연관되어 있을 뿐만 아니라 그들에게 변화를 위해 능동적으로 참여하도록 도전하기도 한다. 우리는 정의의 의미, 가난한 자들의 정체성, 곤궁한 정도가 심한 상황을 개선하기 위한 대규모 혹은 소규모 사업들의 효과, 기독교 신앙이 경제 체제에 관해 말할 수 있는 것, 가난한 자들과 복음 실천과 선포의 연관성, 가난한 자들에 대한 하나님의 우선적 선택의 의미, 오늘날 전 세계적으로 확산되어 있는 빈곤에 대해서 교회가 가지는 의무 등에 관해서 살펴볼 것이다.

2. 가난한 사람들

1) 실제 상황

"가난하다는 것은 연간 현금 수입액이 국민 평균의 절반에 미치지 못하는 가정에 속해 있음을 의미한다."[2] 이 정의는 측정이 가능하고 상대적으로 객관적인 대상을 설정하고 있다는 점에서 의미가 있다. 이 정의에 따르면 전 세계에서 약 60퍼센트의 가구와 75퍼센트 정도의 사람들이 빈곤 상태에 있다. 다른 한편 그것은 단지 통계에 불과하다는 인상을 줄 수도 있다. 정도가 더 심각한 빈곤의 범주를 표현하기 위해 '과도하게 – 혹은 취약하게 – 가난한 자'라는 말이 사용되기도 한다. 이들은 일을 할 수 없는 사람들 곧 노인들, 어떤 경우에는 장애인들, 병약한 자들과 어린이들이며, 계절노동에 의존하는 사람들과 만족스러운 수입을 벌 수 있는 적절한 생산적인 자원 – 땅, 기술, 도구 – 이 없는 사람들을 가리킨다.

가난한 자들은 종종 삶을 지탱해 주는 기본적인 요소 – 적절한 음식, 주택, 의복, 건강관리 등 – 가 부족한 사람들로 생각되기도 한다. 이런 기준들은 사람들이 활용할 수 있는 물품과 서비스의 **양**(量)의 관점에서 가

---

2) J. Remenyi, *Where Credit Is Due* (London, Intermediate Technology Publications, 1991), 3.

난을 정의한다. **질**(質)의 관점에서 삶을 정의하는 기준, 곧 물질적 부족의 원인과 결과가 될 수 있는 현실 역시 중요하다. 의사 결정 과정 – 자신의 미래를 결정하는 과정에 진정으로 참여할 수 있는 – 에 참여할 권리, 협박과 폭력과 과도한 관료주의를 저지하는 보장된 법률구조(救助), 적절하면서도 잘 준비된 교육과 훈련, 유익하고도 가치 있는 일, 건강에 좋은 – 공해가 없는 – 환경 등이 그 현실에 해당된다.

가난은 세계 내에 존재하는 다수의 사람들이 매일 겪고 있는 현실이다. 가난의 범위는 너무도 넓고, 그것을 근절하는 일은 매우 의심스럽기 때문에 가난과 상관이 없는 사람들은 그것이 유발하는 고통에 관심을 두지 않으려고 한다. 보다 생생하게 설명하자면, 그것은 불안전한 – 종종 불이나 홍수나 지진에 의해 파괴되는 – 주택, 하나 혹은 두 개의 방을 함께 쓰고 한 침대 – 혹은 거실과 연결된 작은 방 – 에서 함께 자는 대가족, 상수도와 화장실이 없는 생활, 개방형 하수시설, 치과와 안과 등의 불충분한 의료보건 서비스, 부족한 의약품과 음식물을 의미한다. 10억 이상의 사람들이 매일 밤 굶거나 영양실조 상태로 잠자리에 들고 있다. 빈곤은 특히 어린이들에게 – 많은 사회에서 특히 여자 어린이들에게 – 심한 타격을 주고 있다. 그 아이들은 질병에 걸리거나 육체적, 정신적 성장이 멈추기 쉬우며, 종종 어린 나이에 죽을 가능성이 많다. 만약 그 아이들이 10대 초반까지 생존할 경우 보잘 것 없는 수입으로 가족의 생계를 돕기 위해 매춘과 단조로운 노동에 내몰릴 수도 있다. 많은 이들이 이런 전반적인 현실을 죽음의 상황으로 묘사하고 있는 것은 그리 놀랄 일이 아니다.

> 가난은 죽음을 의미한다. 이 경우, 죽음은 굶주림, 질병, 혹은 억압받는 자들을 해방하기 위한 어떤 노력도 자신들의 특권을 위협하는 것으로 여기는 사람들이 사용하는 압제적 방법에 의해 유발된다. 그것은 문화적 죽음이 부가된 육체적 죽음을 뜻하는데, 그 까닭은 억압의 상황에서 이 세계의 소외된 사람들에게 단결력과 저항력을 주는 모든 것이 파괴되기 때문이다.[3]

---

3) Gustavo Gutiérrez, *The Truth Shall Make You Free*, 9-10. 또한 다음 자료를 참조하라.

내용을 종합해 볼 때, 신체장애자, 여성, 인종적 소수, 종교적 소수 집단과 같이 사회에서 심각한 차별의 대상이 되는 사람들이 가난한 자들의 명부에 포함될 수 있다. 그러나 그들이 자신들을 이런 방식으로 분류하는 것을 좋게 생각하는지는 그리 분명치 않다. 그들이 직업을 찾고 충분한 시민의 권리를 누리고자 할 때 출생 혹은 사고에 의해 형성된 조건이 편견을 만들어 좋지 않은 영향을 미친다는 점에서, 보다 정확한 묘사가 불리하거나 억압적인 요소로 작용할 수도 있다.

2) 정서적, 영적으로 가난한 사람들

가난을 생각할 때 물질적으로 가난한 사람들이 가장 먼저 눈에 들어오기 때문에 종종 가난의 다른 범주들이 간과된다. 가난한 사람들을 하나의 집단으로 규정하는 일은 매우 어려우며, 분류하는 것 자체가 또 다른 논쟁을 불러올 수도 있다. 그러나 일반적인 관점에서 그것은 개인적인 삶에서 – 심지어 물질적으로는 충분하거나 풍족한 삶을 누릴지라도 – 성취감을 느끼지 못하거나 좌절감을 느끼는 사람들을 가리킨다.[4] 그런 경험은 일관성 있는 삶의 목적이 없거나 매우 비관적인 사고방식을 가지고 있거나 과도한 음주 혹은 약물복용 등으로 인한 육체적인 자기학대 때문에, 그리고 부, 지위 권력 등 언제나 내적 공허함을 남기는 것들을 추구함으로써 다른 사람들과 긍정적인 관계를 유지하지 못하는 – 혹은 친구를 사귀지 못하거나 행복한 결혼생활을 영위하지 못하는 – 현실로부터 영향을 받을 수도 있다.

Richard et al., *The Idols of Death*.
4) 다음 자료를 참조하라. Richard Harries, *Is There a Gospel for the Rich?* (London, Mowbray, 1992), 8. 마더 테레사는 영국을 방문하는 중에 다음과 같이 말한 적이 있었다. "이곳 영국에 살고 있는 여러분은 다른 종류의 빈곤을 겪고 있습니다. 이를 테면 외로움과 쓸모없게 됨으로써 겪는 빈곤, 영혼의 빈곤과 같은 것이지요. 이런 문제는 오늘날 이 세계에서 가장 나쁜 질병입니다."

3) 가난의 결과

농촌의 빈곤 – 삶을 유지하기에 충분한 땅과 일자리의 부족 – 은 사람들을 도시로 몰아낸다. 출생률의 증가 – 부분적으로 가난에 기인한다 – 와 함께, 어떤 국가에서는 도시 – 멕시코시티, 상파울로, 리마, 나이로비, 라고스, 봄베이, 방콕, 마닐라와 같은 – 의 폭발적인 성장이 이 현상의 원인으로 작용했다. 말할 필요도 없이, 위생시설, 도로, 운송, 주택 등과 같은 사회 기본 시설은 유입 인구를 수용할 만큼 충분히 마련되어 있지 않다. 도시의 빈곤은 특정 형태의 범죄들을 증가시키고, 가족 지원 네트워크를 파괴하고, 부모가 자식 양육을 포기하고 길거리로 내몰게 만들고, 지하경제 – 마약 거래를 포함하는 – 를 키운다.

가난은 인간 자원의 낭비를 유발한다. 문자적으로나 은유적으로, 가난한 사람들은 사회의 쓰레기통에 내던져졌다는 인식을 가지고 있다. 은유를 바꿔서 말하자면, 바다 위에 떠도는 허섭스레기와 같이 내던져져 표류하고 있다는 인식을 가지고 있다. 인간이 자신들의 삶의 한 부분인 쓰레기와 동일하게 취급되고 있는 셈이다. 그들은 기껏해야 아주 최소한의 교육을 받았을 뿐 기술 훈련은 전혀 받지 못한 사람들이다.[5] 최근에 이들을 묘사하는 용어가 '변두리의'(marginalised) 혹은 '주변적인'(peripheral) – 이 용어들은 비록 큰 의미는 없지만 그들이 여전히 기존 사회에 속해 있음을 암시한다 – 이라는 말에서 '배제된'(excluded)이라는 말로 바뀌고 있는 현상은 그리 놀라운 일이 아니다. 오늘날 경제 운용의 관점에서, 가난한 자들이 부적합하지는 않지만 중요하지는 않다는 인식이 보다 분명하게 나타나고 있다. 그들이 사회의 내부에 있든지 외부에 있든지 간에 체제에는 전

---

5) 다음 자료들을 참조하라. Tony Beck, *The Experience of Poverty: Fighting for Respect and Resources in Village India* (London, Intermediate Technology Publications, 1944); Idriss Jazairy, Mohiuddin Alamgir and Theresa Panuccio, *The State of Rural Poverty: An Inquiry into Its Causes and Consequences* (London, Intermediate Technology Publications, 1992); Tim Allen and Alan Thomas, *Poverty and Development in the 1990s* (Oxford, Oxford University Press, 1992).

혀 영향을 끼치지 못한다.[6]

4) 가난의 원인

가난한 자들이 전적으로 상황의 희생자인지 아니면 그들 자신이 가난의 원인인지는 매우 격렬하게 논쟁되고 있는 주제들 가운데 하나다. 가난한 자들을 '원치 않게 죄를 짓게 된 사람들'(the sinned against)[7]로 여기는 분석을 선택하는 사람들은 가난을 언제나 그 가난한 자들의 이해관계에 반하여 행동하는 외적인 힘의 결과로 보아야 한다고 생각한다. 그 힘은 가난을 발생시키고 더욱 악화시키는 체제와 구조를 말한다. 첫째, 초국가적인 사업을 통해 작동하는, 그리고 법인형 주주들을 넘어서기 때문에 아무 책임도 없고 통제도 되지 않는 자유시장 경제체제는 강자들에게 상을 주고 약자들에게 벌을 준다 – 이 문제에 관해서는 아래에서 자세하게 다룰 것이다.[8]

둘째, 사상 유례 없이 엄청난 국제적 부채의 현실이 있다.[9] 이것은 이미 예비자본이 부족한 주요 채무국들에서 흘러나오는 거대한 부의 역류 현상이다. 이로 인해 채무국들은 건강관리, 교육, 일자리 창출에 투자할 재

---

6) Zygmunt Bauman, *Work, Consumerism and the New Poor* (Buckingham, Open University Press, 1998).
7) 이 표현은 다음 자료에서 처음 사용되었다. Raymond Rung, "Good News to the Poor-a Case for a Missionary Movement" in *Your Kingdom Come: Report on the World Conference on Mission and Evangelism* (Geneva, WCC, 1980), 84.
8) 다음 자료들을 참조하라. Rhys Jenkins, *Transnational Corporations and Uneven Development: The Internationalization of Capital and the Third World* (London, Methuen, 1987); Paul Hirst and Grahame Thompson, *Globalization in Question* (Cambridge, Polity Press, 1996), chapter 4; John Gray, *False Dawn: The Delusions of Global Capitalism* (London, Granta Books, 1998), chapter 1-4.
9) 다음 자료들을 참조하라. John Mihevc, *The Market Tells Them So: The World Bank and Economic Fundamentalism in Africa* (London, Zed Books, 1992); George Gelber (ed.), *Poverty and Power: Latin America after 500 Years* (London, CAFOD, 1992), chapter 2; Graham Bird, *IMF Lending to Developing Countries: Issues and Evidence* (London, Routledge, 1995); Mariarosa Dalla Costa and Glovanna Dalla Costa (eds.), *Paying the Price: Women and the Politics of International Economic Strategy* (London, Zed Books, 1995), chapter 2.

원이 부족하게 되고, 결국 부의 창출을 통해 가난을 제거할 수 있는 능력을 잃게 된다. 또한 빚의 올무는 산림 같은 국가적 자원을 과도하게 개발하게 만들고, 부채 상환에 필요한 외환을 만들기 위해 수출용 환금작물 재배에 힘쓰게 만듦으로써 자국민의 영양 공급에 필수적인 기본 작물 재배에 타격을 주게 된다.

현재의 부채 위기는 1970년대 초 갑작스러운 유가 상승으로 벌어들인 '오일 달러'의 재순환 때문에 생겨났다. 당시 그 오일 달러는 무기 구입과 핵원자로, 현대적인 공항, 최신식 병원의 건설과 같은 파라오식 계획을 위한 차관으로 사용되었다. 완전히 비민주적이고 부패한 정권들이 받은 엄청난 차관에 대한 이자는 1970년대 후반과 1980년대 초반에 가파르게 상승하였다.

셋째, 세계 무역 체제는 그 운영 방식이 다변화되지 못한 까닭에 경제가 약한 국가에게 불리한 방향으로 작동되고 있다. 주로 일차 재료의 수출에 의존할 수밖에 없는 가난한 국가들은 결코 그들의 곡물과 원자재에 대한 공정한 보상을 주장할 만큼 강하지 않다. 반면에 부유한 국가들은 가난한 국가에게 불리하게 작용하는 관세와 쿼터제를 통해 무역 장벽을 세우는 보호주의적 행위를 일삼는다. 수사학적 과장을 고려하더라도, 세계 무역에는 표면에 기복이나 돌기가 없는 평평한 운동장이 전혀 없다고 말할 수 있다.

논쟁의 다른 편에 서 있는 사람들은 빈곤의 외적 구조와 원인들을 최소화하고 사회의 내적 요소들을 강조한다. 한 예로 허버트 슐로스버그(Herbert Schlossberg)는 다음과 같이 쓰고 있다.

> 일반적으로 사람들은 그들이 변화를 선택하지 않으려는 문화적 요소 때문에 가난하다. 예를 들어, 여성은 집 밖에서 일하지 말아야 한다, 동물을 죽이지 말아야 한다, 육체적인 노동을 하지 않는 것이 더 고상하다, 위험을 감수하는 것은 가치가 없다고 생각하는 사고방식을 들 수 있다.[10]

---

10) H. Schlossberg *et al.*, *Freedom, Justice and Hope: Toward a Strategy for the Poor and Oppressed* (Westchester, Crossway Books, 1988), 89-90.

알리 마즈루이(Ali Mazrui)도 내용은 다르지만 이와 비슷한 논조로 말한다.

> 전통사회를 정의하자면, 그것은 대체로 미래를 기대하기보다 과거를 그리워하는 문화에 해당한다. 그 사회는 미래를 위해 준비하기보다 관습, 조상, 전통을 중시한다. 과거 향수의 문화는 시간을 하나의 상품으로 만들기를 좋아하지 않는다… 조상을 사랑하는 문화는 일반적으로 혈족을 사랑한다… 혈족의 결속관계는 개발 능력에 영향을 미친다… 때때로 그 사회는 행동의 동인(動因)들 중에서 이익동기(a profit motive)를 체면동기(a prestige motive)로 대체한다… 그 사회는 신분을 지키려는 노력의 일부로서 사회적 겉치레와 뚜렷한 소비를 촉진한다… 또한 그 사회는 사랑과 연대의식을 넓은 확대가족에 속한 보다 가난한 구성원들과 결합한다.[11]

경제구조보다 문화적 전통에 책임을 돌리려는 경향을 가진 사람들이 볼 때, '어떤 국가들 혹은 어떤 공동체들은 왜 가난한가?'는 질문은 적절하지 않다. 적절한 질문은 오히려 '어떤 국가들은 왜 부유한가?'여야 한다. 후자에 대한 암시적인 이유는 그들이 역사의 어느 한 중요한 시기에 절약, 모든 일에 대한 적극적인 평가, 족벌주의의 해악과 뇌물과 운명론의 거부와 같은 문화적 규범들을 채택했기 때문이었다는 것이다.[12] 현실을 있는 그대로 보고 다소 공세적으로 말해 보자. 그러면 이들의 입장을 이렇게 정리할 수 있을 것이다. "서구화 없는 근대화는 있을 수 없다."

3. 가난의 해결책

말할 필요도 없이, 가난한 자들이 빈곤의 덫으로부터 어떻게 피할 수 있는지에 관한 제안은 매우 많다. 그것들은 대체로 원인을 어떻게 평가하

---

11) Ali Mazrui, *Cultural Forces in World Politics* (London, James Currey, 1990), 202.
12) 그리피스(Griffiths)는 다음 자료에서 이 입장을 분명하게 밝히고 있다. Brian Griffiths, *The Creation of Wealth* (London, Hodder and Stoughton, 1984), 30-1.

느냐에 의존한다. 일반적인 관점에서 해결책은 세 종류로 나뉜다.

(1) 정치적 보수주의자들의 입장

정치적 보수주의자들은 주로 국가가 지속적인 경제성장을 이루지 못할 때 가난이 발생한다고 믿는다. 정치적 불안정과 타락 때문에 적절한 외국의 투자를 끌어들이지 못했기 때문에 이런 현상이 발생할 수도 있다. 앞에서 언급한 것처럼, 개인의 자발성과 열망, 사적 재산권, 이윤창출의 정당성, 사업 관계에서의 신용을 강조하는 가치의 부재가 원인일 수도 있다.[13]

(2) 정치적 급진주의자들의 입장

정치적 급진주의자들의 경우, 현재의 경제구조들은 결코 빈곤 문제를 해결할 수 없다고 믿는다. 그들의 사고틀에서 볼 때 – 실제적으로는 그들의 의도적인 기획 속에서 볼 때 – 그 구조들은 모든 사람이 삶에 꼭 필요한 기본적인 것들을 향유할 수 있는 기회를 충분히 제공하지 못한다. 기껏해야 부자들의 식탁에서 약간의 빵 부스러기들이 떨어질 것이다('트리클 다운 이론'<trickle down>, 정부 자금을 대기업에 유입시키면 그것이 중소기업과 소비자에게까지 미쳐 경기를 자극한다는 이론 – 역주). 그러나 체제는 계속 유지되고 세계 인구 중 소수에 해당하는 사람들이 누리는 풍족한 삶은 더욱 증대된다. 지금까지 그렇게 풍족한 삶을 누려온 사람들의 대부분은 주로 북반구에 속한 고도로 산업화된 국가들에서 태어났다. 해결은 생산수단에 대한 국가의 적절한 통제, 적확한 투자, 지역에서 산출된 부의 재투자, 대중을 생산자로서 뿐만 아니라 소비자로서 경제에 편입시키기 위한 광범위한 재분배, 그렇게 함으로써 경제를 '수요'의 차원에서 자극하는 것 등을 통해서만 가능하다.

---

13) 다음 자료를 참조하라. Francis Fukuyama, *Trust: The Social Virtues and the Creation of Prosperity* (London, Penguin Books, 1996).

(3) 정치적 온건주의자들의 입장

정치적 온건주의자들의 경우, 구조 변화가 필요하다는 점은 인정하지만 그 변화가 해외의 잠재적 투자자들이 투자에 두려움을 느끼지 않을 정도로 매우 점진적이어야 한다고 생각한다. 비록 토지개혁, 소규모 기업에 대한 재정 혜택, 통화 투기와 가격 안정에 대한 통제, 최소한의 적절한 노동 조건과 임금 보장과 같은 정치적 개입이 필요한 일부 분야도 있지만 가능하다면 경제를 집중화하는 일은 피해야 한다.

거시경제적 관점에서, 지역의 가난 문제를 해결하기 위한 다음의 제안들은 상당히 설득력이 있어 보인다.

① '심각한 지경에 처한 채무국들'의 주요 부채를 한 번 탕감해 주고 '보통의 채무국들'의 부채상환 일정을 형편에 맞게 재조정해 주는 방안.[14]
② 임금과 노동 조건이 일차 생산가격에 반영될 뿐만 아니라 그 가격이 장기간에 걸쳐 안정적으로 유지되는 무역 조건.
③ 반대당과 반대 세력에 대한 자유로운 의사표현과 행동, 그리고 지역 민초들의 정치적 행위('시민사회')를 촉진하는 안정된 민주주의의 건설.
④ 전략적 정당성이 거의 없고 단지 제조업자들에게만 이득이 되는 무기 거래의 획기적인 축소 – 제조업자가 속한 국가의 정부가 수출 허가에 기초하여 강력하게 통제할 수 있다.
⑤ 국가 내에 창출된 부 중에서 많은 부분을 비축해 두는 방안 – 이것을 위해서는 외국에 기반을 둔 회사들의 이익배당금과 해외에서 창출된 부의 소재를 통제할 필요가 있다.
⑥ 저소득층에게 우선적 특혜를 줌으로써 그들이 국가 경제에 보다 적극적

---

14) 이런 구체적인 행동은 대체로 비정부 조직들로 구성되어 있으면서 무역 연합체들과 종교단체들을 포함하고 있는 기구인 주빌리2000연합(Jubilee 2000 Coalition)에 의해 후원되고 있다. 이 기구에 속한 사람들은 이렇게 하는 것이 단지 경제적으로 필요하고 옳을 뿐만 아니라 새 천년의 시작을 경축하기에 적절한 방법이라고 생각한다 – 이 내용에 관해서는 다음 자료를 참조하라. *Third World First: Freedom from Debt* (Oxford, Third World First, 1989).

으로 참여할 수 있도록 격려하는 일종의 누진세 체제를 통해 국내에서 와 국가들 사이에서 보다 정당하게 부를 분배하는 방안.

4. 정의의 추구[15]

기독교인의 관점에서, 가난의 현실과 원인과 해결책은 개인, 공동체, 국가 사이에 제기되는 정의로운 관계의 요구와 결코 분리될 수 없다. 정의는 자유와 함께 현대의 경제 문제에 관한 해설서에 단골로 등장하는 항목이다. 그러나 세속화된 서구에서 논의되고 있는 정의의 이론적 기초와 실천적 의미는 여전히 논쟁의 여지를 안고 있다.

예를 들어, 모리스 긴스버그(Morris Ginsberg)는, 정의는 인간이 지닌 인격의 최고 가치에 바탕을 두고 있다고 주장한다. 그의 언급에 따르면, 우리 모두는 타인들을 우리의 목적을 위해 대상 혹은 수단으로 이용하지 말아야 한다는 것을 알고 있다. 우리는 타인들이 우리 자신과 동일한 종에 속하기 때문에 우리와 그들 모두 상호적 권리와 의무를 지니고 태어난다는 것을 직관적으로 알 수 있다.[16] 이 논증은 개인에게 지속적으로 작용하는, 타인에 대한 선한 의지의 감정에 의존한다. 하지만 그것은 우리의 감정을 넘어 타인의 존엄성과 진가와 가치를 받아들일 분명한 근거를 가지고 있지 않다. 자신의 형상대로 인간을 창조하신 분으로서 선과 악의 최종 판단자일 뿐만 아니라 인간 존엄성의 근원이요 정의를 요구하시는 분

---

15) 나는 이미 나의 책에서 정의에 관한 성경의 가르침을 설명한 바가 있기 때문에 이 책에서는 그 내용을 반복하지 않을 것이다. (J. Andrew Kirk, *God's Word for a Complex World: Discovering How the Bible Speaks Today* <Basingtoke, Marshall Pickering, 1987>, 86ff., 119ff.) 또한 '성경과 경제학'에 관해서 스티븐 모트(Stephen Mott), 밀튼 완(Milton Wan), 우도 미들맨(Udo Middleman) 사이에 있었던 토론, '해석학적 이슈들'에 관해서 새뮤얼 에스코바(Samuel Escobar), 니콜라스 월터스토프(Nicholas Wolterstorff), 허버트 슈로스버그(Herbert Schlossberg) 사이에 있었던 토론은 다음 자료를 참조하라. *Transformation* (vol. 4, nos. 3-4, 1987); Michael Elliott, *Freedom and Christian Counter-Culture* (London, SCM Press, 1990), chapter 3.
16) Morris Ginsberg, *On Justice in Society* (Harmondsworth, Penguin Books, 1965).

이신 인격적인 하나님의 관념을 포기하는 순간부터 모든 사람을 본질적으로 존중의 대상으로 여길 명분이 약해질 수밖에 없다.

자발적인 선한 의지는 보증될 수 있는 무엇이 아니기 때문에 세속사회는 타인들을 공정하게 대하도록 동기 유발하는 힘으로서 인간이 가진 일종의 이기심을 근거로 삼았다. 이 관점에서 정의의 실천은 다른 사람에게서 대접 받고 싶은 대로 그에게 대접해야 한다는, 절대적인 무언의 사회적 계약을 이행하는 행위가 된다.[17] 그러나 사회계약 사상은 크게 두 가지 문제를 안고 있다. 첫째로, 그것은 전적으로 가설에 속한다. 실제 생활에서는 많은 경우 특권을 포기하라고 설득하는 것이 그렇게 쉽지 않다. 경험적으로 볼 때, 인간은 평등을 촉진하지 않는 태도를 정당화하는 자기변명에 매우 익숙해 있다. 둘째로, 상습적으로 도박을 일삼는 사람들은 공정하게 기회를 주고 약속대로 이행하는 체제에 순응하라는 말을 좀처럼 수긍하지 않는다. '승자가 모든 것을 가진다'는 승부 세계의 원칙에 현혹된 사람들은 체제로부터 불이익을 당하는 위험을 얼마든지 감수할 각오가 되어 있다. 그들은 도박의 꽃인 잭팟을 터뜨릴 희망으로 얼마든지 돈을 투자할 것이다.

하나님의 뜻에 기초한 윤리가 없기 때문에 세속사회는 과거로부터 빌려온 도덕 – 매우 철저한 의미에서, 경제적으로 약하고 가난한 사람들의 이해관계를 보호해야 한다는 도덕적 정의 – 에 의존해야만 한다. 기회에 대한 상대적 평등이 심각한 부의 불균형을 초래할지라도 그 도덕에는 나름대로 지나친 빈곤과 부를 시정하는 적절한 장치가 있는 것처럼 보인다. 따라서 가난한 삶을 사는 사람들은 다른 사람들에 앞서 우선권을 가질 수 있고, 사업과 직업 전선에서의 치열한 경쟁은 도덕적으로 문제가 있는 것으로 취급된다.[18]

---

17) 소위 황금율의 한 형태. "그러므로 무엇이든지 남에게 대접을 받고자 하는 대로 너희도 남을 대접하라. 이것이 율법이요 선지자니라"(마 7:12).
18) 여러 가지 관점에서 사회정의에 관해 논의한 내용은 다음 자료를 참조하라. James Sterba et al., *Morality and Social Justice: Point/Counterpoint* (Lamham, Rowman and Littlefield, 1995).

구약과 신약의 증언에 귀를 기울이는 그리스도인이라면 정의의 적절한 근거를 찾는 문제를 쉽게 해결할 수 있다. 정의의 근거와 의미는 존재하시는 하나님의 본성으로부터 발원한다. 정의는 하나님께서 행하시는 것이다. 왜냐하면 정의는 하나님께서 존재하신다는 것 자체를 의미하기 때문이다. 그분은 자신의 속성을 드러내시며 끊임없이 행동하신다. 따라서 우리는 하나님의 해방 행위, 그분의 율법, 인간들의 관계를 통해서 정의를 알게 된다.

> 사람아 주께서 선한 것이 무엇임을 네게 보이셨나니
> 여호와께서 네게 구하시는 것은
> 오직 정의를 행하며 인자를 사랑하며
> 겸손하게 네 하나님과 함께 행하는 것이 아니냐(미 6:8)

> 내가 기뻐하는 금식은 흉악의 결박을 풀어주며
> 멍에의 줄을 끌러주며 압제 당하는 자를 자유하게 하며
> 모든 멍에를 꺾는 것이 아니겠느냐(사 58:6)

> 하나님이여 주의 판단력을 왕에게 주시고…
> 그가 주의 백성을 공의로 재판하며
> 주의 가난한 자를 정의로 재판하리니…
> 그가 가난한 백성의 억울함을 풀어주며
> 궁핍한 자의 자손을 구원하며
> 압박하는 자를 꺾으리로다(시 72:1-4)

예언자들의 말은 단지 개인을 향한 것이 아니라 모든 민족을 향해 선포된 것이었다. 모든 공동체는 하나님의 성품이 반영된 의무들을 감당해야 한다. '정의를 행하는 것'은 모든 사람이 하나의 몸처럼 서로에게 속해 있음을 증명하는 것이다. 정의는 능동적 개념이다. 그것은 어떤 힘들이 조

화를 유지하고 있는 정적 균형 상태를 뜻하지 않는다. 그것은 부조화 혹은 불균형 상태에 있는 어떤 것을 바로 잡는 능동적인 활동이다. 정의를 행하는 것은 사회적 혹은 경제적으로 수혜를 받지 못한 사람들이 부족한 상태에서 영원히 벗어나 공동체의 온전하고도 책임 있는 성원이 되도록 만들어 주는 활동이다. 이것은 모든 사회구성원이 삶의 자원과 기회를 이용할 수 있을 때 실현된다. 정의는 사람들을 하나로 통합하지만 부정의는 사람들을 전체로부터 배제한다.

정의는 경제적, 정치적 힘이 일부 사람들의 손에 과도하게 집중되는 것을 막고 전체 공동체의 행동을 통해 책임 있는 의사를 결정하도록 하는 것과 관련이 있다. 그것은 각 사람이 일을 가질 뿐만 아니라 자신이 하는 일을 즐길 수 있도록 보장하는 것, 또한 재난을 당했을 때 공동체로부터 지원을 받는 것과 관련된다. 그것은 적법성(legality)과 동일한 개념이 아니다. 소외된 세계에서, 법률 체계의 양상들은 옳고 그름에 대한 사람들의 왜곡된 감각을 반영할 수 있다. 그렇지 않으면 적절한 법률 절차와 잘못된 결과 사이에 갈등이 생긴다. 그러므로 정의의 추구는 법률 혹은 법률 체계의 과정을 본질적으로 변화시키려는 투쟁을 포함할 수 있다.

정의에 대한 성경적 관점은 본질적으로 올바른 관계의 확립을 통해 공동체에 조화를 가져오는 것을 말한다. 그것은 희년에 관한 율법 규정으로 요약된다(레 25:8 이하). 그 율법의 목적은 생계수단(땅)에 직접 접근할 수 없기 때문에 영구적으로 타인에게 종속되어야 하는 모든 공동체 구성원을 해방하는 것이었다(레 25:13, 23, 35, 39-41). 희년을 가리키는 단어 '요벨'(yobel) - 헬라어로 된 구약성경에서는 '아페시스'(aphesis)로 번역되었다 - 은 '면제'(release)를 뜻한다(출 21:2-6; 23:10-11; 신 15:1-18; 렘 34:8-22; 느 5:1-13 참조). 그러므로 어떤 의미에서 정의는 해방의 다른 표현이라고 말할 수 있다. 그것은 곧 공동체의 혜택과 책임에 충분히 참여할 수 없도록 가로막는 걸림돌을 제거하는 것을 의미한다.[19]

---

19) 다음 자료를 참조하라. Robert Wall, "Social Justice and Human Liberation" in Samuel and Sugden, *The Church in Response to Human Need*, 112ff.

소위 '나사렛 선언'(Nazareth Manifesto, 눅 4:16-19)을 통해 예수께서 희년법을 성취할 때가 도래하였음을 공적으로 선언하셨다는 점에 대해서 상당한 관심과 논쟁이 있어 왔다.[20] 대부분의 주석가들은 예수께서 율법을 엄격하게 고수하는 의미에서 문자적 의미의 희년을 염두에 두고 있었던 것 – 그런 가설이 흥미롭고 재미있어 보이기는 하지만 – 같지는 않다고 생각한다. 오히려 그분은 자신의 선교 목적을 형이상학적으로 지적하기 위해 희년 용어를 사용하셨다. 그러나 희년이 자기 백성에 대한 하나님의 완전한 다스리심이 드러나는 사회를 가리킨다는 점에 대해서는 학자들 사이에 어느 정도 일치가 이루어지고 있다. 이런 의미에서 율법의 목적을 생각하는 것이 옳다. 실제로 신약성경 전체에는 율법의 목적을 반영하고 있는 곳이 여러 군데 산재해 있다. 예를 들어, 초대교회의 경제적 실천(행 2:44-45; 4:32-37), 가난한 자들에 대한 관심(행 11;29-30; 갈 2:10; 고후 8-9장; 엡 4:28; 요일 3:17), 삭개오의 태도(눅 19:8) 등은 구원의 구체적인 표현들이다.

예수 그리스도에 의해 탄생된 새 공동체는 매 49년마다 한 번씩이 아니라 매일의 삶 속에서 '희년' 공동체가 되어야 했다. 그럴 때 우리는 전형적으로 복음적인 정의가 작동하는 것을 볼 수 있다. 정의는 종종 "각 사람을 공정하게 대하는 것"으로 정의(定義)되어 왔다.[21] 이것은 정의의 내용을 법률적 틀 안에 넣어 보상과 처벌이 그 어떤 편견이나 정실(情實) 없이 주어지고 모든 개인이 아주 공평하게 대우받도록 보장하는 것을 말한다. 이

---

20) 논의는 부분적으로 역사적 연구 – 희년이 이스라엘에서 항상 지켜졌는가? – 에 의해서, 부분적으로는 주석적 연구 – 이런 방식으로 누가의 텍스트를 해석하는 것이 가장 자연스러운가? – 에 의해서 진행되었다. 자료는 여기에서 고찰하기에는 곤란할 정도로 방대하다. 핵심적인 몇 가지 요점을 잘 요약해 놓은 것으로는 다음 자료를 참조하라. Robert Willoughby, "The Concept of Jubilee and Luke 4:18-30" in Billington, Lane and Turner (eds.), *Mission and Meaning*, 41-55; 또한 다음 자료들을 참조하라. John Nolland, Luke 1-9:20, World Biblical Commentary Volume 35A (Dallas, Word Books, 1989), 196-8; Willard Swartley, *Israel's Scripture Tradition and the Synoptic Gospels: Story Shaping Story* (Peabody, Hendrickson Publishers, 1994), 76-80, 87; Richard Horsley, *Jesus and the Spiral of Violence: Popular Jewish Resistance in Roman Palestine* (Minneapolis, Fortress Press, 1993), 251-3; Johannes Nissen, *Poverty and Mission: New Testament Perspectives* (Leiden, IIMO, 1984), 75.

21) Lesslie Newbigin, *The Open Secret*, 110.

런 의미에서, 정의의 표지는 신중하고도 엄격하게 징벌의 경중을 측정하는 척도가 된다. 한 가지 강조해야 할 것은 법정의 소송 절차가 요구하는 경우를 제외하고 재판관이 피고인과의 어떤 관계에도 연루되지 않는 보편적 공정성과 둘 사이의 절대적 분리가 반드시 필요하다는 것이다. 이런 의미 차원에서 정의를 주장하는 것은 그 나름대로 가치를 지닌다. 뇌물을 주고받는 행위 혹은 협박을 통해서 법의 공명정대함을 무시하면 정의가 무시될 수밖에 없다. 그러나 예수 그리스도의 관점에서 보면 다른 요소들 – 주로 자비와 관용의 요소들 – 이 작동하기 시작한다.[22]

따라서 우리는 정의를 "각 사람이 처한 상황에 따라 – 심지어 그것이 타인들이 누려야 할 정당한 권리를 유보해야 한다는 것을 의미할지라도 – 그들을 공정하게 대하는 것"으로 재정의할 수 있다. 나는 이 의미가 야고보의 편지에서 부당한 임금 지불을 탄핵하는 표현들 중에 잘 나타나 있다고 생각한다(약 5:1-6). 노동자들이 임금을 착취당하는 현실에서 '부한 자들,' '금과 은,' '재물,' '사치,' '방종,' '살찐 마음'과 같은 표현은 단순히 임금이 지불되지 않은 사실에 주목하지 않는다. 고용주들이 충분한 임금을 지불하지 않음으로써가 아니라 오히려 그들이 농업 경영을 통해 창출된 부에서 지나치게 많은 이득을 착복했음에 주목하고 있다.[23] 만일 이것이 역사적 현실과 무관하지 않다면, 여기에서 야고보가 잉여가치 – 제조과정에서 덧붙여진 가치로서 노동자에게 귀속되지 않고 이익으로 남겨지거나 사업에 재투자되거나 주주에게 지불된 것을 말한다 – 에 대한 마르크스의 논의에 참여하고 있다고 믿고 싶은 사람도 있을 것이다.[24]

그러나 가치의 이론은 여기에서 내가 깊이 논의할 내용이 아니다. 그보

---

22) 다음 자료들을 참조하라. Duncan Forrester, *Christian Justice and Public Policy* (Cambridge, Cambridge University Press, 1997); Jon Sobrino, *The Principle of Mercy: Taking the Crucified People from the Cross* (Maryknoll, Orbis Books, 1994).
23) 다음 자료를 참조하라. Pedrito Maynard-Reid, *Poverty and Wealth in James* (Maryknoll, Orbis Books, 1987), 81-98.
24) "노동자는 단지 노동한 날의 일정 부분에 대해서만 대가를 받는다. 그 밖에 노동자에게 지불되지 않은 부분에서 생산된 가치는 잉여가치에 해당한다"(Tom Bottomore <ed.>, *A Dictionary of Marxist Thought* <Oxford, Blackwell, 1991>, 532).

다는 성경적 정의의 개념을 예증하는 공정한 임금에 관한 논의가 더 필요하다. 법률이 규정하고 있다는 점에서 최저 임금이 공정한 임금이라고 주장하는 사람들이 있을 수 있다. 그러나 최소한의 최저임금만을 계속 지불하는 고용주는 몇 가지 점에서 부당한 행위를 하고 있다고 볼 수 있다. 첫째, 그렇게 함으로써 그는 자신을 위한 과도한 이득을 챙긴다. 둘째, 그렇게 함으로써 그는 노동자들의 구체적인 필요를 고려하지 않는 결과를 초래한다. 공정한 임금은 노동자들을 사회 공동체의 한 구성원 – 복지혜택에 의존하지 않는 – 으로서 존중받을 수 있게 한다. 그것은 또한 사람들 사이에 거대한 부의 불균형이 생기는 것을 막아주기도 한다. 이런 정의의 개념에는 강력한 은혜의 요소가 담겨 있다. 연민은 법률보다 선행하는 필수요소다.

5. 경제 체제

마르크스에 관한 자료는 현재의 세계 경제 체제가 어떻게 가난한 자들을 위한 정의의 문제에 영향을 미치는지 생각하게 만든다. 자본주의적 세계 질서를 대체할 어떤 대안이 있을 것이라는 생각은 현재로서 한낱 몽상에 불과하다. 자본주의의 정당화와 실천에 대한 비판적인 입장은 언제나 가능하다. 그러나 세계 경제가 다른 기초 위에 구축되었더라면 좋았을 것이라는 생각만으로는 결코 체제를 붕괴시킬 수 없다. 그러므로 예언하자면, 가난한 자들을 위한 정의는 단지 시장경제가 전 지구적으로 속박하고 있는 범위 내에서만 가능할 것이다.[25]

---

25) 가능한 미래에 대해서 깊이 생각하는 사람들도 있을 것이다. 예를 들어, 마르크스가 예언한 것처럼, 자본주의의 작동 방식에는 모순이 내재되어 있기 때문에 자체적으로 붕괴할 것이라고 보는 사람들도 있다.

    자본주의 사회의 운동에 내재된 모순들은 주기적 순환의 변화 속에서 실천적 부르주아들에게 매우 뚜렷한 인상을 심는다. 그 주기적 순환은 근대 산업을 이끌어가는 원리이지만, 그것이 한계에 이르게 되면 보편적 위기가 온다. 아직은 예비적 단계이기는 하지만 그 위기가 다시 한 번 다가오고 있다(*Capital*, vol.

이런 한계에도 불구하고, 그리스도인들은 그리스도의 선교에 담겨진 세계 질서의 관점에서 체제를 판단해야 한다. 예를 들어, 시장을 '효율적으로' 작동시키기 위해 전제한 자유는 다음과 같은 몇 가지 이유에서 그리스도인들이 품은 하나님 나라의 비전에 방해가 된다.

(1) 인간은 인격적인 하나님의 형상대로 창조되었다는 사실로부터 파생되는 본질적 가치를 지닌 존재로 간주되어야 한다. 이 가치는 본질적인 것이다. 그것은 주어지는 것도 아니며 다른 인간 존재가 빼앗을 수 있는 것도 아니다. 그것은 오직 인식될 수 있을 뿐이다. 그러므로 그것은 그들이 시장에서 마음대로 부여할 수 있는 '사용가치'에 우선한다. 불행하게도, 후자는 인간을 유용한 상품 곧 부의 창출에 도움이 되고, 많고 적은 양에 따라 일정한 가격을 부여하는 다양한 요소들 가운데 하나로 간주한다.

(2) 사적 소유에 대한 절대적인 권리는 없다. 성경적 창조관에 따르면, 인간 존재는 근본적으로 하나님께 속한 것을 관리하는 청지기로서 하나님께서 창조하셨다. "토지(그 당시 기본적인 생산수단)를 영구히 팔지 말 것은 토지는 다 내 것임이니라. 너희는 거류민이요 동거하는 자로서 나와 함께 있느니라"(레 25:23; 출 19:5; 겔 46:18). 인간은 "그것을 경작하며 지키기" 위해 창조되었다(창 2:15). 다시 말해서 인간은 애정과 감수성과 연민을 가지고 돌보아 (동물을 포함하는) 모든 생명체가 충분히 먹을 수 있는 농작물을 산출할 의무를 지니고 있다. 타인에게 피해를 주면서도 얼마든지 삶의 물

I. Text in David McLellan, *The Thought of Karl Marx* <London, Macmillan Press, 1995, 3rd edn>, 147-8).

나는 그런 추측이 그다지 타당하지 않다고 생각한다. 지금까지 자본주의는 상당히 내구성이 있음을 보여주었다. 자본주의가 주기적 폭풍을 이겨낼 수 있다고 생각하는 이유 중에 하나는 결과적으로 파생되는 고통 – 예를 들어, 1998년에 있었던 동아시아의 경제 위기 – 에 대한 그것의 무관심 때문이다. 자본주의는 ① 그것이 정부의 정치과정을 명령할 수 있는 한 ② 긴 안목으로 볼 때 자본주의가 복지를 극대화할 수 있음을 믿지 않는 사람들을 충분히 설득할 수 있는 한 ③ 더 나은 대안이 없다는 것을 증명할 수 있는 한 계속 그 존립을 유지할 수 있을 것이다.

질적 수단을 소유하고 사용할 수 있다는 생각은 받아들이기 어렵다. 만일 그 물질적 수단이 모든 이의 유익을 위해 만족스럽게 사용되지 않는다면 그것은 타인에게 주어지거나 빼앗길 것이다. 성경적인 관점에서, 불의한 청지기는 궁핍한 사람들과 함께 나눠 쓸 그들의 몫을 상속받기는커녕 경계 밖으로 추방당하게 될 것이다.

(3) 인간은 공동체 내에서의 삶을 관리하는 문제에 대해 하나님 앞에서 책임적인 존재로 살아간다. 이런 맥락에서 가난한 자들에 대한 정의는 사람들이 책임져야 할 윤리적 결정의 문제다. 그들이 비인격적인 시장의 흐름에 따랐을 뿐이라는 변명은 성립되지 않는다. 다른 말로 하자면 인간의 복지에 대한 책임은 경제적 압력이라는 별도의 작용에 종속될 수 없다. "(경제는) 사람을 위하여 있는 것이요 사람이 (경제를) 위하여 있는 것이 아니니 이러므로 인자는 (경제)에도 주인이니라"(막 2:27-28, '안식일'을 '경제'로 대체한 번역).

6. 알맞은 개발모형을 찾아서

교회는 지난 2세기 동안 전 세계로 세력을 확장하면서 생각할 수 있는 거의 모든 종류의 개발 프로젝트를 시행해 왔다. 근대 선교 운동이 시작될 때부터 개척자들은 사람들의 사회적 조건을 개선하는 일을 사역의 일부로 생각하였다. 역사를 회고하는 과정에서 선교를 교회와 변소를 짓는 것으로 여기는 어색한 관념에 대해서 웃는 것은 얼마든지 가능한 일이다. 그러나 적어도 사람들의 물질적 삶을 향상하기 위해서 과학적 발견을 사용해야 한다는 그 당시의 직관은 옳았다.

오늘날 개발의 문제는 보다 긴급한 쟁점이 되고 있다. 서구 교회는 제3세계에서 발생하는 극심한 빈곤 사태를 완화시키기 위해 그곳의 협력교회들에게 상당한 양의 자금과 전문기술을 제공해 왔다.[26] 그러나 일부에서

---

26) 부유한 나라들의 그룹 밖에 존재하는 나라들을 '제3세계'(Third World)로 언급하는 방

는 그런 도움이 가난한 자들을 위한 정의의 측면에서 올바른 접근방법이 아닐 수도 있다는 의심을 보이고 있다. 그들이 볼 때, 그것은 오히려 빈곤을 장기화시키는 실제 요인들 - 위에서 개괄적으로 언급한 - 을 가리는 위험한 수단이다. 서구 교회의 과제는 갑작스런 비상사태 - 자연재해, 갈등의 결과 - 가 발생했을 때만 행하는 인도주의적 원조를 넘어 교육적이고 정치적인 것이 되어야 한다. 그것은 사람들이 점점 가난하게 되는 근본 이유를 알게 하고 변화를 위해 일할 수 있도록 돕는 것이 되어야 한다. 개발 원조는 의존의 문화를 쉽게 연장시킬 수 있으며, 타지역 교회들과의 좋지 않은 관계를 야기할 수도 있다. 또한 그것은 서구 교회가 동정이라는 높은 도덕적 미덕의 명분을 내세우고 타지역 교회들에 강력한 영향력을 행사할 수 있는 구조를 구축하기도 한다.27)

부분적으로, 문제는 교회가 항상 개발에 관한 다양한 세속적 논의를 검토하고 신중하게 판단하지 않는다는 데 있다. 일반적으로 사람들은 양적 관점에서 개발을 이해하려는 경향을 보인다. 따라서 개발은 최신 기술, 제조 능력, 국민총생산, 수입의 수준, 지불 잔고, 재정준비금, 현금 동원 능력 등의 관점에서 평가되며, 그것들 각각은 객관적으로 입증할 수 있고 보편적으로 정당한 기준으로 인정된다.28) 그럼에도 불구하고, 나는 교회가 보다 부유한 공동체들과 보다 가난한 공동체들 사이에서 올바른 협력 관계를 세워나가는 데 중요한 역할을 해야 한다고 생각한다.

현재의 구조에 정치적, 경제적 변화를 일으키려는 노력과 함께, 모든 기

식은 이미 오래 전에 낡은 관념이 되었다. 보다 일반적으로 사용하는 용어는 '2/3세계'(Two-Thirds World)이며, 더 간단하게는 '남반구'(the South)라는 용어가 통용되고 있다. 개인적으로 나는 '제3세계'라는 용어로 돌아가는 것이 더 유익하다고 생각하는데, 내가 이런 생각을 갖게 된 것은 카르멘시타 카라다그(Carmencita Karadag)라는 필리핀 여성과의 대화를 통해서였다. 그녀의 논리는 '제3세계'라는 용어만이 의존과 무기력함이라는 이데올로기적 사실을 강조하고 있으며, 다른 용어들은 객관적 중립성을 강조하고 있다는 것이다.

27) 파트너십의 의미와 실천에 관한 더 자세한 고찰은 10장을 참조하라.
28) 브래그(Bragg)는 개발 이슈들에 관해 현재 진행되고 있는 논의들을 기독교적 관점에서 명쾌하게 정리해 주고 있다. 다음 자료를 참조하라. Wayne Bragg, "From Development to Transformation" in Samuel and Sugden, *The Church in Response to Human Need*, 20-51.

본적인 필요가 충족된 삶을 얻기 위한 가난한 자들의 투쟁을 지원할 수 있는 두 가지 프로젝트가 있다. 첫째, 깨끗한 식수, (어린이 면역 예방주사와 같은) 기본적인 건강관리, 돌림병 예방, 지속적인 농사법의 이해, 관개 사업, 종자 보존, 전문기술, 문맹 퇴치 운동처럼 가난 극복을 위한 근본적인 방법을 알려주고 지원하는 프로젝트다. 중요한 것은 이런 프로젝트가 문화적으로 잘 어울리고 주민들이 전폭적으로 지지하는 조건 하에서 시행되는 것이다. 그리고 사업이 끝난 후에도 지역 공동체가 그것을 계속 유지해 나갈 수 있도록 내적인 능력을 향상시켜줌으로써 자존감을 스스로 고양하는 방식으로 진행되어야 한다. 그 프로젝트가 단순히 외부에서 온 사람들이 모든 일을 맡아서 진행하는 개발 프로젝트를 넘어 지역민들이 그 일에 참여하고 스스로 그 일을 맡아서 유지할 수 있도록 하는 권한 위임(empowerment) 혹은 능력 배양(capacity building)이 되어야 하는 이유가 바로 여기에 있다.

두 번째 프로젝트는 저리의 대출을 통해 소규모 사업을 할 수 있도록 돕는 방식이다. 그런 사업은 지속적으로 유지될 수 있어야 하며, 상황에 적합한 생산수단을 사용해야 하며, 사업주와 그의 가족을 부양할 수 있을 정도로 충분한 수익이 발생해야 하며, 계속 발전해서 다른 인력을 더 충원할 수 있어야 한다. 그런 사업들이 사람들에게 안정된 삶을 보장하고, 농어촌이나 도시를 막론하고 여러 공동체가 안고 있는 빈곤 문제에 실질적으로 긍정적인 영향을 끼칠 수 있다는 점은 수많은 사례를 통해서 입증되어 왔다.

> 가난한 자들이 운영하는 소규모 사업 투자는 자신들을 위한 수익과 일자리 창출에 긍정적인 영향을 미칠 수 있음을 입증하는 많은 사례가 있다. 전통적인 금융기관들이 만든 근거 없는 사회적 통념과는 달리, 가난한 자들은 종종 훌륭한 사업가요 탁월한 채무자의 면모를 보인다.[29]

---

29) "The Oxford Declaration on Christian Faith and Economics" (paragraph 48), *Transformation* (April/June 1990), 1-8; 다음 자료들을 참조하라. Susan Johnson and Ben Rohaly, *Microfinance and Poverty Reduction* (Oxford, Oxfam, 1997); Louise Dignard

7. 가난한 자들을 위한 정의구현과 교회의 역할

전 세계 기독교 공동체에 속한 구성원의 대부분이 가난한 자들이라는 사실이 종종 지적되어 왔다. 그러므로 교회는 가난한 자들의 반대편에 있지 않으며 그들과 나란히 서 있지도 않다. 오히려 교회는 그들 중에 있다. 가난한 자들이 교회 안에 있다고 말할 수 있으며 혹은 **가난한 자들이 교회**라고 말할 수 있다. 따라서 교회는 그들의 상황을 변혁시키는 일에 큰 관심을 가진다. 또한 교회는 정의를 위한 투쟁에 주된 역할을 감당하기도 한다. 나는 이런 투쟁에서 그리스도인들이 신학적인 확신에 기초하여 다음과 같은 네 가지 주요 책임 – ① 하나님을 정의의 창시자요 지지자로 알기, ② 정의의 복음을 선포하기, ③ 가난한 자들을 우선적으로 선택하기, ④ 물질주의를 극복하기 – 을 감당할 것을 제안하고 싶다.

1) 정의의 하나님 알기

앞에서, 교회의 선교가 세상에서 행하시는 하나님의 선교에 대한 반응이기 때문에 하나님께서 어떤 분이신지를 아는 것이 매우 중요하다는 점을 지적했다. 극심한 빈곤 상황 중에 살면서 사역하고 있는 그리스도인들이 끊임없이 지적해 온 바와 같이, 지극히 순전한 고통 중에서 하나님에 관해 말할 적절한 언어를 찾기란 그리 쉽지 않다. 이 점에 관해서 구티에레즈는 다음과 같이 말한다.

> 신학적 성찰의 관점에서 볼 때, 도전은… 광범위한 대중이 처한 부당한 가난에 의해 야기된 상황 – 경멸 받는 인종들, 착취 받는 사회 계급들, 주변

---

and Jose Havet, *Women in Micro- and Small-Scale Enterprise Development* (Boulder, Westview Press, 1995); Helen todd (ed.), *Cloning Grameen Bank: Replicating a Poverty Reduction Model in India, Nepal and Vietnam* (London, Intermediate Technology Publications, 1996); Geoffrey Wood and Iffath Sharif, *Who Needs Credit? Poverty and Finance in Bangladesh* (London, Zed Books, 1997).

화 된 문화, 여성에 대한 차별 – 에서 하나님에 관한 언어를 발견하는 일이다… 예언적이고도 신비한 언어가 착취와 희망이 뒤엉켜 있는 이런 토양에서 생겨나고 있다.[30]

하나님께서는 정의를 지지하고 착취를 허용하지 않는 신으로서 자신을 – 예언자들의 말, 자기 백성과 민족들의 역사를 통해서, 그리고 최종적으로는 성자 예수의 삶을 통해서 – 계시하신다.

약속된 땅에서의 삶은 하나님 앞에서 살면서 타자를 향한 정의의 요구를 실현함으로써 표현되는 삶이어야 한다. 그 땅은 하나님과의 교제와 다른 인간 존재들과의 교제를 위한 장소요 계기다. 또한 그곳은 하나님의 신실성이 드러난 곳이기 때문에 그곳은 하나님의 명령을 준수하는 곳이 되어야 한다.[31]

첫 번째 경우, 예언자들의 메시지 내용은 우상숭배, 특히 부유한 토지 소유자와 상인들의 하수인이 된 예루살렘의 거짓 예언자들과 제사장들이 자행하고 있는 우상숭배에 대한 비난이었다. 진정한 평화가 없는 그들의 평화신학(렘 6:14; 7:1-20; 8:11; 사 57:21; 겔 13:10)은 우상숭배적인 신관(神觀)의 결과였다. 그것은 백성들이 부정의와 억압 앞에 굴복하게 된 상황을 정당화하기 위해 거짓 해방의 약속으로서 생겨났다. 우상숭배자들은 그들의 우상들을 떠메고 다녀야 하지만 하나님을 아는 자들은 오히려 그분이 옮기시고 높이시고 해방하신다(사 46:1-4).[32]

---

30) Gustavo Gutiérrez, *The Truth Shall Make You Free*, 16. 이런 진술은 가난한 자들이 많은 곳에서 궁핍을 겪고 있는 그들과 함께 계시는 인격적인 하나님을 깊이 느끼고 있는 현실을 고려하고 있다. 그것은 또한 선하시고 전능하신 하나님을 국지적 빈곤과 조화시켜야 하는 끈질긴 문제를 인식하고 있다 – 이 내용에 관해서는 다음 자료를 참조하라. J. Andrew Kirk, *A New World Coming: A Fresh Look at the Gospel for Today* (Basingstoke, Marshalls, 1983), chapter 12.
31) Gustavo Gutiérrez, *We Drink from Our Own Wells: The Spiritual Journey of a People* (Maryknoll, Orbis Books, 1984), 79.
32) Pablo Richard *et al.*, *The Idols of Death*, 3-45.

우상숭배가 내포하고 있는 의미는 하나님의 백성 중에 지속적으로 존재하는 실천적 무신론의 위험성이다. 그들이 섬기는 하나님은 어떤 형태의 악도 관대하게 허용하는 신이다. 올바르게 알려진 유일하신 하나님은 힘이 없는 자들과 연약한 자들을 보호하시는 분이시다. 이것은 단지 화려하게 펼쳐진 예식 혹은 세련된 신학적 통찰의 문제가 아니라 하나님께서 행하시는 의와 연민의 길을 겸손하게 따라가야 할 문제다.

2) 정의의 복음 선포하기

정의의 하나님에 관한 비전을 품고 있으면서 수많은 사람이 살아가는 거칠고 억압적인 상황 때문에 격분하는 사람들에게 나타나는 주요 위험들 가운데 하나는 자기 의의 독선이다. 그들은 다른 사람의 죄에 대해서 필요 이상으로 분개하고 저주하지만 그러는 동안 "하나님의 집에서 심판을 시작"(벧전 4:17)한다는 사실을 잊는다. 그리스도인들은 자신에게 복음을 선포하기 전에 타인에게 그것을 선포하지 않는다. 교회의 삶은 가난한 자들에게 어느 정도로 정의를 드러내야 하는가? 어떤 리더십 스타일이 사용되어야 하는가? 그리스도인들의 사회적, 정치적 관점은 '하나님의 좋은 소식'에 의해 형성되는가?[33]

우리가 살펴본 바와 같이, 정의는 윤리의 문제[34] – 곧 도덕적 세계에서 인간에게 요구된 행위 – 일 뿐만 아니라 희망의 메시지이기도 하다. 복음에는 앞으로 이루어질 상황에 대한 선언이 있다. 그것은 냉소적이고 무관심한 인간들에게 고통과 버림받음이 이 세계의 마지막 말이 아님을 상기

---

[33] 어떤 정치운동 혹은 이데올로기적 이상(理想)에 하나님께서 현존하신다고 믿는 정치적 신념을 가진 그리스도인들이 최근의 정치적 의견들에 대해서 적극적으로 그리스도의 이름으로 '세례'를 준 행위는 매우 비극적인 사실이다. 누군가 풍자적으로 표현한 바와 같이, 현 세대의 세계관과 결혼해서 살면 다음 세대에서는 이혼해야 한다. 내 생각에, 해방신학이 지닌 강점 가운데 하나는 역사적 발전과 신학적 탐구의 견지에서 특정한 사회적 흐름과 경향에 대한 관심을 변경시키는 자체적 능력에 있다. 다음 자료를 참조하라. Gustavo Gutiérrez, *Essential Writings* (Maryknoll, Orbis Books, 1996), 42-9.

[34] 다음 자료를 참조하라. David Bosch, *Transforming Mission*, 437.

시켜 준다. 그것은 모든 타락과 패덕에 내리는 절대적 정의의 평결이요 상황을 바르게 하는 심판을 선포한다. 때때로 '예언자적 발언'(prophetic voice)이 단지 비난으로 들리기도 한다. 그러나 심판의 공표는 또한 은혜의 말이 되기도 하는데, 왜냐하면 예언자들은 항상 사람들이 변하지 않을 때 일어나게 될 재앙에 대한 경고와 더불어 그들의 정책이 잘못되었음을 인정하고 하나님께로 돌아와 그분의 뜻을 행하는 축복을 받을 수 있는 기회를 제공하기 때문이다.

3) 가난한 자들을 우선적으로 선택하기

로날도 무뇨즈(Ronaldo Muñoz)는 하나님께서 '가난한 자들 편에 서신다'는 것이 무엇을 의미하는지에 대해서 말한다. 그는 네 가지 주제를 말하는데, 두 가지는 부정적인 뜻이 있고 다른 두 가지는 긍정적인 뜻이 있다.

① 억압과 빈곤은 하나님께 속할 수 없다. 가난한 자들의 고통은 하나님께서 그들에게 부과하시는 처벌이 아니다. 하나님께서는 가난한 자들과 **대립**하지(against) 않으신다.
② 부의 큰 격차는 자연 질서의 일부가 아니다. 하나님께서는 냉담한 전제 군주와 같이 불평등한 상황을 만들지 않으신다. 하나님께서는 가난한 자들 위에 **군림**하지(above) 않으신다.
③ 하나님의 연민은 그분 자신이 가난한 자들의 고통 안에 거하시고 격려와 인내심을 주시고 불의에 도전하시는 방식으로 나타난다. 하나님께서는 가난한 자들과 **함께**(with) 계신다.
④ 하나님께서는 가난한 자들이 자신들을 조직화하여 새로운 종류의 사회를 위해 일하도록 부르신다. 하나님께서는 적극적으로 가난한 자들을 **위해**(for) 일하신다.[35]

---

35) Ronaldo Muñoz, *The God of Christians* (Tunbridge Wells, Burns and Oates, 1991), 31-2, 85-8; 또한 다음 자료를 참조하라. Gustavo Gutiérrez, *The Power of the Poor in History* (London, SCM Press, 1983), 13.

하나님께서 가난한 자들을 우선적으로 선택하신다는 사상은 많은 사람을 당황하게 만들었고, 또한 많은 사람에게 거부되기도 하였다.36) 하나님께서는 공평하신 분이시라는 반론도 제기되었다. 그분이 특별히 일정한 집단에 속한 사람들에게 호의적이라고 주장하는 것은 잘못된 안전감을 주는 위험을 무릅쓰는 것이다. 그것은 인간의 계획을 하나님의 뜻과 동일시하거나 특정한 관점 혹은 행동을 정당화하기 위해 하나님을 이용하는 미묘한 형태의 우상숭배로 흐를 수 있다. 특히 가난과 전혀 상관없이 살 수 있는 사람들이 가난한 자들의 권리를 옹호하는 주장을 할 때 위험하다.

더 나아가, 가난한 자의 우선적인 선택 개념은 가난한 자들이 항상 그들이 처해 있는 상황의 희생자 - 부득이하게, 그리고 철저하게 - 일 뿐 그들의 곤경에 대한 최소한의 성실한 책임은 그들의 몫이 아니라는 점을 의미하는 것처럼 보인다. 그 결과 마치 가난한 자들은 전혀 죄인이 아닌 것처럼, 혹은 그들이 당하고 있는 고통 때문에 그들의 죄가 용서될 수 있는 것처럼 그들을 낭만적으로 묘사하는 결과를 낳고 말았다. 그것은 잘못된 인류학적 사고가 아닐 수 없다. 또한 만일 가난의 원인이 항상 가난한 자들이 통제할 수 없는 외적 구조와 행위에 있다면 그들은 상황의 노리개가 되고 말 것이다. 이것은 그들을 비인간화하는 짓이다. 반면에 (올바른 상황이라고 가정할 때) 가난한 자들이 공익에 대한 관심을 가지고 이타적으로 행동할 것이라고 믿는다면 우리는 그들을 단지 인간 이상의 그 어떤 존재로 만드는 결과를 만들게 될 것이다.

마지막으로, 가난이 지속되거나 더 나빠지는 상황에서 하나님의 우선적인 선택에 대한 확신은 아무런 효력을 발휘하지 못한다는 반대 의견이 있다. 다시 말해서 그 확신이 상황 변화에 아무런 영향을 미치지 못하는 것처럼 보인다는 것이다. 장 루이스 세군도(Juan Luis Segundo)는 "역사 내에서의 가난한 자들의 힘"은 어디에서 나타나야 하는지를 묻는다. 가난한 자

---

36) 한 예로 다음 자료를 참조하라. Calvin Beisner, *Prosperity and Poverty: The Compassionate Use of Resources in a World of Scarcity* (Westchester, Crossway Books, 1988), 194.

들과 그들의 지지자들 모두 인간 존엄성을 유린하는 사회적, 경제적 현실로부터 그들을 해방시키는 일에 전혀 기여를 하지 못하는 것 같다.[37] 진척이 잘 되지 않아 실망과 좌절이 커지면 무의미한 정치적 슬로건과 신학적 문구만 다시 고치고 반복할 위험성이 커진다.

성경적인 하나님의 비전에 근거하여 가난한 자들을 위한 우선적인 선택이 적절한 의미를 갖도록 하기 위해서는 이런 비판들을 신중하게 경청할 필요가 있다. 우리는 고아와 과부와 외국인 이주자에 관한 율법과 더불어 논의를 시작할 수 있을 것이다(출 22:21-4; 23:9; 레 19:33; 신 27:19). 이유는 다르지만 그들은 모두 아주 연약한 사람들이었다. 그들은 공동체 내에서 어떤 당연한 보호도 받지 못했다. 따라서 하나님께서는 그들이 처한 불확실한 입장을 고려하여 공동체 전체가 그들을 책임져야 한다고 명령하신다(신 10:18-19).

예수의 가르침으로 주의를 돌리면 그가 복 있는 자로 선언한 사람들을 만난다. 그들은 애통하는 자들을 위로하는 자들이며, 긍휼히 여기는 자들이며, 평화(shalom)를 위해 일하는 자들이며, 아무런 상도 바라지 않고 타인에게 환대를 베푸는 자들이다(마 5:4-9; 눅 6:30-36). 가난한 자들은 복이 있는 자들이다. 왜냐하면 하나님의 나라가 도래하면 모든 것이 충분케 될 것이기 때문이다(눅 6:20-21). 예수께서는 선한 사마리아인의 비유에서 사마리아인이 정당한 이유 없는 무법적 공격에 희생된 사람들을 돌봄으로써 하나님께서 행하신 것처럼 그렇게 행하였다고 확신하신다(시 146:7-9; 68:5-6).

가난한 자들에 대한 우선적인 선택은 궁극적으로 하나님의 새 질서와 관계된 모든 것을 선포하고 그 안에서 사는 선택을 의미한다. 하나님의 새 질서 안에서 공평과 평등, 은혜와 용서, 이웃에 대한 책임과 원수 사랑의

---

37) Juan Luis Segundo, *The Humanist Christology of Paul* (Maryknoll, Orbis Books, 1986); 또한 다음 자료들에서의 토론을 참조하라. Curt Cadorette, "Liberating Mission: A Latin American Perspective" in Saayman and Kritzinger (eds.), *Mission in Bold Humility*, 66-72; David Bosch, *Transforming Mission*, 442-7; Lesslie Newbigin, *The Open Secret*, 110ff.

새 관계가 하나의 현실이 된다. 변혁을 위한 하나님의 활동은 온전한 회심(total conversion)을 함축하고 있다. 총체적인 불평등은 궁극적으로 영적인 이슈에 해당한다. 만일 우리가 '각 개인의 존엄성이 모든 사람의 존엄성에 의해 보장'되는 목표를 이해한다면 인간 존재는 지배의 욕구, 상실의 두려움, 자신의 안전과 행복만을 추구하는 태도로부터 해방될 필요가 있다. 그런 것들은 힘이 남용되는 구조를 낳게 만든다. 해방은 하나님의 사역이다. 그것은 살아계신 하나님을 향한 철저한 회심을 제쳐놓고는, 그리고 신뢰와 열린 책임성에 기초한 삶이 따라오지 않고는 결코 일어날 수 없는 일이다.

4) 물질주의 극복하기

현재의 세계 경제 질서 – 종종 '후기 자본주의'로 불리는 – 는 마음대로 쓸 수 있는 수입을 얻는 사람들이 헌신적인 소비자가 되어야 하는 필요조건에 의해 작동되고 있다. 예를 들어, 만일 물질적으로 여유 있는 사람들이 유행을 따르지 않을 선택의 자유를 발휘하거나 최신 상품의 매력에 유혹되지 않는다면 그 체제는 쉽게 붕괴될 수도 있다. 단기적으로, 그 경제 질서는 고용과 투자에 엄청난 효과를 불러오곤 했다. 그러나 장기적으로 볼 때, 그것은 어떤 종류의 사회가 인간이 번영하는 데 가장 좋은지에 관한 광범위한 논쟁을 야기할 수도 있다.[38]

급진적으로 습관을 변화시키는 일은 쉽게 성공하기 어렵다. 인간의 본성 – 복음서에 따르면 깊은 결함을 지니고 있는 – 은 어리석게도 "물을 가두지 못할 터진 웅덩이들"(렘 2:13)을 끊임없이 추구한다. 물론 강력한 반대 주장들도 있지만, 소유물은 영원한 성취감과 만족감을 가져다주지 않

---

[38] 이 부분에서 우리는 현재의 자본주의 경제체제의 산물인 **물질적** 빈곤과, 현 체제를 지탱하고 있는 소비주의의 **영적** 빈곤 사이를 이어주는 직접적인 연결선을 도출할 수 있다. 경험은, 소유한 사람들과 소유하지 못한 사람들 모두에게 서로 다른 방식이긴 하지만 소비주의의 영적 빈곤이 그들을 파괴시키는 주요 요인이라는 인식이 분명하게 확인될 때까지 자본주의 경제체제는 해체될 수 없다는 점을 강력하게 말해주고 있다.

는다. 행복이 상품 - 물질적인 상품, 레저 활동, 약과 관련된 경험 혹은 대안적 영성이 여기에 해당한다 - 구매의 산물이라는 생각은 우리 시대의 가장 큰 환상 가운데 하나다.[39] 첫째로, 그것은 인간다움(to be human)에 대한 부적절한 이해에 기초하고 있다. 만일 우리가 어떤 존재인지 혹은 어떤 존재가 되어야 하는지를 모르고 있다면 무엇이 선택할만한 가치가 있는지 - 모든 선택과 행위는 의미가 있으면서 동시에 불합리하다 - 를 모르는 것이다.

둘째로, 소비주의는 깊은 불안감을 만들어낼 수 있다. 이상적인 '훌륭한 삶'은 공상적인 이미지에 기초한다. 광고는 이런 이미지를 추구하도록 설득한다. 그렇게 함으로써 우리는 타인들이 소유한 것과 상대적으로 우리가 갖지 못한 것을 비교하는 감정에 빠지게 된다. 그러나 실제로 이루어지는 것은 상투적인 성공일 뿐이다. 많은 사람이 그것을 삶의 기준으로 받아들인다. 그러나 이미지는 허울일 뿐이고 피상적이며 외적인 겉치레에 불과하다. 그 사이에 공동체는 점차 깨져 인간 상호부조의 관계를 이루는 능력을 약화시킨다. '타인들'은 아직 소유하지는 않았으나 소유할 권리를 가지고 있는 다른 상품으로 보일 수 있다. 외적 대상들을 극대화하는 것은 크리스토퍼 래쉬(Christopher Lasch)가 말한 바와 같이 '최소 자아'(minimal self)를 만들어 낸다. 최소화된 자아는 감성적으로 간섭을 받지 않기 위해 타인들로부터 물러선다.

현대 '물신(物神)의 포로'(captivity of Mammon)라는 우상숭배는 별문제로 치더라도 그리스도인에게는 물질주의를 극복해야 할 또 다른 이유들이 있다. 참된 자유는 독립성이 아니라 상호독립성 안에서 경험된다. 어떤 사람은 삶에 대해서 이런 방식으로 자기 입장을 표현할 수 있을 것이다. "나는 가진다(산다, 소유한다). 그러므로 나는 존재한다." 어떤 사람은 이렇게 말할 수도 있을 것이다. "나는 반응한다. 그러므로 나는 존재한다." 자유는 타인들 - 근본적으로는 하나님으로부터 - 을 즐겁게 환영하는 태도에서

---

[39] 다음 자료를 참조하라. Zygmunt Bauman, *Work, Consumerism and the New Poor*, 28-30, 58-9.

나온다. 그것은 권리로서가 아니라 선물로서 기능한다. 인간으로서 존재하는 것은 타인에 대한 도덕적 책임을 인식하고 자유롭게 수용하는 것이다. 그것은 이기심 혹은 냉정한 의무감으로부터가 아니라 모든 삶은 너무나 관대하여 자기 자신을 내어주신 그 증여자의 선물임을 아는 지식으로부터 이루어지는 자발적인 행위다.

더하여 끝없이 베푸는 넉넉함(generosity)이야말로 참 자유다. 왜냐하면 그 넉넉함은 이기심과 잘못된 가치의 굴레로부터 해방된 상태를 표현하기 때문이며(고후 9:6), 또한 믿는 자의 삶에서 하나님의 은혜가 명백히 드러나도록 영적으로 그 은혜를 풍부하게 만들기 때문이다. 그 대가는 우리 삶에서의 상실이다. 실제로, 자기에게서 자기로 향하는 이기적인 삶을 그리스도에게서 타자로 향하는 삶으로 바꾸기 위해서는 우리의 삶을 희생해야만 한다.

토의과제

1. 빈곤 문제를 다룬 다양한 경제적, 문화적 논의들의 가치에 대해서 말해 보자.

2. 가난한 나라들에 대규모 차관을 빌려주었던 은행의 최고경영자에게 지금은 왜 차관 제공을 중단했는지 등에 관한 내용을 담은 편지를 써 보자.

3. 가난한 자들을 위한 하나님의 정의를 복음의 중심 양상으로 제시하는 기독교 지원기관이 쓸 수 있는 광고 전단지를 디자인해 보자.

What is
MISSION

7장
타종교와의 만남

1. 기본 질문

선교학이 다루는 주제들 중에서 기독교와 타종교의 관계보다 더 근본적이고 논쟁적인 주제는 없다. 데이비드 보쉬(David Bosch)는 "그것은 선교신학의 축소판이다."라고 말한다.[1] 칼 브라텐(Carl Braaten)은 그 이슈가 너무도 중요하여 교회가 새로운 **신앙고백의 상황**(*status confessionis*)에 직면해 있다고 생각한다. 그는 몇몇 신학자들의 급진적 상대주의가 복음의 핵심을 위협할 정도로 너무 멀리 나갔다고 주장한다.[2]

종교 생활의 다양성에 대해서 신중하고도 일관된 신학적 설명을 제시하기 위해 먼저 다음과 같은 몇 가지 문제를 다뤄 보자.

---

1) David Bosch, *Transforming Mission*, 477.
2) 다음 자료를 참조하라. Carl Braaten, *No Other Gospel! Christianity Among the World's Religions* (Minneapolis, Fortress Press, 1992), 89.

> 현대 기독교는, 예수의 이름에 구원의 약속이 있는지, 그리고 다른 이름에는 구원이 없는지의 문제에 직면해 있는데, 그 문제는 빠르게 그것에 생사가 걸릴 정도로 중요한 이슈가 되고 있다. 다른 어떤 것보다도 긴급한 신앙고백의 상황(*status confessionis*)에 관한 문제인 이 이슈는 교회 내에서 복음에 대한 충성심을 시험하는 잣대가 될 것이다.

1) 종교적 믿음의 본질

종교 자체의 주제와 관련된 몇 가지 문제가 있다. 우리의 첫 번째 과제는 많은 언어가 종교 현상을 다루는 단어를 가지고 있지 않다는 점을 염두에 두면서 종교라고 불리는 광범위한 현상에 관한 공통적인 이해를 검토하는 것이다. 몇몇 주석가들은 모든 종교적 표현은 공통적인 본질을 담고 있다고 믿는다. 다시 말해서 그것들은 모두 근본적으로 같은 종류의 필요에 의해 형성되었을 뿐만 아니라 비슷한 목적을 가지고 있기도 하다.[3] 만일 그런 핵심적인 내용이 추출될 수 있다면 서로 다른 표현의 차이를 비교하는 일이 가능할 것이다. 만일 그럴 수 없다면, 그리고 주요 종교들의 신앙, 상징, 예식이 매우 다양한 방식으로 전개된다면 그런 비교는 쉽게 할 수 없을 것이다.

다음의 질문들은 모두 종교의 의미에 관한 설명과 관계된다. 종교는 인간이 하나님(God) – 혹은 신(god) – 을 경험하는 수단인가?[4] 혹은 그것은 인간이 가장 깊은 삶의 문제들을 이해하는 방식인가? 아니면 그것은 (이성의 시대 이래로 많은 사람들이 의심하고 있는 것처럼) 인간의 깊은 소외를 드러내는 징후 곧 감성적 미숙을 보상하는 환영 혹은 차별, 불의, 노예적 평범성을 정당화하는 이데올로기인가?[5]

2) 신의 본성

신적 존재의 성질에 관한 공통적인 가정들을 파악하는 일은 불가능해

---

[3] 다음 자료를 참조하라. John Hick, *God Has Many Names* (Basingstoke, Macmillan, 1980), 43-58.
[4] 만일 모든 종교인이 찾는 신이 같은 신을 가리킨다고 믿는다면 (대문자 'G'로 시작되는) 'God'이라는 표현이 적절할 것이고, 만일 전혀 다른 신성의 현시(顯示)를 가리킨다고 생각한다면 (소문자로 시작되는) 'god'이라는 표현이 적절할 것이다.
[5] 다음 자료를 참조하라. J. Andrew Kirk, *Loosing the Chains: Religion As Opium and Liberation* (London, Hodder and Stoughton, 1992), chapter 2, "Stealing Fire from the Gods".

보인다. 어떤 종교 전통들은 신을 인격적인 관점에서 인식하지만, 다른 종교 전통들은 비인격적인 관점에서 인식하기도 한다. 그 밖에 인간 존재를 초월하는 실재를 가지고 있지 않은 종교들도 있다. 그런데 (아브라함으로부터 이어지는 유대교, 기독교, 이슬람교의 신앙에서처럼) 신에 관해서 말할 때 인격적인 언어를 사용하는 것이 타당하다는 점에 대해서 어느 정도 동의할지라도, 신의 주요 속성을 설명하거나 신이 우주에서 활동하는 방식을 묘사하는 방식은 본질적으로 서로 다르다. 예를 들어, 신을 알고 기쁘게 하는 조건, 신의 자비 혹은 정의를 이해하는 방식, 혹은 신이 인간에게 요구하는 것 등에 관해서 말할 때 위에서 언급한 세 종류의 종교 전통이 가진 견해는 서로 일치하지 않는다.

3) 타종교와 예수 그리스도

기독교 종파가 매우 다양할지라도 그 신앙의 중심에는 언제나 예수 그리스도가 있다. 따라서 다른 종교의 신앙과 실천이 그분과 어떤 관계를 맺는지에 관한 많은 질문이 생겨난다. 예수는 과연 모든 영적 추구를 성취하는가? 아니면 타종교 신앙들을 부정하며 무효화하는가? 그 신앙들은 예수를 어떻게 생각하고 있는가? 그 입장들은 어느 정도로 가교(架橋)의 역할을 할 수 있는가? 특히, 십자가와 부활에 대해서 타종교 사람들이 가지고 있는 견해는 무엇을 의미하는가?

예수 그리스도를 역사의 한 인물로서, 그리고 기독교 신앙의 창시자로서 취급하는 질문이 있는가 하면 그분을 구원의 관점에서 취급하려는 질문도 있다. 타종교들은 그들의 신봉자들에게 확실한 구원의 길을 제시하고 있는가? 그 종교들은 기독교 신앙이 말하는 구원과 유사한 관점에서 구원을 인식하는가? 그 종교들은 과연 '구원'에 조금이라도 관심을 가지고 있는가?[6]

---

[6] 구원의 **중심**(locus)으로서의 예수 그리스도를 논하는 주요 자료들을 살펴보면 놀랍게도 이런 질문들이 자주 제기되지 않고 있는 것을 알게 된다. 한 가지 예외로서 다음 자료를 들 수 있다. J. A. DiNoia, "Varieties of Religious Aims: Beyond Exclusivism,

4) 타종교와 기독교

창조주요 만물의 구원자이신 오직 살아계신 한 분 하나님의 존재를 선포하는 일신교로서 기독교는 타종교의 존재에 관해 물을 때 하나님의 섭리 안에서 질문할 수밖에 없다. 혹시 타종교들은 하나님의 백성이 하나님의 계시를 신실하게 증언하지 못한 결과인가? 아니면 그것들은 하나님의 계시의 한 부분을 구성하고 있는가? 그것들은 세계에 영향을 미치는 하나님의 '일반은총'의 발현인가?(행 14:17 참조) 그것들은 하나님에 대한 진정한 탐색을 드러내고 있는가?(행 17:23, 27) 부정적으로 말하자면, 그것들은 하나님과 반목하고 있는 사람들이 만들어낸 것인가?(롬 1:28; 8:7)

이런 질문들은 계시에 관한 상이한 주장들에 의해 야기된 곤란한 딜레마와 밀접한 관련을 맺고 있다. 대부분의 종교는 자신의 신앙과 실천을 위한 기초를 다지기 위해 그들의 거룩한 경전에 호소한다. 그 문서들은 나름대로 진리에 대한 이해를 포함하고 있으며, 그런 방식으로 진리와 특정한 관계를 맺는다. 예를 들어, 이슬람교도들은 코란을 모든 인간에 대한 신의 궁극적인 약속으로 믿는다.[7] 코란을 보면, 신은 자기 자신을 계시하기보다 삶의 모든 양상을 통해 자신의 의지를 드러낸다. 그렇다면 예수 그리스도를 신에 관한 모든 주장을 평가하는 기준으로 받아들이는 그리스도인들은 이런 유의 색다른 주장에 대해서 어떻게 설명할 것인가? 비록 불완전할지라도 그 주장들은 나름대로 하나님의 진리를 드러내고 있다고 여겨도 되는가? 아니면 그것들은 단순히 신적 계시의 형태를 띤 인간의 지혜 중에 가장 탁월한 것을 반영하고 있는 것인가?

레이문도 파니카(Raimundo Panikkar)는 세 번째 천년의 시대에 기독교

Inclusivism and Pluralism" in Bruce Marshall (ed.), *Theology and Dialogue: Essays in Conversation with George Lindbeck* (Notre Dame, University of Notre Dame Press, 1990), 249-74.

7) "이슬람교도들은 코란이 신의 최종 계시이며, 이전의 모든 계시를 요약하고 있다고 믿는다. 그것은 모든 진리의 기준이다. 왜냐하면 그것은 신이 주신 이전의 모든 계시와 완벽하게 조화를 이루고 있기 때문이다"(David Shenk, *Global Gods: Exploring the Role of Religions in Modern Societies* <Stottdale, Herald Press, 1995>, 291).

회가 직면한 도전은 "더 보편적인 기독교성… 곧 그리스도인들이 이해하는 인간다움(humanness)의 차원"을 실현하기 위해 특정 종교로서의 구체성을 포기하는 것이라고 주장한다.[8] 그러나 '그리스도인들이 이해하는' 방식을 포기하지 않으면서 자신의 특정 입장을 포기하는 것이 가능한 일인가?

칼 바르트(Karl Barth)와 같은 학자를 포함하여 일부 사람들은, 기독교는 단지 하나의 종교로서 처신하기를 중단할 때에만 참될 수 있다고 주장한다. 바르트는 종교에 관한 그의 가장 유명한 구절들 중 하나에서 다음과 같이 말한다.

> 종교는 불신앙이다. 사실 그것은 우리가 신을 부정하는 (인간성)에 관한 한 가지 중대한 관심이라고 말해야만 하는 것이다… 계시의 견지에서 볼 때 분명히 종교는 하나님께서 자신의 계시 안에서 행하시려고 하실 뿐만 아니라 행하시고 있는 바를 고대하는 인간적 시도로 보인다. 그것은 신적 활동을 인간의 제작물로 교체하려는 의도된 시도다.

어쩌면 그는 나치주의의 맹공 아래 많은 그리스도인이 예수 그리스도를 배반하고 있는 현실을 - 그는 그것을 목격하였다 - 염두에 두고 있었을 것이다. 그는 다음과 같은 결정적인 말을 덧붙였다. "'불신앙으로서의 종교'(religion as unbelief)에 관해 논의하면서 우리는 기독교적 종교를 비기독교적 종교와 구분하는 것을 고려하지 않았다. 우리의 의도는 우리가 타종교들에 관해 말한 그 모든 것이 기독교에 영향을 미쳐 기독교를 그것들과 유사하게 만들어버렸다는 점을 지적하는 것이다."[9] 계시를 종교로부터 분리하려는 그런 시도는 과연 타당하고 가능한 것인가? 기독교는 본질적으

---

8) Raimundo Panikkar, "The Christian Challenge for the Third Millennium" in Paul Mojzes and Leonard Swidler (eds.), *Christian Mission and Interreligious Dialogue* (Lewiston, Edwin Mellen Press, 1990), 117.
9) Karl Barth, *Church Dogmatics: The Doctrine of the World of God*, vol. I, 2 (Edinburgh, T. & T. Clark, 1978), 299, 302, 326.

로 다른 모든 종교와 구별되는가? 그것은 다른 질서 체계에 속하는 것이어서 그것을 세계의 종교 전통들과 비교하는 것은 마치 장미를 참새와 비교하거나 떡갈나무를 초콜릿 넛 선데이(chocolate nut sundae, 접시나 큰 컵처럼 생긴 그릇에 담아 주는 아이스크림으로 그 크림 위에 초콜릿과 호도를 올려놓은 아이스크림 – 역주)와 비교하는 것과 같이 난센스가 아닌가?

5) 출발선은 어디인가?

마지막으로, 올바른 초점을 잃지 않고 전체 논의를 진행하기 위해서 특정한 가정들이 가진 정당성을 확인해야 하는 복잡한 문제가 있다. 폴 마틴슨(Paul Martinson)은 그리스도인들에게 닥친 최대의 도전은 기독교 외부의 다원주의가 아니라 오히려 종교적 주장들의 영향에 의해 기독교 내부에 생긴 다원주의라고 예리하게 지적한다.[10] 우리가 아래에서 다룰 것이지만, 다양한 주장들은 대부분 각각 가장 중요한 출발점이라고 여기는 것으로부터 생겨나고 있다.

고전적으로, 대부분의 그리스도인들은 성경의 명백한 의미를 부정하는 듯이 보이는 견해를 자유롭게 받아들일 권리가 자신들에게 없다고 믿어 왔다. 바로 이것이 종교 간의 문제를 다루는 모든 논의에 결정적인 판단기준으로 작용해 왔다. 그러나 이런 기준에 반대하는 사람들도 있다. 어떤 사람들은, 누구나 자신의 관점에서 각각의 신앙을 이해할 필요성을 고려할 때 출발점은 각 종교의 비전 혹은 핵심 경험이 되어야 한다고 생각한다. 또 다른 사람들은 이 세계에 하나님의 현존을 드러내는 다양성의 사실이 출발점이 되어야 한다고 믿는다. 이 원리의 연장선상에서 모든 종교가 서로 조화를 이루고 세속적 불신앙에 맞서 힘을 결집할 필요가 있다는 점을 말하는 사람들도 있다. 해방적 입장에 따라 신학적 사고를 발전시켜 온 사람들은 가난한 자들을 지원하기 위해 비판적인 역사분석과 정의추

---

10) Paul Martinson, "What's There to Worry About" in Mojzes and Swidler (eds.), *Christian Mission and Interreligious Dialogue*, 210.

구 등 구체적인 실천을 행하고 있다.

이런 상이한 출발점이 서로를 배제하고 있는지는 분명치 않다. 그러나 각 출발점들이 기초하고 있는 '사실'(fact)에 주어진 무게는 실질적으로 그 출발점들 사이에 근원적 차이가 발생할 수밖에 없음을 암시한다. 예수 그리스도를 믿는 사람들의 종교적 전통과 선교의 의미, 그리고 그것들의 정당성에 관한 상이한 결론들을 평가하고자 할 때 이런 점들을 분명히 염두에 두는 것이 중요하다.

2. 기독교 신앙 전통과 다른 신앙 전통들

그리스도인들이 대체로 세계의 종교들을 향해 취하는 세 가지 입장을 검토하기 전에 논의와 직접적으로 관계가 있을 뿐만 아니라 논의에 도움을 줄 수 있는 몇 가지 예비적인 문제들을 살펴볼 필요가 있다.

1) 종교에 관한 기본 이해

종교를 정의하고자 시도하는 사람들은 무모한 사람들이거나 아니면 대담한 사람들일 것이다. 그런데 제시된 정의가 너무 자세하여 모든 적법한 종교 형태를 포괄하지 못하거나 너무 일반적이어서 어떤 것도 제대로 기술하지 못하는 경우가 많다. 이 문제는 많은 언어가 종교를 기술하기 위해 특정 단어를 할당함으로써 오히려 현상을 정확하게 파악하지 못하게 만드는 요인이 되고 있다는 사실에 의해 더 복잡해진다. 종교를 어떤 한 단어 – 종교를 인간 문화의 한 부분으로 구분하는 단어 – 로 표현하는 것은 특정한 역사의 산물이다. '종교'는 세속적인 사람들과 대립하는 삶의 한 관점을 뜻하는 것으로 여겨져 왔다. 한편 현대의 비판적 분석은 세계를 일, 놀이, 여가, 가족, 사업, 정치, 시민의 의무, 과학 연구, 사회조직과 같은 제어할 수 있는 요소로 분할한다. 종교는 별개의 실체로서 구분되고 독립된 학문 분야로서 연구될 수 있다고 여겨진다. 종교 연구는 보다 세부적인 영역으로 나뉘는데, 예를 들면, 특정 종교의 신념, 신앙, 윤리적 태도, 통속 종교(popular religion), 시민 종교(civic religion), 국가주의와 종교 등을 들 수 있다. 다른 한편 종교는 가시적인 것을 초월하는 어떤 실체도 부정하는 세계관과 반대되는 것으로 정의된다. 그러므로 종교는 세계와 인간 삶에 관한 자연주의적 설명에 만족하지 않는 사람들이 선택하는 것으로 여겨진다. 논리 실증주의(logical positivism)의 압력과 자연 현상에 관한 매우 엄격한 경험적 해명 때문에 종교는 지금까지 수세적인 입장에 처해 왔다.

'종교'를 뜻하는 영어 단어와 다른 유럽 언어들의 단어들은 대부분 라틴어에 기원을 두고 있다. 그 단어의 근원적 의미는 '속박하다'이며, 그것은 구체적으로 어떤 사람 혹은 공동체를 신들, 신적 능력들 혹은 인간을 초월하는 능력들에게 속박시키는 것을 뜻한다. 니니안 스마트(Ninian Smart)는 종교를 여섯 가지 차원 곧 교리적 차원, 신화적 차원(근원적 이야기들과 그것들에 대한 해석), 윤리적 차원, 제의적 차원, 경험적(혹은 신비적) 차원, 사회적 차원으로 구분한다.[11] 종교의 구성요소에 대해서 다른 방식으로 구분하는 사람들도 있다. 예를 들어, 메시지, 메시지와 연결된 경험, 메시지의 표현이면서 동시에 메시지를 표현하는 것이기도 한 공동체, 메시지를 실천으로 옮기려고 애쓰는 생활방식 등이 바로 그것이다.[12]

넓은 범주를 사용하여 종교 생활을 살펴보려는 이런 시도들은 심지어 늘 알고 지내는 한 가족 내에서도 종교적 표현이 매우 다양할 수 있음을 알게 해 주는 장점이 있다. 그러나 그 시도들이 소위 '고전적인' 혹은 '정통적인' – 특정 공동체에 대해서 권위주의적이고 통제적인 입장을 취하는 '교리적' 전통에 기초한 – 형태를 띠고 있는 종교들과 '통속적이고' '이단적

---

[11] 다음 자료를 참조하라. Ninian Smart, *The Religious Experience of Mankind* (London, Collins, 1971).
[12] 더 자세한 논의는 다음 자료를 참조하라. J. Andrew Kirk, *Loosing the Chains*, chapter 1, "A Never Ending Story"; David Brown, *A Guide to Religions* (London, SPCK, 1975), 8-13.

인' 형태를 띠고 있는 종교들 사이의 광범위한 차이점을 공정하게 다루고 있는지에 대해서는 알 수 없다. 모든 종교가 '통속적인' 수준에서 실천될 때 원시적 세계관 - 현세에서 큰 번영을 주거나 해악을 끼치는 사건들을 직접 일으키는 영들에 대한 신앙, 그리고 그런 영들이 자신에게 매우 호의를 가지고 있다고 확신하게 만드는 실천 - 을 중심으로 모이는 경향을 띤다는 사실에 대해서는 지금까지 충분히 인식되지 않았다.[13] 그러므로 세계의 모든 주요 종교들을 보면 거기에는 본래의 핵심 신앙과 다양한 마술 형태를 혼합시킨 신앙과 실천이 있다.[14] 어쩌면 그 결과를 '통속적 종교성'(popular religiosity) 혹은 '토착적 영성'(indigenous spirituality)이라고 부를 수도 있을 것이다. 흥미로운 것은 이런 특성이 종교적 헌신의 차이와는 상관없이 주요 종교들 사이에서 매우 유사하게 나타나고 있다는 점이다. 이와는 대조적으로, '정통적인' 신앙과 실천의 수준에서 종교는 다양한 형태로 갈라진다.

또한 눈에 띄게 독특한 신앙과 실천을 행하는 신흥 종교운동들(new religious movements) - 일반적으로 주요 종교들의 변종 - 이 있다. 이런 운동들은 주로 독립적인 집단 혹은 추종자들의 공동체에 의해 표현된다.[15]

---

13) "멜라네시아의 모든 종교의 중심에는 조상신에 대한 신앙이 있다. 멜라네시아인들은 그 조상신들이 초자연적 능력에 접근함으로써 그들의 살아 있는 후손들에게 선한 것 혹은 악한 것을 가져다준다고 믿는다. 신, 귀신, 피진어(pidgin)로 마살라이(*masalai*)라고 하는 땅의 정령, 보이지 않는 환경의 힘들도 인간의 삶에 개입한다… 작은 공동체에서의 번영과 질서는 영적인 힘 - 때때로 마나(*mana*)로 불린다 - 을 어떻게 효과적으로 통제하느냐에 달려 있다"(B. Colless and P. Donovan, "Pacific Religions" in John Hinnells, *A Handbook of Living Religions* <London, Penguin Books, 1991>, 420).
14) 다음 자료들을 참조하라. Stephen Sharot, *Messianism, Mysticism and Magic: A Sociological Analysis of Jewish Religious Movements* (Chapel Hill, University of North Carolina Press, 1982); Peter Clarke (ed.), *The Worlds Religions: Islam* (London, Routledge, 1990), 2, 75, 132, 138ff., 188; Denis Maceoin and Ahmed Al-Shahi, *Islam in the Modern World* (Beckenham, Croom Hill, 1983), 73-85; Bill Musk, *The Unseen Face of Islam: Sharing the Gospel with Ordinary Muslims* (Eastbourne, MARC, 1989); Jacques Van Nieuwenhove and Berma Klein Goldewijk, (eds.), *Popular Religion, Liberation and Contextual Theology* (Kampen, Kok, 1991); Abraham Ayrookuzhiel, *The Sacred in Popular Hinduism* (Madras, Christian Literature Society, 1983).
15) 몰몬교, 통일교, 하레 크리슈나(Hare Krishna), 소카 각카이(Soka Gakkai)와 같은 사례들이 즉각적으로 마음에 떠오른다. 그 밖에도 수많은 사례가 있다. '뉴 에이지'(New

종교의 의미 혹은 서로 다른 신앙 전통들 사이의 대화에 관한 논의에서 대체로 이들 공동체들은 무시되고 있는 것 같다. 그 이유가 그들의 '이단적인' 성격 때문인가?

성경은 종교 논의에 그다지 많은 도움을 주지 않는다. '종교'라는 단어는 신약성경에 여섯 차례 등장한다(행 17:22; 25:19; 26:5; 딤전 5:4; 약 1:26, 27). 첫 번째 경우는 신들을 섬기는 아덴 사람들을 보고 바울이 사용한 말 중에 나온다. 두 번째와 세 번째의 경우는 로마 총독과 아그립바 왕 앞에서 바울이 심문 당하는 상황에서 등장하는데, 베스도와 바울이 유대인의 신앙을 가리켜 이 단어를 사용하고 있다. 나머지 세 구절은 고아와 과부를 돌보는 것과 혀를 제어하는 것에 대한 믿음의 실천을 가리키고 있다. 세 개의 단어가 여러 가지 의미를 나타내며 사용되고 있다. 그러나 언어적 변화에 초점을 맞춰 지나치게 용법을 구분하는 것은 현명하지 못하다.

야고보서의 구절은 믿음이 실천으로 이어지는지의 여부에 근거하여 참된 종교와 거짓된 종교를 구분한다. 골로새의 그리스도인들에게 부과된 전통과 관습에도 대해서 동일한 구분이 적용될 수 있을 것이다(골 2:16-23). 그러나 골로새서의 경우, 그것은 비난 받는 어떤 규례가 아니라 지켜야 한다는 주장에 가깝다.

2) 종교와 세속

종교 간의 문제를 다루는 저자들 중 많은 사람이 실제 종교 행위에 나

Age)라고 하는 일반 표제를 중심으로 묶어진 현상을 종교의 한 표현으로 이해하고자 하는 것은 적이 당황스럽다. 약한 형태이기는 하지만 뉴 에이지 신념은 어느 정도 '정신' 혹은 '초의식'의 세계, 고대 자연종교와 연결되어 있다. 그럼에도 불구하고, 그 집단의 추종자들은 대체로 일정하게 규정할 수 있는 공동체를 형성하지도 않으며, 특정한 행동양식을 금지하지도 않는다는 점에서 그 집단들이 역사적 종교들 혹은 새 종교들과 비슷하다고 보기는 어렵다 - 이 내용에 관해서는 다음 자료들을 참조하라. Paul Heelas, *The New Age Movement: The Celebration of the Self and Sacralization of Modernity* (Oxford, Blackwell, 1996); Ernest Lucas, *Science and the New Age Challenge* (Leicester, Apollos, 1996).

타나는 부정적 요소들을 잘 알고 있음에도 불구하고 종교의 그런 모습을 질타하는 특정한 세속적 비판에 반응하는 사람들은 그리 많지 않다. 그들은 너무 빨리 윤리적 상대주의, 무목적성, 영적 소외, 물질주의, 자아도취식 개인주의와 같은 세속적 사고방식의 부정적 결과로 건너뛰려는 경향을 보인다. 그러나 나는 종교적 동기에 관한 세속적 의심, 그리고 당연한 저항으로 보이는 무신론으로의 귀결에 대해서 충분히 경청해야 한다고 생각한다. 그것들은 종교인으로 하여금 그의 믿음과 실천의 진정성을 재검토하게 만드는 정화장치가 될 수 있다.

> 오늘날 종교라는 이름으로 행해지는 것들 중에는 소비사회가 종교적으로 반영된 것에 불과한 경우가 많다. 인간 존재는 '영적 평안,' '구원,' '영생,' '치유'와 같은 종교적 산물들이 다른 상품이나 서비스처럼 판매 촉진을 위해 홍보하는 소비하는 종(種)으로서 취급된다… 대부분의 종교는 대체로 목걸이에 장식된 꽃, 삶에 대한 분노, 거칠고 혹독한 현세로부터 부모의 보호를 필요로 하는 유아와 같다고 말한다면 지나친 과장일까? 만일 종교가 모든 잘못된 보장, 모든 환상, 모든 방어기제를 벗어나려고 노력하지 않는다면 비난을 면치 못할 것이다.[16]

3) 방관자의 시각에서 본 종교

매우 일반적으로 말하자면, 인간은 긍정적으로든지 부정적으로든지 누구나 종교지향적인 성향을 띠고 있다. 어떤 사람들은 종교적 신앙과 행위를 문화의 자연적인 한 부분으로 본다. 이런 관점에서 볼 때, 종교 집단에 소속되는 것은 어디에서 태어났느냐에 달려 있다. 대체로 종교는 그 종교를 신봉하는 공동체의 필요를 충족시키기 위해 발전해 왔다. 그러므로 종교를 바꾸라고 설득하는 것은 난센스에 불과하다. 종교를 바

---

16) J. Andrew Kirk, *Loosing the Chains*, 49-50; 또한 다음 자료를 참조하라. J. Miguez Bonino, *Christians and Marxists: The Mutual Challenge to Revolution* (London, Hodder and Stoughton, 1975), 47-9.

꾸는 것은 개종자를 문화적, 영적 고아로 만듦으로써 그의 정체성을 파괴하는 것과 같다.

기독교 관점의 낙관적 해석에 따르면, 종교는 하나님께 더 가까이 다가가려는 인간의 욕구가 적절하게 표현된 것이다. 정도의 차이는 있지만, 모든 종교는 진리를 향한 인간의 여정을 밝히는 예수 그리스도의 빛을 반영한다. 따라서 종교는 인간 삶의 필수적이고 적극적인 측면으로서 지지되어야 한다. 종교에 관한 여러가지 평가는 인간에게는 반드시 종교가 필요하다는 점을 진지하게 확인해 준다. 종교적 신념을 지지하지 않고 온전한 인간의 삶을 살기란 불가능하다. 종교 없는 삶을 추구하는 사람들은 인간적 견지에서 약화될 수밖에 없다. 그들은 축소된 힘에 의존하여 살아갈 뿐이다.

앞서 지적한 바와 같이, 모든 것을 고려할 때 종교는 결국 해로운 것이라고 믿는 사람들이 있다. 그들은 종교가 사람들로 하여금 잘못된 - 이데올로기적 - 실재관에 기초한 삶을 살게 만든다고 비난한다. 세속적인 관점에서 종교는 특권 세력의 정당화 혹은 열등 세력의 보상심리로 묘사되곤 한다. 반면에, 기독교적 관점에서 종교는 하나님의 철저한 요구를 피하기 위해 인간이 만들어 놓은 법과 규칙의 정당화 혹은 깊은 무가치성에 대한 보상심리로 묘사된다.

4) 종교와 계시

종교적 신앙을 통한 하나님의 존재 계시에 대해서 여러가지 입장이 제시되어 왔다. 부정적 입장을 취하는 경향의 그리스도인들은 타종교들이 너무 애매해서 하나님의 존재를 분명하게 드러낼 수 없다고 비판한다. 실제로, 어떤 사람들은 타종교에는 하나님의 뜻과 생명의 통로로서의 특권을 가질 아무런 근거가 없다고 말한다. 타종교는 그것이 진리와 선과 아름다움의 요소를 드러내는 만큼만 "온갖 좋은 은사와 온전한 선물"이 내려오는 하나님의 실재와 연결된다(약 1:17; 3:17).

그러나 실제로는 모든 이의 삶에 행하시는 하나님의 활동에 관해서,

다시 말해서 그들의 삶이 종교적 신앙과 일치하는지에 관해서 말하는 것이 더 정확할 것이다. 때때로 사람들은 이웃을 섬기고, 자비를 보이고, 평화를 만들고, 자신을 해치는 사람을 용서함으로써 희미하게나마 하나님의 본성을 반영할 것이다. 때로 이런 특성이 나타나는 이유가 종교적 확신 때문이기도 하지만 때로는 그렇지 않은 경우도 있다. 역사의 평결은 어쩌면 종교적 신앙을 가진 사람들이 종교를 가지지 않은 사람들보다 하나님을 더 잘 이해하고 섬긴다고 믿는 사람들의 생각과 반대될 수도 있다. 지금까지 종교가 사람들로 하여금 두려움, 운명론, 열광주의, 미신, 권위주의의 속박에 묶여 살게 만든 사례가 너무 많았기 때문에 어쩌면 그들을 하나님과 너무 가깝게 연결하는 것 자체가 어리석은 짓이 될는지도 모른다.

타종교에 대해서 대체로 긍정적인 태도를 취하는 그리스도인들은 다른 신앙의 사람들도 하나님과 접촉하고 있다고 - 힌두교의 박티 요가(bhakti yoga)와 같은 영적 실천의 수준에서 혹은 불교에서 가르치는 자연 존중, 비폭력, 관용, 연민과 같은 윤리적 가치의 실천을 통해서 - 확신한다.[17] 그들은, 하나님의 변화시키는 생명은 하나님의 의지가 행해지고 있는, 다시 말해서 하나님의 통치가 이루어지고 있는 실천을 통해서 분명하게 작동한다고 말한다. 이런 견해는 때때로 그리스도, 곧 이질적 형식들을 통해서 자신을 드러내는 로고스의 관점에서 설명되기도 한다.

> 만일 예수가 그릇에 담긴 어떤 보물이라면 - 비록 그가 가장 중요한 존재일지라도 - 우리가 여러 개의 그릇을 상정하지 못할 이유가 없다. 왜냐하면 보물은 단지 예수 한 분으로 제한되지 않기 때문이다… 예수가 유일무이한 것은 틀림없다. 그러나 로고스는 불교와 같은 그런 전통들 안에 성육신하였다.[18]

---

17) "Loving devotion and self-surrender to the deity, leading to inner transformation through grace"(John Hinnels <ed.>, *The Penguin Dictionary of Religions* <Harmondsworth, Penguin Books, 1984>, 63).
18) Seiichi Yagi, "Plurality of the Treasure in Earthen Vessels" in Leonard Swidler and Paul Mojzes, *The Uniqueness of Jesus: A Dialogue with Paul F. Knitter* (Maryknoll, Orbis Books, 1997), 140-1.

전통적으로 그리스도인들은 하나님의 특별 계시와 일반 계시를 구분해 왔다. 전자의 전달 매체는 성경에 나오는 예언자들과 사도들의 글, 예수 그리스도의 인격이다. 후자의 전달매체는 인간의 양심과 자연 세계다. 하나님은 양자를 모두 만드셨다. 그러나 양자의 내용은 서로 다르다. 양자는 모두 하나님에 관한 지식을 매개하는데, 전자는 완전한 형식으로, 후자는 산만한 방식으로 매개한다. 일반계시는 하나님의 실재, 옳고 그름에 관한 윤리 규범의 실재를 알게 해주는 증거를 제시한다. 따라서 인간은 이 세계를 하나님께서 창조하셨다는 사실과 인간 존재를 하나님의 형상을 따라 창조하셨다는 사실을 알게 된다. 그러나 구원의 길에 관한 지식은 오직 특별계시를 통해서만 온다. 바울이 복음의 의미를 설명하는 그의 편지 서두에서 지적한 점이 바로 이것이다. 그는 거기에서 "믿음으로 믿음에 이르는" 하나님의 의에 관한 계시를 말한다(롬 1-2장).

이런 이해의 관점에서 종교 전통들은 하나님의 일반계시에 대한 반응이다. 그것들은 하나님에 관한 지식(롬 1:21), 선의 실천(롬 2:10), 진리와 영광과 존귀의 추구(롬 2:7-10)를 드러낸다. 그러나 동시에 그 지식과 노력들은 부분적이며, 종종 잘못된 사상에 의해 혼란을 일으키거나 부패되곤 한다. 그것들은 구원을 위해 충분한 역할을 하지 못한다. 왜냐하면 그것들이 하나님과 삶에 대한 하나님의 요구사항을 드러내면 낼수록 인간 반응의 불충분성만 보여주게 되기 때문이다(롬 2:12, 15; 3:9-20).

여기에서 우리는 종교적 실천들이 진리와 선의 좁은 길을 따라갈 의지에 의해 행해질 때 하나님께서 그 실천들을 통해서 일하신다는 주장에 대한 여러 가지 해석 방식을 살펴보았다.

3. 구원의 문제

기독교 신앙과 비기독교 신앙의 관계는 지금까지 주로 배타주의(exclusivism), 포용주의(inclusivism), 다원주의(pluralism)라는 세 가지 입장에서 논의되어 왔다. 이런 구분은 그 세 가지가 서로 다른 것들의 요소를 포함하고 있기 때문에 완전히 만족스럽지 않다. 이런 분류 방식이 세 가지 신앙 패턴의 윤곽을 보여주고 있다는 점, 각 입장 안에도 나름대로 다양한 종류가 있다는 점, 그것들 사이의 경계선이 항상 명쾌하게 그어지지 않는다는 점을 알고 있다면 이 세 가지 범주는 여러 의견들의 결정적인 차이를 지적하는 데 매우 유익할 것이다.

그러나 각각의 입장을 대변하는 용어 사용에 한 가지 문제가 있다. '배타주의'는 직접적으로 편협하다는, 심지어는 고집불통의 인상을 주고, '다원주의'는 상대주의의 이미지, 심하게 말하자면 관심의 부족을 떠올리게 만든다. 반면에 '포용주의'는 열린 마음과 관용을 강조하는 것처럼 보인다. 무엇인가를 배제하는 것보다는 포용하는 것, 완전히 허용하지 않으면서도 관대한 것이 더 나아보이는 것이 인지상정이다. 따라서 나는 여기에서 같은 입장을 대변하면서도 직접적으로 부정적인 암시로부터 자유로울 수 있는 세 가지 다른 용어들 – 특수성(particularity), 일반성(generality), 보편성(universality) – 을 실험적으로 사용할 것을 제안하고자 한다.

1) 특수성

특수성은, 하나님께서 주시는 구원의 선물은 나사렛 예수라고 하는 역사적 인물의 구속적 죽음을 통해서만 가능하며, 예수에 대한 명시적인 믿음을 통해서 얻을 수 있으며, 세례와 기독교 공동체의 구성원이 됨으로써 재가된다는 것을 믿는 믿음이다. 그런데 이 견해를 주장하는 사람들도 믿음에 이르는 수단에 대해서 약간씩 다른 입장을 취하는 사람들로 구분된다. 대부분의 사람들은, 믿음은 복음의 말씀을 들음에서 온다고 생각하지만(롬 10:17), 일부 사람들은 환상이나 꿈과 같은 그다지 정상적이지 않은 수단들을 통해서 올 수도 있다고 생각한다.

이 입장은 오직 하나님만이 구원의 주체이시고, 구원은 어떤 종류의 인간적 공로에 의해 성취될 수 없으며, 하나님께서 구원의 유일한 길을 제공하시며, 그 제공에 대한 의식적인 응답이 있어야만 구원이 가능하다는 점을 전제하고 있다. 인간과 하나님의 관계가 본질적으로 소원하다는 사실을 고려한다면 그분에게 '예'라고 말하지 않는 것은 '아니오'라고 말하는 것을 암시한다. 회심 곧 다른 신뢰의 대상으로부터 예수를 보내어 구원을 가능하게 하신 살아계신 하나님께로 돌아서는 것은 이 입장에 필수불가결한 것이다.

> 회심은 특정한 한 인물에 대한 전적 의탁을 의미한다. 그 다음에 특정한 삶의 방식에 대한 자기 헌신이 뒤따른다. 모든 세세한 것들은 그 중심적 충성과 관련하여 편성되어야 한다. 그런 삶은 오직 누구나 머리 되신 주님께 충성함으로써 힘을 얻는 공동체 안에서만 가능하다.[19]

2) 일반성

이 입장 역시 구원은 배타적으로 예수 그리스도를 통해서 가능하다고 확신한다. 그러나 구원을 얻는 수단에 대한 입장은 앞의 것보다 일반적이다. 복음을 듣고 확실하게 반응하는 것이 가장 좋은 수단이긴 하지만 그것이 가능하지 않은 경우에 대한 적절한 변명도 가능하다고 본다. 예를 들어, 대부분의 사람들은 평생 자신의 언어로 복음을 듣지 못할 것이다. 그들이 복음을 듣는다고 할지라도 전달자의 전달방식이나 그의 삶에 의해 메시지가 애매하게 전달될 수도 있다. 그렇다면 수많은 사람들이 그리스도 안에서 제공된 구원의 복음에 적절하게 반응할 기회를 얻지 못할 것이라고 말할 수 있을 것이다.

이 견해에 따르면, 영적 조명(spiritual illumination)에 반응한 종교 행위를 통해 하나님의 자비와 용서를 구하며, 평화와 화해와 정의의 삶을 살려고 애를 쓸 때 그리스도 안에서 허락하시는 하나님의 구원이 가능하게 된다.

---

[19] Stephen Neill, *Crises of Belief: The Christian Dialogue with Faith and No Faith* (London, Hodder and Stoughton, 1984), 121.

뒤집어서 말하자면, 이미 이런 일들을 행하고 있는 사람들은 그들의 삶에 작용하는 하나님의 구원은총을 드러내고 있다는 것이다.

> 구원의 보편성은 구원이 그리스도를 분명하게 믿고 교회에 속한 사람들에게만 주어진다는 것을 의미한다… 많은 사람들이 복음의 계시를 알거나 받아들일 기회 혹은 교회로 올 기회를 얻지 못하고 있다… 그런 사람들에게 그리스도에 의한 구원은 교회와 어떤 신비한 관계를 가지면서도 그들을 공식적인 교회의 일부가 되도록 만들지 않는 특정 은총에 의해 가능하다. 그 은총은 단지 그들의 영적, 물질적 상황에 맞는 방식으로 그들을 교화한다. 그 은총은 그리스도에게서 온다. 그리고 그것은 그리스도의 희생의 산물이며 성령에 의해 전달된다. 그것은 각 사람으로 하여금 자신의 자유로운 협력을 통해 구원에 도달할 수 있게 한다.[20]

3) 보편성

이 견해와 다른 두 견해 사이의 주된 차이점은 '유일무이한'(one and only)과 '단지 하나인'(only one)이라는 표현 안에 있다. 앞의 두 입장의 경우, 비록 구원을 받는 방식에 관해서는 의견이 다르지만, 그 두 경우 모두 예수 그리스도가 유일무이한 구세주임을 인정한다. 그러나 보편주의자들의 경우, 예수 그리스도는 구원을 가능케 하는 여러 가지 수단 가운데 하나일 뿐이다. 하나님은 그리스도를 통한 구원의 성취 방식을 여러 가지로 설정해 놓으셨을 뿐만 아니라 그분에게 도달하는 방식도 다양하게 만들어 놓으셨다. 예수 그리스도는 여러 가지 길 가운데 하나일 뿐이다. 그리스도 중심적인 구원 이해에서 신 중심적인 구원 이해로 이동이 일어났다. 하나님의 구원은 보편적으로 많은 경로를 통해 가능하다. "우리는 기독교의 경우와 마찬가지로 다른 세계의 위대한 종교들도 참되며 구원의 수단이 된다고 생각할만한 논거들을 보유하고 있다."[21]

---

20) John Paul II, *Encyclical on Missionary Activity: Redemptoris Missio*, op.cit., par. 10.
21) John Hick, "Five Misgivings" in Paul Mojzes and Leonard Swidler (eds.), *The*

4. 가설의 문제

앞에서 설명한 세 가지 각 개념은 다른 것들과 비교했을 때 모순처럼 보이는 일정한 기본 전제들을 가지고 있다. 특수주의자들은 그들의 입장이 신약성경을 해석하는 유일한 방법이라고 주장한다. 그리스도의 영에 의한 재생 작업이 없이는 인간은 하나님께 대하여 영적으로 죽은 자요(엡 2:1-3; 골 2:13), 여전히 빛보다 어둠을 좋아하는(요 3:19-20) 흑암의 나라에 속한 자요(골 1:13; 행 26:18), 하나님과 원수 된 자요(롬 5:10; 골 1:21), 죄의 본성에 속해 있어서 하나님을 기쁘시게 할 수 없는 자(롬 8:5-8; 갈 5:19-21; 롬 6:21; 갈 5:24)라는 매우 분명한 메시지를 말한다. 이 해석은 단지 신약성경의 이곳저곳에 흩어져 있는 몇 개의 구절들을 인용하면서 조합한 주장이 아니다. 그것은 (그것의 지지자들이 주장하는 바에 따르면) 이의가 있을 수 없는 복음에 대한 확고한 입장이다. 하나님을 기쁘시게 하는 삶을 살고자 하는 사람은 반드시 그 이전에 예수 그리스도와 연합하여 죽음과 부활의 과정을 통과해야 한다. 이 과정은 회개와 믿음 – 자기중심적 삶을 의식적으로 포기하고 용서와 새로운 삶을 위해 하나님께로 돌아서는 것 – 에서 시작된다.

관찰과 분석의 차원에서 특수주의자들은 타종교들이 그들의 추종자들에게 무엇을 제공하든지간에 인격적인 하나님으로부터의 소외를 의미하는 죄로부터의 구원이 아니라고 주장한다. 일반주의자들은 타종교의 전통을 따르는 사람들이 의식적인 믿음과는 상관없는 다른 수용할만한 방식 안에서 예수 그리스도의 하나님에게 연결되어 있다고 믿는 오류를 범하고 있다. 그들의 문화적, 종교적 실천은 그들로 하여금 인간의 곤경과 해결에 관한 어떤 심원한 견해에 익숙해지도록 만들었다. 그들은 하나님께 대한 반항을 의미하는 죄를 인정하지도 않으며, 하나님 자신이 그들의

Uniqueness of Jesus: A Dialogue with Paul F. Knitter (Maryknoll, Orbis Books, 1997), 80.John Hick, "Five Misgivings" in Paul Mojzes and Leonard Swidler (eds.), *The Uniqueness of Jesus: A Dialogue with Paul F. Knitter* (Maryknoll, Orbis Books, 1997), 80.

범죄에 상응하는 징계를 담당하심으로써 값없이 주신 선물을 의미하는 용서의 가능성을 알지도 못한다. 그들의 종교적 믿음은 그들이 하나님의 구원을 경험할 수 있기 전에 '불신'되어야 한다.

> 지금까지 살펴 본 학설과는 달리 우리는 종교가 구원의 수단이 **아니라는** 점을 주장해야 한다. 예수 곧 율법과 도덕과 경건의 권세에 의해 십자가에 달리셨으나 우주적 권위의 보좌로 고양되신 독생하신 주님의 메시지는 모든 종교를 철저한 부정에 직면하게 만든다.[22]

일반주의자들은 앞서 말한 논증에서 많은 부분에 동의할 것이다. 그러나 또한 그리스도를 통해 하나님께 나오는 방법이 한 가지 이상임을 입증할만한 증거가 성경에 충분히 있다고 주장할 것이다. 그리스도에 대한 분명한 신앙과는 상관없이 살아가는 많은 사람들의 입장은 비록 그리스도에 대한 지식은 없었을지라도 크게 칭찬을 받은 구약의 신앙인들에 비교될 수 있다(롬 4:9 이하; 히 11:4 이하). 그들은 제한적이기는 하지만 그럼에도 불구하고 참된 계시를 받았다. 고넬료는 하나님을 경외하는 모든 사람을 표상한다. 그들은 하나님께 정기적으로 기도하며 궁핍한 자들에게 필요한 것을 공급함으로써 그분의 인정을 받는다(행 10:2-4, 34-35). 복음의 전달자들을 솔직하고도 관대하게 영접하고, 약하고 어려운 사람들의 필요를 채워주는 사람들은 특별한 의미에서 그들 중에 계시는 그리스도를 발견한다. 그들은 상을 받게 될 것이다(마 10:40-42; 25:34-40). 모든 사람이 빛보다 어둠을 더 사랑하는 것은 아니다. 진리로 살고, 그 결과 삶에 더 밝은 빛이 빛나도록 만드는 사람들이 있다(요 3:21).

이런 관점에서 보면 많은 놀라운 일이 일어날 것이다. 하나님께서는 모든 사람이 구원 받기를 원하시기 때문에(딤전 2:4) 그들을 자신에게로 인도할 많은 길을 열어놓으실 것이다. 만일 하나님의 은혜가 그리스도의 **역사적** 강림 이전에 그리스도 안에서 주어진 것이라면(딤후 1:9) 그 은혜는 또한

---

[22] Lesslie Newbigin, *The Open Secret*, 177.

그리스도의 **지리적** 강림 이전에 그리스도 안에서 주어져야만 하지 않겠는가![23) 로마 가톨릭, 동방 정교회, 많은 개신교파에 공통적인 이 견해는 '익명의 그리스도인'(anonymous Christians)이라는 용어를 탄생시켰다. 그들은 비록 그리스도의 은총에 의해 그와 연합되어 있음에도 불구하고 그리스도의 이름을 들어본 적이 없기 때문에 그런 현실이 그들에게 감춰져 있다는 의미에서 익명적이다.[24)

보편주의자들은 하나님께서 이스라엘을 넘어 다른 민족들과도 언약을 맺었으리라고 짐작케 하는 구절들(암 9:7; 사 19:24-25), 이스라엘 외에도 참된 구원과 예배가 존재했으리라고 짐작케 하는 구절들(사 19:19-22; 말 1:11), 타종교를 비난하는 어떤 구체적인 내용도 없다는 점 등을 제외하면 성경에 대해 특별히 강조하지 않는다.[25) 각 종교의 경전이 다르면서도 서로 보완적인 방식으로 하나님을 드러내고 있다는 전제를 고려한다면 그 점은 별로 놀라운 것이 아니다. 기독교의 성경은 일차적으로 그리스도인에게 중요한 의미가 있기 때문에 그 성경을 특별히 강조할 필요가 없다.

보편주의자들은 다른 출발점에서 시작한다. 예를 들어, 존 힉(John Hick)은 타종교에 의해 부과되고 고무된 인간의 행동이 하나님의 의의 통치에 관한 기독교적 견해에 근거하여 요구된 행동과 동일한 가치를 지닌다는 점은 그 종교들이 참되며 구원의 가능성을 지니고 있음을 보여주는 증거라고 믿는다. 기독교 신앙이 타종교 전통들보다 더 사람들을 정의롭고, 사랑과 자비를 베풀며, 거룩하게 만든다고 믿을만한 경험적 증거는 없다.[26)

모든 **보편주의자들**의 핵심적인 확신은 하나님을 인식하는 여러 가지 다

---

23) 다음 자료를 참조하라. Mark Heim, *Is Christ the Only Way? Christian Faith in a Pluralistic World* (Valley Forge, Judson Press, 1985), 120-2.
24) 다음 자료들을 참조하라. T. Yates, *Christian Mission in the Twentieth Century*, 175-6; M. Ruokanen, *The Catholic Doctrine of the Non-Christian Religions According to the Second Vatican Council* (Leiden, IIMO, 1992).
25) 다음 자료를 참조하라. Jacob Kavunkal, "Eschatology and Mission in Creative Tension: An Indian Perspective" in Saayman and Kritzinger (eds.), *Mission in Bold Humility*, 75-8.
26) John Hick, "Five Misgivings," 80.

른 방식들, 가시적인 다양한 종교 현상과 표현 이면에 동일한 실재가 있다는 것이다. 그들은 언어는 항상 시험적이고, 오류가 있으며, 우연적이며, 일반적으로 절대적인 초월적 실재와 같이 심원하고 신비한 그 무엇을 표현하기에 부적절한 수단이라고 가정한다. 모든 신앙의 핵심 경험은 불확실하게나마 동일한 궁극적 대상을 가리킨다. 어느 종교도 타종교보다 신에 관한 더 나은 이해를 가지고 있다고 주장할 수 없으며, 어느 종교도 타종교의 적절성을 평가하는 기준이 될 수 없다. 모든 종교는 자신들이 가리키고 있는 신의 최종적인 구원 행위를 동등하게 성취할 것이다. 단지 한 가지 종교 범주가 표현하는 상징들을 통해서 하나님을 충분히 표현할 수 있다고 주장하는 것은 우상숭배와 다름없다.

> 그 신비에 대한 반응인 종교들은 그 신비 안에서, 우리가 공유하고 있으면서도 분명하게 실현된 인간성 안에서, 그리고 복잡한 우리의 공통 역사 안에서 서로 연결되어 있다. 이런 다양성의 풍부함과 전망을 무시하는 행위, 그 종교들의 공통분모 정도로 종교를 축소하려는 행위, 어떤 종교를 다른 종교의 기준으로 판단하려는 행위는 종교에 대한 공격적인 행위일 뿐만 아니라 방법론적으로도 오류이며, 결국 종교를 황폐하게 만들고 말 것이다.[27]

5. 반응들에 대한 검토

개략적으로 볼 때, 만일 그리스도인들이 다른 신앙에 대해서 생각하는 나름대로의 방식이 있고 그들의 견해에 일정한 전제들이 있다면 우리는 그것들을 어떻게 평가해야 하는가?[28] 여기에서 나는 우리가 철저하게 검

---

27) Samuel Rayan, "Religions, Salvation and Mission" in Mojzes and Swidler (eds.), *Christian Mission and Interreligious Dialogue*, 129.
28) 드코스타(D'Costa)는 그의 책에서 다양한 선택사항에 관한 상세한 설명을 제공하면서, 동시에 논의에 대한 자신의 평가도 제시하고 있다. 다음 자료를 참조하라. Gavin

토해 봐야 할 영역으로 다음과 같은 네 가지를 언급하고자 한다 – 성경의 지위, 예수 그리스도에 관한 문제, 진리에 관한 이슈, 선교의 문제. 내 생각에 이 과제를 수행할 때 다음과 같은 두 가지를 주의해야 하는 것은 더 말할 나위도 없이 매우 중요하다.

첫째, 타인의 견해를 공정하게 다루어야 한다. 특히 우리가 그 의견에 날카롭게 대립하는 경우라면 더욱 그렇게 해야 한다.[29]

둘째, 감정과 편견에 호소하는 논증을 사용하지 말아야 한다. 곧 상대방의 특성 중에 일부를 불신함으로써 논증 그 자체에 귀를 기울이지 않는 태도를 취해서는 안 된다.[30]

1) 성경의 지위

그리스도인들이 하나님께서 자기를 계시하신 일차적인 **자리**(locus)로서 성경에 대해서 낮은 지위를 부여하거나 전혀 특별한 지위를 부여하지 않는다면, 혹은 기독교 신앙에 대해서 판단할 때 수용할만하거나 도움이 되는 근거(foundation), 기준(norm), 표준(standard)의 언어를 발견하지 못한

D'Costa, *Theology and Religious Pluralism: The Challenge of Other Religions* (Oxford, Blackwell, 1986). 나의 책 『굴레로부터의 해방』(*Loosing the Chains*)에는 종교신학에 관한 나의 접근방식이 개괄적으로 설명되어 있다. 나는 본 저서를 통해 다양한 이슈를 드러내면서 내가 생각하는 바가 논쟁의 성숙한 발전을 위한 기본 원칙이 된다는 점을 제시하고자 한다.

29) 예를 들어, 비기독교인 대화 상대자가 저주 받은 자라고 생각하는 견해를 배타주의자들에게 귀속시키는 것은 용납할 수 없다 – 이 내용에 관해서는 다음 자료를 참조하라. Gavin D'Costa, *Theology and Religious Pluralism*, 120. 이것은 일종의 감정에 호소하는 말로서 좀 더 가다듬고 상황에 맞게 조절할 필요가 있다. 자세한 견해는 다음 자료를 참조하라. Clark Pinnock, "Revelation" in Sinclair Ferguson and David Wright (eds.), *New Dictionary of Theology* (Leicester, Inter-Varsity Press, 1988), 586.

30) 이것에 관한, 현 시대에서 찾을 수 있는 일반적인 사례 가운데 하나는 지리적 위치에 근거하여 다른 사람의 견해를 무효화하는 태도다. 아시아 신학자 중 몇몇 사람은, 해당 지역에 산 경험이 없는 사람은 그 지역에 사는 다른 신앙의 지지자들이 가지고 있는 확신을 이해하거나 공감할 수 없다는 가정 하에 아시아에 산 적이 없는 사람들의 견해를 무시하는 태도를 보인다. 이것은 기독교의 근대적 확장이 시작된 이래로 서구에 일반적으로 나타났던 신학적, 문화적 오만이 그대로 반영된 것이라고 볼 수 있다.

다면 해석 혹은 해석학적 방법의 정확성에 대해서 논의할 여지가 전혀 없다. 먼저, 성경 인용을 함부로 하지 않는 것이 중요하다. 그런 행위는 무의미한 행위처럼 보일 뿐이다. 성경을 해석하는 통상적인 방법이 "대부분의 아시아인의 정서와 거리가 있는" 사고방식을 요구하고 있다는 점 혹은 만일 그리스도를 신약성경에 나오는 기독론적 표현들 안에 가두어 놓는다면 그리스도의 의미가 왜곡된다는 점을 주장하고 싶어 하는 사람들이 있다는 점은 이해할 만하다.[31] 그렇다면 논쟁은 텍스트에 관한 합법적인 해석에 관한 것이 아니라 예수 그리스도에 대한 '사도적'(apostolic) 증언이 분명하게 포기된 그리스도인의 정체성을 어떻게 유지하느냐에 관한 것으로 바뀐다.

성경을 그리스도인들이 믿는 것과 믿지 않는 것을 판단하는 결정적인 자료로 진지하게 받아들이기를 원하는 사람이라면, 심지어 전통적 해석에 대해 철저하게 재성찰하기를 원한다면 다음과 같은 두 가지 전제를 받아들여야 한다.

① 텍스트는 선택적으로 인용되지 말아야 한다. 이 말은 아무 것도 인용하지 말아야 한다는 말과 같은 뜻이 아니다. 텍스트 내에서 부여된 자리로부터 이탈시킨 구절들을 잡다하게 뒤섞어서 인용하는 것은 분명히 옳지 않다. 왜냐하면 그렇게 하면 그 구절들이 본래 텍스트가 근거하고 있는 입장이 아닌 다른 입장 위에 세워진 특정 사상을 지원하는 것처럼 보이기 때문이다. 만일 그와 동시에 그 특정 사상과 전혀 양립하지 않는 내용을 말하는 것처럼 보이는 다른 구절들이 무시된다면 그것은 신뢰성의 심각한 부족을 드러낼 수밖에 없다.

불행하게도 선택적 인용은 설득을 시도하는 모든 사람이 쉽게 빠져드는 습관 가운데 하나다. 특수주의자들은 마치 그들이 매우 복잡한 논쟁거리들을 해결했다는 듯이 매우 열심히 특정 구절들 – 요한복음 14:6과 사도행전 4:12와 같은 본문 – 을 인용한다. 반면에 보편주의자들은 다른 본문들 – 마태복음 25:31 이하; 누가복음 4:18; 10:37 – 에 대해서 똑같은 태

---

31) Raimundo Panikkar, "The Christian Challenge for the Third Millennium," 118.

도를 취한다. 그러나 그런 태도에는 아무런 정당성이 없으며, 또한 성경의 특정 부분을 다른 사람의 의견을 반박하는 수단으로 이용하는 태도에도 아무런 정당성이 없다. 성경에 의해 자신의 신념을 바꿀 의사가 없는 사람들의 기존 신념을 지지하기 위해 성경이 사용될 때마다 텍스트는 다른 목적을 성취하기 위한 수단으로 남용되고 전락된다.

② 어떤 입장을 확증하려는 의도를 가지고 텍스트를 인용할 때에는 해석의 규범적 규칙을 따라야 한다. 성경이 일차적으로 말하려고 하지 않았고, 또한 지금까지 성경의 의도로 이해된 적도 없는 것을 마치 성경이 그렇게 말한 것처럼 주장하는 것은 성경의 온전성(integrity)을 해치는 행위가 된다. 달리 말하자면, 사도행전 4:12, 마태복음 25:31 이하와 같은 구절은 인접 본문과 보다 넓은 컨텍스트 안에서 이해되어야 한다. 어쩌면 그것들은 쉽게 설명되지 않을 수도 있다. 그러나 "다른 이로써는 구원을 받을 수 없나니 천하사람 중에 구원을 받을 만한 다른 이름을 우리에게 주신 일이 없음이라"(행 4:12)라는 구절에 대해서 이 구절이 구원을 유대인에게만 배타적으로 귀속시키고 있다고 해석하거나[32] 이 구절이 구원의 범위를 치유의 상황으로 제한하고 있다고 해석하는 것은[33] 그런 해석들이 다른 절대적인 진술을 약화시키려는 시도라는 점에서 매우 의심스럽다. 진정한 해석은 어렵고 곤란한 구절들을 피하지 않고 오히려 정면으로 맞선다.

비록 누구나 선택적 인용 혹은 논점회피식 주석에 대해서 어느 정도 떳떳치 못한 점을 가지고 있지만 일반주의자들과 보편주의자들의 경우 더욱 그렇다고 말할 수 있다. 매우 일반화된 한 가지 습관은 일정한 구절에서 필요한 표현만 선택한 뒤 그 구절의 나머지 부분이 용인하지 않을 방식으로 사용하는 것이다. 한 예를 들자면 골로새서 1:20을 들 수 있다. "그의 십자가의 피로 화평을 이루사 만물 곧 땅에 있는 것들이나 하늘에 있

---

32) 다음 자료를 참조하라. Samuel Rayan, "Religions, Salvation and Mission," 134.
33) 다음 자료를 참조하라. Kenneth Cracknell, *Towards a New Relationship: Christians and People of Other Faiths* (London, Epworth Press, 1986), 107-8.

는 것들이 그로 말미암아 자기와 화목하게 되기를 기뻐하심이라." 이 구절은 일반주의자들에 의해서 현재 하나님과의 관계가 어떠하든지 간에 종말에 모든 것이 하나님과 화해를 이루게 되고 그리스도를 통해서 그 일이 이루어지게 된다고 믿는 신앙을 정당화하는 데 사용된다. 그러나 그 다음에 이어지는 구절들(골 1:21-27)은 그 화해가 복음을 들은 사람들(골 1:24), 그리스도를 영접한 사람들(골 2:6), 그리스도의 몸인 교회에 속한 사람들(골 1:24), 믿음에 거하고 터 위에 굳게 서 있는 사람들(골 1:23)에게 그들이 그리스도 안에서 완전한 자로 세워질 때까지(골 1:28) 해당된다는 점을 분명하게 밝히고 있다. 이 본문은 그들 외에 다른 사람들에 관해서 말하고 있지 않다. 이 분석으로부터 연역적으로 얻을 수 있는 한 가지 일반 원리는 다음과 같다. 곧 사도적 복음이 기독교 신앙의 정당성을 확인하기 위한 필수적인 기준이 된다 하더라도, 누군가 모호한 해석에 의지하면 할수록 그의 입장은 점점 더 약해진다는 것이다.

2) 예수 그리스도에 관한 문제

기독교인들이 다른 신앙 전통을 가지고 있는 사람들과 만날 때 발생하는 모든 이슈 중에 가장 큰 비중을 차지하는 논쟁거리는 예수 그리스도의 유일성과 보편성에 관한 것이다. 신약성경에 소개된 예수 그리스도가 모든 사람을 위한 – 그들의 종교적 소속 혹은 불가지론에 상관없이 – 유일무이한 구세주요 주가 되신다고 말하는 사람들과, 그리스도에 대한 무조건적이고 무제한적인 주장들은 재해석되어야 한다고 말하는 사람들 사이에는 분명하고도 날카로운 구분선이 존재한다. 이것이 『예수의 유일성』(*The Uniqueness of Jesus*)이라는 책이 다루고 있는 논쟁의 핵심이다. 그리스도와 종교들에 관한 대부분의 중요한 논증과 유명한 사상가들의 견해가 이 책의 다양한 글 중에 잘 제시되어 있다. 따라서 이 책의 주요 내용을 요약함으로써 대부분의 논점을 다룰 수 있을 것이다.

일반적으로 보편주의자로 알려진 폴 니터(Paul Knitter)는 그가 주장하기를 원하는, 그리스도의 유일성에 관한 몇 가지 주제를 제시하고 설명한다. 그는 그리스도에게 적용된 유일성의 의미는 재해석될 수 있을(can) 뿐만 아니라 반드시 재해석되어야만 한다고(must) 믿는다. 그것이 재해석될 수 있는 이유는 매우 다양한 기독론이 – 심지어 신약성경에서조차 – 존재하고 있기 때문이다. 그것이 재해석되어야만 하는 이유는 유일성에 관한 전통적 이해가 다른 신앙들을 가지고 있는 사람들과의 생산적인 대화와 조화로운 관계를 이끌어내지 못하고 있기 때문이다. 그는 "만일 대화 상대자 가운데 한 사람이 자신은 신이 주신 완전하고, 최종적이고, 비길 데 없는 진리의 비전을 가지고 있다고 주장한다면 (대화는) 처음부터 좌절될 수밖에 없다"고 확신한다.[34]

따라서 유일성은 어떤 완전하고, 최종적이고, 비길 데 없는, 혹은 유일한 계시가 아닌, 하나님의 참되고 결정적인 계시가 되시는 그리스도의 관점에서 설명된다. 여기에 설명된 견해는 우리가 익히 알고 있는 내용이다. 그리스도를 통해서 하나님과 구원에 관해서 배울 수 있는 모든 것은 참되지만 다른 종교 전통을 통해서 발견된 상호보완적 진리를 배제하지는 않는다. 예수 그리스도는 필수불가결한 요소이지만 다른 신앙의 핵심적 신념도 그렇다. "예수의 유일성은 종교 상호간의 대화에 대한 기독교의 본질적이고도 차별성 있는 기여를 포함한다."[35]

논쟁의 끝부분에서 니터는 "많은 그리스도인들이 추구하고 있는 종교 간의 대화 혹은 종교들에 관한 신학을 묘사하기 위해" '다원주의적'(pluralistic)이라는 형용사보다 '상호관계적'(correlational)이라는 형용사를 더 좋아한다고 말한다.[36] 이것은 그가 그리스도인들이 신적 구세주인 예수를 향한 그들의 신앙고백을 포기할 것을 주장하고 있음을 의미하지 않는다. 그러나 그가 보기에 그리스도인들이 예수를 다른 모든 진리 주장을 판단하는 최종 규범으로 간주할 때 진정한 대화는 문제 될 수밖에

---

[34] Paul Knitter, in Swidler and Mojzes (eds.), *The Uniqueness of Jesus*, 7.
[35] "Five Theses on the Uniqueness of Jesus" in ibid., 11.
[36] "Can Our 'One and Only' Also Be a 'One Among Many'? A Response to Responses" in ibid., 155.

없다. 그는 "다른 전통들을 나 자신의 전통보다 덜 완전한 형태로 여기는 것을 의미하는" '종속적 포용주의'(subordinating inclusivism)와, "내가 나 자신의 전통 속에 있는 범주와 이미지를 통해 다른 전통들을 해석할 수 있을 뿐만 아니라 다른 전통에 속한 신앙인들이 동일한 방식으로 나 자신의 전통을 해석하는 것을 용납하는 것을 의미하는" '평등주의적 포용주의'(egalitarian inclusivism)를 구분한 카즈사 알스트랜드(Kajsa Ahlstrand)의 견해를 지지한다.[37]

논의 과정에서 많은 중요한 점이 지적되었다. 알스트랜드는 어떤 의미에서 모든 사람이 다 유일무이한 존재이기 때문에 "예수가 유일무이하다는 주장이 반드시 중요한 신학적 진술이라고 말할 수는 없다"고 믿는다. 그녀는 오히려 예수의 특별한 의미에 관해서 말하는 것을 더 선호한다. 그녀는 전통들 사이에 존재하는 모순을 제거하는 것을 원치 않는다. 파니카는 종교 간의 대화에서 예수의 유일성이 특수성의 보편화(the universalising of particularity)와 결합될 때 문제가 된다고 생각한다. "우리는 모든 문화를 초월하는(above) 혹은 그 문화 이면에 존재하는(behind) 혹은 그 문화를 관통하는(through) 그리스도의 보편성을 옹호하거나, 아니면 개별 문화 혹은 그룹으로 형성된 문화들에 보편적이고 절대적인 가치 곧 종교적 진술을 정당화하는 교리적 세계를 설정한다."[38] 케네스 크래그(Kenneth Cragg)는, 유일무이하다(unique)는 것은 "하나님께서 계시하시면 하나님이 계시된다"(if God is revealing, then God is revealed)는 의미에서 '온전히'(wholly), '전적으로'(entirely), '완전히'(completely)를 뜻하는 것으로 이해되어야 한다고 생각한다.[39]

그리스도인들은 더 이상 예수 그리스도가 구원을 위한 하나님의 최종적이고 결정적인 수단이라고 주장할 수 없다고 주장하는 사람들은 다음과 같은 두 가지 전제 하에서 논증을 전개한다.

---

37) "What's So Special about Jesus?" in ibid., 22-4.
38) "Whose Uniqueness?" in ibid., 113.
39) "Beguiled by a Word?" in ibid., 62.

① 모든 배타적인 주장은 서로 다른 종교를 가진 사람들 사이에 있을 수 있는 진정한 교감을 좌절시킬 것이라는 경험적 관찰
② 사실상 배타적인 주장은 필연적으로 보다 높은 양질의 삶을 낳지 못한다는 견해

또 한 가지, 모든 인간적인 설명 – 특히 신적 실재에 관한 – 은 불가피하게 부분적이고 수정될 수밖에 없다는 철학적 인식도 있다. 그러므로 예수 그리스도에 대한 기독교적 주장은 새로운 통찰과 신선한 설명을 통해서 만인에 대한 그분의 의미를 이해하려는 노력을 지원해야 한다.

니터의 책에서 이런 – 일반적으로 보편주의적 – 견해들이 아무 이의 제기 없이 통과되지는 않는다. 핵심적인 불만은 예수 그리스도를 재해석하려는 모든 시도가 환원주의로 끝나고 있다는 점이다. 예수에 관한 내용은 축소되고 아무런 흥미도 유발하지 않는다. 따라서 마이클 아말라도스(Michael Amaladoss)는 "만일 예수가 단순히 하나님의 구원의 임재를 어떤 사람들에게 중개하는 한 가지 길로 환원된다면 그분은 그리스도인들이 말하는 구원자가 아니다."라고 말한다. 아말라도스에 따르면, 이런 유의 기독론이 가지고 있는 문제는 그것이 "예수의 역할을 단지 하나님의 임재를 중개하는 것, 하나님 경험을 전달하는 것, 혹은 하나님에 관한 진리를 드러내는 것으로 축소"하고 있다는 점이다. 그러나 구원에 관한 기독교의 이해는 그 이상이다.[40] 드니즈 카모디(Denise Carmody)와 존 카모디(John Carmody)는, 참되지만 유일하지는 않다고 생각하는 예수의 유일성에 대한 해석이 기독교 신앙을 손상시킨다고 생각한다. 유일신론의 시각에서 그리스도의 완전한 신성을 믿는 기독교의 전통적 확신이 폐기되지 않는 한 예수와 상관없이 일어나는 구원은 있을 수 없다.[41] 클라크 피노크(Clark Pinnock)는 니터가 예수를 "세계의 유일한 구원자가 아닌, 세계를 위한 유일한 성자"로 바꿔놓았다고 생각한다.[42]

---
40) "A Simple Solution" in ibid., 26-7.
41) "Do Knitter's Theses Take Christ's Divinity Seriously?" in ibid., 45-6.
42) "An Evangelical Response to Knitter's Five Theses" in ibid., 117.

앞에서 이미 언급한 바와 같이, 다양한 출발점의 인식론적 입장에 관한 광범위한 의견 불일치가 존재한다. 대화의 문제와 관련하여, 지성과 감성의 진정한 만남은 오직 보편주의적 전제 위에서만 가능하다는 확신은 반대 증거에 의해 거부될 수 있다. 내 경험에 의하면, 그리스도인들과 이슬람교도들의 대화에서 이슬람교도들은 그리스도인들이 하나님의 삼위일체적 본성이나 그리스도의 아들 되심에 관한 그들의 고백을 납득시킬 수 있는 방법을 제시하지 않는다고 비판하지만 그런 그리스도인들의 태도는 타우히드(tawhid, 이슬람교의 용어로서 신의 유일성과 통일성을 의미한다 – 역주)에 복수의 신격 개념을 포함시키지 않거나 코란을 예수 그리스도에 관한 신약성경의 고백을 고려하는 '예언자들의 봉인'(seal of the prophets)으로 재정의하지 않는 이슬람교도들의 태도와 별반 다를 바 없다. 경험에 비추어 볼 때, 대화는 양 진영이 서로 모순된 신념을 가지고 있을지라도 얼마든지 – 특별히 그런 때에 더욱 – 생산적이고 풍성해질 수 있다.

보편주의자들과 다른 모든 그리스도인 사이에 존재하는 진정한 전선(戰線)은 신약성경의 올바른 취급과 진리의 문제라는 두 가지 근본 이슈로부터 형성된다. 심지어 힉 조차도 "만일 예수가 삼위일체 중 제2격인 성자 하나님으로서 이 세상에 성육하였다면 기독교는 하나님 자신에 의해 창시된 유일한 종교이며, 다른 모든 종교보다 우월한 것임에 틀림없다."[43]고 인정한다. '우월하다'(superior)는 감정적인 단어를 차치하고서라도, 이런 결론에 대해서 반박하기를 원하는 사람은 다음 두 가지 전략 중 하나를 채택하지 않을 수 없다. 곧 4세기 신경들의 고기독론(high Christology)이 그리스도에 대한 신약성경의 증언이 요구하지 않은 불필요하고도 불행한 발전이었음을 보여주거나,[44] 아니면 그리스도에 관해 무엇이 말해질 수 있는지, 그리고 무엇이 말해져야만 하는지에 대해서 신약성경이 더 이상 아무 것도 결정할 수 없다는 점을 제안하는 것이다. 두 가지 절차가 모두 채택되어 왔다.[45]

---

43) "Five Misgivings" in ibid., 83.
44) 힉이 그런 입장을 취하고 있다 – 이 내용에 관해서는 다음 자료를 참조하라. John Hick, *God Has Many Mames*, 59-79.
45) 기독론에 대해서 이런 식으로 접근하는 세 가지 대표적인 방식 – 스탠리 사마르

두 가지 대안 중 보다 논의하기 쉬운 것은 첫 번째일 것이다. 만약 최초의 사도적 증언 외에 그리스도에 관한 정당한 지식을 알려주는 다른 자료가 없다면 생산적인 대화를 위한 공통 기반을 마련하는 일은 거의 불가능하다. 단지 그런 지식을 위한 기반이 분명하게 설명되고 정당화되어야 한다는 것을 요구할 수 있을 뿐이다. 대화는 바로 그 점에서 시작되어야 할 것이다. 첫 번째 대안은 역사적이고 주석적인 연구를 해보는 것이다. 비록 그리스도인들에게 신경들의 언어를 반드시 변호해야 할 의무가 있는 것은 아니지만46) 그렇다고 해서 신약성경의 기독론적 언어를 예수 그리스도에 관한 매우 고양된 견해로 해석하는 것은 곤란하다.

지금까지 요한복음에 대해서, 특히 요한복음의 서론(요 1:1-18)에 대해서 관심이 집중되어 왔다. 요한복음의 저자는 유대인이었음에도 불구하고 - 이것은 개연성 있는 가정이다 - 그는 다음과 같은 놀라운 주장을 한다. "이 말씀은 곧 하나님이시니라"(요 1:1). "참 빛 곧 세상에 와서 각 사람에게 비추는 빛이 있었나니"(요 1:9). "은혜와 진리는 예수 그리스도로 말미암아 온 것이라"(요 1:17). "본래 하나님을 본 사람이 없으되… 독생하신 하나님이 나타내셨느니라"(요 1:18). 이런 주장들은 요한복음의 다른 부분에서 갖가지 직접적이고도 미묘한 방식으로 표현되고 있다. 요한복음 전체를 통해서 저자가 품고 있었던 의도는 예수가 바로 그 메시아이며, 특히 그분이 이런 특정한 방식으로 자신을 드러내신 메시아이심을 독자들에게 확신시키는 것이었다(요 20:30-31).47)

타(Stanley Samartha), 알로이시우스 피에리스(Aloysius Pieris), 레이문도 파니카(Raimundo Panikkar)의 방식 - 은 다음 자료를 참조하라. Vinoth Ramachandra, *The Recovery of Mission: Beyond the Pluralist Paradigm* (Carlisle, Paternoster Press, 1996), 3-142. 라마찬드라는 비록 그들의 견해에 동의하고 있지는 않지만 그 견해들을 잘 이해하고 있을 뿐만 아니라 공정하게 다루고 있다. 특별히 그는 그리스도에 관한 고백의 의미에 대해서 그리스도인들 사이에 벌어지고 있는 논쟁에 내재된 근본적인 이슈들을 명쾌하게 설명하고 있다.

46) 동방 정교회는 이 진술에 반박할 것이다. 왜냐하면 그들은 신경들의 형성이 신약성경에 이어지는, 하나님의 섭리적 계시의 한 부분을 구성한다고 믿기 때문이다.

47) 요한복음 언어의 함축적 의미를 피하기 위한 일반적인 장치는 두 가지다. 첫째는, 그것을 신화론적인 것 - 예를 들어, 비문자적이고 표현적인 종류의 진리를 전달하는 것 - 으로서 재해석하는 것이고, 둘째는, 적절한 보통의 내용으로부터 고양된 기독론으로 발

이것이 고양된 기독론에 대한 신약성경의 주요 증언임에도 불구하고 그것은 별로 중요하지 않은 지엽적 전통을 대변하는 것에 불과하다고 말할 사람도 있을 것이다. 그러나 그 본문 말고도 다른 본문들도 많이 있다. 그 중에서 적어도 두 곳 - 골로새서와 히브리서 - 은 다원주의적 상황에서 벌어지는 현대의 기독론적 논쟁을 예견하고 있는 것처럼 보인다.[48] 그 두 책이 그리스도에 관해 말하는 방식은 다른 종교들의 확신과 조화를 이루는 방식으로 그리스도를 재해석하려는 모든 시도를 거부한다. 비록 골로새서가 행성에 관한 사변적 개념(골 2:20), 유대교와 관련된 금욕적 관습(골 2:16), 구원에 관한 이원론적 관념이 혼합된 그 무엇을 말하고 있는 것처럼 보이지만, 실제로 그것이 말하고 있는 가르침을 정확하게 파악하기란 쉽지 않다. 저자는 그 내용이 예수 그리스도 안에 있는 하나님의 참된 계시가 아니라 인간의 지혜와 전통(골 2:8, 18)에 기초한 사변적인 것이라는 이유로 그것을 반대한다. 그는 사람들이 본질적으로 영적 세계에 개방되어 있다는 생각을 부인한다. 그들은 범죄로 죽었고(골 2:13), 하나님의 도덕률을 깨뜨리는 죄를 범했고, 사람들을 노예화하는 영적 권세에 종속되어 있기 때문에(골 2:15-23) 하나님을 만날 수 없다.

골로새서에 나타난 바와 같이, 기독교 신앙과 고대 세계의 종교 체계들 사이에 발생하는 갈등은 기본적으로 하나님에 관한 참된 지식에 그 초점이 있다. 철학자들은 실재의 본질과 어떻게 인간이 그것과 화해할 수 있는지에 관해서 사색했다. 기독교 신앙은 한 인간의 역사로부터 시작된다. '유일성'에 관한 크래그의 이해를 빌려서 말하자면, 정확히 바로 그 한 인간 안에서 하나님의 완전성이 공적으로 명백해졌다. "그분은 보이지 않는 하나님의 (보이는) 이미지이다… 그분 안에 모든 지혜와 지식의 보물이 감춰져 있다… 전적

전해 가는 오랜 기간의 과정에서 가장 절정에 이르렀을 때의 결과물이 요한복음이라고 가정하는 것이다. 두 경우 모두 결론이 먼저 도출된 상태에서 그것에 맞춰 증거를 제시하는 방식을 취하고 있다.

48) 지면의 한계 때문에 나는 단지 골로새서만을 고찰하였다. 그런데 히브리서의 요지는 일부 그리스도인들이 예수 그리스도의 특별한 본성과 성취를 온전히 파악하지 못했기 때문에 신앙을 저버릴 위험에 빠져 있다는 것이다. 그 책은 그리스도에 관해 표현할 수 있는 것 가운데 가장 고상한 진술로 시작하고 있다.

으로 완전한 신성이 육체를 입고 그분 안에 거한다"(골 1:15, 19; 2:3, 9).

핵심 주장은 하나님에 관해 알려질 수 있는 모든 것은 명시적으로 혹은 암시적으로 예수 그리스도 안에 담겨 있다는 것이다. 그것은 오늘날 종종 제시되는 것과 같은 종류의 가정 곧 하나님은 특정한 표현 안에 담겨질 수 없다는 가정으로부터 시작되는 초기 영지주의(gnosticism)에 대한 반응이었다. 영지주의자들은 참된 신적 존재는 보다 낮은 등급의 존재를 의미하는 일련의 중개자들 – 골로새서 2:18의 천사들을 예로 들 수 있으며, 그들에 따르면 예수도 동일한 존재로 분류될 수 있다 – 을 통해서만 도달될 수 있다고 믿었다. 보편주의자들의 표현대로 말하자면, 궁극적 실재는 모든 부분적인 표명을 뛰어넘는다. 그 밖에 다른 것을 주장하는 것은 우상숭배의 죄가 되고,[49] 어쩌면 신성모독의 죄를 범하는 것이 될 수도 있다.[50] 그러나 우리가 다루는 이슈의 핵심은 골로새에서 그리스도인들이 맞서 싸웠던 신념과, 니터와 다른 사람들이 개진한 신념 사이에 놀랄만한 유사점이 있다는 사실이다.

> 기독교 전통에서 점차적으로 하나님의 구원사(*oikonomia*)로부터 자기충족적인 추상적 신의 존재(*theologia*)로의 강조점 이동이 일어났다… 신적 본성을 '올바르게' 이해하기 위해 형이상학에 근거를 두는 일이 계속되었고, 성경적 계시는 그것에 맞춰 해석되기 시작하였다. 따라서 성경적 메시지가 사회의 유력한 타당성 구조(plausibility structure)를 비판하는 대신 신 위의 신 곧 초월적인 신 개념이 복음의 헬라화를 주도하였다.[51]

여기에서 우리가 다루고 있는 것은 신약성경과 진리의 개념에 대한 두 개의 서로 모순된 접근방식임을 상기할 필요가 있다. 보편주의적 종교신학은 기독교 신앙에 대한 대안적 해석을 주장하기보다 오히려 완전히 다른 종교

---

49) Paul Knitter in Swidler and Mojzes(eds.), *The uniqueness of Jesus*, 148.
50) Vinoth Ramachandra, *The Rediscovery of Mission*, 32.
51) John Sanders, "Idolater Indeed!" in Swidler and Mojzes (eds.), *The Uniqueness of Jesus*, 122.

체계를 주장한다. 그러나 '대안적,' '모순적,' '반대적' 등의 관념들도 논란의 여지가 없는 것은 아니다. 그러므로 이쯤에서 더 깊은 논의는 자제하고, 내가 보기에 궁극적으로 전체 논의를 뒷받침하는, 진리에 대한 여러 가지 견해들을 간단히 살펴보는 것으로 논의를 끝내는 것이 좋겠다.

3) 진리의 이슈[52]

여기에서 우리의 목적은 진리의 개념에 관한 일반적인 논의를 하려는 것이 아니다. 우리는 단지 서구의 철학 전통에서 임마누엘 칸트(Immanuel Kant)의 저작에 처음 나타났던 현상과 실재 사이의 구분에 관해서만 논의하고자 한다. 칸트는 '물자체'(物自體)를 완전하고도 충분히 – 곧 신이 알고 있는 바와 같이 – 알려고 하는 것은 무익한 시도라고 생각하였다. 실재에 관한 우리의 모든 지식은 우리의 감각과 관점을 통해서 걸러진다. 따라서 절대 지식에 관한 어떤 주장도 단지 하나의 관념적 투사에 불과하다. 그것은 어떤 현실적인 지식에도 혹은 심지어 어떤 실현 가능한 지식과도 일치하지 않는다. 우리는 현상(phenomena)에 대한 부분적인 지식 곧 우리의 감각을 통해서 우리에게 부딪쳐오는 대상을 알 뿐이다. 그러나 우리의 지식은 항상 불확정적이고, 의심, 비판, 수정에 노출되어 있다. 절대적이고 의심할 여지가 없는 지식은 본체(noumena) 곧 우리가 접근할 수 없는 순수사고의 대상에 속한다.[53]

칸트의 생각은 그 후에 일어난 모든 사상에 엄청난 영향을 끼쳤다. 이성만으로는 대상적 실재에 확실하게 접근할 수 없다고 생각하는 회의주의(scepticism)와 싸우기 위해 기획된 그의 사고는 모든 지식을 상대화시키는 결과를 낳고 말았다. 보다 결정적인 것은 종교신학의 맥락에서 그의 사

---

52) 상이한 신앙들이 서로 만날 때 드러나는 진리의 중요성에 관해서는 다음 자료를 참조하라. Hendrik Vroom, *No Other Gods: Christian Belief in Dialogue with Buddhism, Hinduism and Islam* (Grand Rapids, Eerdmans, 1996), 3-4, 130ff.

53) 다음 자료를 참조하라. A. C. Grayling (ed.), *Philosophy: A Guide through the Subject* (Oxford, Oxford University Press), 470-7.

고가 객관적 진리와 주관적 진리를 서로 조화될 수 없는 사이로 만들어 버렸다는 사실이다. "진리는 더 이상 우리 밖에 있지 않다. 그것은 우리가 발견하고 수용하고 따르는 그 무엇이다. 그것은 우리 내부에 있는 것으로서 사적이고 주관적인 그 무엇이다. 그것은 더 이상 우리를 형성하지 않으며, 오히려 우리가 그것을 형성한다."54)

이런 인식론적 혁명은 여러 가지 결과를 낳았다. 경험의 기능이 더욱 중시되었으며, 자연 세계와 초자연 세계를 발견하는 방법들이 둘로 확연하게 나뉘어졌다. 또한 이성과 신앙이 분리되었으며, 우리가 믿는 것에 대한 역사적 증거의 중요성이 약화되었다. 따라서 한 가지 예를 든다면, 부활의 문제와 관련하여 기독교의 신조적(信條的) 신앙을 크게 변경시키는 근본적인 재해석이 생겨나게 되었다.

> 만일 우리가 "예수가 죽은 자들 중에서 부활했다"고 말한다면 그것은 역사의 특정한 한 순간에 일상적 삶의 세계에서 일어난 물리적 사건을 일컫는 말이 아니다. 오히려 그것은 보다 고상한 진리 곧 역사, 사실 물리학과는 전혀 관계가 없는, 단지 신학적으로만 참된 그 무엇을 가리킨다.55)

이런 모든 주장은 그 동안 기독교 신앙이 근거해 온 근본 토대, 곧 예수 그리스도와 그분의 사도들을 통해 하나님께서 분명하게 전달하신 진리에 대한 신실한 이해를 흔들어 놓았다. 성령으로부터 영감을 받아 특정한 공간에서 행하신 '하나님의 강력한 행위들'을 해석한 신약성경은 이제 단지 비범한 영적 교사들과의 불가항력적 만남에 기초한, 특별한 인물들의 '영감 어린' – 때때로 – 통찰로 여겨질 뿐이다. 그 '통찰'은 타종교 전통들의 통찰과 나란히 배열된다.

이런 중요한 문제에 관한 여러가지 의견의 근본적인 차이점을 해소하려

---

54) Peter Hicks, *Evangelicals and Truth: A Creative Proposal for a Postmodern Age* (Leicester, Apollos, 1998), 30.
55) ibid., 32. 여기에서 저자는 자신의 견해를 제시하지 않고 다른 사람들의 견해를 제시하고 있다.

고 시도하는 것은 내가 볼 때 터무니없어 보인다. 우리의 목적을 상기해 보면, 역사적 기독교의 근본 교의를 강하게 주장하는 사람들과, 전체 신앙의 내용을 전적으로 새로운 방향에서 해석하려고 하는 사람들 사이에 엄청난 거리가 존재하는 이유를 아는 것이 보다 중요하다. 그 이유는 근본적으로 두 개의 서로 다른 인식론적 전통 곧 '관념론'과 '실재론'의 차이로부터 연원한다.[56] 만일 그 둘 사이의 갈등을 극복할 수 있는 해결책이 존재한다면 바로 그것이 우리의 출발점이 되어야 한다. 종교 간의 대화는 그리스도인들 사이의 대화보다 훨씬 더 쉬울 수도 있다.

---

[56] 현대의 인식론적 논쟁이 선교에 대하여 가지는 가장 중요한 몇 가지 의미에 관해서는 다음 자료를 참조하라. J. Andrew Kirk and Kevin Vanhoozer (eds.), *Staking a Claim: Christian Mission and the Western Crisis of Knowledge* (Maryknoll, Orbis Books, 1999).

토의과제

1. 다른 신앙전통에 속한 한 사람 혹은 여러 사람에게 세속사회에 관한 의견을 물어 보자. 그것을 당신의 의견과 비교해서 말해 보자.

2. 종교적인 이슈가 담겨 있는 다음 구절들 중에서 하나를 선택하여 그것의 적절성을 토론해 보자. 사도행전 10장; 17:16-34; 로마서 2:6-16.

3. 힌두교 혹은 이슬람교의 신자에게 당신이 예수 그리스도가 구원과 관련하여 유일무이한 구원자임을 믿는 이유에 대해서 뭐라고 말할 것인지 간단히 말해 보자.

8장
폭력의 극복과 평화의 수립

1. 예비적 언급

  흥미롭게도 이 장의 주제는 선교 문제를 다루는 주요 저서들에서 거의 발견할 수 없으며, 발견한다고 해도 매우 미미하게 다루고 있을 뿐이다.[1] 평화는 종종 정의와 연결되지만 다른 한편으로는 대체로 무시되고 있는 실정이며, 화해 – 폭력의 극복 – 는 일반적으로 그리스도의 구속과 결합된다. 그렇다고 해서 이것이 그리스도인들이 지역적, 국가적, 국제적 수준에서 갈등이 실제로 벌어지고 있거나 그럴 우려가 있는 상황에서 평화추구의 책임을 도외시해 왔다는 것을 뜻하지는 않는다. 사실 최근에 그리스도인들은 싸움과, 세계의 많은 분쟁 지역 – 예를 들면, 살바도르, 보스니아, 르완다, 수단, 소말리아, 스리랑카, 동티모르 – 에서 일어나고 있는 다른 종류의 다툼들을 끝낼 방도를 찾는 일에 적극적으로 나서 왔다. 그러나 그런 활동들이 일반적으로

---

[1] 예를 들어, 이 주제는 보쉬(Bosch)가 그의 책 『변화하고 있는 선교』에서 자세히 설명하고 있는, 출현하는 에큐메니칼 선교의 패러다임이 가진 여러 요소 중에도 나타나지 않는다. 그것은 또한 버카일(Berkuyl), 알리(Ali), 예이츠(Yates), 시니어(Senior)와 스툴뮬러(Stuhlmueller)의 책에도 나타나지 않으며, 단지 용어네일 (Jongeneel)의 책에서만 아주 간단히 언급되고 있을 뿐이다.

교회의 선교적 소명과 연결되지 않은 채 이루어져 왔다는 점이 문제다.

이런 현상이 야기된 데에는 여러 가지 이유가 있을 수 있다. 적대적 관계 혹은 전쟁 상황에서 주요 정치적, 사회적 목표인 정의는 그리스도인들의 최우선적인 관심사항이 되어 왔다. 국가 내부 혹은 국가 간에 일어나는 갈등의 주요 원인을 냉혹한 정치 집단들에 의한 인권 남용으로 해석하는 것이 지금까지의 대세였다. 그런 설명은 오직 인간의 고충에 대해서 정의가 인식되고 그 문제들이 다뤄질 때에 비로소 폭력이 종결될 수 있다는 점을 암시한다. 보다 정의로운 상황으로 이어지지 않는 휴전은 무의미하다고 주장하는 것은 거의 정치윤리의 판에 박힌 말에 불과하다. 만일 평화가 사회적, 경제적 불법을 바로 잡는 노력 위에 세워지지 않는다면 그것은 한낱 환상에 불과할 것이다.

폭력을 극복하려는 이런 노력은 갈등이 근본적으로 강력한 의미의 불의, 차별, 정당한 열망의 좌절에 의해 생겨난 증오의 결과라는 가정에 근거한다. 이 점은 많은 경우에 참되지만 전적으로 옳은 것은 아니다. 갈등의 원인은 다양하다. 예를 들어, 갈등은 어느 공동체가 의도하지는 않았으나 다른 공동체로 하여금 극심한 공포를 – 그것이 사실이든지 아니면 상상된 것이든지 간에 – 느끼게 만듦으로써 생겨날 수 있다. 그것은 표면적으로 학살, 군사적 굴욕의 경험, 문화적 붕괴, 개인적 수치에 대하여 보복이나 복수를 하고 싶은 인간의 보편적인 욕망으로부터 생겨날 수도 있다. 마지막으로, 그것은 다른 사람을 지배하거나 자신의 영향력과 힘을 확장하려는 매우 원초적인 충동의 산물일 수도 있다.[2]

이런 다양한 원인을 고려할 때 평화가 정의의 필수요건이라고 말하는 것 또한 참될 것이다. 지금까지 불의의 근원들이 대체로 다뤄졌지만, 한 걸음 더 나아가 그것의 직접적인 결과로서 갈등이 더욱 강화된 상황을 생각하는 것도 가능하다. 잔혹한 수단을 사용함으로써 일종의 거짓 정의를 성취

---

[2] 세계의 여러 지역에서 발생하고 있는 갈등의 원인에 관해서 더 자세하게 알기를 원한다면 다음 자료들을 참조하라. Peter Janke (ed.), *Ethnic and Religious Conflicts: Europe and Asia* (Aldershot, Dartmouth, 1994); Gerard Prunier, *The Rwanda Crisis* (1959-1994): *History of a Genocide* (London, Hurst and Co., 1995).

할 수도 있을 것이다. 그런 경우, 폭력을 지속하는 것이 이익을 잃지 않는 유일한 방법인 것처럼 여겨진다. 이것이 소위 많은 혁명의 현실이었다. 혁명을 주도한 사람들은 소외되고 억압받는 사람들을 위해 권력을 움켜쥐었다. 폭력이 사회에서 여전히 행사되고 있거나 그 사회에 잠재되어 있는 상황에서 정의에 관한 추상적인 논의는 무의미하며 무가치하다.

2. 선교의 한 필수요소

폭력을 극복하고 평화를 수립하는 일과 관련된 그리스도인의 역할을 그리스도인의 선교적 소명의 필수불가결한 측면으로 정당화할 필요는 없다. 이미 3장에서 나는 예수께서 폭력을 하나의 선교 전략으로 사용하기를 거부하신 것의 직접적인 정치적 의미를 언급하였다. 또한 폭력을 거부하고, 비폭력 정책을 실천하고, '원수' 이미지의 수용을 거부하고, 보복하기를 거부하는 노력이 그리스도의 길을 따르는 선교에 적합하고 실질적 변화를 가져오는 가장 확실한 수단이 된다는 점도 말했다.[3]

4장에서 나는 적의를 가지고 있는 상대방과의 진정한 화해를 통해 이루는 평화야말로 예수께서 말씀하신 복음과 하나님 나라의 근본 요소가 된다는 점을 강조하였다. 십자가 처형에 의한 죽음에서 절정을 이루는 예수의 사역은 깨진 관계들이 삶의 깊은 고난을 유발하고, 그것으로부터 회복되기 위해서는 엄청난 고통의 대가를 치러야 하는 현실에 기초한다. 평화의 복음은 소외에 의해 손상된 것들을 정상 상태로 되돌려 놓는 값비싼 화해에 관한 메시지다. 만일 복음전도가 폭력의 문제를 말하지 않고 예수의 희생을 조화로운 관계를 회복하는 수단으로 언급하지 않는다면 그 복음전도는 불완전한 것이다.

5장과 7장은 폭력의 원인과 그것의 비타협적 본성에는 깊은 문화적, 종

---
[3] 다음 자료를 참조하라. John Driver, "The Anabaptist Vision and Social Justice" in Samuel Escobar and John Driver, *Christian Mission and Social Justice* (Scottdale, Herald Press, 1978), 86-110.

교적 뿌리가 있으며, 평화는 문화적 변체(變體)들과 종교적 확신들에 따라 약간씩 다르게 이해될 수도 있다는 점을 우리에게 상기시켜 주었다. 6장에서 나는 불의에 전혀 관심이 없는 관대한 하나님에 관한 그럴싸한 이론을 파는 거짓 예언자들이 고안해 낸 거짓 평화신학의 위험성을 언급하였다. 9장에서 나는 인간 존재와 자연 환경의 올바른 연합에 관해서 말하는 평화의 언어를 사용할 것이다. 그리고 10장에서는 전 세계적인 선교 협력 관계를 주제로 다루는데, 마찰과 논쟁적 이슈들을 통해 화합과 일치에 이르는 능력을 상정(想定)할 것이다.

이 모든 논의와 그 밖의 많은 자료를 통해서 볼 때, 폭력을 극복하고 평화를 수립하는 일은 기독교 선교의 필수불가결한 영역들 가운데 하나다. 오늘날 이 소명이 복음을 나누고 그 복음을 따라 사는 삶에 본질적이라는 점을 인식하고 있는 교회가 많다는 점은 매우 고무적인 현상이다. 이제 나는 이 주제와 관련된 몇 가지 중요한 선교학적 의미를 검토할 것이다. 이 작업은 힘들고 복잡한 과제가 될 것이며, 때때로는 위험한 일이 될 수도 있을 것이다.

3. 목적과 목표

일반적인 관점에서, 그리스도인이 화해와 평화의 조건을 조성하는 사역을 행할 때 예수 그리스도의 방식을 따르는 것을 목적으로 삼아야 한다는 것은 매우 분명하다. 제자는 평화를 만드는 일에 참여하는 만큼 복 있는 자가 된다(마 5:9). 예수를 따르고자 하는 사람은 틀에 박힌 윤리적 표준 - 그것이 유대교 지도자들이 행하던 것이든지 이방인들이 행하던 것이든지 간에 - 을 뛰어넘도록 도전 받는다(마 5:20, 47). 이것은 고의적인 위해(危害, 마 5:44 이하)와 원수(마 5:43 이하)에 대한 인간의 정상적인 반응을 포기하는 태도를 수반한다. 평화를 만드는 일은 보복행위의 포기, 즐거운 관대함, 원수를 사랑함과 연결된다. 거기에는 사람들이 그런 삶의 양식을 통해서 자신들이 하나님의 참된 자녀임을 나타낼 것이라는 약속(마 5:9, 45)이 전제되어 있다. 인간의 지혜가 신뢰하고 있는 것이 무엇인지는 모르겠지만 하늘에 계신 아버지께서는 우리와 행동을 같이하는 사람들과 우리가 싫어하는 사람들을 똑같이 대하신다(마 5:45). 자녀는 부모가 행하는 것과 똑같이 행함으로써 부모와의 관계를 입증한다(마 5:48).

폭력을 극복하고 평화를 수립하는 일과 관련하여, 그리스도의 길을 따르는 선교는 아주 명백하다.[4] 평화는 보복과 복수의 악순환을 깨뜨릴 때 얻는 결과이며, '이에는 이, 눈에는 눈'이라는 교환논리를 거부함으로써 얻는 결과다. 이런 거부의 윤리가 처음 그리스도인들에게는 매우 당연한 실천행위였던 것 같다.

> 아무에게도 악을 악으로 갚지 말고… 할 수 있거든 너희로서는 모든 사람과 더불어 화목하라… 너희가 친히 원수를 갚지 말고 하나님의 진노하심에 맡기라… 네 원수가 주리거든 먹이고 목마르거든 마시게 하라… 악에게 지지 말고 선으로 악을 이기라(롬 12:17-21).

그러나 이 구절들의 뚜렷한 명백성이 모든 이에게 똑같이 해당되는 것은 아니다. 예로부터 대부분의 그리스도인들은 이 가르침을, 일부 상황에는 적용할 수 있으나 모든 상황에 일관되게 적용할 수는 없는 이상적인 원리로 해석하는 경향을 보였다. 특별히, 보복거부의 윤리는 기껏해야 개인적으로 당한 손상과 관련된 것으로 이해되었다. 만일 누군가 개인적으로 나를 공격한다면 되받아치지 말아야 한다. 그러나 그 원칙은 정당한 이유 없이 자행되는 공격에 맞서 제삼자를 지키기 위해 힘을 사용해야 할 나의 책임에는 적용되지 않는다. 달리 말하자면, 나는 타인을 위해서 다른 뺨을 돌려대지 않을 수도 있다. 만일 이유 없는 공격에도 계속 참아야 한다면 그런 경우 폭력적인 수단으로 자신의 계획을 관철하는 악한 자들

---

[4] 다음 자료를 참조하라. Willard Swartley, *Israel's Scripture Traditions and the Synoptic Gospels: Story Shaping Story* (Peabody, Hendrickson, 1994), 135-7, 147-8.

이 전혀 처벌되지 않는다는 점에서 불의를 조장하는 결과를 낳고 만다. 폭력을 휘두르는 자를 제지하지 않는 것은 도덕적 감성에 대한 일종의 모욕이 될 것이다. 그것은 이 세상에서 벌어지고 있는 악의 본성과 범위에 대한 매우 천진난만한 태도를 드러낼 것이다.[5]

그리스도의 방식으로 폭력을 극복하고 평화를 수립하는 일의 의미에 관한 다양한 이해가 존재하지만, 그리스도인들은 무엇보다도 예수 그리스도의 권위에 속해 살아가는 것이 실천적으로 무엇을 의미하는지를 발견하고자 한다. 첫 번째 단계는 평화주의자와 비평화주의자의 입장이 가지는 상대적인 강점과 약점을 자신의 시각으로 분별하는 것이다. 만약 그렇게 하지 않으면 그들은 그리스도의 정신을 따르지 않는 주장 - 예를 들면, 정의에 관한 세속적 견해, 자연적 감정, 비논리적인 민족주의 - 이나 상황에 의해 흔들릴 가능성이 많다. 여기에서 비록 우리는 이슈들 속에 내포되어 있는 많은 복합적인 요소들을 충분히 다룰 수는 없지만 주요 논쟁점들을 살펴보기 전에 그 논쟁에 담긴 주요 주장들을 간략하게 살펴볼 수는 있을 것이다. 이런 작업을 통해서 우리는 그리스도인들이 어떻게 폭력을 극복하고 평화를 수립하는 선교적 소명을 성취할 수 있는지에 관한 본격적인 논의로 나아갈 수 있을 것이다.

4. 폭력 사용에 대한 접근방식

그리스도인들이 적어도 교회가 존재하기 시작한 이후 처음 200년 동안 어떤 종류의 군사행동에도 참여하지 않았다는 점에 대해서는 일반적인 동의가 있다.[6] 그러나 그 후 어느 일정한 시기부터는 그리스도인들이 로

---

[5] "아무리 줄잡아 말하더라도, 부정(不正)에 대해서 절대적인 비폭력의 정책을 주장하는 것은 대부분의 그리스도인들에게 세상 악에 관한 현실성의 부족을 드러내는 것처럼 보인다." (Jerram Barrs, "Justice and Peace Demand Necessary Force" in J. Andrew Kirk <ed.>, *Handling Problems of Peace and War* <Basingstoke, Marshall Pickering, 1988>, 10.)
[6] Paul Ramsey, *War and the Christian Conscience: How Shall Modern War Be Conducted Justly?* (Durham, Duke University Press, 1961), xv-xvii; Jean-Michel

마제국의 군대에 입대하기 시작했다. 또한 콘스탄틴 황제가 기독교 신앙을 공식적으로 인정한 뒤 '정당한 전쟁'(just war) 이론이 발전함에 따라 그리스도인의 전쟁 참가에 대한 정당성이 신학적으로 인정되었다.

이런 초기 교회사에 대해서는 다양한 해석이 존재한다. 어떤 역사가들은 그리스도인들의 군입대 거부행위는 무력에 호소하는 모든 수단을 거부할 것을 요구하는 기독교 제자도를 일관성 있게 실천한 것에 다름 아니었다고 생각한다. 다른 역사가들은 군복무 거부의 주된 이유는 황제에 대한 선서 때문이었다고 생각한다. 당시에 선서는 본질적으로 기독교 양심에 어긋난 것이었다. 그러나 점차적으로 그리스도인들은 군대에 징집되어 살인과 관계없는 임무를 맡게 되었다. 군복무에 참여했던 그리스도인들이 매우 드물었다가 복무 자체가 평범한 일이 된 현상은 그리스도의 규범을 따라 일관되게 살지 못한 결과와 시민으로서의 책임을 다하는 것 둘 중에 하나로 이해되었다.[7]

역사의 증언은 평화주의자들과 비평화주의자들 사이의 논쟁에서 결정적인 요소가 되지 않는다. 왜냐하면 각 진영은 그들이 선택한 기본적 입장 안에서 역사적 발전을 바라보는 경향이 있기 때문이다. 그러나 어거스틴이 고안한 '정당한 전쟁'의 이론은 전쟁이 정당화 될 수 있다고 믿는 그리스도인들에게 전쟁에 참여할 의사가 있음을 입증해야 할 부담이 있었다는 가정에 반응하는 하나의 시도처럼 보인다.[8] 그러므로 이것은 콘스탄틴 이후 살인의 정당성에 관한 그리스도인들의 주된 확신이 달라졌음을 암시한다.

1) 정당한 전쟁의 이론

일반적인 오해와는 달리 '정당한 전쟁' 이론은 치명적인 폭력의 일반적인

Hornus, *It Is Not Lawful for Me to Fight: Early Christian Attitudes to War, Violence and the State* (Scottdale, Herald Press, 1980), 158-99.

7) 다음 자료들을 참조하라. John Helgeland *et al.*, *Christians and the Military: The Early Experience* (London, SCM Press, 1985); Peter Brock, *The Roots of War Resistance: Pacifism from the Early Church to Tolstoy* (Nyack, Fellowship of Reconciliation, 1981), 9-13.

8) Augustine, *The City of God* (특히 Book XIX); 다음 자료를 참조하라. Paul Ramsey, *War and the Christian Conscience*, 15ff.

사용을 정화(淨化)하기 위한 시도가 아니라 대부분의 상황에서 그것이 얼마나 **부조리한가**를 보여주기 위한 시도다. 서로 갈등을 빚고 있는 사람들의 관계를 깨닫게 하기 위해 만든 이론으로서 그것은 살인을 수반할 수도 있는 무력이 합법적으로 사용될 수 있는 때를 결정하는, 정확하고 제한적인 기준을 설정하려는 목적을 가지고 있다. 많은 사람들은, 전쟁은 단지 최후의 수단으로서만 ― 아주 드물게는 선제공격의 수단으로서 ― 허용될 수 있다고 생각하기 때문에 **정당한**(just) 전쟁에 대해서 말하는 것을 별로 좋아하지 않는다. 그들은 기껏해야 **정당화된**(justified) 전쟁에 대해서 말할 뿐이다. 이것은 단지 의미론의 문제가 아니라 전쟁이란 언제나 실패를 드러낸다는 점을 지적하고 있는 것이다. 두 개의 전쟁 중 비록 더 악하거나 덜 악한 전쟁이 있을 수는 있지만 결과적으로 모든 전쟁은 항상 악할 뿐이다.

신중하게 규정된 상황 속에서 전쟁을 정당화하기 위한 기준은 매우 분명하다. 그 기준은 세 개의 범주로 나뉜다.

① 원인이 정당해야 한다.
② 수단이 통제되어야 한다.
③ 결과를 예측할 수 있어야 한다.

이것들 중에 첫 번째 것은 전문적인 말로 '전쟁 시작의 정당성'(*jus ad bellum*)으로 알려져 있다. 그것은 "전쟁에 호소하는 것을 가능하게 해주는 조건을 규정하는" 목적에 관한 이론이다.[9] 전쟁은 침략자에 맞선 자기방어일 경우, 타인의 정당한 자기방어를 돕는 것과 같이 불의의 상황을 개선하려는 경우, 집단학살의 위협에 대항하는 것과 같이 무고한 사람들을 보호하려는 경우, 독재정권을 타도하려는 노력과 같이 인권을 지키려는 경우에는 정당화될 수 있을 것이다. 전쟁은 비폭력 수단으로 갈등을 해결하려는 모든 가능한 방법을 시도한 후에 마지막으로 호소해야 할 수단이

---

9) 다음 자료를 참조하라. Jeff McMahan, "War and Peace" in Peter Singer, *A Companion to Ethics* (Oxford, Blackwell, 1993), 386-7.

되어야 한다. 당연히, 만일 침략자들이 전쟁 행위를 중단하지 않는다면 그 전쟁에 대한 책임을 져야 할 것임을 경고하는 일이 전쟁에 선행되어야 한다. 그리고 마지막으로, 어떤 전쟁이 정당한 것으로 간주되려면 싸울 때 적대세력에 대한 미움과 복수하겠다는 생각을 갖지 말아야 한다.

두 번째와 세 번째 기준은 '전쟁 중의 적법성'(*jus in bello*)으로 알려져 있으며, 전쟁을 수행하는 수단과 관련된다. 여기에서 추가적으로 다음과 같은 세 가지 사항이 더 고려되어야 한다.

① **최소한의 무력 사용**. 사용된 무력의 양은 전쟁의 목적을 성취하는 데 필요한 정도를 초과하지 말아야 한다. 제삼자를 끌어들임으로써 혹은 참을 수 있는 시한을 넘어 전쟁 기간을 연장함으로써 갈등을 증폭시키지 않고 정의의 목표를 성취할 수 있다는 합리적인 기대가 가능해야 한다.

② **균형**(Proportionality). 가해진 폭력은 목적 달성을 위해 처음에 의도했던 정도보다 더 크지 않아야 한다. 전쟁의 좋은 결과가 나쁜 결과보다 더 많아야 한다.

③ **구별**(Discrimination). 무력은 단지 정당한 공격 목표 – 곧 적 전투부대, 군사시설, 기타 군사 목표 – 를 향해서만 사용되어야 한다. 고의적인 민간인 살상은 금지되어 있으며, 고의가 아닌 살상일지라도 철저하게 최소화되어야 한다.

이런 기준에 비춰볼 때, 종교적 목적이나 이데올로기적 목적을 촉진하기 위한 혹은 국가적 자존심을 지키기 위한 국가 정책의 수단으로서, 그리고 십중팔구는 폭력의 위협에 대항한다는 명분에 따라 선제공격의 수단으로 수행되는 전쟁은 옳지 않을 것이다. 전쟁을 치르면서 (침략군에게 도움이 될 만한 것은 모두 태워버리는) 초토화정책을 사용하거나, 마을과 시가지를 향해 집중 폭격을 가하거나, 핵무기, 생화학 무기 등과 같은 대량 살상 무기를 사용하는 것도 옳지 않다.[10] 마지막으로, 전쟁에서 패한 쪽에게

---

10) 이 책을 집필하고 있는 때(1998년 8월)를 기준으로 볼 때에도 많은 나라들이 투하폭탄

훗날 보복할 명분을 줌으로써 더 큰 폭력을 유발하거나 전투에 참가한 사람들을 잔인하게 만드는 것도 옳지 않다.

2) 이론의 정당화

설정된 기준은 근본적으로 전쟁을 용인하기 위해서가 아니라 오히려 그것을 제한하고, 점차 그것을 사용하지 않도록 하기 위해서 고안되었다. 만일 그 조건들이 엄격하게 지켜진다면 폭력을 **시작하는**(initiating) 것이 정당화될 수 있는 전쟁은 결코 생기지 않을 것이다. 그러나 그리스도인들은 이 세계에 존재하는 악의 실체를 가정하면서 치명적인 폭력 사용을 정당화해 왔다.[11] 일반적으로 두 가지 주요 근거들이 제시되는데, 첫 번째는 정의에 따른 논증이고, 두 번째는 시민권에 따른 논증이다.

(1) 정의에 따른 논증

하나님께서는 사회에서 정의가 실현되기를 원하신다(신 1:15-17). 이것은 범죄자를 가려내고 처벌하는 것(신 16:18-20), 가난한 자들과 억압받는 자들을 변호하는 것(잠 31:8-9)을 수반한다. 특정 상황 속에서 정의는 죽음의 형벌(신 19:11-13)이나 전쟁의 대가(시 149:6-9)를 요구할 수도 있다. 정의의 관점에서 개인들의 삶은 고도로 존중되어야 하지만 그들의 삶이 항상 온전하게 유지되는 것은 아니다. 때때로 삶은 더 큰 선(善)을 성취하기 위해 엄청난 후회와 슬픔을 동반하며 박탈당하기도 한다.

그러나 정의는 개인들의 자발적인 주도권에 의해 혹은 그들의 일시적인 기분에 따라 실행될 수 없다. 주님께서 정의를 행하시는 방법(롬 12:19)은 정부를 통해서 이루어진다. "그는 (다스리는 자는)… 악을 행하는 자에게 진노하심을 따라 보응하는 자"다(롬 13:4). 타락한 세상에서 정의는 그것이 요

을 전쟁 도구로 사용하는 것을 전적으로 금지하는 조약을 이행하고 있다.

11) 다음 자료들을 참조하라. Oliver Barclay (ed.), *Pacifism and War* (Leicester, Inter-Varsity Press, 1984), 17ff., 138ff., 165ff.; Paul Ramsey, *The Just War, Force and Political Responsibility* (Lanham, University Press of America, 1983).

구하는 바를 성취하기 위해 적절한 힘의 사용을 요구한다. 힘을 사용하는 자들은 궁극적으로 하나님께 대하여 책임이 있으며, 하나님께서 이 책임을 맡길 수 있도록 해당 사회에서 공정하게 세워진 정권이 되어야 한다.

(2) 시민권에 따른 논증

하나님께서는 인간의 삶이 관계의 그물망 – 확대 가족, 지역 공동체, 국가 – 속에서 유지되도록 설계하셨다. 관계 단위에는 권리와 책임이 있다. "가이사의 것은 가이사에게, 하나님의 것은 하나님께 바치라"(막 12:17). 그러므로 그리스도인은 정의를 지키고 확산하는 일에 대해서 사회의 책임적 구성원 – 시민으로서 – 이 되어야 한다. 심지어 극단적인 상황 속에서도 삶을 지켜나가야 한다.

성경은 이런 입장의 논리를 인정하고 있는 듯이 보인다. 그 한 예로서, 세례 요한은 군인들에게 부정행위, 욕심, 강탈을 회개하되 군대를 떠나지는 말라고 말한다(눅 3:14). 이것은 특별한 목적을 수용하면서도 부적절한 수단으로 그것을 성취하는 것에 대해서는 명확하게 금지하는 경우에 해당한다. 예수께서는 힘을 올바르게 사용해야 한다는 빌라도의 주장에 동의하는 듯이 보인다(요 19:10-11). 그분은 힘을 하나님 나라 공동체의 목적을 실현하기 위한 수단으로 사용하는 것에 대해서 거절하신다(요 18:36). 우리가 알고 있는 한, 서기오 바울은 예수를 믿으면서도 계속 구브로의 총독과 그곳 군대 사령관으로 재직하였다(행 13:6-12).

응집력이 강한 공동체로 존립하려면 사회는 **보복적** 정의(retributive justice) – 잘못된 행위에 대한 처벌 – 와 **보상적** 정의(distributive justice) – 정직과 성실에 대한 보상 – 를 모두 증진해야 한다. 사회의 한 구성원으로서 그리스도인은 이런 책무를 잘 이행해야 하고 선한 양심으로 그 일을 수행할 수 있어야 한다.[12] 그리스도인은 개인적인 관계에서 개인적인 이유

---

12) 때때로 기독교 집단 중에는 암만파(the Amish)와 같이 사회와 전혀 접촉하지 않으려고 했던 집단들도 있었다. 그러나 기독교적 제자도가 분명히 이 세상으로부터 물러나는 것이 아니라 오히려 이 세상에서 실천되어야 할 어떤 것을 의미한다면(마 5:13-16; 요 17:15; 고전 5:9-10), 이런 예들은 규범이 아니라 정도에서 벗어난 탈선이라고 볼 수 있다.

때문에 힘을 사용해서는 안 된다. 이 경우에 자비, 용서, 인내의 법칙이 선행되어야 한다(고전 6:7; 마 18:21-22, 35).

3) 이론에 대한 비판

그리스도의 길을 따르는 것이 치명적인 폭력의 사용을 무조건 거부하도록 요구하는지에 관한 문제와 더불어, 그리스도인은 항상 정당한 전쟁의 개념과 관련된 다른 어려운 문제들에 직면해 왔다. 정당한 전쟁 개념을 반대하는 측의 주된 요점은 그것이 단지 하나의 (깔끔한) 이론에 불과하다는 것이다. 그것은 하나의 제안으로서 매우 분명하고도 균형 잡힌 이론이다. 그러나 문제는 그것이 매우 비현실적이라는 데 있다. 그것은 상대방의 공격에 대해서 타락한 인간의 본성이 할 수 없는 표준적인 행위와 냉정한 태도를 요구한다. 흥분한 상태에서 인간은 이론이 요구하는 온건하고도 공평한 방식으로 행동하지 않는다. 이것은 평범한 시민들 – 그리스도인들을 제외한 – 이 아주 드문 경우에만 부당한 전쟁에 참가하기를 거부했다는 사실에 의해 확증된다. 그 이론의 시금석은 일정한 상황 속에서 발생하는 이의들에 대해서 어떻게 답변하느냐에 달려 있다.

그러나 그 이론은 자체적인 기준에 의해서도 결함이 있는 것으로 판정된다. 만일 개인이 그 법을 집행하는 것이 옳지 않다면 집단적 실체가 보다 큰 규모로 그 법을 집행하는 것도 동일하게 옳지 않다. 어떤 행동 절차가 정당한지를 결정할 때 자신의 문제에 대해서 재판관과 배심원의 역할을 하는 개인과, 동일한 상황에서 동일한 역할을 하는 국가 사이에는 단지 크기에 대해서만 차이가 있을 뿐 원리상으로는 차이가 없다. 가령 어떤 '독립적' 기구 – 국제사법재판소나 유엔 안전보장이사회와 같은 – 가 특정한 공격 행위에 대한 반응이 정당한지 그렇지 않은지를 결정하는 항소 법원의 역할을 할 수 있다는 점을 생각해 볼 수 있을 것이다. 그러나 양측이 불만 없이 평결을 받아들일 수 있는 방식으로 의사 결정 과정이 조정되기는 어렵다.

지금까지 드러난 바처럼, 국제 정치는 이기적이고 위선적이다.[13]

모든 수준에서 '정당한 전쟁'의 기준은 실현 불가능하다. 결과는 전혀 정확하게 예견되지 않는다. 사담 후세인(Saddam Hussein)의 쿠웨이트 침공이 이라크 내의 쿠르드족이나 시아파 이슬람교도들에 대한 그의 계속적인 박해보다 더 악한 것이었는가? 이차적인 폭력이 강화되고 또한 그것이 가능하게 된 것은 부분적으로 걸프전에 책임이 있다는 주장은 어느 정도 타당성이 있다. 또한 갈등에 관련되지 않은 사람들 중에서 얼마나 많은 사람이, 이스라엘 국가의 설립을 위해 사용된 폭력이 반세기 동안 양측에 계속적인 유혈 참사와 피해를 낳았음에도 불구하고 정당화되었다는 점을 주장했는가? 사용될 수 있는 대량 살상용 무기의 종류와는 상관없이, 만일 전쟁에 걸린 이득이 너무 크면 세 가지 통제사항 — 최소한의 무력, 균형, 구별 — 은 부정되지 않을 수 없고, 결국 무고한 민간인에 대한 무차별적인 대량 학살을 피할 수 없게 된다. 그러나 어떤 정의의 이론이 천칭저울의 한쪽 편에 이것을 올려놓고 그것보다 더 무거운 다른 고려사항들이 있다는 것을 결정할 수 있겠는가?

이런 비판들에 대한 통상적인 반응은, '정당한 전쟁'의 기준들을 한 가지씩 고려해 볼 때 그것들은 현대전(現代戰)의 환경에서 옹호되기 어렵지만, 그럼에도 불구하고 잔인하고, 위험하고, 정당한 이유가 없는 공격은 일반적으로 인정되고 있는 정의와 연민의 원리에 기초하여 강력한 다른 힘에 의해 제지되어야 한다는 점을 수용하는 쪽으로 모인다. 우리가 앞으로 살펴보겠지만, 현대 무기의 위험성 때문에 최근에 정부들과 다른 기구들은 잠재적 폭력의 상황을 제거하기 위해 창의적 방법을 찾으려는 노력을 강화해 왔다. '공통의 안전보장,' '시민사회,' '비폭력 문화'와 같은 개념들이 갈등을 극복하기 위한 일상적인 수단으로 개발되고 있다. 그와 동시에 전쟁은 매우 예외적인 환경 속에서 어쩔 수 없이 겪어야 하는 괴로운 일

---

[13] 예를 들어, 이라크가 쿠웨이트를 침공했을 때 유엔 — 미국으로부터 강한 영향을 받고 있는 — 이 개입할 수 있는 기준은 무엇이었는가? 만약 그것이 가능하다면, 왜 중국이 티베트를 합병한 것과 인도네시아가 동티모르를 합병한 것에 대해서는 그 기준이 적용되지 않았는가?

로서 사람들의 관심에서 점점 멀어지고 있다.

5. 폭력 극복, 평화 수립과 관련된 이슈들

1) 그리스도인의 이중시민권

모든 시민에게는 자신이 속한 국가에 대해 감당해야 할 의무가 있음을 가정할 때 정의실현에 참여하는 것이 그 의무 중 하나가 된다. 그런데 시민에게는 국가가 부과하려고 하는 모든 의무에 관해서 비판적 양심을 사용해야 할 책임이 있기도 하다. 완전하게 정의로운 국가는 이 세상 어디에도 없다. 구약성경은 회심한 나라들과 회심하지 않은 나라들로 구분하는 경향을 보인다. 요시야 시대의 이스라엘과 요나의 메시지에 직면한 니느웨가 첫 번째 범주에 속한다. 교만하게 하나님의 공의를 무시하고자 했던 두로와 애굽은 두 번째 범주에 속한 나라들이다(겔 26-32장).

일반적으로 그리스도인들은 통치 권력에 '종속되어야' 하지만(롬 13:1), 이것은 양심에 의해 적절하게 조정되어야 할 문제다(롬 13:5). 따라서 '종속'은 무조건적인 복종을 의미하지 않는다. 왜냐하면 그런 경우에는 양심이 작동할 수 없기 때문이다. 시민사회에 관해 바울이 논의한 것의 의미는 정부 당국자들이 선과 악을 정확하게 구분하고, 정의를 높이 받들고 악행을 응징하는 일을 소홀히 하지 않는 **한** 그들이 하나님의 사역자의 역할을 한다는 것이다(롬 13:3-4). 일반적으로 통치자들에게 저항하는 것 - 예를 들면, 자신은 국가가 정한 법률의 구속을 받지 않는다고 선언하는 행위 - 이 잘못된 것이지만, 특별한 이슈에 대해서 특정 권력에 저항하는 것 - '하나님의 것'과 가이사의 것 사이에 갈등이 있을 때 '하나님의 것'이 우선한다(히 12:4 참조) - 은 옳은 일이 될 수도 있다.[14] 권력과 권세에 대한 바울의

---
14) 다음은 시민 불복종이 옳은 행동이 될 수 있는 상황들을 나열한 것이다: 정부가 시민들에게 하나님의 법을 어기도록 요구할 때, 정부가 하나님께 대한 예배와 복음 메시지의 전파를 금지할 때, 정부가 국민의 존엄성과 기본권을 침해하는 법률을 제정할 때, 정부

성찰에 따르면, "왕권들이나 주권들이나 통치자들이나 권세들"은 지금까지 예수 그리스도를 통해서, 그리고 예수 그리스도를 위해서 창조되었기 때문에 "그가 만물보다 먼저 계신다"(골 1:16-18). 그분은 교회의 주님이실 뿐만 아니라 만국의 심판자이시기도 하다(계 19:11-16). 만국은 "모든 권세 위에 뛰어나신 주님"께 복속되어야 한다.

어쨌든 그리스도인들은 그들의 이중시민권 – 세속적인 영토에서 태어나거나 그곳에 귀화하는 방식으로 얻은 시민권과, 하나님의 통치 영역 안에서 다시 태어나거나 그 나라에 입양되는 방식으로 얻은 시민권 – 사이에서 적절한 긴장을 유지해야 한다. 그들은 그 이중시민권을 이해할 때 하나의 시민권이 다른 시민권의 당연한 의무들을 배제하는 것으로 해석하지 말아야 한다. 그들은 국가가 그 자체를 위해서 국민에게 맹목적인 복종을 강요할 가능성에 대하여 혹은 기독교 공동체가 성령 안에서 누리는 자유를 오해할 가능성에 대하여 경계해야 한다. 과거에 시도되었던, 교회와 국가의 관계에 관한 모든 모델들 – 콘스탄틴 모델, 경건주의 모델, 개혁주의 모델, 국교폐지론자 모델, 재세례파 모델 – 은 정도는 각각 다르지만 모두 결점을 가지고 있었다.[15] 역사가 흘러오면서 이 모델들 중에 어느 하나가 다른 모델들보다 더 적절했던 시기들이 있었다. 교회의 선교는 이런 시기들을 식별할 수 있어야 한다.[16]

2) 민주주의

우리가 기독교 선교의 중요한 한 부분으로 제시했던 태도들은 민주적인

가 헌법을 정지시키고 자신을 국가와 동일시할 때, 정부가 부정의와 억압하는 행위를 할 때 등이다.
15) 다음 자료를 참조하라. David Bosch, "God's Reign and the Rulers of This World: Missiological Reflections on Church-State Relationships" in Van Engen, Gilliland and Pierson (eds.), *The Good News of the Kingdom*, 89-95.
16) 이중시민권의 의미에 관한 보다 자세한 성찰은 다음 자료를 참조하라. J Andrew Kirk, *Handling Problems of Peace and War*, Part III: "Christian Responsibility within the Nation-State" (with contributions from David Atkinson, John Gladwin, Donald Shell, Richard Bauckham, Gordon McConville and J. Andrew Kirk).

사회에서 보다 쉽게 실현될 수 있다. 민주주의는 대의제도와 선거에 의해 구성된 개방적이고 책임성 있는 정치조직을 수반한다. 이것은 국가의 경제 기구와 정부기관들이 모두 시민을 위해서 운영되며, 특별히 소수민의 정당한 권리가 보호된다는 것을 의미한다. 민주주의는 봉사의 정신, 통치를 통해 얻는 모든 재정 수익의 엄격한 조절, 실패와 실수를 과감하게 인정하려는 의지를 요구한다. 무엇보다도 전 지구적 시장경제 체제 안에서 그것은 정부의 행정·입법의 책임과 법집행 과정을, 큰 사업에 대한 강한 관심으로부터 멀리 떼어놓는 것을 암시한다. 월터 윙크(Walter Wink)는 "민주주의는 작고 하찮아 보이는 방식들이 제도화된 비폭력이다."라고 주장한다.[17] 이 말을 통해서 그가 말하고자 하는 바는, 민주주의가 올바르게 작동하면 할수록 평화적 수단 - 예를 들면, 투표 참여, 탄원서 서명, 개인적 법안 통과 운동 - 을 통한 변화를 더 쉽게 이룰 수 있다는 것이다.

3) 안전보장[18]

아마도 국가 내부 혹은 국가 간의 관계 속에서 안전에 대한 실제적 혹은 지각된 위협보다 더 갈등과 폭력을 조장하는 것은 그 어디에도 없을 것이다. 공격은 권리, 혜택, 생계수단, 정체성의 상징, 기타 안전과 복지에 대한 감각을 제공하고 유지하는 삶의 여러 양상과 지원 관계망을 잃어버릴지도 모른다는 두려움에 대한 기본 반응처럼 여겨진다. 자기보존과 보호에 대한 이런 감각을 회복하기 위해서 사람들은 거대한 병기고를 만들고, 대량 살상을 위협하고, 심지어 그들을 불안하게 만드는 실제적 혹은 상상된 근본 원인을 파괴하기 위해 전쟁을 벌일 수도 있다.

이런 내용은 1980년대 초반과 중반에 서로를 전멸시킬 수 있는 무기 체

---

17) Walter Wink, *Healing a Nation's Wounds*, 54.
18) 이 주제에 관해서는 다음 자료들을 참조하라. Olof Palme *et al.*, *Common Security: A Programme for Disarmament* (London, Pan Books, 1982); Johann Galtung, *There Are Alternatives: Four Roads to Peace and Security* (Nottingham, Spokesman, 1984); Paul Zagorski, *Democracy vs. National Security: Civil-Military Relations in Latin America* (London, Lynne Rienner, 1992).

계에 대한 핵억지력을 단계적으로 확대하려는 전략 이면에 깔린 이슈들이었다. 한편에 속한 사람들은, 방어는 외부의 적에 의한 군사적 공격 혹은 침략으로부터 국가의 안전을 확보하려는 노력 – 자력으로 하든지 신뢰할 만한 우방과의 동맹을 통해서든지 – 이라고 주장했다. 이런 견해에 따르면, 안전은 가동교(可動橋, 옛날 성의 해자<垓字>에 걸쳐 놓은 들어 올리는 다리 – 역주)를 들어 올리고 성의 방어용 벽에는 각종 병기로 가득 채워놓음으로써 성취될 수 있다. 이런 접근방식의 마지막 종착지는 터무니없는 '스타워즈'(Star Wars) 프로젝트였다. 이 프로젝트는 간단히 말해서, 만일 충분히 정교한 무기 체계가 적절한 위치에 놓여 있기만 하다면 모든 공격 행위 – 첫 번째 타격 – 는 틀림없이 격퇴될 수 있다는 신념으로 요약될 수 있다.

다른 편에 있는 사람들은, 오직 '공동의 안전보장'(common security) – 예를 들면, 인지된 적대 세력을 잠재적 지지자와 협력자로 간주하는 것 – 만이 지속적인 평화를 담보하고 실질적인 안전을 보증할 수 있다고 주장했다. 전쟁 억지력을 통한 안전의 관념은 거부되었다. 왜냐하면 그것의 **정신**이 사람들을 극단적으로 단순화하여 적과 동지로 구분하는 것에 기초하고, 그것의 **논리**가 최악의 경우까지 고려한 분석에 근거한 군비경쟁이고, 그것의 **실천**이 거대한 재정 및 창의적 자원을 고질적인 인간의 필요로부터 다른 곳으로 그 용처를 바꾸는 식으로 진행되고 있기 때문이었다. 그 안전의 관념은 기술을 통해 평화를 확보할 수 있다는 환상에 기초하고 있었다. 실제로 '스타워즈'는 절대로 정복할 수 없는 무적(無敵)의 힘을 맹목적으로 추구한 프로젝트다. 심지어 최소한의 전쟁억지력 개념(The Idea of Minimum Deterrence) – 예를 들면, 전면전을 생각할 수 없게 만들기 위해 대량살상무기를 충분히 보유하고 그것을 전달하는 능력 – 은 생래적으로 불안정하다. 왜냐하면 다른 세력들도 자신의 핵무기를 획득하려고 하고, 그 때문에 더 크게 불안정한 상태를 초래할 수 있을 것이기 때문이다.

공동의 안전보장은 인지된 적대 세력을 잠재적 지지자와 맹방으로 간주하는 것을 암시한다. 그것은 의심, 상투성, 독선, 왜곡된 이미지 – 이것들은 모두 거리에 의해 만들어진다 – 와는 분명하게 구분된 근본적인 태도

변화를 필요로 한다. 안전은 본성상 대량살상의 위협에 의해 성취될 수 없다. 무기 공급을 확대하면 갈등을 방지하기보다 그것을 더욱 부채질하기 쉽다는 것은 자명한 이치다. 공동의 안전보장은, 정부 정책에 상관없이 각 나라의 국민이 상호 독립적이면서도 서로 연결되어 있다는 점,[19] 그리고 대결이 아닌 협력이야말로 그들에게 가장 큰 이익이 된다는 점을 내포하고 있다. 그런데 그리스도인들에게는 한 가지 더 추가된 고려사항이 있는데, 그것은 구약성경의 율법서와 예언서에 가장 빈번히 반복되는 주제 가운데 하나로서 군사동맹이 아닌 하나님 안에서 안전을 찾으라는, 하나님의 백성을 향한 요구(사 30:1-5; 31:1-3; 시 118:8-9; 146:3; 108:12-13)다. 폭력과 전쟁의 두려움으로부터 자유를 확보하기 위해 무기에 의존하는 것은 인간이 하나님으로부터 독립하겠다는 선언과도 같다.

6. 폭력 극복과 평화 수립을 위한 교회의 선교

폭력이 만연해 있는 현실과, 평화와 화해에 관한 복음의 메시지를 모두 고려한다면, 교회는 어디에서나 폭력의 악순환을 깨뜨리고 평화의 조건들을 창조하는 일에 중요한 역할을 감당해야 한다. 효과적인 행동을 위해 다음과 같은 세 가지 전제 조건이 필요하다.

1) 먼저 교회가 달라져야 한다

교회는 갈등을 해결하는 법을 보여주는 본보기가 되어야 한다. 먼저 내부적 차원에서 얘기해 보자. 교회는 개인 혹은 집단이 중요한 문제에 대해서 강하게 반대할 때 자신의 구조 안에 열린 협의 과정, 교회 구성원들의

---

[19] 국제 정치 사상에 관한 가장 고무적인 발전 가운데 하나는 관심의 방향이 국가의 보전을 넘어 국가 내에 존재하는 국민의 보전을 더 우선시하는 쪽으로 옮아가고 있다는 점이다. 이것은 국가가 국민의 본질적이고 고유한 권리를 침해하지 말아야 한다는 대의(大義)가 주권국가에 대한 내정불간섭주의의 가치보다 더 중요할 수 있음을 의미한다.

자발성, 화해의 정책을 장려하는 민주주의의 원리들을 잘 정착시켜 나가야 한다(마 5:23-25; 18:15-17). 화해, 평화, 공평의 주제가 교회의 교육과 설교 사역, 그리고 교회의 예전 안에 - 예를 들면, 평화의 나눔 - 뚜렷하게 드러나야 한다. 교회는 독재적인 리더십과 소수 압력단체들을 확고하고도 공정하게 다루는 절차를 발전시켜야 한다. 특별히 교회는 분리의 위협을 해결하는 방법을 배우고, 반대 의견을 허용하는 적절한 한계를 알아야 하며, 또한 언제 그리고 어떻게 훈련이 이루어져야 하는지를 알아야 한다.

외부적 차원에서, 교회는 민족적, 인종적, 혹은 지역적 투쟁에 의해 야기되는 갈등에 편파적으로 참여하는 태도로부터 일정한 거리를 두어야 한다. 이전에 유고슬라비아에서 발생한 인종적 갈등 문제에 대해서 교회의 여러 분파들이 편을 드는 모양새는 매우 부끄러운 일이었다.[20] 르완다와 부룬디에서 무방비 상태의 민간인들을 무참히 학살했던 사건에 연루되는 것을 피하지 못했던 일도 복음의 관점에서 볼 때 큰 수치였다. 북아일랜드의 일부 교회지도자들이 변화에 대한 진정한 열망을 억누르기 위해 기독교적 주제들을 사용한 것은 일반적으로 교회가 받아들일 수 없는 행위였다.

그러나 정의와 평화의 이슈들 사이에 존재하는 예민하고도 복잡한 관계를 이해하고자 할 때 교회는 반드시 그리고 항상 후자를 선택해야만 하는 것은 아니다. 부정의의 상태가 올바르게 될 때까지 갈등이 정당화되는 상황이 있을 것이다. 이런 상황은 정파 사이에 균형 잡히지 않은 관계를 수반할 수도 있다. 이런 상황에서는 "재정적, 정치적, 군사적 자원과 기타 자원들이 불공평하게 분배된다."[21] 갈등은 그 불균형이 해소될 때까지 지속될 수 있다. 왜냐하면 성과 있는 대화는 오직 권력 분배에 대한 정당한 열망이 인식될 때 가능하기 때문이다.

---

20) 다음 자료를 참조하라. Gerald Shenk, *God with Us? The Roles of Religion in the Former Yugoslavia* (Uppsala, Life and Peace Institute, 1993).
21) Bo Wirmark (ed.), *Government-NGO Relations in Preventing Violence, Transforming Conflict and Building Peace* (Stockholm, Peace Team Forum, 1998), 8.

2) 폭력의 원인 이해하기

교회는 자신의 신학적 전통과 함께 오늘날 평화를 수립하려는 노력으로부터 파생된 많은 통찰을 붙들고 씨름해야 한다. 교회는 이 세계에 존재하는 폭력의 범위와 심각성에 놀라지 말아야 한다. 그러나 교회는 폭력에 대해서 항상 고민해야 한다. 교회는 인간의 상황이 비정상적이라는 사실을 알고 있다. 이 문제는 **소외**(estrangement)의 관점에서 묘사될 수 있다. 인간 존재는 서로에 대해서, 그리고 하나님에 대해서 **이방인**이다. 인간은 종종 두려워해야 할 경쟁자로 여겨지는 타인들로부터 소외된다. 소외는 인간의 내면 안에서도 일어날 수 있다. 그 경우 각 개인은 자기 자신에 대해서 이방인이 된다. 그들은 자기 자신을 전혀 이해하지 못하며, 통제할 수 없는 열정, 미망(迷妄), 삶에서 무슨 가치를 추구해야 하는지에 대한 혼란스러운 감각만이 그들을 사로잡는다. 이런 현상은 해결되지 않는 내적 갈등으로 이어지고 결국 사람들은 자기 자신을 혐오하게 되고 만다. 많은 경우에 이것은 자기 자신에게 가하는 (자살 미수, 과음, 약물남용과 같은) 폭력, 우울증 혹은 다른 형태의 정신장애로 이어질 수 있고, 또한 타인에게 가하는 (아동학대 혹은 결혼 상대자를 향한 폭력과 같은) 폭력의 형태로 나타날 수도 있다.

폭력의 또 다른 주원인은 권력을 향한 의지(意志)다. 인간 존재는 다른 인간을 자신의 목적을 달성하기 위한 수단으로 사용하려는 성향이 있다. 심각한 상황이 벌어지면 그들을 '제거' – 문자적인 의미에서가 아니라 은유적인 의미에서 그렇다는 말이다. 예를 들면, 비웃음, 상투적인 태도, 고립, 왜곡된 설명에 의한 제거를 뜻할 수 있다 – 하려고 할 수도 있다.[22] 우리에게는 본

---

22) 이것이 인종주의의 주원인 중 하나다. 인종주의에 관한 보다 자세한 내용은 다음 자료들을 참조하라. Philomena Essed, *Understanding Everyday Racism: An Interdisciplinary Theory* (London, Sage Publications, 1991); Kenneth Leech, *Struggle in Babylon: Racism in the Cities and Churches of Britain* (London, Sheldon Press, 1988); Zolile Mbali, *The Churches and Racism: A Black South African Perspective* (London, SCM Press, 1987); John Solomos, *Race and Racism in Contemporary Britain* (Basingstoke, Macmillan, 1989); Dinesh D'souza, *The End of Racism: Principles for a Multiracial Society* (New York, The Free Press, 1995).

성적으로 타인의 이익에 앞서 자신의 이익을 보호하고 증대시키려는 경향이 있다. 우리는 책임과 의무의 언어보다 권리의 언어를 사용하는 것을 더 쉽고 만족스럽게 여긴다. 자기중심적 삶의 태도가 종종 폭력을 낳기도 한다. 그것에 대한 한 가지 예가 낙태다. 아래의 인용문이 그것을 잘 보여준다.

> 모든 살해는 정당한 이유를 필요로 한다. 아직 경험의 중심에 이르지 못한 생명체를 파괴하는 것보다 감각적 존재(a sentient being)를 고의적으로 파괴하는 것을 정당화하는 것이 더 어렵다. 그러나 감각적 존재가 모두 똑같은 권리를 가지는 것은 아니다. 동일한 도덕적 신분을 태아에게까지 확대하는 것은 여성의 가장 기본적인 권리들을 위협한다. 태아와는 달리 여성들은 이미 인간이다. 임신했을 때 그들은 보다 열등한 존재로 취급되지 말아야 한다. 이것이 바로 낙태를 금지하지 말아야 할 이유이며, 보다 이른 시점이 아닌 출생을 도덕적 신분의 출발점으로 규정해야 하는 이유다.[23]

이 논증은 비록 여러 곳에서 틀린 가정(假定)들을 제시하고 있지만, 그럼에도 불구하고 폭력을 정당화하기 위해 냉혹하면서도 솔직하게 접근하고 있다는 장점을 보이고 있다. 특히 우리는 여성의 개인적 특성이 단지, 불편을 야기하는 '생명체'의 제거를 선택할 자유를 통해서 실현될 수 있다는 놀라운 생각에 주목할 필요가 있다. 그 개인적 특성은 어째서 타자(他者)를 보호하고 돌보는 배려를 통해서 성취될 수 없는가? 임신중절에 대한 권리주장의 이면에는 개인적 특성이 오직 여성이 고독한 한 개체로서 태아의 운명을 선택할 무제한의 자유를 가지는 조건 하에서만 보장될 수 있다는 맹목적인 신념이 깔려 있다. 이것은 자유, 권리, 도덕적 가치에 관한 놀라운 견해가 아닐 수 없다.

이런 사례를 선택했다고 성 차별주의적 편견을 가진 자로 비난받지 않기 위해, 일반적으로 자신의 이기심을 정당화하는 일에 여성보다 남성이 훨씬 더 좋지 않은 기록을 가지고 있다는 내 확신을 강조해 두는 것이 좋

---

23) Mary Anne Warren, "Abortion" in Singer, *A Companion to Ethics*, 313.

겠다. 일반적인 의미에서 가부장제의 모든 징후는 권력과 특권을 누리는 남성의 지위를 유지하려는 시도와 맞물려 있다. 특히 모든 문화를 초월하여 가족 안에서 여성이 감당해야 할 특별한 의무들 - 그것들은 남성이 가장 싫어하는 활동들과 일치한다 - 을 말하는 성차별주의적 신화를 계속 유지하려는 태도가 그렇다.[24] 가족생활의 맥락에서, 특히 자녀양육의 측면에서 볼 때 성경은 적어도 부모에게 동일한 권위와 책임을 부여하고 있는 것 같이 보이며(고후 12:14; 엡 6:1-3; 딤전 5:4 참조), 가정의 허드렛일에 대한 책임은 전혀 분리되어 있지 않다.

종종 폭력은 자기감정의 유발이라는 점이 지적되어 왔다.[25] 전에 비해서 상대적으로 더 큰 폭력을 휘두르는 행위는 자신이 겪은 폭력에 대한 반응이라는 것이다. 이것은 어린이에 대한 무시와 성적 남용의 경우에서처럼 개인적인 차원에서 볼 때 옳다. 늘 그런 것은 아니지만 어린 시절에 성적 남용을 경험한 사람들이 성인이 되어서도 비슷한 행동을 하는 경우가 많다. 이런 원리는 또한 지역적 혹은 국가적 차원에도 똑같이 적용될 수 있는데, 특히 사람들이 군사적 폭력에 의한 억압 혹은 차별의 폭력에 저항하기로 결심할 때 그렇다. 폭력의 순환논법은 모든 비폭력 수단이 제대로 활용되지 않는 것처럼 보일 때 인간의 정신과 감정의 구조에 내재되거나 사회적, 정치적 목적을 성취하기 위한 방법으로 작용한다. 이런 경우들을 취급할 때 고립된 사례만을 다뤄서는 안 되며, 근본 원인을 논하기 위해 갈

---

24) 다음 자료들을 참조하라. Elaine Graham, *Making the Difference: Gender, Personhood and Thelogy* (London, Mowbray, 1995); Ursula King (ed.), *Feminist Theology from the Third World: A Reader* (London, SPCK, 1994); Paul Tournier, *The Gift of Feeling* (London, SCM Press, 1981); Arthur Britain, *Masculinity and Power* (Oxford, Blackwell, 1989); Morwena Griffiths, *Feminisms and the Self: The Web of Identity* (London, Routledge, 1995).
25) 이것에 관한 고전적인 토론에 대해서는 다음 자료를 참조하라. H. Arendt, *On Violence* (Harmondsworth, Penguin Books, 1969). 또한 다음 자료들을 참조하라. Eric Moonman, *The Violent Society* (London, Frank Cass, 1987); Charles Villa-Vicencio (ed.), *Theology and Violence: The South African Debate* (Braamfontein, Skotaville, 1987); James Williams, *The Bible, Violence and the Sacred* (New York, HarperCollins, 1989); WCC, *Programme to Overcome Violence: An Introduction* (Geneva, WCC, 1994).

등의 역사적 발전 과정을 면밀히 살펴봐야 한다. 우리는 역사 속에 파묻혀 있는 사례들을 재발견하여 깊이 성찰해 볼 필요가 있다.

3) 갈등 해결의 원리 배우기

몸으로서의 교회 - 그것은 특정 분과, 위원회, 자원봉사단체, 지역교회를 통해 존재할 수 있다[26] - 와, 비공식적 집단의 구성원 혹은 거기에 속한 일원으로서의 그리스도인은 평화를 수립하는 영역에서 다양한 조직의 풍부한 경험을 활용할 수 있다. 그들은 또한 나름대로 기독교 특유의 방법에 호소할 수도 있을 것이다. 과제는 세 가지 차원에서의 활동 - 갈등의 예방, 갈등의 해결, 평화의 수립 - 을 포함한다.

(1) 갈등의 예방

갈등을 막기 위한 전략은 **구조적**(structural) 차원과 **직접적**(direct) 차원에서 작용한다. 첫째로, 비폭력에 관한 일반 문화를 창조하려는 시도들이 있을 수 있다. 목표는 갈등에 관계된 모든 당사자에게 폭력 사용이 갈등의 해결책이 아니라 오히려 악화시키는 요인임을 납득시키는 것이다. 이것은 폭력의 자기증식적(self-propagating) 본성이 제거될 때에만 그 폭력이 종식될 수 있다는 관찰과 일치한다. 그러나 갈등을 종식하기 위해 오직 비폭력 수단만이 사용될 가능성은 그 수단이 얼마나 이용 가능하고, 실행 가능하며, 효과적이냐에 달려 있다. 따라서 갈등 해소를 지원하는 법률적, 제도적 구조가 적절하게 마련되어야 한다. 높이 평가되는 메커니즘을 사용하는 숙련된 사람들과, 적절한 때와 장소에 개입할 수 있는 충분한 자금 후원이 그 구조에 포함될 수 있다.

---

[26] 로마의 산에기디오교회(the Community of San Egidio)의 사례가 유익하다. 이 내용에 관해서는 다음 자료를 참조하라. Claudio Mario Betti, "Dealing with Conflicts: The Experience of the Community of S. Egidio" in Bo Wirmark (ed.), *Government-NGO Relations in Preventing Violence*, 102-9.

평화, 인권 존중, 민주주의적 통치를 꽃피우기 위해서는 그것들에 영양분을 공급하는 비옥한 문화적 토양과 그것들을 보호하고 유지하는 제도들의 구조가 필요하다… 그 토양은 비폭력, 상호포용과 존중, 협력과 평등이라는 문화적 가치들로 구성된다. 그것들은 모두 정의의 전달체일 뿐만 아니라 인간 발전을 가능하게 하는 요소다.[27]

둘째로, 화해의 봉사를 제공하기 위해 제삼자 — 분쟁이 잠재되어 있는 상황에서 양측이 신뢰하는 — 에 의한 직접적인 중재가 가능할 것이다. 교육과 훈련에 관한 많은 경험을 가지고 있는 교회는 커뮤니케이션 분야 — 저술 활동, 일터의 조직, 여러 형태의 미디어 사용, 전문기술의 발전 — 에서 많은 것을 제공할 수 있다. 그것들은 모두 양자 사이의 긴장을 덜고 폭력의 대안을 촉진시키려는 목적을 가진다.[28] 폭력을 극복하고 평화를 수립하는 일은 모든 수준에서 교회의 신학교육 프로그램에 포함되어야 한다.

(2) 갈등의 해소

대립하는 집단들 사이에 이미 폭력이 발생했다면 혹은 '군벌'(軍閥)의 경우에서처럼 일반화된 테러전쟁이 진행 중이라면, 죽음과 파괴를 종식시키기 위해 고안된 기술이 필요하다. 여기에는 조기정전(停戰)의 확보, 긴급원조, 부상자들을 치료하는 의료센터 설립, 싸우는 양측 사이에서 중재자들이 갈등의 원인을 상대측에 설명하기 위한 회의 소집, 지도자들이 협약에 동의하도록 민중의 압력을 구조화하는 일 등이 포함된다. 갈등 해소를 위해서는 신뢰구축이 절대적으로 중요하다. 중재자들은 평화과정(peace process) — 확인할 수 있는 전쟁 행위의 종결을 넘어 — 의 특정한 성과에 대해서 아무

---

27) ibid., 11-12.
28) 비폭력 문화와 갈등 해소를 위한 수단으로서 신뢰를 구축하고, 기술을 개발하고, 진정한 참여 민주주의의 형태를 만들어내는 일을 풀뿌리에서 이뤄낸 훌륭한 사례는 생명평화연구소(the Life and Peace Institute)의 '아프리카의 뿔 프로그램'(Horn of Africa Programme)에 의한 사역이다. 이 내용에 관해서는 다음 자료를 참조하라. Wolfgang Heinrich, *Building the Peace: Experiences of Collaborative Peacebuilding in Somalia 1993-1996* (Uppsala, Life and Peace Institute, 1997).

런 이기적 욕심도 가지지 않는다는 의미에서 공평해야 될 뿐만 아니라 상대방으로부터도 공평하다는 인정을 받아야 한다. 그들의 역할은 상황에 대한 대안적 해석 방식을 찾아 제시하는 것과 양측 모두에게 이득이 되는('윈-윈') 길을 모색하는 것과 같이 창의적으로 일하는 것이다. 중재자에게 가장 어려운 일 가운데 하나는 비밀과 투명성 사이에서 균형을 유지하는 것이다.[29]

개인적 혹은 가정적 폭력의 상황에서 우선적으로 필요한 것은 폭력의 피해자를 가해자와의 접촉으로부터 즉시 분리시키는 것이다. 그러므로 교회는 기존 도피처들을 후원하거나 그런 도피처가 없는 곳에 도피처를 만드는 일을 도와야 한다. 상담시설에도 동일한 원리가 적용된다. 아동학대와 관련된 복잡한 문제들과, 잔혹한 처우를 받아 온 어린이에게 무엇이 가장 유익한 도움이 되는지에 관한 문제를 다루는 것은 본 장의 범위를 벗어난다.[30] 그러나 분명한 것은 그런 어린이를 아끼고 돌보려는 자발적인 마음은 그리스도인에게 주어진 선물이요 소명이라는 점이다.

(3) 평화의 수립

평화는 전쟁 행위가 끝날 때가 아니라 갈등의 원인을 해소하고 그 결과를 다룰때 비로소 도래한다고 말할 수 있다. 평화를 이루기 위해서는 피해의 복구, 농업과 산업의 재건, 피난민의 본국 귀환, 전범들에 대한 재판과 처벌, 대의 민주주의의 재건, 전투원의 무장해제, 비축된 군사무기의 감축, 군인들 - 비극적이게도 많은 경우에 여성들과 어린이들을 포함하고 있다[31] - 을 시민사회로 재통합하는 일 등이 필요하다. 전쟁 행위가 끝날

---

29) 중재에 관해서는 다음 자료들을 참조하라. Michael Lund, *Preventing Violent Conflicts: A Strategy for Preventive Diplomacy* (Washington, US Institute of Peace, 1996); Various, S*teps toward Reconciliation: Christian Faith and Human Enmity* (Budapest, Ecumenical Study Centre, 1996); Jack Porter and Ruth Taplin, *Conflict and Conflict Resolution* (Lanham, University Press of America, 1987); John Burton, *Deviance, Terrorism and War: The Process of Solving Unsolved Social and Political Problems* (Oxford, Martin Robertson, 1979).

30) 다음 자료들을 참조하라. Peter Biddy (ed.), *Organised Abuse: The Current Debate* (Aldershot, Arena, 1996); Patrick Parkinson, *Child Sexual Abuse and the Churches* (London, Hodder and Stoughton, 1997).

31) 다음 자료를 참조하라. Carolyn Nordstrom, *Girls and Warzones: Troubling Questions*

때 어떤 형태로든지 갈등의 역사에 대한 정리가 있어야 한다. 최근에 남아프리카, 칠레, 아이티, 르완다와 같은 나라에서 엄청난 인권남용 사례들이 발생한 뒤 진리와 화해 위원회(Truth and Reconciliation Commissions)가 발족되었다. 그 위원회의 일반적인 목적은 과거의 정령들을 액막이하고 국가를 위한 새로운 시작의 가능성을 창출하는 것이었다.

어떤 점에서 이런 위원회를 발족하게 된 동기가 용서, 죄의 정화, 화해, 새 생명이 회개에 달려 있다고 말하는 예수 그리스도의 복음에 대한 반응에서 비롯되었다는 사실을 누가 의심할 수 있겠는가? 회개는 기독교 신앙의 중심 주제 가운데 하나다. 그것이 없으면 새로운 관계는 불가능하다. 회개는 매우 개인적인 의지의 결정이기 때문에 정치적인 맥락에서는 그것을 몹시 의심스럽게 여긴다. 회개는 후회나 수치심이 아니다. 그것은 옳은 길에서 벗어난 상황에 대한 감정적인 유감 이상을 의미한다. 그것은 공개적인 사과를 포함하지만, 실상은 그 수준을 뛰어넘는다. 참된 회개는 누군가에 대해 비난했던 행동의 인정, 잘못된 행위에 대한 책임, 남에게 상처를 입힌 것에 대한 깊은 후회, 적절한 보상 혹은 배상, 똑같은 행위를 반복하지 않는 문제 해결을 포함한다. 화해는 슬픔을 당한 측이 그 회개를 받아들이고 – 갈등이 존재하는 대부분의 경우 혹은 많은 경우에 피해는 양측 모두에게서 발생한다 – 용서할 때 일어난다.

많은 점에서 회개는 인간 존재의 선천적인 능력을 넘어선다. 우리 중 대부분은 자신의 결백을 변호하고, 단점을 변명하며, 스스로 자신에 관한 진실을 직시할 수 없을 정도로 자기가 행한 나쁜 행위를 정당화하려는 경향을 보인다. 어쩌면 우리는 다른 어떤 곳으로도 빠져나갈 수 없을 경우에만 회개하는지도 모른다. 예를 들어, 다른 사람들이 우리의 범죄를 알고 있다는 사실을 알게 되었든지 혹은 하나님께서 그 사실을 알고 계심을 인식함으로써 – 이 경우가 보다 더 의미심장하다 – 우리 자신의 죄를 더 이상 숨길 수 없는 경우를 상정할 수 있다. 그것은 선택하기 어려운 길이며, 만일 우리가 회개와 용서가 화해 – 화해 자체가 평화의 한 선행 조건임은 분명하다 – 의

(Uppsala, Life and Peace Institute, 1997).

선행 조건임을 믿는 것이 옳다면 평화는 결코 쉬운 선택이 아니다.

정치적 영역과 관련하여 말하자면, 월터 윙크는 동유럽에 관한 자료 검토와 함께 나미비아, 우루과이, 과테말라, 엘살바도르, 브라질, 아르헨티나, 칠레, 남아프리카의 독재체제가 가져온 영향에 관한 조사연구를 통해서 갈등 이후에 평화를 회복하기 위해서는 적어도 다음과 같은 절차를 필요로 한다고 결론 내린다.[32)]

① 진실을 밝혀야 한다.
② 부분만이 아닌 전부를 밝혀야 한다.
③ 만일 구체제와 그 세력에 의한 위협이 온전한 폭로를 방해하고 있다면 가능한 만큼만이라도 폭로해야 한다.
④ 진실은 공적인 기관에 의해 인정되어야 한다. 만일 새 정부가 너무 약해 그 일을 할 수 없다면 교회나 다른 비정부 조직이라도 나서서 그 일을 해야 한다.
⑤ 실종, 살해, 고문 정책의 주요 기획자와 실행자들이 기소되어야 한다.
⑥ 만일 그들을 기소할 수 없다면 적어도 그들을 일반 국민에게 노출시켜야 한다.
⑦ 진실이 밝혀지기 전까지는, 그리고 적어도 그들의 범죄행위 중 일부라도 기소되기 전까지는 절대로 특별사면을 해서는 안 된다.

아마도 이것이 화해를 향한 최상의 혹은 상당히 발전된 과정일 것이다. 진정한 회개는 먼 거리에 떨어져 있는 이상(理想)일지도 모르지만, 그러나 우리는 여전히 그것에 도달하려고 애쓸 것이다.

---

32) Walter Wink, *Healing a Nation's Wounds*, 45.

토의과제

1. 그리스도인은 어떤 경우에도 누군가의 죽음을 초래할 수 있는 행위에 의도적으로 참여해서는 안 된다는 견해에 대해서 토론해 보자.

2. 전쟁을 준비하고 있는 국가에 교회가 지원하는 것에 대해서 교회의 총회에서 이의를 제기하는 데 사용할 연설문을 작성해 보자.

3. 지역사회 혹은 가족의 갈등 문제를 비폭력적으로 해결할 수 있도록 그리스도인들을 훈련시키는 데 사용할 자료를 준비해 보자.

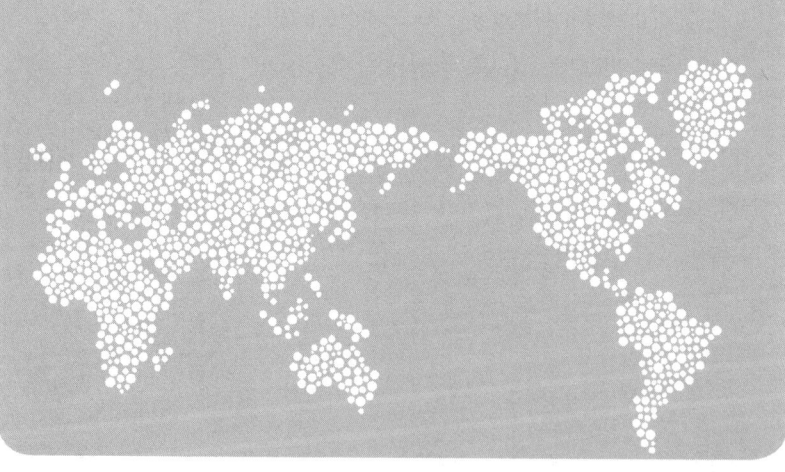

9장
환경에 대한 책임

1. 무대 설정

멕시코시티 중심에 있는 높은 건물에서 남동쪽을 바라보면 뽀뽀까떼뻬뜰(popocatepetl)과 이스따시와뜰(Ixtaccihuatl) 화산의 눈 덮인 장엄한 쌍둥이 봉우리를 볼 수 있다. 그리고 동쪽에 높이 솟아 있는 장엄한 안데스 산맥을 가진 칠레의 수도 산티아고보다 더 장엄한 배경을 가진 도시는 이 세계에 (있다고 해도) 별로 없을 것이다. 그런데 불행하게도 이 두 도시 모두 짙은 스모그 때문에 선명하게 산을 보지 못하는 기간이 오래 지속되는 경우가 많다. 이 두 도시에 관한 이야기는 지구의 다른 많은 곳에서도 반복될 수 있다.

교통과 중공업에 의해 불규칙하게 방출되는 유해가스는 최근 자연 환경의 가속된 악화 현상의 일부분에 지나지 않는다. 세 가지 주요 분야 – 공해, 환경 불안정, 천연자원의 고갈 – 는 지난 30년 동안 세계 공동체에 불안을 야기해 왔다. 높은 수준의 대기불순물뿐만 아니라 **공해**(pollution) 역시 석탄 연료를 사용하는 공장에서 배출되는 아황산가스 – 호흡기 질환, 다양한 알레르기, 건물 손상의 원인이 된다 – 때문에 생기는 산성 비, 쓰레기 무단 투기로 인한 바다의 오염, 핵발전소의 방사능 유출과 미사용 유정(油井)의 기름 유출, 화학비료와 살충제가 토양에서 해양으로 흘러드는 현상, 염화불화탄소(CFCs) - 특별히 냉장고, 냉난방 장치, 에어로졸 분사제, 기포제품 등에 사용되는 것으로서 일명 프레온가스로 불린다 - 의 엄청난 증가로 인한 대기의 오존층 파괴를 포함하고 있다. 또한 산업단지에서 유출되는 매우 유독한 물질들 - 최근의 기억에 따르면, 보팔, 체르노빌, 세베소에서 이런 사례들이 일어났다 - 과 좋지 않은 쪽으로 흐르는 기후의 영속적인 변화의 위험성이 우리를 위협하고 있다.[1)]

환경 불안정(Environmental instability)은 집약적 농업기술에 의한 화학비료와 살충제의 사용을 통해 생물학적 체계의 균형이 무너질 때, 야생동물의 자연서식지 - 산울타리에 늘어선 관목들과 삼림지대와 같은 - 가 파괴됨으로써, 사막과 삼림남벌(濫伐)의 빠른 확산에 의해 발생한다. 특히 삼림남벌은 기후 변화, 토양의 대규모 부식, 초목의 파괴로 이어진다.[2)]

천연자원의 고갈(depletion of natural resources) 역시 환경을 매우 불안하게 만들고 있다. 지나친 사냥 혹은 환경변화를 통한 많은 종(種)의 실제적 혹은 위협적 소멸이 종종 신문에 크게 대서특필 된다. 아마도 고래나 호랑이와 같이 사람들이 잘 알고 있는 포유동물의 경우가 가장 대표적일 것이다. 세계의 많은 곳에서 자행되고 있는 어류남획 역시 영속적으로 수중생물들을 위험에 빠뜨리고 있다. 농경지는 도로, 산업시설, 레저단지, 주택 건설 계획을 위해 계속 파괴되고 있다. 재생할 수 없는 화석연료는 마치 내일이 없는 듯이 빠른 속도로 소비되고 있다.

아주 섬세하게 균형 잡혀 있는 세계 생태계에 미치는 인간의 거대한 압

---

1) "자연은… 인간 폐물들을 위한 쓰레기 처리장으로 비하되었다"(Jürgen Moltmann, *The Way of Jesus Christ*, 305).
2) 세계의 광대한 삼림지 - 브라질, 말레이시아, 인도네시아, 필리핀 등에 있는 - 에서 벌채하고 불을 지르는 주원인 가운데 하나는 수출을 위해 곡식을 재배하고 소고기를 생산하기 위해서이다. 그러나 얼마 후 토양은 다시 불모화되어 더 이상 농업 활동을 지원할 수 없게 된다. 그렇게 된 근본적인 이유 가운데 하나는 삼림이 제거되었기 때문이다 - 이 내용에 관해서는 다음 자료를 참조하라. Ian Barbour, *Ethics in an Age of Technology* (The Gifford Lectures, vol. 2) (London, SCM Press, 1992), 183.

력은 지난 수십 년 동안 인구의 급속한 팽창에 의해 훨씬 더 증가되었다. 이런 매우 논쟁적인 주제는 저 유명한 브란트 보고서(Brandt Report)[3]에 의해 집중적으로 다뤄졌으며, 그 후 인구문제를 다루는 여러 유엔 위원회에서 열띤 토론의 주제가 되어 왔다. 이것은 문화, 인권, 민주주의, 정부와 가정 사이의 관계에 관한 근본적인 질문을 제기한다. 말할 필요도 없이, 인구증가가 식량공급, 지구온난화, 동식물의 멸종과 같은 문제에 미치는 영향에 관해서는 여러 가지 의견이 있다.[4]

2. 이슈들

위에 언급된 생태학적 재앙 – 실제적이든지 잠재적이든지 간에 – 으로부터 직접적으로 출현하는 이슈들 중 매우 조화로운 상호의존 관계와 생태계의 풍부한 다양성 – 먹이사슬과 같은 – 의 유지, 재생할 수 없는 자원으로부터 얻는 에너지양의 절감, 기타 자원 – 공기, 물, 토양, 자연보호구역 – 의 유지 필요성 등이 그 일부에 해당한다. 또한 환경과 그것의 가장 흉포한 약탈자인 인간과의 본질적 관계에 관한 논의로부터 제기되는 간접적인 관심도 있다.[5]

---

3) *North-South: A Programme for Survival* (London, Pan Books, 1980).
4) 다음 자료들에 나오는 토론을 참조하라. Bryan Cartledge (ed.), *Population and the Environment* (Oxford, Oxford University Press, 1995); Philip Sarre and John Blundon (eds.), *An Overcrowded World? Population, Resources and the Environment* (Oxford, Oxford University Press, 1995).
5) 환경 문제에 대한 자료는 방대하다. 주요 문제들을 잘 정리해 놓은 다음 자료들이 추천할 만하다. David Munro and Martin Holgate, *Caring for the Earth: A Strategy for Sustainable Living* (Grand, IUCN, UNEP, WWF, 1991); David Kemp, *Global Environmental Issues: A Climatological Approach* (London, Routledge, 1994); Paul Harrison, *The Third Revolution: Environment, Population and a Sustainable World* (London, Taurus, 1992); Steven Yearley, *Sociology, Environmentalism, Globalization: Reinventing the Globe* (London, Sage, 1996); Rosi Braidotti et al., *Women, the Environment and Sustainable Development: Towards a Theoretical Synthesis* (London, Zed Books, 1994); Joan Davidson, Dorothy Myers and Manab Chakraborty, *No Time to Waste: Poverty and the Global Environment* (Oxford, Oxfam, 1992); Alan Durning,

나는 인간, 동물, 기타 생명체들의 권리와 관련된 민감한 문제들, 인간이 '종(種)차별'(speciesism) – 가령 자연 안에서 자신이 속한 종에게 더 많은 특권을 부여하는 태도 – 을 하는 경향을 가지고 있는지에 관한 논쟁, '성장의 한계'(limits to growth)에 관한 논쟁, 적절한 생활양식에 관한 논의를 다룰 것이다. 그러나 가장 우선적으로, 모든 주제가 선교라는 표제 아래 포함되어야 하는지에 대해서는 의문의 여지가 있다. 어떤 이들은 환경을 돌보는 일까지 다루는 것은 선교의 범위를 너무 넓게 잡는 것이라고 주장한다. 그들은 그리스도인들이 환경 문제에 관심을 가지는 것은 이제 막 구르기 시작한 세속적 시류에 편승하려는 노력의 한 사례에 불과하다고 말할지도 모른다. 그것은 세상이 선교적 논의의 주제를 선정한다는 주장을 다른 형식으로 표현한 것처럼 보일 수도 있다.

약간 냉소적인 논평자들은, 어느 정도 중산층에 속하면서 이타주의적인 서구인들의 강조점이 변하는 것처럼, 일부 기독교 열성주의자들의 초점이 어떻게 사회 혁명의 이슈로부터 일반적인 인권, 여권운동가들의 관심사, 소수민족에 대한 보호의 문제로, 최근에는 어떻게 환경 문제로 옮아갔는지를 설명하려고 할 것이다. 나는 현재 가장 유행하는 윤리적 사조가 무엇인지와는 상관없이 한 가지 강력한 선교적 관점이 만들어질 수 있다고 생각한다. 왜냐하면 교회의 선교에는 환경과 관련된 모든 문제에 대한 어떤 적절한 반응도 포함되어 있다고 생각하기 때문이다.

3. 기독교 선교의 영역

평화 수립의 경우에서처럼 환경 문제 역시 지금까지 선교학에서 뚜렷한 주목을 받지 못했다. 지난 2세기 동안 선교학이 발전해 온 내용을 거의 철저하게 연구한 얀 아리에 바스티안 용어네일(Jan Arie Bastiaan Jongeneel)의

How Much Is Enough? The Consumer Society and the Future of the Earth (London, Earthscan, 1992).

저서조차 환경에 관해서는 단지 짧은 내용 – 문화의 윤리와 연계된 – 만을 담고 있을 뿐이다. 문화와 비교할 때, 환경과 관련된 인용문헌의 빈약함은 환경 문제가 거의 선교와 연계되지 않는다는 인상을 준다.[6]

환경에 대한 책임이 교회의 선교적 소명의 한 부분으로 포함하는 주된 이유는 이미 검토된 다른 주제들과 깊이 관련되어 있기 때문이다. 환경에 대한 부담은 경제적, 정치적 정의의 문제와 분명하게 연관되어 있다. 삼림남벌, 집약농업, 과도한 방목, 토양침식, 기후에 미치는 온실효과, 많은 형태의 공해는 부유한 국가들과 가난한 국가들 사이에 형성되어 있는 현행 경제관계의 직접적인 결과다. 인간 공동체 유지에 알맞은 땅이 악화되거나 소실되는 현상이 폭력의 상황을 유발할 수도 있다. 어떤 사람들은 자연의 남용을 연약한 인간들의 남용에 비유하기도 한다. 자연은 의견을 말하지도, 투표하지도 않는다. 자연은 비록 보복할 수 있는 – 인간에 의해 생기는 자연재해를 통해 – 충분한 능력을 가지고 있음에도 불구하고 인간이 자연을 대하는 태도에 전혀 영향을 미치지 않는다. 잘못된 환경관리는 부모가 어린이의 감수성에, 그리고 사회가 노인의 감수성에 상처를 입히는 방식과 동일한 수준에서 평가될 수 있다. 결론적으로, 자연을 취급하는 방

---

6) 생태 환경에 대해서는 단지 5개의 소제목이 사용되었고, 반면에 문화에 관해서는 60개의 소제목이 사용되었다. 인용문헌이 본성상 선택적일 수밖에 없다는 점을 고려하더라도 불균형이 너무 심한 것 아닌가! – 이 점에 관해서는 다음 자료를 참조하라. Jan Jongeneel, *Philosophy, Science and Theology of Mission*, 128-34. 다음은 기독교적 관점에서 쓰인 방대한 자료 중에서 선택한 대표적인 저서들이다. Sean McDonagh, *The Greening of the Church* (London, Geoffrey Chapman, 1990); Sean McDonagh, *Passion for the Earth: The Christian Vocation to Promote Justice, Peace and the Integrity of Creation* (London, Geoffrey Chapman, 1994); Tim Cooper, *Green Christianity: Caring for the Whole Creation* (London, Hodder and Stoughton, 1994); Michael Northcott, *The Environment and Christian Ethics* (Cambridge, Cambridge University Press, 1996); Lawrence Osborn, *Guardians of Creation: Nature in Theology and the Christian Life* (Leicester, Apollos, 1993); Ian Ball, Margaret Goodall, Clare Palmer and John Reader (eds.), *The Earth Beneath: A Critical Guide to Green Theology* (London, SPCK, 1992); Leonardo Boff, *Ecology and Liberation: A New Paradigm* (Maryknoll, Orbis Books, 1995); Leonardo Boff, *Cry of the Earth, Cry of the Poor* (Maryknoll, Orbis Books, 1997); Robert Gottfried, *Economics, Ecology and the Roots of Western Faith: Perspectives from the Garden* (Lanham, Rowman and Littlefield, 1995); D. Hallmann (ed.), *Ecotheology: Voices from South and North* (Geneva, WCC, 1994).

식은 대체로 일정한 사회의 문화규범에 의존한다. 환경은 단지 문화의 작용방식을 보여주는 본보기에 불과한 것이 아니라 사회의 문화적 가치들이 종합된 영역이다. 그리고 내가 지금까지 길게 설명해 온 모든 것은 사회의 종교적 신념과 실천행위와 밀접한 관계를 맺고 있다.

그러므로 평화, 정의, 창조세계의 보전이 서로 깊은 연관성을 가지고 있다는 세계교회협의회(WCC)의 확신은 동기와 결과 모든 면에서 옳다.[7] 세계교회협의회의 세계선교와 전도분과위원회(Commission on World Mission and Evangelism)가 개최한 샌안토니오대회(San Antonio Conference)에서는 "그리스도의 길을 따르는 선교를 하나님의 창조세계로 확대 적용해야 한다. 이 지구는 주님의 소유이기 때문에 이 지구에 대한 교회의 책임이야말로 교회의 선교에 포함되어야 할 중요한 영역이다."라는 내용이 발표되었다.[8] 나는 교회가 이 주장에 동의해야 한다고 생각한다.

4. 환경에 대한 접근방법

서구사회의 시각이 근대 이전에서 근대로 옮아가면서 자연에 대한 매우 새로운 태도들이 부상하기 시작했다. 이언 바버(Ian Barbour)는 그 중에서 특히 세 가지 태도에 주목했다.[9] 첫 번째로, 그는 자연의 작용을 점점 더

---

7) 이 표현은 1983년에 열린 밴쿠버 총회에서 처음으로 사용되었다. 다음 자료를 참조하라. *Gathered for Life* (Geneva, WCC, 1983). 1991년에 열린 캔버라 총회 - 이 총회의 주제는 '오소서, 성령이여! 만물을 새롭게 하소서!'였다 - 를 준비하는 과정에서 당면과제에 대한 주요 자문회의가 서울에서 열렸다. 그런데 캔버라에서처럼 여기에서도 환경에 대한 선교학적 해석과 의무에 관해 대표자들 사이의 의견 차이가 나타났다 - 이 내용에 관해서는 다음 자료들을 참조하라. Ulrich Duchrow and Gerhard Liedke, *Shalom: Biblical Perspectives on Creation, Justice and Peace* (Geneva, WCC, 1989); Preman Niles, *Resisting the Threats to Life: Covenanting for Justice, Peace and the Integrity of Creation* (Geneva, WCC, 1989); Gennadios Limouris, *Justice, Peace and the Integrity of Creation: Insights from Orthodoxy* (Geneva, WCC, 1990); Thomas Best and Wesley Granberg-Michaelson, *Koinonia and Justice, Peace and Creation: Costly Unity* (Geneva, WCC, 1993).
8) Frederick R. Wilson, *The San Antonio Report*, 54.
9) ibid., 58.

기계의 작용과 비교하는 태도를 지적하였다. 이 견해는 인간 이외의 세계는 마음과 감정을 결여하고 있고, 부분적으로는 그 안에서 인간이 마음대로 선택의 자유를 행사할 수 있는, 필연성이 지배하는 기계론적 세계라는 신념과 연결되어 있다. 두 번째로, 그는 산업혁명 이후 자연을 주로 **원재료의 출처**로 여기는 태도를 언급하였다. 그리고 세 번째로, 자본주의가 발전하고 생산수단의 사적 소유가 보다 강조되면서 자연을 부의 축적을 위한 한 수단 혹은 **이익 창출을 위한 수단**으로 여기는 태도를 지적하였다.

지금까지 이런 공리주의적 혹은 도구주의적 태도가 자연에 대한 인간의 관계를 지배해 왔다. 자연은 생산을 통한 무제한적이고도 의문의 여지가 없는 성장을 위해 얼마든지 착취될 수 있는 소여(所與)에 불과한 것으로 여겨졌다. 사람들은 그것을 현금으로 교환하기 위해 언제든지 처분할 수 있는 것으로 생각했다. 책임의 의미는 부가가치의 관점에서 상품을 가장 효율적으로 사용할 수 있는 방법을 찾는 데 부여됐다. 이런 접근방식은 서구 유럽인들이 널리 공유하고 있었던 문화적 운명에 대한 인식에서 나온 것이었다. 그들은 미지의 세계 – 먼 나라, 산재해 있는 광물질, 미지의 족속들, 밝혀지지 않은 자연 세계의 신비, 형성되고 있는 시장들, 더 나아가 우주 – 를 정복해야 할 과제를 안고 있다고 생각했다. 위르겐 몰트만(Jürgen Moltmann)은 이 접근방식을 다음과 같이 적절하게 요약하였다.

> 자연에 대해 공격적인 근대의 윤리적 태도는 유럽에서 일어난 르네상스, 그리고 아메리카와 아프리카와 아시아를 향한 유럽 제국주의 팽창의 산물이다. 르네상스는 자연으로부터 그것이 가진 권리들을 빼앗고, 자연은 누가 강제적으로 소유하든지 간에 그것을 먼저 소유한 자에게 속하는 '소유주 불명의 재산'(unclaimed property)이라고 선언하였다. 그것은 군대의 힘으로 사람이 거주하지 않는 아메리카, 아프리카, 아시아를 점령한 뒤 '식민지'로 삼는 공격적인 정복정신과 동일한 것이었다.[10]

---

10) Jürgen Moltmann, *The Way of Jesus Christ*, 308.

근대 세계의 기술적 변화의 원인이면서 동시에 결과이기도 한 발전하는 과학적 노력은 어느 정도 주체와 객체 사이의 엄밀한 구분에 근거한다. 자연은 '발견'되고, 정돈 곧 '문명화'되고, 인간의 필요를 위해 사용되어야 할 것으로서 거기에 – 아메리카, 남극, 에베레스트 산, 아마존 유역, 파푸아뉴기니의 부족들처럼 – 존재하는 것으로 여겼다. 종종 과학연구는 최소한 인류에게 유익한 것으로 인정되는 실험을 정당한 것으로 여기는 공리주의적 윤리에 의해 추진된다.[11] 또한 큰 사업과의 결합은 많은 경우에 과학이 상업적으로 이득이 될 수 있거나 이득이 되는 일에 관여한다는 점 – 예를 들면, '미용산업' 연구를 위해 동물을 사용하는 행위 – 을 의미한다.[12]

랭돈 길키(Langdon Gilkey)는 이런 근대의 접근방식을 '과학적 실증주의(scientific positivism)와 인간중심적 실용주의(anthropocentric pragmatism)'로 부른다.[13] 말할 것도 없이, 환경에 대한 기계적이고도 조작적인 접근방식에 대항하는 중요한 도전도 있었다. 낭만주의 운동, 초기 미국에서 주창된 자연의 '신성화'(sacralisation),[14] 근대 여성해방운동, 토착문화들은 모두 인간의 삶과 비인간의 삶이 솔기가 없는 하나의 온전한 옷을 구성하고 있음을 강조하였다. 그것들과 또 다른 것들은 상호연결성, 유기적 전체, 관계의 상호작용을 역설하였다. 자연과 조화를 이루는 삶의 재발견은 사람들이 비인간화되고 자동화된 생활의 스트레스를 다루는 한 가지 주요 수단이다. 인간이 컴퓨터와 맺는 관계, 그리고 더 없이 아름다운 어떤 것 혹은 장미의 고상한 향기와 맺는 관계는 서로 전혀 다른 세계를 드러낸다.

---

11) 주로 실용적인 관심이 과학을 이끌어왔다는 인상을 주는 것은 공정하지 못하다. 지금까지 과학자들을 고무시킨 것은 지식을 확장하려는 그들의 진정한 열망, 탐구를 위해 주어진 창조된 자연의 복잡하면서도 아름다운 모습에 대한 경탄, 질병과 고통과 무력함을 극복하려는 안타까운 마음의 갈망이었다.
12) 다음 자료를 참조하라. Andrew Linzey, *Christianity and the Rights of Animals* (London, SPCK, 1987), 114-25.
13) "Creation" in *A New Handbook of Christian Theology*, 112.
14) 이것은 헨리 데이비드 소로우(Henry David Thoreau)와 그의 제자들과 관련되어 있다 – 이 내용에 관해서는 다음 자료를 참조하라. *Walden* (New York, W. W. Norton, 1951 <reprint of 1854 original>).

5. 환경 윤리

포스트모던 사상의 발전을 가리키는 주요 현상들 가운데 하나는 인간 종과 다른 피조물 사이의 관계를 재평가하는 것이다. 1960년대까지, 1·2차 세계대전에 의한 끔찍한 사회적 대격변, 유대인 대학살, 식민지 해체와 냉전의 결과로서 사람들은 역사 과정에 대한 지적인 관심을 보였다. 그때까지 발전되어 온 문명이 '원초적인' 야만성의 수렁에 빠지고 말았다는 평가가 쏟아졌다. 그러나 시간이 지나면서 사람들은 또 다른 문제 곧 발전된 공업국가들의 거대하고도 무모한 경제 팽창이 가져오는 해로운 결과에 주목하기 시작했다. 논객들은 그들의 관심을 자연으로 돌리기 시작했다.

순전히 역사적인 종교인 기독교의 관습과 영향력이 서구에서 쇠퇴하고 반면에 주로 동양 종교 중에서 대안적 영성을 모색하려는 - 모든 형태의 삶을 존중할 것을 강조하면서 - 노력이 활발해지는 현상이 사람들의 관심을 역사적 과정에서 자연 질서로 옮기게 만들었을 수도 있다. 그것은 또한 확고한 역사적 논증을 갖춘 마르크스주의 이데올로기가 쇠퇴하고, 합리주의에 대한 맹공격이 일어나고, 모든 인종과 문화의 평등성이 수용되고, 모든 형태의 패권이 견책되는 현상에 의해 영향을 받았다.

환경과 관련된 윤리 논쟁의 최전방에는 세 가지 이슈가 존재해 왔다. 그 세 가지는 자연에 대한 인간 존재의 지위, 동물의 권리에 관한 문제, 자연에 대한 인간의 개발을 제한하는 태도에 대한 도덕적 기초다.

1) 인간의 세계와 비인간의 세계

오직 인간 존재만이 '도덕적으로 중요하다'[15]고 믿는 사람들과, 모든 생명체는 종의 종류와 상관없이 똑같은 관심과 대우를 받아야 한다고 믿는

---

15) 상이한 생명체들의 본질적인 도덕적 가치와 비본질적인 도덕적 가치를 구분하는 기술적인 방법을 가리킨다. "다른 목적에 얼마나 유용한 수단이 되느냐는 문제와는 관계없이 만일 무언가가 자신의 권리로 윤리적 평가를 내린다면 그것은 도덕적으로 중요하다" (Robert Elliott, "Environmental Ethics" in Peter Singer, *A Companion to Ethics*, 286).

사람들 사이에 논쟁이 계속되고 있다.

> 생명 중심적인 윤리는 모든 생명체가 도덕적으로 중요하다고 생각한다. 그러나 그것들에 대한 도덕적 중요성이 반드시 똑같을 필요는 없다. 따라서 한 그루의 와라타 관목(waratah shrub)과 돼지코 거북이 한 마리를 놓고 생각할 때 그 두 가지가 도덕적으로 모두 중요하지만, 전자보다 후자를 지키는 것이 더 나을 수도 있다. 그러나 전자가 도덕적으로 더 중요한 이유는 그것이 더 복잡한 생명체이기 때문이다.[16]

여기에서, 생물학적 복잡성이 도덕적으로 중요하게 여겨진다.

인간 중심적인 윤리를 주장하고 싶어하는 사람들은 오직 인간만이 언어능력, 계획능력, 행동하고 그 행동에 대해 책임을 지는 능력을 통해 도덕적 사회의 구성원으로서 기능할 수 있다고 주장한다. 신념과 합리적 성찰에 기초하여 자신 혹은 타인의 미래를 인식하고 목표를 선택할 수 있는 의식적 존재만이 도덕적 주체가 될 수 있다.[17]

다른 한편 동물들에게는 도덕적 가치의식이 전혀 없기 때문에, 그들이 생각할 수 있다고 주장하는 것은 전혀 이치에 맞지 않는다. 동물이 옳고 그름을 분별하는 인간의 능력을 가진 것처럼 말하는 것은 어린이를 위한 이야기책에만 나올 수 있다. 실세계에서 동물은 고통과 타자(他者)로부터의 위협을 피하려 하고 생존과 번식을 위한 기본적인 필요를 충족시키려고 하는 것과 같이 경험과 본능에 따라 행동할 뿐이다.

이와는 달리, 인간 종족과 다른 모든 생물체 사이의 엄격한 구분은 인종차별의 여러 형태와 유사한 종(種)차별주의 – 자신이 속한 종에게 특전을 주는 자기중심적 성향 – 라고 생각하는 사람들도 있다. 만일 인간이 고통과 압박을 겪고 있는 다른 존재들에 대해 연민을 느낄 수 있다면 적

---

16) ibid., 287.
17) 인간과 동물 사이의 본질적 차이에 관해서는 다음 자료를 참조하라. Roger Scruton, *Modern Philosophy: An Introduction and Survey* (London, Mandarin, 1994), 224, 232-3, 236, 299-301).

어도 그 존재들은 "도덕적 관심의 적절한 수혜자들"이 된다.[18]

2) 동물의 권리?[19]

동물의 권리가 의미 있는 개념이라는 점이 일반적인 동의를 얻을 수 있다면 동물에 대한 처우를 규정하는 행동규범에 관한 논의는 훨씬 쉬울 것이다. 한 예로 몰트만은 비록 아무런 근거도 제시하지 않고 있음에도 불구하고 다음과 같은 말로 동물의 권리가 존재한다는 생각을 표현하였다. "동물은 사물도 아니고 생산물도 아니다. 그것은 고유한 권리를 가진 생명체다."[20] 유감스럽게도 그의 마지막 논점은 다른 논점들과 일치하지 않는다. 잘 알려진 것처럼, 인간의 권리 개념을 다루는 것도 힘든 일인데, 하물며 동물의 권리 개념을 다루는 것은 얼마나 더 힘들겠는가! 권리가 어떤 의미를 가지려면 동일 집단의 모든 구성원에게 적용되는 절대적 평등과, 그들 모두에게 존재하는 고유한 가치에 기초해야 한다. 그러나 동물은 수많은 종으로 나눠져 있고, 동물이 인간과 동일한 가치를 지닌다는 주장은 강력하게 반박되고 있다.

피터 싱어(Peter Singer)는 모든 동물이 겪는 고통에 근거하여 동물의 권리를 주장한다. "존재의 본질이 어떠하든지 간에, 평등의 원리는 그 존재가 겪는 고통이 다른 존재들이 겪는 유사한 고통과 – 대략적인 비교가 가능한 한 – 똑같이 고려되어야 한다는 점을 전제하고 있다."[21] 이런 추론에는 두 가지 문제가 있다. 첫째, 동물의 왕국에 속한 상이한 구성

---

18) ibid., 351.
19) 보다 자세한 논의에 관해서는 다음 자료들을 참조하라. Baird Callicott, "Animal Liberation: A Triangular Affair" in Robert Elliott (ed.), *Environmental Ethics* (Oxford, Oxford University Press, 1995), 29-59; Robin Attfield, *Environmental Philosophy: Principles and Prospects* (Aldershot, Ashgate, 1994), 93-102; Andrew Linzey, *Animal Theology* (London, SCM Press, 1994); John Cobb, *Matters of Life and Death* (Louisville, Westminster/John Knox Press, 1991), 31-43; Andrew Linzey and Tom Reagan (eds.), *Animals and Christianity: A Book of Readings* (London, SPCK, 1989).
20) Jürgen Moltmann, *The Way of Jesus Christ*, 308.
21) Peter Singer, *Animal Liberation*, 2nd edn (New York, Random House, 1990), 50; 또한 다음 자료를 참조하라. Peter Singer, *A Companion to Ethics*, 351.

원들이 겪는 고통의 수준을 우리가 어떻게 알 수 있고 어떻게 그것에 따라 권리를 할당할 수 있는가? 어느 한 물고기가 낚싯줄 끝에 걸렸을 때 혹은 여우가 사냥개들에게 쫓기고 있을 때 겪는 고통의 본질과 강도는 다른 종에 속한 구성원들이 헤아릴 수 없다. 둘째, 아픔의 경험이 고통과 동일하다는 것을 어떻게 알 수 있는가? 도덕적 분노, 양심의 가책, 이성적 혼란 - 왜 **내가** 고통을 당해야 하는가? - 과 같은 감정을 동반하는 인간의 고통은 동물에게는 존재하지 않는다. 사실 그런 감정은 고통을 전혀 다른 차원으로 이끌어 가며, 종(種) 사이에 유사고통의 관념이 존재한다는 주장을 부적절하게 만든다. 이런 맥락에서 '평등의 원리'는 매우 불안정하다.

만일 권리는 오직 본래적인 가치 - 도덕적 성취 혹은 유용성과 상관없이 존재하는 가치[22] - 를 지닌 존재에게만 주어진다고 말하는 톰 레이건(Tom Regan)의 가정이 옳다면 동물의 권리에 대해서 말하는 것은 단순히 논점을 교묘하게 회피하는 것에 불과할 수 있다. 임마누엘 칸트(Immanuel Kant)의 유명한 정언명법(categorical imperative) - 다른 존재를 결코 당신의 목적을 위한 수단으로 삼지 말고 오직 그 자체로서 목적으로 대하라 - 은 무조건적으로 오직 인간에게만 적용된다. 인간만이 '옳고 그름을 아는' 도덕적 존재이기 때문에 권리에 관해서 말하는 것보다 동물과 그 밖의 자연 세계를 향한 인간의 책임에 관해서 말하는 것이 더 만족스럽다. 그렇다면 다음과 같은 질문이 제기될 수 있을 것이다. 우리는 그 책임을 무엇에 근거해서 알 수 있는가?

3) 도덕적 기초

우리가 다음 항에서 고찰하게 될 기독교 신앙과는 상관없이, 환경에 대한 신중하고도 비착취적인 접근방식을 선택해야 할 네 가지 근거가 있다.

---

22) Tom Regan, *The Case for Animal Rights* (Berkeley, University of California Press, 1983).

(1) 생태학적 전체주의(Ecological holism)[23]

이것은 생태계가 하나의 전체로서 가지는 최상의 가치를 주장함으로써 상이한 종의 권리와 책임을 동등하게 다루는 개체주의를 극복하려는 시도다. 이 견해의 이점은 이 견해가 곤충들과, 땅 - 예를 들면, 나무, 벌레, 박테리아 등 - 의 균형을 유지하고, 그것의 보전을 증진하고, 그것의 생산력을 촉진하는 데 아주 중요한 역할을 하는 생물권(生物圈)의 지각력이 없는 존재들을 포함하고 있다는 점이다. 이 견해가 가지고 있는 난점은 생명체를 그것이 전체에 끼치는 유용성에 근거하여 구분하는 문제다. 생명에 대한 동등한 권리를 인정하는 것은[24] 모든 형태의 농업과 원예의 폐기를 뜻할 뿐만 아니라 인간 존재와 인간보다 더 고등한 존재의 안전을 위협하는 것을 뜻한다. "만일 생물권의 복지가 유일한 기준이라면 인간 개체군을 줄이기 위해 채택할 수 있는 방법에 어떤 제한이 있는가?… 만일 어떤 갈등이 생겼을 때 인간의 가치가 유린될 가능성이 있다면 그 가치는 매우 불확실한 것처럼 보인다."[25] 개를 애완동물로 기르는 것은 무슨 의미가 있는가? 말라리아를 옮기는 모기 혹은 질병을 전염시키는 쥐를 죽이는 것은 단지 인간 생존을 위한 자기중심적 태도의 문제가 될 뿐인가?

(2) 생명의 존중

생명의 존중은 일원론적 종교와 철학[26]에서 파생된 전체주의의 한 변형이다. 그것은 모든 생명은 신성하며 삶의 주요 목적은 생명이 있든지 없든지 간에 존재하는 모든 것과의 조화로운 관계를 성취하고 유지하는 것임을 가르친다. 불교의 경우, 그 목적은 물질적인 것에 대한 초연한 태도

---

23) 이것은 문학에서 사용되는 용어다. 일부 환경과학자들은 그것이 혼동을 줄 여지가 있다고 생각하기 때문에 그것 대신에 균형적 생태환경을 향한 통전적 접근(a holistic approach to balancing habitats)이라는 표현을 선호한다.
24) Bill Daval and George Sessions, *Deep Ecology* (Salt Lake City, Peregrine Smith Books, 1985), 17.
25) Ian Barbour, *Ethics in an Age of Technology*, 63.
26) "물질적인 것과 영적인 것, 물리적인 것과 정신적인 것은 존재 혹은 실체의 양상들이다."라고 믿는 신념을 가리킨다(John Hinnels<ed.>, *A Handbook of Living Religions*, 219).

와 더불어 자연 세계에 대한 비폭력적 존중의 태도에 의해 성취될 수 있다고 본다. 자연에 대한 착취는 사물을 소유함으로써만 성취되는 인간의 탐욕에 기인한다. 그러나 참된 성취(fulfilment, 계발 enlightenment)는 물질적 대상을 통해 오는 쾌감을 갈망하는 자아로부터 점차적으로 해방됨으로써 이루어진다.

> 가장 구체적인 수준에서 볼 때, 부와 소유의 추구는 질투 - 실패하는 경우에 - 혹은 소유욕과 상실에 대한 두려움 - 성공하는 경우에 - 을 낳는다… 사람들이 쾌락과 행복의 근원으로 생각하는 감각적인 것은 보다 고상한 다른 성취들과 비교해 볼 때 열등한 것에 속한다. 감각적인 것에 마음을 빼앗기면 자신의 중심적인 본성과 접촉할 수 없다… 우리는 자신의 욕망에 의해 경험을 잘못된 틀에 억지로 끼워 맞추려고 끊임없이 노력한다… 그러므로 우리의 호불호(好不好)는 애착과 거부를 낳고, 습관적인 욕구와 편견에 따라 엄격하게 만들어진 다소 고정된 패턴을 형성한다. 이런 것들이 우리의 미래를 가두는 감옥을 만든다. 그러나 이런 원리들이 작동하는 과정의 본질을 이해하면 그 감옥에서 탈출할 수 있다.[27]

따라서 어떤 의미에서 인간 존재가 자연 세계를 지배하고 착취하는 행위야말로 수난을 야기하는 가장 주요한 원인들 가운데 하나다. 그것은 하나의 심각한 질병과도 같다.

(3) 인간중심적 공리주의

공리주의(Utilitarianism)는 복지를 이룬 결과의 관점에서 옳고 그른 행위를 규정하려는 윤리이론이다. 일반적으로 '최대 다수의 최대 행복'으로 이해되는 공리주의는 결과적으로 보다 많은 복리(福利)를 가져올지 혹은 보다 많은 고통을 가져올지에 따라 환경에 대한 인간의 태도를 조절한다. 그러므로 공해를 억제하고, 토양부식을 저지하고, 오존층을 보호하고, 지구

---

[27] L. S. Cousins, "Buddhism" in John Hinnels(ed.), *A Handbook of Living Religions*, 304, 306.

온난화를 규제하고, 물고기의 적정재고를 유지하는 등의 노력은 인간의 (계몽된) 이기주의에 도움이 된다. 생태학적으로 민감하고 세심하게 배려하는 것이 인간에게 유리하다.

공리주의의 난점들은 이미 잘 알려져 있다. 주요 문제들은 '행복' 혹은 복지의 개념과 관련된다. 그것들은 어떻게 정의되어야 하는가? 누가 그것을 정의하는가? 그리고 여러 인간 집단이 추구하는 '행복'이 서로 충돌할 때 누가 해결하는가? 어떤 행동의 도덕적 가치를 그 행동의 결과가 얼마나 유익하느냐에 따라 판단하는 것은 단순히 문제의 논점을 회피하는 것에 불과하다. 버나드 윌리엄스(Bernard Williams)는 이런 문제들을 직접적으로 환경에 대한 논의로 연결한다.

> 공리주의에 대한 반대 의견들은 공리주의의 복지주의에 초점을 맞출 것이다. 모든 인간의 가치와 선호의 만족(preference satisfaction)과 같은 목표를 낮추려는 시도는 받아들이기 어려울 뿐만 아니라 매우 이해하기 어렵다는 주장이 계속 제기되어 왔다. 누구의 선호가 갈등을 빚고 있느냐의 문제 – 이 문제는 특별히 공리주의자들이 인구조절에 관한 문제를 언급할 때 중요하게 취급된다 – 와는 상관없이, 그 문제를 사람들이 좋아하거나 바라는 차원의 문제로 축소하는 것은 어떤 심미적이고 환경적인 여러 가치를 무시하는 태도로 보인다.[28]

어떤 사람들은 환경을 정화하는 데 들어가는 비용을 부담할 필요가 없는, 비교적 비싼 상품을 선호할 것이다. 반면에 어떤 사람들은 깨끗한 환경을 선호할 것이다.

(4) 미래 세대에 대한 책임

아프리카 속담에서 '우리는 우리 자녀들에게서 현재를 빌려 쓰고 있다'

---

28) Bernard Williams, "Ethics" in Grayling (ed.), *Philosophy: A Guide through the Subject*, 553.

는 말이 있다. 이것은 달리 이런 식으로도 표현할 수 있다. '우리의 자녀들이 우리에게 현재를 빌려주었다.' 그렇다면 우리는 어떻게 그것을 되돌려줄 것인가? 아무리 줄잡아 말하더라도 우리 자녀들의 건강이 점점 위태롭게 되고, 아사(餓死)될 위험성과 방사능에 노출될 가능성이 점차 증가하고, 자연 세계를 즐길 수 있는 기회가 줄어드는 현실로 그들을 내몰고 있다는 사실만큼은 불합리하다.

현 세대는 무슨 권리로 아직 태어나지도 않은 사람들을 대신하여 그들에게 직접적인 영향을 미칠 뿐만 아니라 다시는 변경할 수 없는 결정 – 유전공학과 같은 – 을 함부로 내리는가? 공리주의는 이런 문제를 우선적으로 고려하지 않는다. 왜냐하면 우리의 행위 결과가 미래로 투사되면 될수록 그것의 파급 효과를 가늠하는 일은 점점 더 불가능해지기 때문이다. "가능성이 낮은 사건 혹은 예측하기 어려운 사건은 비용과 편익을 계산할 때 그리 중요하게 평가되지 않는다."29) 그러나 유전자를 변형시켜 만든 음식의 부작용 – 면역 체계의 약화와 같은 – 에 대한 강한 의심이 방송에 등장하기 시작하고 있다.

비록 개인적으로 아무런 도움도 받지 못하게 된다고 할지라도, 장기적 손실을 감수하면서 단기적 이익을 얻으려고 해서는 안 된다는 것은 사람들이 일반적으로 말하는 도덕원리들 가운데 하나다. 선거와는 상관없이 구성되었을 뿐만 아니라 책임의식도 없는 과거의 정부들이 초래한 거대한 빚을 현 세대가 짊어져야 했던 부당한 사태와 같이, 어쩌면 미래 세대는 우리가 어리석게 야기한 거대한 환경 문제의 짐을 떠안고 가야 할지도 모른다.

---

29) Ian Barbour, *Ethics in an Age of Technology*, 66. 미래를 결정할 때에는 관련된 모든 위험성에 대해서 충분히 살핀 뒤에 시행해야 한다. 그러나 만일 생물학적 과정에 돌이킬 수 없는 변화가 예상된다면, 일어날 수 있는 결과에 대한 상당한 정도의 확신이 먼저 요구된다.

6. 기독교적 관점

유대-기독교 세계관은 종종 서구사회로 하여금 자연 세계를 오용하게 만든 주요 원인으로 비난받았다. 비난하는 사람들은 쾌락을 추구하는 인간의 끝없는 욕망을 충족시키기 위한 공격적인 환경개발이 창세기의 "…땅을 정복하라… 땅에 움직이는 모든 생물을 다스리라"(창 1:28)는 명령에서 비롯된 것이라고 말한다. 진리보다 앞서 나갈 수 있는 것은 아무 것도 없다. 분리된 한 구절을 잘못 적용한 것에 대한 책임을 유대교나 기독교에 지울 수는 없다. 만일 환경에 대한 그들의 견해가 단지 한 구절에 기초하고 있다면 그것은 사실상 증거 본문 끌어오기(proof-texting)에 불과할 뿐이다!

유대-기독교 전통은 인간과 환경의 관계에 관한 가르침에 관하여 부끄러워해야 할 아무런 이유도 없다. 비록 다른 전통들의 견해를 주의 깊게 경청할 수는 있겠지만 굳이 자신의 약점을 보완하려고 그것을 빌려올 필요는 없다. 용어네일의 표현에 따르면, 유대-기독교 전통은 "스킬라(Scylla 시칠리아 섬 앞바다의 소용돌이인 카리브디스와 마주 대하고 있는 이탈리아 해안의 큰 바위 - 역주) 곧 전통적 종교들에 의한 자연의 신성화와… 카리브디스(Charybdis, 시칠리아 섬 앞바다의 큰 소용돌이 - 역주) 곧 자연에 대한 근대의 세속화된 개발 사이에서 중용을 지키기 위해"[30] 필요한 모든 자료를 가지고 있다.

1) 태초에 하나님이…

기독교 신앙은 우주보다도 하나님께 초점을 맞추고 있고 피조물에 앞서 창조주께 초점을 맞추고 있는 성경을 따른다. 기독교는 자연을 존중하지

---

30) Jan Jongeneel, *Philosophy, Science and Theology of Mission*, 129. 그리스 신화에서 스킬라는 여섯 개의 머리를 가진 괴물로 나오는데, 각각의 입은 세 줄의 치열을 가지고 있었다. 카리브디스는 소용돌이였다. 둘은 시칠리아 섬과 이탈리아 본토 사이에 흐르는 좁은 수로인 메시나 해협의 서로 마주 대하고 있는 해안에 있었다. 따라서 뱃사람들이 아무런 손실 없이 둘 사이를 항해하는 것은 거의 불가능한 일이었다.

만 그렇다고 해서 자연종교는 결코 아니다. 자연 세계에 대한 기독교의 관점은 다음과 같은 고백들에서 유래한다. "땅과 거기에 충만한 것과 세계와 그 중에 사는 자들은 다 여호와의 것이로다"(시 24:1). "하늘이 주의 것이요 땅도 주의 것이라 세계와 그 중에 충만한 것을 주께서 건설하셨나이다"(시 89:11).

우주는 오직 하나님께서 그것을 원하셨기 때문에 존재한다. 시 104편은 하나님께서 우주를 생각 속에 품으셨고, 자신의 생각을 말씀으로 표현하셨고, 모든 것을 존재하게 만드셨음을 말하고 있다(또한 시 33:6). 히브리어에는 자연을 가리키는 단어가 없다. 심지어 창조를 가리키는 명사조차 그렇게 일반적으로 사용되지 않으며, 동사만이 일반적으로 사용될 뿐이다. 피조 세계는 모든 것을 유지시키는 하나님의 영원한 능력에 전적으로 의존한다. 말하자면, 만일 그 하나님의 능력이 한 순간이라도 취소된다면 모든 것은 우주의 블랙홀로 사라지고 말 것이다(시 104:27-30). 창조의 첫 번째 이유는 하나님의 "위대함, 능력, 영광, 광채, 위엄"[31]을 보여주기 위함이다. "여호와여 주께서 하신 일이 어찌 그리 많은지요 주께서 지혜로 그들을 다 지으셨으니 주께서 지으신 것들이 땅에 가득하나이다"(시 104:24).

2) 우리의 형상을 따라 사람을 만들자

하나님께서는 자신과 닮은 누군가와 함께 이 아름답고 비옥한 땅을 공유하고 싶어하셨다. 그분은 우리를 인간 존재로 창조하셨고, 자신의 모든 피조물 중에서 우리에게만 특별한 책임을 부여하셨다. 자신의 형상을 지닌 자들에게 하나님께서 하신 첫 번째 말씀은 자연과 관련된 것이었다(창 1:28). 이 구절에 사용된 단어들인 '정복하다'(*kabash*)와 '다스리다'(*radah*)는 (빽빽한 풀숲에) '길을 내다'는 뜻과 (개미집 혹은 빈 깡통 등을) '짓밟다'는 뜻을 가진 강력

---

[31] Church of England, *Alternative Service Book* (London and Cambridge, SPCK and Cambridge University Press, 1980), 129.

한 표현들이다. 문맥을 고려해 볼 때, 그것들이 피조 세계에 대한 왕성한 정복을 암시하는, 공격적인 단어로 이해되어 온 것은 그리 놀랄 일이 아니다.

여기에서 두 가지 관찰이 가능하다. 첫째로, 그 명령은 분명히 자연을 관리하여 질서를 유지해야 할 책임이 인간에게 있음을 전달하려는 의도에서 내려진 것이다. 다른 피조물들과 비교할 때 인간은 다른 창조질서를 가지고 있다(시 8:5-6). 창조에 대한 성경적 설명은 모든 객체가 동일한 가치 혹은 동일한 거룩성을 지니고 있다고 말하지 않으며, 모든 것이 변하지 않는 하나의 전체 안에서 연합되어 있다고 가르치지 않는다. 성경은 하나님께서 둘 사이를 구별하신다고 가르친다. 호모 사피엔스 종(種)은 다른 어떤 종과도 다르다. 이것은 관찰과 경험을 통해서 보더라도 자명한 것으로 보인다. 철학자 로저 스크루턴(Roger Scruton)은 "유기체들의 세계에 존재하는, 다시 말해서 우리와 나머지 다른 유기체들 사이에 존재하는 엄청난 간격"에 대해서 말한다. 그는 이 간격에 대해서 계속해서 다음과 같이 자세히 말한다. "피상적으로 볼 때 많은 점에서 우리가 동물을 닮은 점이 많지만 우리에게는 그 모든 것을 완전히 바꿀 수 있는 능력이 있다. 반면에 동물에게는 이 능력이 주어지지 않았다. 그 능력 중에서 특별히 두 가지 곧 합리성과 자기인식을 지적할 수 있다."[32] 그는 또한 이런 능력들이 어떻게 다른 존재들과 비교할 때 우리를 전혀 다른 상황에 처하게 만드는지를 부연하고 있다.

> 진리와 같은 개념의 사용은 우리가 자연 질서를 보조하는 구성요소라는 논지를 의심케 하는 방식으로 우리를 경험의 세계로부터 분리시키는 것처럼 보인다… 자신의 환경에 관한 정보를 얻고 반응하는 생물이 자연 안에 존재한다는 사실은 과학에 대한 중대한 도전이 된다. 그러나 그것 자체가 철학에 대한 도전이 되는 것은 아니다. 문제는 우리가 자연 내에 존재한다는 점을 일인칭 관점에서 인식할 때 시작된다.[33]

---

32) Roger Scruton, *Modern Philosophy: An Introduction and Survey* (London, Mandarin, 1996), 223.
33) ibid., 224-5.

기독교적 창조관은 자연을 신적 존재와 통합하거나 혹은 반대로 범신론과 통합하는 자연종교의 모든 형식과 대립한다.[34]

둘째로, 창세기 1장은 창조에 관해서 일반적으로 알려진 것만을 담고 있지 않다. 그것은 보다 넓은 시각을 가지고 있다. '정복하다'와 '다스리다'는 다른 두 개의 동사 '경작하다'(abad)와 '지키다'(shamar)에 의해 제한된다(창 2:15). 첫 번째 단어의 어근은 '섬기다'(to serve)를 뜻하고, 두 번째 단어의 어근은 '보존하다'(to preserve)를 뜻한다. 이 개념들은 개발과는 전혀 상관이 없다. 따라서 기독교의 관점에서 지구를 돌보는 일은 우리 모든 인간이 동일한 삶의 흐름에 속한다는 범신론적 신념, 모든 살아 있는 물체에는 동일한 가치가 있다고 확신하는 전체주의적 견해, 생존이라는 최고의 가치를 신뢰하는 실용주의적 신념 중 그 어느 것에도 기초하고 있지 않다. 그것은 오히려 소중히 여기는 마음을 필요로 하는 선물에 대한 관심과 존중으로부터 온다. 만물이 하나님께 속하기 때문에 그것은 우리에게 위탁된 유산으로서 – 창세기 1:29는 "내가… 너희에게 주노니"라고 말한다 – 우리에게 다가온다. 이 세계는 지혜롭고 공정하게 관리되는 한 모든 존재가 삶을 살아가기에 충분한 내용물을 가지고 있다(행 14:15-17). 노동(Work)은 사람들이 풍요를 향유하고 선물의 아름다움을 증진시키도록 하나님께서 주신 수단이다.

3) 지구의 부패(corruption)

불행하게도, 계획대로 일이 진행되지 않았다. 잠언에서 우리는 인간이 주변 세계를 주의 깊게 살펴봄으로써 진리를 분별할 수 있다고 인정하는 삶의 관점을 발견하게 된다(잠 1:1-4). 따라서 자연 질서의 작용에 관한 지식을 얻

---

[34] 신과 창조에 관한 정통 삼위일체론적 견해와 관련하여 범신론의 신학적 지위가 크게 논박되고 있다. 어쩌면 자연종교는 그것이 규정되는 방식에 따라 의미가 달라질 수도 있다. 모든 범신론 형태에서 자신을 분명하게 구분하는 이 관점을 변호하는 처지에 대해서는 다음 자료를 참조하라. Philip Clayton, *God and Contemporary Science* (Edinburgh, Edinburgh University Press, 1997), 89-100.

으려는 과학적 과제는 하나님께서 이 세계를 위해 인간에게 주신 책임으로부터 파생된다. 그러나 잠언은 그 과제가 단지 이 세계가 **어떻게** 작동하는지에 관한 지식을 얻는 것이 아니라 그것이 **무엇을 위해 존재하는지**를 분별하기 위해 필요한 지혜를 얻는 것임을 분명하게 가르쳐 준다.

삶을 지배하는 것, 다시 말해서 삶을 우리의 뜻대로 조종하는 것을 추구하는 **과제**와, 하나님께서 설정해 놓은 목표에 따라 삶을 이끌어 나가는 **기술** 사이에는 근본적인 차이가 있다. 사람들이 살고 있는 세계 전체의 이해와 그것과의 교감을 뜻하는 '생태학'(Ecology)은 물질적 자원의 관리를 뜻하는 '경제학'(economics)과 같은 어근을 가지고 있다. 불행하게도, 근대성의 영향 아래 관리(과제)가 이해(기술)의 역할을 넘겨받았다. 그리고 지식과 정복이 지혜와 돌봄의 자리를 대신하게 되었다 – 어쩌면 이 현상은 농업이 거대사업으로 전환되면서 더 분명해졌을 것이다.

하나님의 원계획으로부터 일탈하게 된 주된 이유는 피조물들이 창조자에 대한 책임을 거부했기 때문이다. 소작인들은 자신들이 유일한 지주가 되겠다고 주장했다. 창조주에 대한 예배와 창조에 대한 경탄은 무언가 – 이를 테면, 기술적 혁신과 이익창출 – 를 만들어내는 피조물의 뛰어난 지능에 대한 찬양으로 바뀌었다. 인간은 자신들의 야심 때문에 빚어진 지구 황폐화에 대해서 전혀 미안해 하지 않았다. 그런데 "우리 이름을 내"기 위해 새 기술로 건설한(창 11:3-4) 바벨탑 이야기가 인류 역사의 서막을 열었다는 사실(창 1-11장)은 매우 의미심장하다.

궁극적으로 모든 부패는 하나님만 계셔야 할 자리를 우리의 것으로 사칭하는 행위인 우상숭배에서 비롯된다. 그 우상숭배는 자연의 자원이 우리에게 속하고, 우리의 만족을 위해 그 자원을 개발할 수 있으며, 과학적으로 가능한 것 – 배아연구, 동물실험, 유전자 변형 등 – 은 모두 허용되어야 하며, 우리가 책임져야 할 대상은 오직 우리 자신(과 우리의 주주들) 뿐임을 믿는 신념을 낳는다. 그러나 하나님**으로부터의**(from) 자유와 하나님 **앞에서의**(before) 자유 사이에는 엄청난 차이가 존재한다.[35]

---

35) 기독교적 자유 이해에 관한 더 자세한 내용은 다음 자료를 참조하라. J. Andrew Kirk,

우상숭배의 첫 번째 단계는 애정 어린 관심으로 삶의 모든 양상을 돌보시는 하나님을 향한 열심을 잃어버리는 것이다. 두 번째 단계는 "자기 생각을 따라 옳지 않은 길을 걸어가는"(사 65:2) 우리 자신의 상상력을 추구하는 것이다. 우리는 삶 전체를 하나님의 지혜를 따라 살든지 아니면 오늘날의 전문용어로 '합리적 계획'(rational planning)이라고 일컫는 우리 자신의 지혜를 의지하든지 둘 중 하나를 선택하게 된다. 물론 인간의 지혜는 많은 점에서 우주에 관한 진리에 도달하였다. 그러나 환경에 관한 논쟁에서 그 인간의 지혜는 아무런 희망도 없이 균형을 잃어버린 심각한 위험에 빠져 있다. 자연이 하나님의 자리를 대신하기 시작했고 진짜 실체가 되기 시작했다.[36] 그러자 창조의 예배와 유사한 의식과 신념이 번성하기 시작했다. 점성술, 마법, 제의, 부적, 기타 마술 대상들(사 65:11)[37]을 통해 역사의 과정에 영향을 미치는 것은 단지 자연을 이용하는 한 단계에 불과하다. 그런 접근방식은, 우주에는 신이 존재하지 않거나 제멋대로 행하는 신에 의해 만들어졌다는 신념을 강조하면서, 동시에 질서정연한 우주의 확실성에 의존하는 과학적 탐구를 훼손하기도 한다.

The Meaning of Freedom, chapter 9.

36) 앤소니 기든스(Antony Giddens)는 자연의 개념이 녹색운동(Green Movement)에 의해 어떻게 '재창조'되고 있는지, 다시 말해서 녹색운동의 결과로서 과거의 자연 개념이 사라지고 있다는 점에 주목하였다. 자연은 마르크스주의와 자본주의의 기초를 이루는 생산과 소비의 윤리에 의해 지지되는 가치들과는 대조적으로 인간을 위한 진정한 가치의 근원으로서 인격화되었다(대문자 'N'으로 표기된 Nature). 그는 울리히 벡(Ulrich Beck)의 말을 인용한다(*Ecological Politics in an Age of Risk*, 65).

> 자연(대문자 'N'으로 표기된 Nature)은 자연(소문자 'n'으로 표기된 nature)이 아니라 하나의 개념, 규범, 기억, 유토피아, 반(反)이미지이다. 후자의 자연 개념은 더 이상 - 오늘날에는 더더욱 - 존재하지 않는다. 자연은 재발견되고 있고, 마음껏 욕망을 채우고 있다… '자연'(Nature)은 일종의 닻과 같아서 그것에 의해 망망한 바다 위를 항해하는 문명의 배가 눈 깜짝할 사이에 반대편에 있는 것 곧 마른 땅, 항구, 다가오는 암초를 만들어내고 계발한다.

그는 계속해서 자연이 의미의 원창조자도 아니고 그 자체로 자명한 것도 아니라는 점을 분명하게 지적한다. 자연은 항상 이미 해석된 것으로 나타난다. 이 내용에 관해서는 다음 자료를 참조하라. Antony Giddens, *Beyond Left and Right: The Future of Radical Politics* (Cambridge, Polity Press, 1994), 202-12.

37) '행운의 신'(가드 God)과 '운명의 신'(므니 Meni)은 가나안과 이집트의 종교에서 들어온 별의 신들이었다. 그들은 숙명을 관장하는 남성신과 여성신이었다.

4) 깨어짐(brokenness)의 치유

태어날 때부터 장애인이었던 한 사람을 치유한 뒤에 사도 베드로는 성전 경내에 모인 군중에게 온전한 육체의 회복은 예수 그리스도의 능력에 기인한 것임을 말한다(행 3:16). 그는 계속해서 그 치유과정이 전체 창조질서로 확대될 것을 설명한다. "주께서… 예수를 보내시리니 하나님이 영원 전부터 거룩한 선지자들의 입을 통하여 말씀하신바 만물을 회복하실 때까지는 하늘이 마땅히 그를 받아 두리라"(행 3:20-21). 베드로는 또한 예수를 역설적이게도 악한 자들에 의해 죽임을 당한 "생명의 주"로 언급한다. 우주는 "그로 말미암아 지은 바 되었으니"(요 1:3), "만물이 다 그로 말미암고 그를 위하여 창조되었다"(골 1:17).

예수께서는 이 땅에 사시는 동안 만물이 가진 본질적인 선함과 삶을 유지하는 능력, 그리고 그것의 파괴하는 능력과 파괴되는 능력을 인식하고 계셨다(마 5:45; 6:26; 13:7). 폭풍을 잠잠케 하시면서 그분은 적대적인 자연을 다스리는 능력을 보여주신다. 군중을 먹이시면서 그분은 자진해서 나누려는 마음을 통해서 결핍을 극복하는 능력을 보여주신다. 물을 포도주로 바꾸시면서 그분은 하나님의 손이 닿을 때 풍부해지는 삶의 질을 강조하신다. 그분의 사역은 죽음에 대한 생명의 승리와 그분의 깨어진 육체의 변화를 통해 성취되었다. 부활은 만물의 총체적인 재창조를 보여주는 신호이며, 모든 파괴적인 세력들을 이 땅에서 제거하시려는 하나님의 의지를 보여주는 증거다 – "다시 저주가 없으며"(계 22:3).

'우주적 회복'은 이사야서 65장에 나오는 가슴 벅찬 그림(17-25절)인 새로운 창조를 불러온다. 부패한 것이거나 부패되고 있는 모든 것은 제거될 것이다. 이른 죽음(20절), 음식부족(21절), 타인에게 속한 것을 빼앗는 행위(22절), 자연 유산 혹은 사산아(23절) 등이 대표적인 예가 된다. 대조적으로, 거기에는 육체적 삶의 충만함(20절 – 이것은 젊어서 죽는 사람들이 충분히 성장할 수 있도록 부활의 기회를 가지는 것을 의미한다고 볼 수 있는가?), 안전(21절 – 착취와 폭력으로부터의 자유는 모든 이가 자신이 노동한 것의 열매를 향유할 수 있음을 의미한다), 모든 피조물의 평화(25절 - 동물의 세계로부터 두려움이 제거될 것이다)가 이루어질 것이다.

7. 선교

올바른 기독교 신앙의 관점에서 볼 때, 기독교 신앙이 환경에 대한 부주의하고 조심성 없는 접근방식을 지지하지 않는다는 점은 분명할 것이다. 오히려 그것은 먹을거리, 주거, 건강관리, 의미 있는 노동, 교육 등 인간의 기본 필요를 충족시키는 것과 같은 한정된 태도를 주장한다. 그러므로 '그린' 이슈들('green' issues, 환경문제에 영향을 미치는 이슈들 - 역주) 중 많은 것이 동일한 수준의 행동을 필요로 하는 가난한 자들을 위한 정의의 이슈들과 밀접하게 연관되어 있다. 물질주의의 극복을 위해서 6장에서 제시된 논거들에 더하여, 환경을 돌보는 일은 소비의 제한을 필요로 한다. 그리스도인들에게는 자기탐닉적인 생활양식을 부도덕하고 미성숙한 것으로 간주할만한 좋은 논거가 있다. 사람들은 종종 개인의 깊은 부적절성을 감추려고 과도한 소비를 시도한다. 따라서 그 부적절성은 깨어진 관계 - 하나님, 친구들, 가족과의 - 의 회복과 자기가치의 발견을 통해 해결되어야 한다. 심지어 소비가 합리적이고 지출이 완전히 정당화될 수 있는 상황일지라도, 사람의 생명이 그 소유의 넉넉한 데 있지 않고 타인에 대한 관용에 있다는 진리를 입증하기 위해 그 소비와 지출을 포기하는 것이 옳을 수 있다. 바울은 디모데에게, 나눌 준비를 하는 것은 "참된 생명을 취하는 것"이라고 말한다(딤전 6:18-19). 바울은 스스로 만족의 비밀을 터득하였다. 비천에 처하든지 풍부에 처하든지 모든 상황 속에서 하나님께 감사할 준비를 하는 것이 바로 그것이다(빌 4:10-13).[38]

---

[38] 파울로스 마르 그레고리오스(Paulus Mar Gregorios)는 풍요에 대한 열망이 숨겨진 신념과 마음의 결탁에 의해 자극된다고 주장한다. 그러나 순간적인 만족은 심각한 손실을 낳는다. 왜냐하면 그것은 인내하며 기다려야 할 솜씨 좋은 작품 대신에 별로 비용이 들지 않는 값싼 제작물의 소유를 의미하기 때문이다. 다음 자료를 참조하라. "New Testament

어쩌면 건강 경고문과 같은 것에 과소비의 (물리적 혹은 심리적) 위험에 관해 알리는 내용을 담아야 할지도 모른다. 문제는 전 지구적 경제가 모든 사람의 필요를 우선적으로 충족시키는 능력이 아니라 소비를 자극하는 능력에 기초하고 있다는 데 있다. 외관상, 인류는 쓰레기와 실업의 위협을 동반하는 임의적 지출이라고 하는 치명적 대안에 사로잡혀 있는 듯이 보인다. 경제는 제한된 자원을 낭비한다는 점에서 부도덕하며, 또한 이 방정식을 해결할 수 없다는 점에서 불합리하다.

이 문제는 지금까지 활발하게 토론되었는데, 특히 『성장의 한계』(The Limits to Growth)라는 보고서가 논쟁에 불을 붙였다.[39] 기고자들은 풍부한 통계 자료를 근거로 지속적인 경제성장을 나타내는 상향곡선은 삶의 자원과 질에 대한 부담 때문에 그리 오랜 기간 동안 유지될 수 없다고 주장했다. 어떤 이들은 미래에 대한 예언이 너무 비관적이라고 주장하기도 했다. 뒷궁리의 이점을 가지고 볼 때, 제로성장(zero growth)을 주장할 필요는 없을 것이다. 그 경고 자체는 과학자들로 하여금 보다 풍부한 양의 식량을 생산하는 방법들을 발견하도록 자극하였으며, 정부들에게는 산업계로 하여금 오염된 해양과 강들을 정화하기 위해 필요한 비용을 부담하도록 자극하였다. 그러나 규제되지 않은 시장 메커니즘이 신중한 태도로 환경을 대할 것이라고 기대하는 것은 거의 불가능하다. 유엔 환경회의에서 - 리우데자네이루(Rio de Janeiro), 코펜하겐(Copenhagen), 교토(Kyoto)에서 개최된 - 우리는 자국민을 위해 여러 정부가 발표한 친환경적 생활 전략들을, 다국적기업들이 로비를 통해서, 그리고 (주로 서구) 정치인들이 선거 편의주의를 이용해 축소시키거나 연기시키는 사례를 반복적으로 보아 왔다.

그리스도인들은 자연 환경의 지속적 유지 가능성(sustainability)을 신중하게 계획하고 그것을 반영한 법률이 제정되도록 압력을 행사해야 한다. 그런 입법 활동은 생태계를 파괴하기에 충분한 이유들인 기술 - 자

Foundations for Understanding the Creation" in W. Granberg Michaelson, *Tending the Earth* (Grand Rapids, Eerdmans, 1987), 92.
39) Donella Meadows *et al.*, *The Limits to Growth* (New York, Universe, 1972).

기 자신을 위한 혹은 그것의 값을 지불할 수 있는 사람에 기초한 - 과 '이윤동기'(profit motive)에 도전한다. 현대성은 확장되는 기대의 물결 속으로 인류를 끌어들였다. 예를 들어, 현대의학과 관련하여, 사람들은 끊임없이 발전하는 정교한 의학기술 - 기계, 약, 유전자 변형 - 을 통해 치료 가능성이 점점 증대되고 있다는 사실에 열광하고 있다. 이런 기대는 실로 놀랄만한 과학적 발전에 의해 생겨나게 되었다. 그러나 의료복지 체계가 의존하고 있는 부의 자원이 무한정 확장될 수 있는 것이 아니라는 점에서 수요가 공급을 훨씬 능가하고 있다. 따라서 그 결과, 추가 자원이 과학기술적인 면에서 대단하게 여겨질 만한 것들에 주어지고 다른 의료서비스를 제공하는 프로그램으로부터는 제거되는 현상이 벌어지고, 사적인 의료 체계를 통해서 대가를 지불할 수 있는 사람들에게 자원이 할당되는 현상이 일어난다.

세계 여러 곳에서 유익한 농사법을 실천하는 사람들을 지원하는 일에 이미 많은 그리스도인이 참여하고 있다. 예를 들어, 휴식에 관한 '안식일 원리'(출 20:10; 레 25:1-7)는 자연스러운 휴경 과정을 말하고 있다. 그러나 이 원리는 오늘날 종종 땅으로부터 최대 생산을 쥐어짜내기 위한 비료 사용으로 대치되고 있다.

> 매주 돌아오는 안식일은 인간만을 위한 휴식의 날이 아니다. 그 날은 또한 가족공동체에 속한 동물들을 위한 휴식의 날이기도 하다(출 20:10). 그 날은 인간이 자연을 간섭하지 않는 날로서 노동이든지 추수든지 간에 어느 활동도 해서는 안 된다. 대신 자연을 하나님의 창조물로 인식해야 하고, 따라서 그것을 존중해야 한다.[40]

이와 함께, 그리스도인들은 토지에 개인적 혹은 공동체의 이해관계가 있는 사람들이 땅을 돌보도록 하는 토지개혁을 위해 끊임없이 압력을 가해야 한다.[41] 그들 - 그 땅과 상관없는 곳에 살고 있는 부재지주

---

[40] Jürgen Moltmann, *The Way of Jesus Christ*, 309.
[41] 다음 자료를 참조하라. Paul Brand, "A Handful of Mud: A Personal History of My

가 아닌 – 만이 리오회의(Rio Conference)에서 '지속 가능한 농업'(sustainable agriculture)으로 일컬은 것에 관심을 보이고 있다. 여기에서 '지속 가능한 농업'이란 자원을 고갈하지 않고 오히려 고양하며, 외부적 투입에 의존하지 않고, 지역 살림을 다변화하고, 지역민을 위한 안정된 수입처를 확보함으로써 사람들로 하여금 그 땅에 계속 머물게 하는 농업을 말한다.[42]

결론적으로, 피조물은 분명히 하나님의 영광을 나타내기 위해 존재하며, 인간에 의한 사용은 단지 이차적으로 고려되어야 한다는 성경적 관념은 그리스도인들이 조류와 다른 종들의 이주 경로와 세계의 '야생' 지역들을 보존하고, 확대하고, 인간이 누릴 수 있도록 개방할 뿐만 아니라 그것들이 파괴되지 않도록 돌보는 일과 연관된 모든 의안 제출을 지원해야 한다는 점을 암시한다. 국립공원 – 모든 이에게 동일한 혜택을 주는 – 을 만들고 뛰어난 자연 경관을 인간의 건설 사업으로부터 보호하는 운동은 여러 가지 점에서 특정 건물들을 국가적 혹은 국제적 유산의 일부로 지정하려는 노력과 맞먹는 환경적 등가물이다. 그것들은 인류의 공동사(共同史)와 유산에 속하는 것으로서 오는 세대에 흠 없이 전달되어 그들이 그것들을 찾아갈 때마다 동일한 즐거움을 얻을 수 있게 해줘야 한다. 우리는 이제 시작한 곳으로 돌아간다. 인간이 유발한 공해 – 그것이 스모그이든지 고압선이든지 쓰레기이든지 간에 – 혹은 인간이 야기한 동물과 식물의 고갈 현상은 자연, 곧 장엄한 산과 아름다운 경관에 대한 우리의 첫 번째 반응이 되어야 할 순수한 놀라움과 두려움을 경감한다.

Love for the Soil" in Michaelson, *Tending the Earth*, 146.
[42] 다음 자료를 참조하라. Ulrich Duchrow, *Alternatives to Global Capitalism Drawn from Biblical History, Designed for Political Action* (Utrecht, International Books, 1995), 256-9.

토의과제

1. 환경을 돌보는 일이 현 시대에 살고 있는 그리스도인들의 특별한 관심사항이 되어야 한다고 생각한다면 왜 그래야 하는지 설명해 보자.

2. 환경, 특별히 동물들이 일정한 '권리'를 가지고 있다는 주장에 대해 찬성 의견과 반대 의견으로 구분하여 토론해 보자.

3. 자동차 의존율을 낮출 운송 전략을 논의하는 국가적 회의 결과들을 평가해 보자. 그리고 그것들에 대한 당신의 생각을 교회에 알리기 위해 보고서를 작성해 보자.

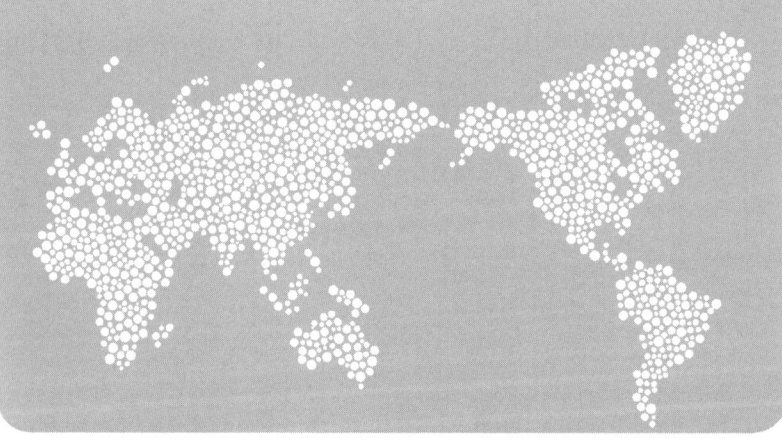

10장
파트너십의 공유

1. 유행하는 최신 개념

여기에서, 중요하면서도 복잡한 세계선교의 한 양상을 간단히 언급하고자 한다. 여러 종류의 교회와 선교단체들은 자신이 속한 국가적 경계를 넘어 사역할 때 서로 어떤 연관관계를 가지는가? 서로 다른 교단과 전통에 속한 교회들이 밀접한 협력관계 속에서 일할 수 있는 최적의 조건은 무엇인가? 그리스도인들 사이의 일치는 선교의 필수요건으로서 얼마나 비중이 있는가? 그것은 얼마나 선교의 열매를 거두고 있는가?

최근에 '파트너십'(partnership)의 관점에서 다양한 그리스도인 집단들의 관계를 말하는 것이 유행되고 일반화되고 있다. '파트너십'은 결혼에 관한 긍정적이고 용기를 주는 반지로 상징된다. 애매함에서 자유롭지는 않지만 – 일부 사회에서 그 용어는 두 사람이 결혼에 대한 공적인 약속 없이 함께 사는 것과 같이 아주 천박한 의미로 전락했다[1] – 그것은 평

---

[1] 서구에서 두 남녀가 만나 함께 사는 경우에 일반적으로 '결정 유보'(keeping one's options open) – 이 경우, 헤어져도 이혼할 때의 법적인 복잡성에 휘말릴 염려가 없다 – 를 매우 장려하는 문화의 조짐이 나타나고 있다. 이런 상황에서 '파트너'라는 단어는 '현재 함께 생활하고 있는 사람'이라는 약한 의미로 사용되고 있다. 사업 관계 속에서 '파트너십'은 두 사람 혹은 그 이상의 사람들이 이익의 권리와 손실의 책임을 공유하기로 동의한 계약상의 관계를 말한다. 선교의 맥락에서 그것은 두 사람 혹은 그 이상의 기독교 집단들이 하나님 앞에서 상대방이 맡은 과제를 서로 지원하겠다고 약속하는 '언약적'(covenantal)

등, 협력, 공동노력을 통해 모든 것을 함께 나누겠다는 공적인 약속을 의미한다.

세계 기독교에서 '파트너십'은 신뢰와 상호인정과 상호교환에 기초한 교회들 사이의 관계를 가리킨다. 그것은 '선배'와 '후배,' '부모'와 '자녀,' 심지어 '늙은이'와 '젊은이' 등의 모든 차별적 관념을 완전히 배제한다. 그것은 교회의 여러 부분이 어떻게 서로 상대방에게 속하며, 어떻게 삶을 공유함으로써 목표를 성취하는지를 보여주기 위해 고안된 용어다. 그것은 둘 혹은 그 이상의 단체들이 서로에 대한 책임을 공유하기로 동의한 관계를 말하며, 각자가 상대편이 미래를 계획하는 일에 의미 있게 참여하는 관계를 가리킨다. 이런 식으로 볼 때, 파트너십은 우리가 추구해야 할 이상적인 개념이다. 앞으로 우리가 살펴보겠지만 진짜 평등한 관계를 구현하는 일에는 현실적인 어려움이 따르는 것이 사실이다. 그러나 그런 어려움을 살펴보기 이전에 먼저 파트너십이 의미하는 바가 무엇인지 이해하는 것이 좋을 것이다.

2. 간단한 역사 살피기

국제선교협의회(International Missionary Council)의 예루살렘대회(Jerusalem Conference, 1928) 때 존 모트(John Mott)는 '보내는' 교회와 '받는' 교회의 개념을 종식시키자고 요구하였다.[2] 모든 교회가 동일한 복음전파에 참여하고 있다는 인식에 힘입어 1948년에 결성된 세계교회협의회(World Council of Churches)는 모든 자치교회에 – 세계의 어느 곳에 존재하든지 간에 – 자문회의의 기존 회원교회들과 똑같은 자격을 부여해야 한다는 점을 지적하였다.

성공회(Communion of Anglican Churches)는 1960년대에 소위 '상호책임과

관계라고 말하는 것이 좋을 것이다.
2) 다음 자료를 참조하라. David Bosch, *Transforming Mission*, 465.

독립'으로 일컬어지는 파트너십 과정을 관구(provinces)와 교구(dioceses) 사이에 설정하였다.[3] 그런 긴 말이 나중에 '선교 파트너'(partners in mission)라는 말로 바뀌었다는 사실은 그리 놀라운 일이 아니다. 그럼에도 불구하고 그 표현은 타교회의 생활과 복음사역에 대한 책임을 동반하는 상호결속의 중요성을 내포하고 있었다. 예상된 바와 같이, 탈식민화 시기 이후 곧 인도와 파키스탄이 독립한 1947년 이후에는 서구교회들과 선교단체들이 이전에 설립했던 교회들을 의미하는 '독립적'이고 '자율적'인 교회에 관해서 말하는 것이 점차 일반화되었다.[4] 그러나 처음부터 많은 독립적인 새 교회들이 아프리카와 아시아와 라틴 아메리카에 생겨났다는 사실을 기억해야 한다.[5]

파트너십 정신에 반대되는 것처럼 보이기는 하지만, 1960년대 후반과 1970년대 초반에 있었던, 서구 출신 선교사들에 대한 '유예'(moratorium)의 논쟁은 파트너십을 확고한 기초 위에서 적절하게 이해하려는 노력의

---

3) 다음 자료를 참조하라. Nazir Ali, *Mission and Dialogue*, 51.
4) 다음 자료를 참조하라. Jan Jongeneel, *Philosophy, Science and Theology of Mission*, 180.
5) 가장 뚜렷한 사례는 라틴 아메리카의 많은 오순절 교회들과 아프리카 대륙에 존재하는 아프리카 토착교회들(African Initiated churches)이다. 다음 자료들을 참조하라. Andrew Chesnut, *Born Again in Brazil: The Pentecostal Boom and the Pathogens of Poverty* (New Brunswick, Rutgers University Press, 1997); Daniel Miller (ed.), *Coming of Age: Protestantism in Contemporary Latin America* (Lanham, University Press of America, 1994), 65-88, 89-116; Daine Austin-Broos, *Jamaica Genesis: Religion and the Politics of Moral Order* (Chicago, University of Chicago Press, 1997); Harvey Cox, *Fire from Heaven: The Rise of Pentecostal Spirituality and the Reshaping of Religion in the Twenty-First Century* (London, Cassell, 1996), chapter 9; David Martin, *Tongues of Fire: The Explosion of Protestantism in Latin America* (Oxford, Blackwell, 1990); Allan Anderson, *Tumelo: The Faith of African Pentecostals in South Africa* (Pretoria, University of South Africa, 1993); M-L Martin, *Kimbangu: An African Prophet and His Church* (Oxford, Blackwell, 1985); Adrian Hastings, *A History of African Christianity, 1950-1975* (Cambridge, Cambridge University Press, 1979), 248-57; Edward Fashole-Luke, Richard Gray, Adrian Hastings and Godwin Tasie (eds.), *Christianity in Independent Africa* (London, Rex Collins, 1978), 44-59, 96-110, 111-21; David Shenk (ed.), *Ministry in Partnership with African Independent Churches* (Elkhart, Mennonite Board of Missions, 1991); Allan Anderson, *African Reformation: The Rise and Development of African Instituted Churches in the 20th Century* (Africa World Press, 2001).

일환이었다. 일시적 정지의 문제는 이반 일리치(Ivan Illich)가 예수회 계열의 잡지인 『아메리카』(America, 1967년 1월호)에 게재한 글에서 처음 제기되었다. 그는 엄청난 수의 가톨릭 선교사들이 미국에서 라틴 아메리카로 들어가는 현상이 현지교회로 하여금 그 대륙의 사회적, 정치적 변동에 충분히 참여하지 못하게 만드는 방해요소가 되고 있다고 주장했다. 그는 그 당시 북미교회가 감당해야 할 최선의 선교적 노력은 라틴 아메리카의 가난한 자들의 마음에 피어나고 있었던 염원을 억압하는 일과 관련된 미국 내의 정치적, 경제적 세력들과 맞서는 것이 되어야 한다고 주장했다.

1971년, 필리핀의 한 그리스도인이었던 나크필(Nacpil)은 선교잡지인 『국제선교평론』(International Review of Mission) – 1969년부터 제목의 'Missions'에서 's'가 탈락되었다 – 에 '선교는 좋지만 선교사는 사절'(Mission but not Missionaries)이라는 제목의 글을 실었다. 그는 그 글에서 서구출신 선교사들이 토착 신앙의 성장을 억누르고 질식시킨 사실에 대해서 많은 제3세계 그리스도인들이 느끼고 있는 좋지 않은 감정을 강하게 반영하였다.[6] 또한 선교사를 받지 않은 교회들 – 예를 들면, 중국과 미얀마의 교회들 – 이 가장 빠르게 성장하고 있다는 사실도 관찰되었다.[7] 이런 상황에서 선교 '자제'(abstention)의 기간을 가짐으로써 어린 교회들이 더 이상 어깨 너머로 배우거나 지원교회에 보고하는 일 없이 스스로 자신의 삶과 전략을 정비할 수 있도록 하자는 요청이 생겨났다. 그렇게 된다면 둘 사이의 관계는 정말 성숙하게 되었을 것이고, 어린 교회들은 자신들과 함께 일하기 위해 다른 지역에서 오는 선교사의 자격 요건에 대해서 말할 수 있는 권리

---

6) Nacpil, "Mission But Not Missionaries," *International Review of Mission* (vol. 60, 1971), 356-62. 케냐의 존 가투(John Gatu) 역시 이 논쟁에 매우 중요한 인물이다 – 이 내용에 관해서는 다음 자료들을 참조하라. T. Yates, *Christian Mission in the Twentieth Century*, 199; Pius Wakatama, *Independence for the Third World Church: An African's Perspective on Missionary Work* (Downers Grove, IVP, 1976).

7) 최근, 그러니까 지난 1970년대에, 급진적인 사회정치적 변화 – 니카라과의 경우와 같은 – 를 지원했던 모든 교단의 민족 교회들 역시 가장 적은 수의 선교사를 보유하고 있었다는 점이 관찰되었다.

를 행사할 수 있었을 것이다.

오늘날 현 체제 하의 아시아에서 선교사가 할 수 있는 가장 **선교적인** 봉사는 고국으로 돌아가는 것이다! 그리고 오늘날 어린 교회들이 할 수 있는 가장 자유롭고 생명력이 넘칠 뿐만 아니라 용기 있는 행동은 현 체제 하에서 일하는 선교사들에게 활동을 중지하라고 요구하는 것이다.[8]

서구의 교회들과 선교단체들이 일정 기간 동안 선교사 파송을 중단할지도 모른다는 기대는 - 비록 그런 일이 아주 적은 경우에 일어나기도 했지만[9] - 실제로는 매우 비현실적인 일이었다. 어쩌면 서구에서 해외로 나가는 최소한의 선교사들마저 없었다면 교회들과 선교단체들이 만족할만한 수준의 재정 지원을 유지하기 어려웠을 것이다. 이것은 많은 사람에 의해 부적절한 선교관에 대한 씁쓸한 성찰로 여겨졌다. 선교 지원 과정에서 사람의 요소도 중시하려는 이해할만한 바람은 서서히 교회 혹은 선교단체가 위치하고 있는 나라를 넘어 타국민들을 포함시키려는 노력으로 확대되고 있다.[10]

3. 교회의 본질

서구교회가 자신의 구조와 스타일을 선교에 적합하도록 조정하는 일에 끊임없이 실패했음에도 불구하고, 적어도 이론상으로는 교회가 어디에서나 하나님의 선교를 감당하는 한 부분이 되어야 한다고 말하고자

---

[8] Nacpil, "Mission But Not Missionaries," 360.
[9] 사례로는 영국 성공회 복음전도협회(the United Society for the Propagation of the Gospel in the UK), 연합감리교회(the United Methodist Church), 미국 장로교회(the Presbyterian Church of America in the USA)를 들 수 있다.
[10] 내가 알고 있는 최근의 사례는 영국의 한 선교회 소속으로 남미로 간 한 부부인데, 남편은 이스라엘 출신이고 부인은 칠레 출신이다. 타문화권 선교가 인적 지원과 재정적 지원의 측면에서 국제적이어야 한다는 생각이 점차 받아들여지기 시작하고 있다.

할 때 그것을 교회의 선교적 소명과 상관없이 말할 수 없다는 점이 강하게 인정되어 왔다. 세계교회협의회(WCC)의 세계선교와 전도분과위원회(Commission on World Mission and Evangelism)가 개최한 멕시코시티대회(Mexico City Conference, 1963)에 이르기까지의 기간을 정리하면서 윌버트 쉔크(Wilbert Shenk)는 다음과 같이 말한다.

> 지난 두 세기 동안 서구교회의 후원에 의해 선교 활동이 전 세계적으로 왕성하게 펼쳐졌지만 그 활동은 서구교회의 교회에 관한 의식을 근본적으로 재정향시키지 못했다. 사실 의식의 관점에서 볼 때 기독교계(Christendom)는 여전히 자기충족적이고 고립된 실체로 남아 있었다. 서구는 교회의 역사와 신학이 자신의 것이며 오직 서구에서만 가르칠 수 있는 것으로 인식했다. 이러한 인식 하에서 선교를 '그곳,' 곧 서구 밖에서 일어나는 것으로, 그리고 '교회'를 서구사회에서 세우는 것으로 생각하는 것은 전혀 문제가 아니었다.11)

세계선교와 전도분과위원회(CWME)는 멕시코시티대회를 치른 뒤 교회의 중요한 선교적 본질을 인식하고 '회중의 선교적 구조'에 관한 연구를 시작했다.12) 그것은 오직 선교에 의해서만 교회의 존재를 확인할 수 있음을 재인식하려는 시도였다. 사회학적 관점에서 볼 때 특히 오랜 역사를 지닌 유럽의 교회들이 교차문화적 상황(a cross-cultural situation)에서 소수 종파에 불과하며, 신학적 관점에서 볼 때 바벨론에서 비우호적인 땅을 건너 "하나님이 계획하시고 지으실 터가 있는 성"(히 11:10; 12:22; 계 18장)을 향해 가는 나그네임을 여전히 깨닫지 못하고 있다는 점이 지적되어야 한다.

---

11) Wilbert Shenk, *Write the Vision: The Church Renewed* (Valley Forge, Trinity Press International, 1995), 51-2.
12) 다음 자료들을 참조하라. John Fleming, *Structures for a Missionary Congregation: The Shape of the Christian Community in Asia Today* (Singapore, EACC, 1964); World Council of Churches, *The Church for Others* (Geneva, WCC, 1967); World Council of Churches, *Planning for Mission* (New York, 1966); Herbert Neve, *Sources for Change: Searching for Flexible Church Structures* (Geneva, WCC, 1968).

그러므로 '선교의 파트너십'은 교회의 본질에 속하며, 파트너십은 교회가 **행하는** 그 무엇(what the Church *does*)이라기보다 교회가 **존재하고 있는** 그 어떤 모습(what it *is*)이라는 관념을 이해하는 것이 어려운 일이 될 수도 있다. 신학적으로 볼 때, 하나님께서 각 그리스도인을 "그의 아들 예수 그리스도 우리 주와 더불어 교제(*koinonia*)하도록" 부르셨기 때문에(고전 1:9) 교회들은 서로에게 속한다. 그러나 예배 유형, 전도 방식, 리더십 스타일, 사회 참여, 신앙의 표현 방식은 얼마든지 다양할 수 있다. "몸이 하나요 성령도 한 분이시니 이와 같이 너희가 부르심의 한 소망 안에서 부르심을 받았느니라. 주도 한 분이시요 믿음도 하나요 세례도 하나요 하나님도 한 분이시니 곧 만유의 아버지시라…"(엡 4:4-6). "우리가… 다 한 성령으로 세례를 받아 한 몸이 되었고 또 다 한 성령을 마시게 하셨느니라"(고전 12:13). 따라서 파트너십은 어떤 유능한 위원회가 고안해 낸 멋진 슬로건이 아니다. 그것은 예수 그리스도 안에서 이루어지는 하나의, 분할할 수 없는 공동의 삶을 표현한다.

4. 성경적 기초

성경에서 파트너십에 가장 가까운 단어를 찾는다면 아마도 코이노니아(*koinonia*)일 것이다. 그것의 가장 기본적인 의미는 공동의 정체성, 목표, 책임을 가진 한 집단 내에 '함께 참여하는 것'이다. 그것은 예수 그리스도께서 그날 밤 자신을 배반할 제자들과 함께 나누신 – "나와 함께 그릇에 손을 넣는"(막 14:20) – 엄숙한 공동식사 – 그것은 후에 그분의 죽음과 부활을 경축하는 식사가 되었다(고전 11:20 이하) – 와 같은 형태에서 가장 쉽게 파악될 수 있을 것이다. 파트너십과 비슷한 의미를 지닌 '반려'(伴侶, companion)라는 용어가 문자적으로는 '함께 식사하는 사람'을 뜻한다는 사실이 종종 지적되기도 하였다. 나는 여기에서 우연히 간식을 함께 나누는 것이 아니라 같은 식탁에 앉아 분명한 연합을 진지하게 인식하는 것에 대해서 말하고 있다. 참여자들이 서로 하나됨을 적극적으로 선언하는 과정에서 이 식탁교제의 의미를 지나치게 강조하는 것은 가능하지 않다.[13)]

신약성경에서 우리는 이 파트너십의 네 가지 양상을 발견할 수 있다.

1) 공동의 사역을 나눔

바울은 빌립보 교회에 보낸 편지의 서두에서 그곳 성도들이 그의 사역에 참여한 점에 대해서 하나님께 감사하고 있다. "이제까지 복음을 위한 일에 참여하고 있기 때문이라" – 여기에서 '참여'는 문자적으로 '교제'를 뜻한다(빌 1:5). "그들은 복음의 '변증'(*apologia*)과 '확증'(*bebaiosis*)을 위해 그와 함께 일하는 '동역자들'(*sunkononoi*)이다."[14)] 빌립보 교회는 여러 가지 면에서 바울과 동역했던 교회였다. "빌립보 사람들아, 너희도 알거니와 복음의 시초에 내가 마게도냐를 떠날 때에 주고받는 내 일에 '참여한'(*ekoinonesen*) 교회가 너희 외에 아무도 없었느니라"(빌 4:15). 바울은 양측이 서로 주고받는다는 관점에서 파트너십을 생각한다. 여러 가지 면에서 볼 때, 양측이 서로 주고받음으로써 이득을 얻었다는 사실은 의심의 여지가 없다.

그 당시에 바울에게는 '동역자들'(*sunergoi*)이 있었다. 그들은 그가 특별하게 언급한 사람들로서 전도사역을 위해 그와 함께 여행을 했거나 그가 지역교회를 방문했을 때 그에게 특별한 도움을 주거나 격려했던 사람들이었다 – 그들 중에는 남성뿐 아니라 여성, 자유민뿐 아니라 노예도 있었다(빌 4:2-3; 2:25; 롬 16:3, 9; 고후 8:23; 골 4;11; 몬 1-2 참조).

2) 은사를 나눔

그리스도의 몸 안에서 이루는 파트너십은 성령께서 그 몸의 각 지체에

---

13) 예수께서 '세리들' 및 '죄인들'과 함께 잡수신 사건(막 2:16; 눅 15:2; 19:7)과 베드로가 이방인 그리스도인들과 함께 식탁교제를 나누다가 물러선 사건(갈 2:11-14)을 참조하라.
14) Nazir Ali, *Mission and Dialogue*, 50.

게 주신 은사들(charismatoi)에 관해 말하는 구절들 안에서 강조되고 있다. 고린도전서에서 바울은 각 사람을 "유익하게 하려"고 성령께서 나타나셨음을(고전 12:7) 강하게 말하고 있다. 왜냐하면 은사의 활용이 공동체 안에 심각한 불화를 낳고 있었기 때문이다. 구체적으로 말하자면, 보다 극적인 혹은 특별한 은사 – 지혜의 말씀, 지식의 말씀, 병 고침, 능력 행함, 각종 방언 말함과 같은(고전 12:8-10) – 를 가진 사람들이 그들이 '더 열등'하게 여기는 은사를 가진 사람들을 경멸하고 있었기 때문이었다. 로마서에도 이 문제에 관한 힌트가 있는데, 바울은 "높은 데 마음을 두지 말고…스스로 지혜 있는 체 하지 말라"(롬 12:16)고 말한다.

모든 은사를 공동체 전체의 건강과 안녕을 위해 활용함으로써 성숙한 어른으로 성장할 수 있다. "그가 어떤 사람은… 삼으셨으니 이는 성도를 온전하게 하여 봉사의 일을 하게 하며 그리스도의 몸을 세우려 하심이라. 우리가… 온전한 사람을 이루어 그리스도의 장성한 분량이 충만한 데까지 이르리니"(엡 4:11-13). 한 공동체의 유기적 성장(the organic growth)에 기초하여 각 사람이 다른 모든 사람에게 주신 은사에 의존하는 모습을 보여주는 그림이 여기에 있다. 이 그림은 파트너십을 모두의 필요를 충족시키기 위해 서로의 삶에 참여하는 것으로 묘사한다(롬 12:6-13).

3) 물질적 자원을 나눔

고린도 교회에 보낸 두 번째 편지에서 바울은 그 교회가 어려움에 처한 유대의 기독교 공동체를 위해 그들이 가지고 있는 것을 나눠야 할 필요성에 대해서 상당히 자세하게 언급하고 있다.[15] 그는 먼저 마게도냐의 교회들 – 특히 빌립보 교회 – 이 보여준 사례를 추천한다. 그 교회는 그렇게

---

15) 다음 자료들을 참조하라. Jerome Murphy O'Connor, *The Theology of the Second Letter to the Corinthians* (Cambridge, Cambridge University Press, 1991), chapter 6; Ralph Martin, *Word Biblical Commentary* vol. 40, *2 Corinthians* (Waco, Word Books, 1986), 248-96; Stephen Kraftchick, "Death in Us, Life in You: The Apostolic Medium" in David Hay (ed.), *Pauline Theology* vol. II *1 and 2 Corinthians* (Minneapolis, Fortress Press, 1993), 177-9.

할 능력이 별로 없었음에도 불구하고 그리스도의 몸에 속한 다른 지체가 위기를 겪고 있을 때 최선을 다해 돕는 모습을 보여주었다(고후 8:1-5). 두 번째로, 그는 아가야에 있는 교회가 적어도 보다 북쪽에 위치한 교회들의 넉넉하게 베푸는 마음과 헌신에 뒤지지 말 것을 권고한다(고후 9:1-4). 그는 그들에게 영적인 부요를 누리게 하시는 예수 그리스도의 자기희생적 행위를 상기시킨다(고후 8:9). 그는 디도에 의해 모아진 연보가 다른 그리스도인들의 필요를 채워주고, 그렇게 함으로써 균등한 삶을 가능하게 만들 것이라고 말한다.

> 이는 다른 사람들을 평안하게 하고 너희는 곤고하게 하려는 것이 아니요 균등하게 하려 함이니 이제 너희의 넉넉한 것으로 그들의 부족한 것을 보충함은 후에 그들의 넉넉한 것으로 너희의 부족한 것을 보충하여 균등하게 하려 함이라(많은 번역본들이 '균등'<balance>을 '평등'<equality>으로 번역하고 있다. 고후 8:13-14).

이 문제에 관한 바울의 논의에는 파트너십의 요소가 많이 담겨 있다. 마게도냐와 아가야의 교회들은 유대의 교회를 위한 특별 사역에 함께 참여하고 있었다(고후 8:4). 이 사랑과 헌신의 물질을 받게 될 유대에 있는 교회들은 그들에게 복음을 전해주었다.

> 그러나 이제는 내가 성도를 섬기는 일로 예루살렘에 가노니 이는 마게도냐와 아가야 사람들이 예루살렘 성도 중 가난한 자들을 위하여 기쁘게 얼마를 연보하였음이라 저희가 기뻐서 하였거니와 또한 저희는 그들에게 빚진 자니 만일 이방인들이 그들의 영적인 것을 나눠 가졌으면 육적인 것으로 그들을 섬기는 것이 마땅하니라(롬 15:26-27).[16]

---

16) "인간에 대한 하나님의 구원 목적의 맥락에서, 바울은 먼저 복음을 받아들인 사람들과 그들에 의해 나중에 복음화된 사람들 사이에 상호교류 및 상호작용의 관계를 수립한다" (Samuel Escobar, "A Pauline Paradigm of Mission: A Latin American Reading" in Van Engen, Gilliland and Pierson <eds.>, *The Good News of the Kingdom*, 63).

그들은 또한 마게도냐와 아가야의 교회들을 위한 기도의 사역에 참여하였다(고후 9:14). 마지막으로, 모든 교회는 서로 파트너십을 형성하였을 뿐만 아니라 하나님과도 파트너십을 형성하였다. 하나님께서는 (그들이 계속 베푸는 한 - 고후 9:8-10) 그들이 주려고 했던 것보다 더 많은 것을 공급해 주실 것이다. 또한 하나님께서는 찬양과 감사를 받으실 것이다(고후 9:12-13). 이것은 복음 안에서 이루어지는 파트너십의 또 다른 본보기다. "이 직무로 증거를 삼아 너희가 그리스도의 복음을 진실히 믿고 복종하는 것과 그들과 모든 사람을 섬기는 너희의 후한 연보로 말미암아 하나님께 영광을 돌리고"(고후 9:13).

4) 고통을 나눔

같은 편지의 서두에서 바울은 고린도의 그리스도인들이 자신과 디모데의 고난에 참여한 사실에 대해서 말한다(고후 1:7). 그들의 수고는 사실상 모두 그리스도의 몸 곧 교회의 고난을 통해서 계속 이어지는 그분의 고난에 참여하고 있음을 뜻한다(골 1:24). 이런 특별한 종류의 고통 분담은 그분의 "고난에 참여함"(koinonia) 곧 육체의 상함과 죽음에 깊이 참여하는 것을 의미한다(빌 3:10; 갈 6:17; 골 4:8-12). 그 고난은 핍박, 여행 중에 겪는 고초, 배고픔, 목마름, 자지 못함, 추위에의 노출, 수고로움, 허위 진술, 모욕, 교회의 안녕에 대한 근심과 같은 다양한 원인에 의해 발생한다(고후 6:4-10; 11:23-29). 그것은 또한 그리스도의 고난이기 때문에 그리스도의 모든 구성원은 다른 모든 구성원이 겪는 고난을 느낀다(고전 12:26). 여러 가지 면에서 이것은 파트너십의 모든 표현 중에서 가장 깊고 어려운 차원을 반영한다. 교회가 이런 식으로 나누는 것을 배웠다면 그것은 그런 나눔이야말로 성령 안에서 이루어지는 진정한 코이노니아임을 배운 것이다.

세상을 위한 하나님의 선교와 의지의 중심에 고난과 투쟁에의 참여가 있다. 그것은 고난과 투쟁에의 참여를 예시하는 가장 훌륭한 본보기인 성육신에 대한 우리 이해의 중심에 있다. 교회는 그리스도께서 성령의 능력 안에서 십자가의 표징을 간직하는 방식으로 보냄을 받는다(요 20:19-23 참조).[17]

파트너십의 기초는 예수 그리스도의 성육신이 보여주는 모델이다. '하나님이 우리와 함께 계시다'는 말은 파트너십 혹은 일부 사람들이 좋아하는 말처럼 '연대'(solidarity)를 뜻한다.[18]

그러므로 자녀들이 혈과 육을 공유하고 있기 때문에 그분 자신도 똑같이 동일한 것을 공유하였으며, 그렇게 함으로써 그분은 죽음을 통해 죽음의 권세를 가진 자 곧 마귀를 궤멸할 수 있었다⋯ 그분은 고난당하심으로 시험 받았기 때문에 시험 당하고 있는 자들을 도울 수 있다(히 2:14, 18).

5. 파트너십의 장애

파트너십은 훌륭한 개념이지만 그것이 실천되는 현실은 매우 유감스럽다. 물질적 자원이 그렇게 불공평하게 소유되는 한 진실로 균등한 나눔은 세계교회 전체에 문제가 될 것이다. 모든 서구교회와 선교단체는 선교와 전도, 교회성장, 개발, 사회 투쟁에 관한 그들의 개념을 확산하기 위해 매우 빈번하게 재정적 유인책 혹은 은근한 철수 협박의 방법을 사용한다. 때때로 제3세계로부터 온 토착 지도자들이 선명한 입장을 가지고 있음을 보증해 줌으로써 서구의 프로그램과 전략의 우수성을 은근히 드러내기도 한다. 그러나 가장 중요한 의사결정과 장기 계획은 여전히 현실과 상관없이 진행되고 있다.

경제적 관계가 변하지 않는 한 두 주체 사이에는 완전한 상호독립이 아

---

17) Frederick R. Wilson, *The San Antonio Report*, 37.
18) Gustavo Gutiérrez, *Essential Writings*, 299ff. 여기에서 '연대'는 어느 한 개인이나 집단에 속한 사람들에 대해서 그들이 내세우는 대의명분에 전적으로 공감하며 참여하는 것을 의미한다.

닌 의존관계가 형성된다. 거기에 진정한 파트너십이란 존재할 수 없다. 책임을 다하기 위해서는 의사결정의 자유가 보장되어야 한다. 이것은 결정사항을 일방적으로 통보받지 않고 완전하게 인정할 수 있도록 자원을 소유하는 것을 의미한다. 돈과 각 사람의 삶에 주어지는 개인적 은사는 단지 두 집단에 속한 그리스도인들이 어떤 활동에 참여하면서 (조건적인 것이 아닌) 정말로 하고 싶은 말을 할 수 있을 때에만 공유될 수 있다. 이상적인 모습은 자원이 공동 출자되고 그것을 사용하는 방법도 공동으로 결정하는 것이다. 하지만 그것을 이루는 데에는 많은 실질적인 어려움이 존재하는 것이 사실이다.

1) 공급보다 수요가 많은 현상

요구사항은 많지만 감당할 수 있는 힘이 부족한 곳에서 차별은 필연적으로 일어날 수밖에 없다. 요구사항을 선택하는 기준은 어떤 과정에 의해 채택되는가? 기준을 결정하고 그것을 따르기 위해 자신을 속박할 사람들은 누구인가? 의견의 차이가 있는 특정 상황에서 그 문제를 해석하는 사람들은 누구인가? 이 문제는 우대 행위, 편파적 태도, 심지어 족벌주의에 대한 매우 좋지 않은 비난이 쏟아질 가능성이 있는 영역에 속한다.

2) 과거에 대한 죄의식

민감한 서구의 선교단체들이 가지고 있는, 과거의 관계 양상에 대한 잘못된 양심이 피선교자들과 진정한 협의를 해야 할 책임성을 무시한 채 일방적으로 주기만 하는 경향을 낳고 있다. 자원이 보다 일관된 선교 목표를 위해 사용되고 있는가? 기독교 집단들 사이에는 어떤 숨겨진 적대 혹은 경쟁 관계가 존재하는가? 파트너십을 바르게 세우는 것은 한동안 자원이 특정한 방향으로 흘러가지 않는다는 것을 의미할 수 있다. 그것은 또한 오해를 야기하는 고통스러운 과정이 될 수도 있다.

3) 선교에 대한 인식의 차이

자원의 이용 가능성은 그것을 내놓는 사람의 의지에 달려 있다. 이미지는 매우 중요하다. 요즘 서구의 일부 지역에서는 가정교회(house church) 혹은 기초공동체(base community) 모델이 유행하고 있다. '작은 것이 아름답다'는 것과 새로운 것이 낡은 것보다 더 낫다고 믿는 사람들이 볼 때, 영속적으로 존재하면서 성령의 역사보다 전통에 더 무게를 두는 것처럼 보이는 기관과 구조를 지원하는 것은 별로 가치가 없다.

4) 승인 없이 빌려가는 행위

크리스토퍼 서그덴(Christopher Sugden)은 제3세계 학자들의 선교에 관한 통찰이 종종 서구 학자들의 통찰만큼 인정받지 못하고 있음을 예리하게 지적하고 있다. 그는 서구 신학자들이 종종 외국교회와 오랫동안 접촉하거나 서구에서 공부하는 제3세계 그리스도인들을 가르치고 지도하면서 선교에 관한 새로운 통찰을 얻는다고 주장한다. 내 생각에 그의 주장은 상당히 공정하다. (나를 포함해서) 그들은 그런 도움에 대해서 정당한 감사 표시를 하지 않고 있는데, 사실 더 정확히 말하자면 그들이 그 점을 자각하지 못하고 있다고 말하는 것이 옳을 것이다. 남반부에서 사역하는 서구 학자들이 수행한 현장 연구가 한 가지 특별한 사례가 될 수 있다. 수집된 아이디어들 – 인도 교회를 다룬 논문에 대해서 말하고 있는 – 이 그 나라의 교회에 어떻게 도움을 줄 수 있겠는가?

> 서구의 모든 선교학자와 선교를 다루는 모든 역사학자는 다음과 같은 질문에 직면하고 있다. 거래와 실천과 관련하여 우리는 과연 우리와 파트너십 관계를 맺고 있는 사람들의 아이디어를 진지하게 고려함으로써 그들에게 힘을 실어주고 있는가?… 인도교회와 아프리카교회에 속한 학자들은 어떻게 그들이 행한 조사 연구를 발전시킬 수 있는가?… 예를 들어, 남아프리카공화국의 흑인 그

리스도인들은 라틴 아메리카 출신의 그리스도인들이 와서 그들과 함께 선교학적 작업을 해 주기를 오랫동안 희구해 왔으나 가능한 방법이 없었다. 그들이 양산해 내는 정보와 데이터에 대한 지적 재산권과 윤리는 무엇인가?[19]

6. 책임의 공유

나는 진정한 파트너십을 이루는 데 방해되는 이러저러한 장애에 대해서 쉬운 해결책이 있다고 생각하지 않는다. 만일 오랫동안 확립된 주고받는 패턴이 변화되려면 반드시 많은 괴로움을 겪어야 할 것이다. 앞에서 이미 말했던 바와 같이, 만일 파트너십이 모든 상황에서 선교에 대한 온전한 책임을 함께 감당하는 문제라면 특별히 서구교회가 더 많은 것을 배워야 할 것이다. 인종차별까지는 아니겠지만 서구교회는 여전히 다른 교회들을 향해 초기 가부장적 태도(an incipient paternalism)를 보이고 있다. 그러나 서구교회가 낮게 평가하는 그 교회들은 놀랍게도 생명력과 영적 성숙과 지적 능력을 보유하고 있다.

책임의 공유는 재정적 자원에 대한 통제권을 넘겨주는 것을 의미할 뿐만 아니라 다른 나라의 교회들이 전도와 제자화의 책임을 함께 감당하기 위해 파송하기를 원하는 그리스도인들을 받아들이는 것을 의미하기도 한다.

선교 파트너십은 선교의 전(whole) 영역에서의 파트너십을 의미해야 한다. 선교 이슈들을 정확히 가려내고 분명하게 표현하며, 더 나아가 그것들을 처리하기 위해 남반구의 교회들은 북반구의 교회들과 함께 할 필요가 있다. 사실 엄밀히 말하자면, 파트너십의 가치는 부분적으로 우리의 파트너들이 우리의 상황에서 우리가 분별하지 못하는 이슈들을 분별할 수 있다는 데 있다. 만일 이것이 믿을만하고 이해할만하다면 선교 파트너들의 활동을 목회적, 선교적 상황 중에 일부에만 제한적으로 허용하는 것이 아니라 전체 상

---

19) Christopher Sugden, "Placing Critical Issues in Relief: A Response to David Bosch" in Saayman and Kritzinger (eds.), *Mission in Bold Humility*, 149.

황에 허용하는 것이 중요하다.[20]

서구교회가 다른 교회한테서 무언가를 받는다고 하는 것은 얼마나 어려운 일인가! 우리의 방어적 기질은 제3세계에서 온 선교 파트너들이 물질주의에 의해 타락할 것이며, 세속주의를 극복할 수 없으며, 자신의 나라로 돌아갈 생각을 하지 않을 것이라고 믿게 만든다. 또한 우리는 그들의 문화적 태도를 여전히 '전근대적'(pre-modern)인 것으로 경멸하는 경향을 보인다. 여기에서, 이와 비슷한 상황에서 마하트마 간디(Mahatma Gandhi)가 재치 있게 말한 유명한 농담을 인용할 수 있을 것이다. 1930년대에 영국을 방문한 간디가 유럽 문명에 대한 그의 생각을 묻는 질문을 받았을 때 그는 이렇게 대답했다. "좋은 생각입니다!"

7. 힘과 무력함

파트너십은 의심할 바 없이 힘(power)의 문제와 연결되어 있다. 동등한 힘을 갖지 않은 두 집단 사이에는 진정한 상호관계가 형성될 수 없다. 원칙적으로, 힘은 선택하고 행동할 수 있는 자유와 능력이다. 그것은 우리가 가지고 있는 것, 곧 재산, 사회적 신분, 지식, 교육 경력, 인종 혹은 민족 정체성, 선천적인 지도력의 자질, 다른 사람을 향한 충성심 등과 같은 것에 부여된다. 대조적으로, 무력함(powerlessness)은 일반적으로 이런 소유의 부재, 다시 말해서 자산의 부재 혹은 그것을 효과적으로 사용할 수 있는 능력의 부재를 뜻한다.

일반적으로 용인된 의견과는 달리 힘은 자동적으로 부패되지 않는다. 액튼 경(Lord Acton)의 유명한 말이 종종 잘못 인용되곤 한다.[21] 심지어 그

---

20) 다음 자료를 참조하라. Nazir ⓒ, *From Everywhere to Everywhere*, 211.
21) 따라서 스티븐 사이크스(Stephen Sykes)는 다음과 같이 말한다. "(영어, 독일어, 불어에서의) 용어 결합은… '권력은 부패하며, 절대 권력은 절대적으로 부패한다'라는 액튼 경의 언명에 기초하여 이루어져야 한다"("Episcope and Power in the Church" in Bruce Marshall <ed.>, *Theology and Dialogue: Essays in Conversation with George Lindbeck*

의 말은 본래의 의미에서 절반의 진리만을 드러낸다. "권력은 부패하는 경향이 있으며, 절대 권력은 절대적으로 부패한다." 우리 중 대부분의 사람들이 아주 쉽게 이 경구에 공감한다는 사실은 아마도 그들이 알고 있는 역사적 경험 때문일 것이다. 우리 모두는 주어진 권력을 잘 다루지 못한 수많은 사례와 그 권력을 지혜롭고 겸손하게 사용한 사람이 별로 없다는 사실을 잘 알고 있다. 권력은 교만, 경멸하는 태도, 무례함, 혹은 우월감과 결합될 때 부패한다. 권력 자체는 선하지도 악하지도 않다. 비록 권력이 사회 안에서 매우 불공평하게 분배되어 있기는 하지만 대부분의 사람들은 선택하고 행동하기 위해 일정한 권력을 소유하고 있다.

1) 성경적 관점

(1) 힘은 하나의 실체다

성경은 힘이 통치자(전 8:4; 단 8:24; 막 10:42; 롬 13:4), 인간의 집단(수 17:17), 혹은 지혜자(잠 24:5)에게 속해 있다고 말한다. 힘은 선이나 악을 위해서 사용될 수 있다. 힘은 악을 위해서 사용되지 말아야 한다. "네 손이 선을 베풀 힘이 있거든 마땅히 받을 자에게 베풀기를 아끼지 말며"(잠 3:27).

(2) 힘의 사용은 정당하다

궁극적으로 모든 힘은 하나님께로부터 연원하여 인간에게 위임된다(요 19:11; 전 5:19; 대하 1:12). 힘은 다양한 상황 속에서 집단과 개인에게 주어진다(예를 들면, 시 8:5-8; 115:16). 특정 지위에 부여된 권위로써 다스리는 힘, 악을 탄핵하는 힘, 기도의 힘, 지혜의 힘, 이해의 힘 등을 예로 들 수 있다. 신약성경은 특별히 하나님의 통치 안에서 작용하는 예수 그리스도의 능력 혹은 권위에 대해서 말한다(눅 4:14; 5:17; 11:20). 부활은 하나님의 능력

<Notre Dame, University of Notre Dame Press, 1990>, 197). 원문은 다음 자료를 참조하라. *Life and Letters of Mandell Creighton*, i, 372; 또한 William Pitt: "무한한 권력은 그것을 소유한 사람들의 마음을 부패시키는 경향이 있다"(Speech to the House of Lords, 9 January 1770).

이 실제로 나타난 가장 주요한 증거다(롬 1:4; 엡 1:19-20).

(3) 힘은 쉽게 부패한다

성경은 종종 타인을 억압하기 위해 힘을 사용하는 사람들에 관해서 말한다. "내가 다시 해 아래에서 행하는 모든 학대를 살펴보았도다 보라 학대 받는 자들의 눈물이로다 그들에게 위로자가 없도다 그들을 학대하는 자들의 손에는 권세가 있으나 그들에게는 위로자가 없도다"(전 4:1; 또한 미 2:1-2; 전 8:9; 약 5:1 이하). 하나님께서 세상의 질서와 조화를 위해 주신 힘이 왜곡되어 타인을 지배하고 조작하기 위해 사용된다. 종종 어떤 사람들이 '질서의 무질서'(disorder of order)에 대해서 말하는 이유는 바로 이것 때문이다.

신약성경은 힘의 부패 이면에 악한 세력의 활동 – '통치자들과 권세들' – 이 있음을 말하고 있다. 물론 그들의 근원이 그리스도 안에 있지만(골 1:16), 그들은 그분의 목적과 무관하게, 그분에 거슬러서 힘을 사용한다. 그들의 활동 결과는 정치적인 영역(고전 2:6, 8; 행 13:27), 지적인 생활(골 2:8), 종교적인 행위(골 2:20 이하; 갈 4:3)에서 관찰될 수 있다.[22]

그러므로 그리스도인은, 힘의 오용이란 순전히 인간의 주도에 의해 바르게 시정할 수 있는 어떤 것이 아니며, 원한다고 해서 힘을 전적으로 옳은 목적에만 사용할 수도 없음을 알아야 한다. 그런 천진난만한 생각에는 힘이 왜곡의 순환에 의해 타락한 구조들의 네트워크 안에서 사용되고 있다는 사실을 무시하는 태도가 전제되어 있다.

(4) 힘은 그리스도에 의해 변화된다

복음은 힘에 대한 일반적 견해의 반전을 보여준다. "십자가의 도가 멸망

---

[22] 적지 않은 문헌들이 신약성경의 '권력'에 대해 연구 내용을 담고 있다. 그 중에서 최근에 가장 폭넓게 연구한 자료로는 월터 윙크의 다음 자료들을 언급할 수 있다. Walter Wink, *Naming the Power: The Language of Power in the New Testament* (Philadelphia, Fortress Press, 1984); *Unmasking the Powers: The Invisible Forces That Determine Human Existence* (Philadelphia, Fortress Press, 1986); *Engaging the Powers: Discernment and Resistance in a World of Domination* (Philadelphia, Fortress Press, 1993); *The Powers That Be* (London, Cassell, 1998).

하는 자들에게는 미련한 것이요 구원을 얻는 우리에게는 하나님의 능력이라"(고전 1:18; 또한 롬 1:16). 예수 그리스도의 새 질서에 속한 구원을 선물로 받기 위해서는 현 시대의 힘을 나타내는 것들 – 지혜, 종교적 지식, 신분, 위신, 재물, 높은 관직(고전 1:26-28) – 을 포기해야 한다.

그러므로 힘은 예수 그리스도의 십자가 사건의 견지에서 재정의된다. 간략히 말하자면 힘은 희생적 사랑의 삶을 방해하는 모든 것을 떨쳐버리는 자유다(막 10:42-45; 요 10:17-18; 3:1; 빌 2:5 이하).[23)]

2) 힘의 사용

힘은 정당한 형식을 입고 타인의 독단적인 힘으로부터 사람들을 보호하기 위해 사용된다. 힘의 위임(empowerment)은 사람들에게 자유를 부여하며 그들로 하여금 힘을 이타적으로, 그리고 왜곡 없이 온전하게 사용하도록 만들어준다. 힘을 소유해야 할 절대적인 권리로 여길 때, 타인들 역시 해 아래에서 동등한 지위를 추구한다는 점에서 그 힘은 필연적으로 소유를 향한 투쟁으로 이어진다.

만일 그리스도인들이 진지하게 '그리스도의 길을 따르는 선교'(mission in the way of Christ)를 행하고자 한다면 "근본 하나님의 본체시나 하나님과 동등됨을 취할 것으로 여기지 아니하시고 오히려 자기를 비워 종의 형체를 가지"(빌 2:6-7)신 그분의 방법과 조화를 이루는 방식으로 힘을 사용해야 한다. 힘은 지배하기 위해 그것을 사용하려는 유혹에 저항하는 노력 속에서 발견된다. 진정한 힘은 결코 불평등을 시정하기 위한 대항적 폭력이 아니다. 왜냐하면 그런 방식은 언제나 원천적으로 불안정한 상황 – 거부된 혹은 거부될 것으로 인지되는 권리를 위한 끝없는 투쟁 – 으로 귀결될 뿐이기 때문이다. 오히려 힘은 우리가 할 수 있는 한 최선을 다해 타인의 자

---

23) 다음 자료들을 참조하라. Richard Bauckham, *The Bible in Politics*, 147-9; Richard Bauckham, *The Theology of the Book of Revelation*, 73-6; John Piper, *Love Your Enemies: Jesus' Love Command in the Synoptic Gospels and the Early Christian Paranesis* (Cambridge, Cambridge University Press, 1979), 76-88.

유를 보증하는 자유의 분명한 사용이 되어야 한다.[24]

힘은 매우 미묘한 것이다. 스티븐 사이크스(Stephen Sykes)는 모든 힘의 사용을 둘러싼 의심을 해소하기 위한 교회 내의 시도 - 즉 힘을 직무의 카리스마적 권위와 봉사 사역에 연결시키려는 노력 - 자체가 의심받고 있다고 말한다.

> 전자는 고전적으로 정당화(legitimation)의 관점에서 행하는 분석과 관련된다. 타인에게 힘을 행사하려는 사람들의 주목할 만한 기술 가운데 하나는 자신들을 신적 승인의 외투로 덮는 것이다… 만일 사회학적으로 볼 때 언제나 종의 사역(servant-ministry)을 찬양하는 신학자들이 그렇게 순진하지 않다면, 그들은 일반적으로, 그리고 특별히, 힘 있는 자들과 그들의 힘을 지키고 증진시키기 위해 고용된 사람들이 힘에 대한 봉사의 개념을 은근히 좋아한다는 사실을 알 것이다.[25]

사이크스는 특별히 '권위주의적 자유주의자들'(authoritarian liberals)에 대해서 비판적 입장을 취한다. 이들은 교회 안에서 위계질서와 관료주의를 공격하는 사람들로서, 엘리트와 음모를 꾸미는 집단에 적대적이며, 어떤 결정에 의해 영향을 받는 사람들이 의사 결정 과정에 참여하는 비율이 점점 증가하고 있다고 믿는다. 그러나 그들의 입장에는 위선적인 것 이상의 그 무엇이 있다.

> 힘은 단지 조리 있게 말하는 사람들의 주장에 의해서만이 아니라 의제(議題)에 대한 통제를 통해서도 행사된다… 과거의 전체주의자들은 대중이 그들이 원하는 대로 결정한다는 것을 확증하기 위해 교회의 내부 의사소통

---

24) 프래드릭(Frederick)의 『샌안토니오보고서』(*The San Antonio Report*)는 '창조적 힘'(creative power)에 관한 항목을 담고 있다(38-40). 비록 웅변적 경향이 있긴 하지만 - 에큐메니칼 문서들이 대체로 이런 습성을 지니고 있다 - 이 부분은 진리를 말하고, 정보를 공유하고, 신뢰를 구축하고, 훈련하고, 계획함으로써 정의의 공동체 건설을 지원하고 유지하는 일에 힘이 어떻게 긍정적으로 사용될 수 있는지를 잘 설명하고 있다.
25) Stephen Sykes, "Episcope and Power in the Church," 198-9.

을 조작했다. 권위주의적 자유주의자들은 그들이 과거의 전체주의자들이 행한 것처럼 하려고 한다는 사실을 숨기는 일에 전문가들이다… 그들은 조작에 능숙한 사람들이다. 그들은 선택된 소수파를 위한 대변인이 되어 그들의 활동을 돕지만 결국 그것이 그들의 신념을 확산하는 결과를 수반하도록 만든다. 이런 방식으로, 그들의 신념 체계에 대한 지적인 저항은 소수파에 대한 박해와 더 나아가 참을 수 없는 의견으로 간주된다.[26]

이런 거친 말들은 부분적으로 개인적으로 겪은 수많은 회의 경험에서 온 것 같다. 그런 말들이 지나치게 냉소적인 것으로 보일 수도 있지만 힘의 사용이 얼마나 다루기 어렵고 사악할 수 있는지를 보여주기에는 충분하다. 사이크스 자신은 "힘은 인간이 이용할 수 있는 자원을 가리키는 용어로서 주로 경제적, 군사적, 법률적, 이데올로기적 유형으로 나타난다"는 점에 동의한다. 그는 계속해서 힘의 가장 중요한 두 가지 특징은 개인의 본래적인 성격과 공적 지위의 속성에 속한다고 말한다.[27]

이런 논의를 통해서 우리는 조절된 힘의 사용이 파트너십의 공유에 필수적이라는 결론에 이르게 된다. 우리는 모두 이 결론에 솔직하게 직면해야 하며, 그것이 주는 의미에 대해서도 깊이 숙고해 봐야 한다. 가장 나쁜 힘의 형태는 노골적인 공격 혹은 권위의 과시 정도가 아니라 의견과 의사 결정 과정의 통제를 목적으로 하는 위장된, 그리고 조작적인 음모다. 나는 다음과 같은 표어가 필요하다고 생각한다. '모든 것은 투명하게'(In all things, transparency).

8. 자발적(교회병행, parachurch) 단체의 위상

파트너십의 한 가지 특별한 양상은 교회의 공식적인 구조들과 직접 연결되어 있지 않은, 교회 내의 선교단체들이 가지는 위상이다. 이들 중 많은

---
26) ibid., 209-10.
27) ibid., 205.

단체가 조직상 에큐메니칼 혹은 초교파적 성격을 띠고 있다. 그들 중 대부분이 교회로부터 인정을 받고 있으나 일부는 자기 단체에만 적용되는 규정에 따라 운영하기도 한다. 그들은 모두 어떤 식으로든지 자신들을 교회의 한 팔(an arm)로 여긴다.

로잔언약(Lausanne Covenant, 1974)은 그들에 관해서 긍정적이다. "우리는 성경 번역, 신학 교육, 대중 매체, 기독교 문학, 전도, 선교, 교회 갱신, 기타 특별한 분야에서 수고하는 선교단체들에 대해서 하나님께 감사한다." 그들의 유일한 신학적 근거는, 지역교회가 필요하다고 여기지만 그 수준에서는 자원 부족 때문에 이룰 수 없는 일들을 그들의 과제로 삼고 있으며, 그 과제를 수행함으로써 교회를 도울 수 있다는 봉사의식에 있다. 그들의 주요 목표는 지역교회들 사이에서, 그리고 교단적 경계를 넘어 협력을 촉진하는 것이 되어야 한다. 그들은 그리스도인들에게 친교, 예배, 가르침, 전도, 봉사를 위한 기회를 제공할 수 있으며, 촉매제의 역할을 하고 그들에게 격려와 자극을 줄 수 있으나 결코 교회를 대체하려고 하지는 않는다. 파타야대회(Pattaya Conference, 1980)의 언어로 표현하자면, 그들의 활동은 '다른 종류의 기독교 사역들'(other Christian ministries)이다. 복잡하고 정교한 세계에서 특별한 경험과 전문적 기술을 나눌 수 있는 전문가 집단들이 존재하는 것은 매우 유익하다.

> 나는 교회의 선교를 성취하기 위해 교회 내에 존재하는 자발적 운동들의 중요성을 강조하고 싶다. 교회들 사이의 파트너십은 특정한 과제들을 성취하기 위해 부름 받은 사람들로부터 큰 도움을 받을 수 있다. 전체 교회는 선교적이다. 그러나 사람들은 그 선교적 교회 내에서 특정한 과제들을 성취하기 위해 부름을 받는다.[28]

그러나 이런 자발적 조직들의 존재와 그들이 기존의 교회구조들에 대해

---

28) Nazir Ali, *Misison and Dialogue*, 53.

서 가지는 관계가 항상 좋은 것만은 아니다. 예를 들어, 마이클 나지르 알리(Michael Nazir Ali)는 때때로 일단의 그리스도인들이 교회가 소명대로 살지 못하는 현실에 대해서 참을 수 없을 때 그런 조직들이 생겨난다는 점을 인정한다. 교회선교회(Church Mission Society, CMS)에 대해 말하면서 그는 다음과 같이 언급한다. "그 단체는 자신을 **교회의 위계질서가 변해야 한다는 의견을 기다릴 필요 없이** 선교를 주도적으로 행할 수 있는 독립 조직으로 보았다."[29] 의심할 바 없이, 교회의 구성원들은 때때로 그 시대의 모험적 정신, 선구적 기획, 선교를 촉진시키기보다 방해가 되어온 제도와 조직들을 설립하는 행위에 불필요하게 굴복해 왔다. 다른 한편 대체로 교회가 선교적 사명을 책임 있게, 그리고 헌신적으로 수행하지 못한 곳에서 복음에 충실한 복종을 강조하는 그리스도인 집단들이 선교적 주도권을 행사하며 자리를 잡는 것 같다.

그러므로 만일 자발적 선교단체들이 정말로 선교를 진작시키고자 한다면 그들은 당면한 많은 문제와 부단하게 씨름해야 할 것이다.

1) 충성의 문제

'다른 종류의 기독교 사역'에 참여하는 사람들은 종종 지역교회에서 주변을 맴도는 경향이 있다. 그들은 교회의 전통주의로 여겨질 만한 것들과 실험을 두려워하는 태도에 대해서 비판적 입장을 취하며, 지역 선교를 지원한다는 명분 아래 자신의 사역에 너무 깊이 몰두한다. 물론 거기에는 예외도 있다.

2) 다른 그리스도인에 대한 개방성의 문제

전문가 집단들은 때때로 자신들의 전문 영역에 속한다고 생각하는 주제들 – 예를 들면, 의학 윤리, 교육, 경제 – 에 관해서 다른 그리스도인들

---

29) Nazir Ali, *From Everywhere to Everywhere*, 49(진한 표시는 내가 한 것임).

과 토론하기를 주저한다. 그들은 자신들이 수많은 조사 연구를 행한 문제와 관련하여 자신들만 박식한 지식을 가지고 싶어하며, 타인들이 그런 능력을 가지는 것에 대해서 경멸하는 태도를 보이기도 한다. 그런 태도가 가져오는 결과들 가운데 하나는 그리스도인들이 중요한 윤리적, 사회적 이슈에 대해서 정말 다양한 분야에서 조사 연구를 실시해야 할 필요가 있을 때 그 일을 성취하기 어렵게 만들며, 그 이슈를 선교학적 관점에서 보는 것도 어렵게 만든다는 점이다.

3) 책임성의 문제

자발적 선교단체들은 반드시 교회의 대표로서 행동할 필요가 없는 혹은 교회로부터 위임되지 않은 개인들로 구성된 이사회 혹은 위원회에 의해 영속적으로 지배되고 그 이사회 혹은 위원회가 임명한 사람들에 의해 관리되는 경향을 보인다. 특별히 여러 교단과 관계를 맺고 있는 선교단체들의 경우, 다른 구조에 대한 책임성을 강조하는 방침이 거의 없다. 자신들의 모험적 사업을 재정적으로 후원하도록 일반 기독교계를 설득할 수 있는 한 그들은 그들의 결정에 대해 어떤 설명도 할 필요 없이 계속 존속할 수 있다. 물론 여기에도 예외 – 특별히 적극적이고도 책임 있게 활동하는 구성원과 대표단 – 는 있다.

4) 복제의 문제

모험적 정신은 언제나 시장에서 수익성이 높은 틈새를 노린다. 그것이 거의 목적 자체가 될 수도 있다. 학생들의 활동과 관련하여, 단지 누군가 색다른 아이디어, 새 기술, 약간 다른 신학을 가지고 있거나 혹은 다른 시장을 발견했다는 이유만으로 경쟁 조직들이 세워지고 있다. 예를 들어, 『영국 기독교 핸드북』(The UK Christian Handbook)은 생각할 수 있는 거의 모든 사역 분야에서 활동하는 수많은 자발적 조직들을 목록에 올려

놓고 있다. 그러나 그 모든 조직이 만일 다른 유사 조직과 합병하고자 할 때 간격을 느낄 수 있을 정도로 전문가적 역할을 수행하고 있는 것 같지는 않다.

5) 장기적 헌신의 문제

일부 자발적 선교단체들은 일종의 특수임무 수행팀(task-force)으로서 존재한다. 그들은 한 지역에 머물며 영구적으로 부여받은 임무를 수행하는 것이 아니라 여러 주 혹은 여러 달 동안 지속되는 고도로 집약된 복음적 노력에 참여하는 것을 목적으로 여긴다. 이런 접근방식의 근거는, 그 지역의 그리스도인들이 효과적으로 복음을 전하지 못하고 있다고 여기거나 그 지역에 그리스도인들이 전혀 없다고 생각하는 확신에 있다. 우리가 앞서 살펴본 바와 같이, 그들은 종종 지역민들을 임시 지도자로 영입하기도 한다. 그런데 이런 노력에는 그들의 활동이 토착적이라는 인상을 주려는 의도와 약간의 재정적 유인 의도가 있다는 점이 언급되어야 한다.

지역교회로부터 적절한 초청을 받지 않고, 지역의 언어와 문화를 배우는 데 충분한 시간을 들일 준비가 되어 있지 않으며, 지역 상황에 맞지 않는 헛된 전략을 가지고 나아가는 한 이런 선교단체들은 대체로 진정한 선교에 방해 요소가 된다. 많은 사람들이, 동유럽과 구소련 연방에서 활동하는 그런 단체들에 관한 부정적인 이야기들을 말하고 있다.[30] 또한 많은 경우에, 그들은 세속 권세를 다루는 데 필요한 미묘한 감수성을 배우지 않는다. 따라서 종종 그들이 부적절하게 계획한 복음전도와 교회개척의 전략을 대하는 지역 그리스도인들은 당황할 수밖에 없다.

---

30) 다음 자료를 참조하라. Peter Deyneka and Anita Deyneka, "Evangelical Foreign Missionaries in Russia," in *IBMR(International Bulletin of Missionary Research)* (vol. 22, 2, April 1998), 56-62.

9. 선교를 위한 협력

1) 비협력의 결과

세계 어느 곳에서든지 다양한 교회, 선교단체, 개별적인 그리스도인들이 함께 일하지 않는 것은 선교에 악영향을 끼칠 수 있다. 그런 현상은 현실과 메시지 사이에 단절을 야기한다. 비록 그리스도를 믿는 믿음이 사람들을 화해하게 하고, 분열을 치유하며, 상황과 관계 안에 사랑을 쏟아놓는다는 내용이 복음에 담겨 있음에도 불구하고, 사람들은 종종 그리스도인들이 의심, 연좌제, 음모론에 근거한 정책을 채택한다고 생각한다. 또한 그 일은 시간, 돈, 인간의 능력이 중첩되면서 자원의 비극적인 낭비를 야기한다. '양 도둑질'(Sheep stealing) — 일부 교회와 선교단체가 자기가 소속된 집단에 불만을 품고 있는 사람들을 유인하여 성장을 꾀하는 행위 — 은 쉽게 저지되지 않고 있으며, 그런 행위는 협력을 불가능하게 만드는 의심과 분노를 야기한다. 결국 그런 현상은 상호교정을 통한 협력을 어렵게 만든다. 과거가 전승한 상투적인 방식에 대해서 이의를 제기하고 문제 삼는 사람은 아무도 없으며, 새롭고 창의적인 선교 참여 방식을 만들어내기 위해 신선한 아이디어를 내놓는 사람도 거의 없다. 협력 필요성을 전혀 느끼지 못하는 사람들은 자기 방식이 최고라고 믿는 주제넘은 생각과 자신들의 만족감을 강조한다. 이런 상황에서, 나는 그리스도인들이 분열의 고통을 깊이 느끼기 전까지는 친교와 공동체의 의미를 제대로 이해할 수 없을 것이라고 생각한다.[31]

---

31) 지금까지 이루어진 일치와 발전에 관한 토론이 어떻게 꼬이고 굽어졌는지를 다루는 것은 본 연구의 범위를 벗어난다. 몇 가지 신학적 문제를 연구한 유익한 자료로는 다음 논문을 추천한다. Michael Root, "Identity and Difference: The Ecumenical Problem" in Bruce Marshall (ed.), *Theology and Dialogue*, 165-90. 또한 다음 자료를 참조하라. David Bosch, *Transforming Mission*, 463ff.

2) 협력의 조건

협력의 조건은 눈에 보이는 대상에 따라 달라진다. 주빌리2000연합 (Jubilee 2000 Coalition, 국가 채무로 인해 고통을 겪고 있는 빈곤국들의 부채탕감을 위해 노력하는 국제 비정부기구 – 역주)과 같이 어떤 경우에는 협력자들의 광범위한 연합이 가능하다. 목적은 뚜렷하게 구분되고, 전략은 폭넓게 수용된다. 정치적 행동주의(political activism)의 다른 사례들의 경우, 기독교 신앙의 사회적 함의와 유사한 견해를 반영하는 이데올로기적 입장들이 공유될 필요가 있다.[32] 전도에 관해서 말하자면, 공유될 메시지의 내용, 그것을 전달할 합법적 수단, 피전달자의 정체성에 관한 합의가 있어야 한다. 예를 들어, 만일 타종교 전통에 속한 사람들에게 메시지를 전달하는 것이 부적절하다고 주장하거나, 만일 구원은 특정 교회에 소속해야만 가능하다고 믿거나, 혹은 구원은 예수 그리스도 밖에서도 가능하다고 확신한다면 복음전도를 위해 협력하는 일은 불가능할 것이다.

따라서 협력을 위해서는 서로에 대한 실제적인 관심이 있어야 한다. 협력은 특정한 공통 과제에 대한 헌신이 아니라 서로에 대해서 책임을 깊이 느끼는 헌신이 있을 때 더 강력하게 될 수 있다. 사역에 참여하는 사람들은 공통 과제를 수행하기에 앞서서 사랑과 돌봄의 깊은 교제를 통해 함께 성장하기를 원한다. 만일 복음전도 프로그램을 추진하면서 협력을 생각한다면, 믿음을 고백하는 사람의 영적 성장과정과 지역민들과의 신실한 교제에 대한 우선적인 합의가 있어야 한다 – 이것은 협력사업 이후에 벌어질 수 있는 비난과 역비난을 피하기 위해서도 꼭 필요하다.

---

[32] 한 가지 예를 제시하자면, 1990년 영국에서 창립된 기독교 민주주의운동(the Movement for Christian Democracy)이 표방하는 주요 목표에 상당히 다양한 성향의 사람들이 당파를 초월하여 지지를 표한 사실을 들 수 있다. 그 집단은 "당파와 교파를 넘어선 대중 조직이다. 그것은 의회에서의 적극적인 캠페인을 통해, 그리고 우리의 국가와 지역사회에 대한 봉사를 고취함으로써 기독교적 정치 원리를 촉진하기 위해 존재한다." 그 조직의 여섯 가지 원리는 사회정의, 권력위임(empowerment), 지혜로운 청지기 정신, 생명존중, 능동적인 동정, 화해다.

10. 파트너십의 실제

  기독교 공동체들 중에는 이미 국내 혹은 국외에 있는 다른 기독교 공동체들과 더불어 모험적인 사업을 추진하는 공동체가 많이 있다. 활발한 선교 협력은 복음의 보편성(universality)을 가장 명확하고도 현실적으로 표현하는 방식 가운데 하나다. 물론 그것은 모든 방면에서 일어나야 한다. 이것을 촉진하는 한 가지 방법은 선교단체들의 지도부를 국제화하여 정기적으로 모여 현안을 논의할 때마다 지역적 특성과 요구가 잘 반영되도록 하는 것이다. 최근에 어느 정도 이 목표를 성취한 한 단체를 예로 들자면, 선구적인 복음전도 단체로서 성경 연구를 복음 전파의 한 수단으로 강조하는 네비게이토선교회(The Navigators)다. 로마 가톨릭의 조직들 중에는 이런 식으로 여러 해 동안 조심스럽게, 그러나 효과적으로 활동해 온 조직도 많이 있다. 서구에서 이런 종류의 조직이 출현할 때 지도부를 영속시키지 않고 은사와 재능에 따라 지역적으로 분배하는 방식으로 구성하는 것이 중요하다.
  만일 선교단체들이 국제적인 인적 구성을 이룰 수 있다면 자원이 여러 나라 교회의 대표자들이 동의한 기준에 따라 분배될 가능성이 훨씬 많아진다. 이것은 같은 국적을 가진 사람들만 모인 선교단체, 지방회, 혹은 관구의 통상적인 선교 협력보다 훨씬 나은 파트너십 모델이 될 수 있다. 후자의 경우, 자원에 대한 통제권을 여전히 한 나라의 조직체가 독점할 수 있다. 그러나 국제적인 특성을 지닌 선교단체는 초국가적 실천을 통해서 '통일성 안에서의 다양성'(diversity in unity)이라는 원리를 드러낸다.
  이런 대규모 파트너십의 실천과 함께 보다 지역적인 차원에서 파트너십을 실천할 수 있는 여지도 많이 있다. 더 구체적으로 말하자면, 전혀 다른 두 곳에 위치한 개별 교회들 혹은 교회 내의 소그룹들이 공동의 과제를 설정하고 임무를 수행할 수 있다. 로버트 모피트(Robert Moffitt)가 제시한 경우를 한 가지 사례로 들 수 있다.[33] 오하이오 주에 있는 한 기독교

---
33) Robert Moffitt, "The Local Church and Development" in Samuel and Sugden, *The*

고등학교와 도미니카공화국의 한 마을이 협력한 경우가 그것인데, 미국의 고등학교가 도미니카의 마을이 추진하는 개발 프로젝트를 성취하도록 도와주었다. 그 개발 프로젝트는 깨끗한 물의 지속적인 공급, 기초식량과 경제활동 수단의 공급을 포함하고 있었다. 이 파트너십은 마을 주민에 의해 발의되고 그들이 프로젝트를 기획하고 주도했다는 점에서 가치가 있다.

이런 종류의 교환적 협력관계에 내포된 문제는 어떻게 진정한 공동관계를 만들어 일방통행 식의 - 예를 들면, 북반구에서 남반구로 - 사업추진을 피할 수 있느냐는 것이다. 참여 당사자들이 다른 기독교 공동체를 경험함으로써 복음과 선교에 대한 그들의 이해방식을 철저하게 바꾸지 않는 한 이런 사업 추진은 불편한 마음을 완화시키는 것에 불과할 뿐이다. 만일 남반구의 공동체들이 스스로 그들의 은사와 그리스도의 길을 따르는 선교의 이해를 북반구의 공동체들과 더불어 나눈다면 둘 사이의 파트너십은 훨씬 좋아질 것이다.

Church in Response to Human Need, 246-7.

토의과제

1. 진정한 파트너십의 필수요소에는 어떤 것들이 있는지 목록을 작성해 보자.

2. 최근에 해외여행을 갔다가 파트너십에 관해 비판적인 의견을 들었거나 부정적인 현상을 목격했다면 그런 내용을 교회 혹은 관련 단체에 어떻게 전달할 수 있는지 서로 이야기해 보자.

3. 당신이 알고 있는 선교 협력의 사례들을 생각해 보고 그 중에서 한 가지만 이야기해 보자. 그리고 그 사례의 강점과 약점에 대해서 의견을 말해 보자.

제 3 부

선교의 실천

WHAT IS
MISSION

11장
선교하는 교회

1. 교회의 수수께끼

이 책 전반에 걸쳐서 나는 교회는 이러저러한 차원에서 하나님의 선교의 중심에 존재한다는 것을 전제하고 논의를 전개하였다. 교회는 복음을 전하며, 예수 그리스도에 관한 믿음을 표현할 수 있는 적절한 문화적 통로들을 찾으며, 정의에 대한 투쟁과 환경보호에 참여하며, 다른 신앙을 가진 사람들과의 대화에 참여하며, 평화를 수립하기 위해 노력한다. 그러나 앞서 2장에서 언급한 바와 같이, 교회의 중심성은 지금까지 계속 토론되고 있다.

1) 교회의 역할에 대한 부정적 의견들

선교에 관한 글을 쓰는 사람들이 지나치게 교회에 중심적인 역할을 부여하는 것을 주저하는 데에는 여러 가지 이유가 있다. 첫 번째 이유는 교회의 자의식과 관련되어 있다. 교회를 내부인과 외부인에게 설명하고자 할 때 종종 부적절한 모델들 – 본질적으로 선교의 개념에 모순되는 모델들 - 을 선택했는데, 그 중에 하나가 '구원의 방주'다. 이 용어는 교회를 적대적이고 힘든 세계의 위험과 혼란으로부터 도피할 수 있는 안전한 천국으로 묘사한다. 각 개인은 그들의 영적인 삶을 교회에 의탁하고, 교회가 제공하고 있다고 주장하는 구원의 수단을 안심하고 받아들인다. 어쩌면 지적인 문제 - 예를 들면, 과학과 신앙의 영역에서 - 혹은 도덕적 이슈에 일일이 대처하기 힘들다고 생각되면 다소 불평이 있을지라도 교회의 공식적인 가르침에 그냥 복종할 수도 있을 것이다. 이런 방식으로 그들은 자신이 이해하지 못하거나 관심이 없는 어떤 문화의 신념과 실천에 빠지는 위험으로부터 구조된다.

종종 이 방주 모델은 권위주의적 제도를 반영하는 경향이 있다. 거기에는 어떤 권력 누수 현상도, 지도부에 대한 반란도 없으며, 그 방주를 조종하려고 나서는 사람도 거의 없다는 점이 중요하다. 지도자(선장)는 배의 모든 세세한 내용에 대해서 잘 알고 있다. 문자적으로 '요령을 아는' 사람을 뜻하는 선장은 전문적인 뱃사람이다. 그는 (거의 틀림없이) 승객들을 가능한 한 편안하게 해주려고 애쓰며, 특히 거친 바다를 항해할 때에는 더욱 집중된 노력을 기울일 것이다. 그런데 교회 - 로마 가톨릭, 동방 정교회, 복음주의 교회, 카리스마적 교회와 같은 다양한 형태로 존재하는 - 의 '방주' 모델이 내포하고 있는 문제들 가운데 하나는 그것이 그 교회가 속한 역사적 상황에 대한 이해와 목회적 실천을 분리할 수도 있다는 점이다. 만약 실제로 그렇게 된다면, 그것은 어떤 실체적 변화도 이미 교회의 핵심적인 자기 이해와 대립하는 힘에 굴복하는 것임을 믿게 만든다.[1)]

교회의 역할에 대해서 진지한 의심을 품는 또 다른 이유는 교회의 공적 직무가 자칫 오염될 수도 있다는 두려움 때문이다. 이것은 교회가 다른 주체의 의제(agenda)에 흡수되는 것을 두려워하여 정부의 억압과 정치적 타락을 비판하거나 시민적 자유, 임금 혹은 환경보호를 위해 캠페인을 벌이

---

1) 다음 자료를 참조하라. Alvaro Quiroz Magana, "Ecclesiology in the Theology of Liberation" in Sobrino and Ellacuria, *Systematic Theology: Perspectives from Liberation Theology*, 182.

는 일에 다른 단체들과 협력하기를 꺼리는 태도에서 찾아볼 수 있다.

또한 교회가 구성원 수를 늘리기 위해 지나치게 자신을 하나님의 대행기구로 주장하는 승리주의(triumphalism)의 위험도 교회의 중심적 역할에 경계심을 갖게 만드는 한 가지 이유가 된다. 그것은 교회에게 더 우월한 주장이나 영적 생활 혹은 신적 질서에 관한 원소유권이 있다는 인상을 줌으로써 하나님을 독점하거나 자기 스타일에 맞추려 할 것이라는 우려와 관계된다. 어떤 사람들은 이런 현상이 교회가 다른 신앙 공동체를 대할 때 더욱 심각하게 나타난다고 본다. 이때 다른 신앙 공동체의 신념과 실천을 신적 실체에 관한 교회의 이해에 근거해 평가하는 경향이 나타난다.

교회의 중심적 역할에 대한 마지막 반대 입장은, 많은 경우에 교회가 자신이 주장하는 원리 혹은 공개된 민주주의 사회에서 규범적인 것으로 받아들여진 가치를 따라 살지 못하는 현상 때문에 생겨난다. 예를 들어, 교회는 여성의 처우에 관한 기록을 별로 가지고 있지 않다. 심지어 신약성경이 모든 영역에서 남녀 모두의 본질적 평등성을 담고 있다고 주장해도 – 이런 주장이 여성운동이 일어난 뒤에 제기된 이유는 무엇인가? – 교회는 마지못해 이것을 인정하며, 혹은 몇 가지 직무는 예외사항으로 여겨 아예 평등한 처우의 원칙에서 제외한다.[2] 따라서 만일 하나님의 선교가 교회와 주로 연결된다면 하나님의 자유가 심각하게 손상될 것이라는 주장이 제기되기도 한다.

이 문제와 관련하여 이러저러한 논증이 꽤 많이 알려져 있다.[3] 어떤 사

---

[2] 사역에서의 여성 문제에 관해서는 다음 자료들을 참조하라. Kathy Keay (ed.), *Men, Women and God* (Basingstoke, Marshall Pickering, 1987); Elaine Storkey, *What's Right with Feminism* (London, SPCK, 1985); Elsa Tamez (ed.), *Through Her Eyes: Women's Theology from Latin America* (Maryknoll, Orbis Books, 1989); Lisa Cahill, *Sex, Gender and Christian Ethics* (Cambridge, Cambridge University Press, 1996), chapter 5; Elisabeth Schüssler Fiorenza, *Discipline of Equals: A Critical Feminist Ecclesia-logy of Liberation* (London, SCM Press, 1993); Gretchen Gaebelein Hull, *Equal to Serve: Women and Men in the Church and Home* (London, Scripture Union, 1989); Susanne Heine, *Women and Early Christianity: Are the Feminist Scholars Right?* (London, SCM Press, 1987); Ben Witherington, *Women in the Earliest Churches* (Cambridge, Cambridge University Press, 1988).

[3] 나는 다른 저서들을 통해서 교회가 본래의 목적에서 이탈한 많은 사례들을 제시하였다

람들은 – 태어날 때부터 교회에서 양육된 사람이든지, 뒤늦게 회심하고 교회 중심적으로 사는 사람이든지 간에 – 모순을 발견하고 참을 수 없는 답답함을 느낄 것이다. 만일 그들이 계속 신자로 남아 있다면, 그들은 세상 안에서 행하시는 하나님의 목적을 비교회적 방식으로 재해석할 것이다. 반면에 어떤 사람들은 비록 교회가 억눌리고 연약한 배일지라도 세상 안에서 행하시는 하나님의 선교를 성취하는 데 필수불가결한 것이라고 생각할 것이다. 물론 하나님의 호의를 기대할 수는 없을 것이다. 선교를 향한 교회의 소명과, 교회가 신실하게 그 소명을 붙들고 자신을 끊임없이 갱신하는 일은 결코 분리될 수 없다.

> 지난 수십 년 동안 변화의 가능성과 실제로 일어난 변화에 관한 많은 성찰이 교회 내에서 일어났다… 주님의 교회요 그분에게서 받은 이 교회의 무결점을 주장해야 할 필요성이 제기되어 왔다… 교회의 영양 공급, 기원과 삶… 그것들이 가능하려면, 거룩하면서도 동시에 정화될 필요가 있는 교회가… 끊임없이 갱신되고, 각 시대마다 존재와 선교의 요구에 맞춰 새 형태를 입어야 한다는 사실을 강조하는 것이 긴급한 것으로 여겨져 왔다.4)

2) 당황스럽지만 절망스럽지는 않다!

손상된 인간성을 온전하게 회복하는 일이 오직 공동체 안에서 일어날 수 있기 때문에 교회는 선교 안에 존재한다. 구원을 주시는 하나님의 은혜가 보편적이기 때문에(딤전 2:4) 삶의 진정한 의미를 경험하는 공동체 역시 보편적이어야 한다. 그 어떤 다른 공동체도 모든 상상할 수 있는 분열을 넘어 미움, 기만, 이기심, 잔인함에 의해 손상된 것을 치유할 수 있는

– 이 내용에 관해서는 다음 자료를 참조하라. J. Andrew Kirk, *A New World Coming: A Fresh Look at the Gospel for Today* (Basingstoke, Marshalls, 1983), 14-22, 86-9, 92-4; J. Andrew Kirk, *Loosing the Chains*, 115-18, 126-34.

4) Alvaro Quiroz Magana, "Ecclesiology in the Theology of Liberation," 179.

잠재성을 가지고 있지 않다.

인간을 구원하시는 하나님의 방식이 구약성경과 신약성경에서 다르게 나타나고 있는데, 그 차이는 두 종류의 공동체가 서로 다르다는 점에서 비롯된다. 그렇다고 해서 구원이 서로 독립된 두 개의 방식으로 존재한다는 뜻은 아니다. 예수께서 교회를 세우려는 의도를 가지고 있었는지에 관한 논의는 두 가지 가설을 중심으로 진행되고 있다. 첫째로, **만일** 기독교 왕국(Christendom)의 지역적 교회(the territorial Church)를 염두에 두고 있다면 그 대답은 의심할 여지없이 '아니오'가 되어야 한다. 이 교회 – 그리고 그 후에 등장한 모든 다양한 표현들 – 에 관한 문제는 교회가 과연 예수의 선교와 연결되어 있는 인식 가능한 연속성 내에 존재했는지 혹은 그분의 생각과 모순된 목적을 지닌 어떤 공동체로 변질되었다는 의미에서 탈선했는지에 달려 있다. 둘째로, **만일** 예수가 메시아였다고 믿는다면 그 대답은 분명히 '예'가 되어야 한다.

비록 예수께서 자신의 공적 사역을 행하시면서 메시아의 직무에 관한 당시의 통상적인 견해들과 갈등을 빚었지만 적어도 갱신된 공동체의 중심성에 관한 논쟁은 전혀 없었다.[5] 의견의 차이는 공동체의 구성과 목적 너머의 영역에서 발생하였다. 예수께서 두 개(마 16:18; 18:17)의 논쟁적 본문에서 '교회'(ekklesia)라는 용어를 사용하셨다는 사실은 별개로 치더라도, 적어도 그분께서 공동체의 형성을 전략의 한 부분으로 여기셨음을 가리키는 세 가지 강력한 징후가 있다.

(1) 이미지의 사용

예수께서는 다양한 비유를 사용하여 자신의 제자들을 종종 하나의 집단으로 묘사하셨다. 구약성경에서 도출된 그 비유들은 하나님의 백성을 지칭하기 위해 사용되었다. 예를 들자면, '양떼'(눅 12:32; 막 14:27), '혼인집

---

5) 다음 자료들을 참조하라. Gerd Theissen, *Social Reality and the Early Church: Theology, Ethics and the World of the New Testament* (Minneapolis, Fortress Press, 1992), chapter 2; Gerhard Lohfink, *Jesus and Community: The Social Dimension of Christian Faith* (London, SPCK, 1985), 7-73.

손님'(막 2:19), '하나님의 건물'(마 5:14; 눅 16:8), '가족'(막 10:29 이하) 등이 해당된다. "의심할 여지없이 예수께서는 자신이 만든, 하나님의 백성의 모임에 관한 아주 다양한 이미지에 대해서 반복적으로 말씀하신다."[6]

(2) 열두 제자를 부르심

갱신된 언약 공동체의 일차적 토대를 표현하기 위한 열두 명 핵심그룹의 상징성은 1세기 유대인들에게 나름대로 효력이 있었을 것이다.

> 물론 열두 명의 존재는 이스라엘의 재구성을 가리킨다. 이스라엘은 BC 734년에 있었던 아시리아의 침략 이래로 더 이상 열두 개의 가시적인 부족들을 거느리지 않게 되었다. 그리고 그들이 보좌에 앉아 열두 부족을 심판하리라는 것을 언급하셨다는 점은 말할 필요도 없고, 예수께서 열두 명의 제자에게 특별한 지위를 부여하신 것은, 그분이 이스라엘의 종말론적 회복의 관점에서 생각하고 있었음을 매우 분명하게 보여준다.[7]

또한 한 걸음 더 나아가 70명을 부르신 사건(눅 10:1 이하)은 새 공동체가 모든 나라로 확장되어야 하며, 이스라엘을 부르신 것은 "이방의 빛으로 삼아 나의 구원을 베풀어서 땅 끝까지 이르게 하리라"(사 49:6)는 예언을 성취하기 위해서라는 점을 보여주려는 의도를 담고 있었다.[8]

(3) 하나님 나라의 선포

주님을 위해 준비된 갱신된 백성은 원천적으로 하나님 나라의 관념 안

---

6) Joachim Jeremias, *New Testament Theology*, vol. I (London, SCM Press, 1971), 170.
7) Tom Wright, *Jesus and the Victory of God*, 300. 라이트 역시 다윗이 거느리고 있었던 가장 가까운 장수들(삼하 23:8-23; 대상 11:10-25)이 세 명의 내부 집단 – 베드로, 야고보, 요한 – 의 모델이 되었을 것이라고 생각한다. "그 상징성은 기름부음을 받았으나 아직 왕좌에 오르지는 않은 이스라엘의 왕이라는… 예수의 페르소나(persona)에 잘 들어맞는다.
8) 70명 혹은 72명의 선교에 관해서는 다음 자료를 참조하라. Robert Tannehill, *The Narrative Unity of Luke-Acts: A Literacy Interpretation*, vol. 1, *The Gospel According to Luke* (Philadelphia, Fortress Press, 1986), 232-7.

에 내재되어 있다. 이것은 하나님께서 의도하신 공동체가 되어야 한다.

> 예수께서 말씀하신 이야기 곧 하나님 나라의 이야기는 이스라엘의 이야기다. 예수께서는 자신들을 참되고 회복된 이스라엘로서 자각하고 그분 자신에게 반응하는 사람들을 염두에 두고 있었다… 만일 우리가 예수께서 '교회를 세울 의도를 가지고 있지 않았다'는 전제 하에 이런 예수의 가르침의 전 영역을 비역사적인 것으로 무시한다면 우리는 더 이상 역사적으로 생각할 수 없을 것이다.[9]

예수의 프로젝트 – 복음서들이 기록하고 있는 바처럼 – 에 관해서 제자들이 상당히 혼란스러워 했음에도 불구하고 예수께서 죽으신 해의 유월절 축제와 오순절 사이에 예루살렘에 약 120명의 남은 사람들이 모였다(행 1:15)는 주장은 역사적으로 확실하다. 자신들의 소명을 분명하게 알지 못했던(행 1:6-7) 이 집단은 점차적으로 예수께서 하나님 나라로 회복할 '이스라엘'이 더 이상 지리적이거나 민족적으로 정의되지 않으며, 어떤 언어를 사용하든지 간에 예수께서 최종적인 구원을 위한 하나님의 대리자임(행 2:11; 2:36; 3:20-21; 10:45-48; 11:20-21)을 믿는 모든 사람을 포괄하는 공동체를 가리킨다는 사실을 이해하기 시작했다. 따라서 예수의 길을 따르는 선교의 중심에 갱신된 공동체의 삶과 증언이 있다고 결론을 내려도 별 문제가 없을 것이다.

2. 선교를 위한 준비

예수께서 자신의 주변에 모으시고 하나님의 전능하신 해방 행위를 증언하기 위해 파송한 제자 공동체는 뚜렷한 특징들을 가지고 있었다. 이 특징들은 공동체의 선교적 소명을 신실하게 성취하는 데 필수적인 요소들이

---

9) Tom Wright, *Jesus and the Victory of God*, 316-17.

었다 - 이 점은 오늘날에도 여전히 유효하다. 여기에서 가장 중요한 몇 가지를 살펴보자.

1) 무차별적인 사랑

예수 공동체의 가장 뚜렷한 특성들 가운데 하나는 모든 사람에 대한 개방성이다. 이것은 예수 시대에 존재했던 다른 집단들의 소위 '남은 자 신학'(remnant theology) - 바리새파의 의식적 순수성과 율법적 정확성, 그리고 에세네파의 도피적 분리 - 에 대한 고의적인 반응이었다. 그들의 집단에 들어가기 위해서는 엄격하고 배타적인 조건들을 충족해야만 했다.[10] 예수께서는 '남은' 집단들이 배제한 사람들에게 관심을 보이셨으며, 자신의 제자들도 그렇게 하기를 원하셨다(눅 14:13, 21; 10:37).

2) 하나님께 대한 무조건적인 신뢰

예수의 제자들과 하나님 사이의 관계는 친밀해야 한다. 그것에 대한 가장 유사한 비유는 확신, 신뢰, 안전의 개념이 포함된, 가능한 한 부모와 가장 밀접한 관계에 있는 자녀다(눅 11:11-12). 제자들은 공로와 전혀 상관없이 하나님 나라의 구원에 참여하는 것을 보장받을 수 있다(마 18:10, 14; 눅 12:32). 그들은 하나님께 그들의 안전을 맡길 수 있다. 그분에게 무가치한 것은 아무 것도 없다(마 6:8, 32 이하; 눅 12:30). 그들은 하나님께서 그들에게 항상 최고의 선을 허락하시려는 의지를 가지고 있음을 알고 있기에 얼마든지 불확실성을 감수할 용기를 가질 수 있다. 고난이 - 하나님 나라 프로젝트에 신실하게 참여한 결과로 - 찾아올 때 그들은 그 이유를 이해하게 될 것이다(요 9:2 이하; 눅 13:1-5; 막 12:27 참조).[11]

---

10) 다음 자료를 참조하라. Joachim Jeremias, *New Testament Theology*, vol. I, 175-6.
11) 비록 그것이 완전한 모순처럼 보이지만 믿음 때문에 고난당하는 그리스도인들은 새 시대가 밝아오는 것을 보여주는 징표가 된다… 바울은 소아시아의 새 그리스도인들에게 하나님의 나라는 단지 고난을 통해서 온전하게 향유할 수 있음을 가르쳐 주었다(행

3) 독특한 행위

유대인들의 도덕적 행위는 **토라**(*torah*, 기록된 율법)와 **할라카**(*halakah*, 율법이 남용되어 이스라엘이 불신당하지 않게 할 목적으로 고안된 구전된 해석)에 기초하고 있었다. 예수께서는 산상설교를 통해서 새 공동체의 구성원들에게 하나님의 새로운 통치방식을 드러내는 규범을 가르치셨다.[12] 그분은 살아계신 하나님의 자녀에게 절대적으로 필요한 근본적인 삶의 질(質)을 강조하였다. 예수께서는 율법을 폐기하지 않으셨으며, 안식일, 의식적 청결, 희생을 유지하기 위해 설정된 세세한 규정을 무조건 비판하지도 않으셨다. 오히려 그분은 모든 청자(聽者)에게 용서, 화해, 쉽게 착취될 수 있는 사람들 – 특히 여자들 – 에 대한 최대한의 존중, 온전한 성실, 보복의 금지, 관용 – 특히 적에게 – 을 필요로 하는 하나님의 새 비전을 요구하셨다(마 5:21-48). 행위는 불가피하게 미니멀리스트의 윤리(minimalist ethic)로 귀결되는 행동 양식의 문제가 아니라 '부전자전' – "지극히 높으신 이의 아들이 되리니… 너희 아버지의 자비로우심 같이 너희도 자비로운 자가 되라"(눅 6:35-36) – 의 문제였다.

초대교회가 독특한 생활양식을 가지고 있었음을 암시하는 증거는 신약성경의 다른 부분에도 많이 있다.[13] 그 중에서 적절한 사례를 꼽으라면 에베소서를 들 수 있다. 바울은 에베소의 그리스도인들에게 "진리가 예수 안에 있는 것 같이… 그에게서 듣고 또한 그 안에서 가르침을"(엡 4:21) 받은 대로 "하나님을 따라 의와 진리의 거룩함으로" 살도록 권고하였다(엡 4:24). 그들의 삶을 안내하였던 세 가지 근본 원리는 **사랑에 의해 단련된**

14:22).
12) 다음 자료들을 참조하라. John Stott, *Christian Counter-Culture: The Message of the Sermon on the Mount* (Leicester, IVP, 1978); Pinchas Lapide, *The Sermon on the Mount: Utopia or Program for Action* (Maryknoll, Orbis Books, 1986); George Strecker, *The Sermon on the Mount: An Exegetical Commentary* (Edinburgh, T. and T. Clark, 1988).
13) 다음 자료들을 참조하라. Wolfgang Schrage, *The Ethics of the New Testament* (Edinburgh, T. and T. Clark, 1988); C. E. B. Cranfield, *On Romans and Other New Testament Essays* (Edinburgh, T. and T. Clark, 1998), chapter 4.

절대적 성실(엡 4:15; 4:25-26), **궁핍한 자들을 위한 공급**(엡 4:28), **용서**(엡 4:32; 5:2)였다. 이런 방식으로 그들은 "사랑을 받는 자녀 같이… 하나님을 본받는 자"가 되었다(엡 5:1). 이런 표현들은 예수의 가르침을 반영한 내용을 많이 담고 있다.

4) 훈련

그러나 만일 그 메시아적 공동체를 자유롭게 회원을 받아들이는 반 분파주의와 과거로부터 전승된 관습과 규정에 기초하지 않는 반 율법주의로 특징짓는다면 고삐 풀린 도덕폐기론의 위험성이 생겨나지 않겠는가? "하나님의 나라는 새로운 율법주의나 보편적, 종교적 혹은 정치적 코드가 아니라 오히려 사랑의 에너지에 의해 서게 되는 은혜의 새 질서이며,… 법과 심판이 없는 나라가 아니라… 율법주의와 보복이 없는 나라"라는 사실을 교회는 현실 속에서 어떻게 관철시킬 것인가?[14] 교회가 "하나님을 따라" 살지 못하는 사람들을 훈련 – 규제, 견책, 처벌을 의미하는 – 할 근거는 있는가?

이 문제에 대해서 관심을 가진 여러 사람들 가운데 한 사람이 스탠리 하우어와스(Stanley Hauerwas)다. 그의 생각에 따르면 "교회는 해결할 수 없는 긴장에 빠진 것 같다… 훈련된 공동체와 훈련하는 공동체가 되려는 교회의 모든 시도는 돌봄의 공동체가 되는 것과 대조를 이루는 것처럼 보인다." 이런 문제는 부분적으로 가치 혹은 생활양식이 구성원들을 어떤 혼란에 빠뜨리든지 상관없이 모든 것을 무비판적으로 수용하도록 장려하는 문화에서 생겨난다. "돌봄은 개인적 위기에 직면한 누군가를 훈련하는 것과는 거리가 멀다. 돌봄은 개인의 상황에 따른 특수성의 이해가 필요하다."

이런 목회상담의 개념 이면에는 "기독교는… 사람들이 그들의 삶에 의미를 부여할 때 필요한 신념 체계이며,… 구원은 각 개인을 위한 것이다."라는 편만한 신념이 자리 잡고 있다. 적어도 서구에서 교회는, 인간이 관

---

14) Howard Snyder, *Models of the Kingdom* (Nashville, Abingdon Press, 1991), 151.

용적이고 개방적인 사회에서 보다 잘 기능하도록 돕는 것이 교회의 직무라는 통상적인 기대를 충실히 수행해 왔다. 그 경우, 최고의 도덕적 기준은 타인에게 해를 끼치지 않는 것으로 여겨진다. "우리는 누구라도 훈련 없이 그리스도인이 될 수 있다고 전제하는, 기독교 신앙의 주의주의적(主意主義的, voluntaristic) 개념에 동의해 왔다."

기독교의 이런 약화된 견해와는 대조적으로, 하우어와스는 교회란 선박 기술을 전수해 줄 수 있는 사람에 의해 제자도를 훈련하는 공동체라고 주장한다. "교사의 권위는 선박 공동체에 기초하여 용인되어야 한다. 그 교사는 우리가 배에서 효과적이고 창의적인 참여자가 되고자 할 때 우리가 습득하고 계발해야 할 지적이고 도덕적인 습관들을 형성한다."[15]

그리스도의 길을 따르는 삶의 방식에는 뚜렷한 경계선이 있다. 따라서 만일 그렇게 살지 않으면, 예수 그리스도와의 생명적 관계가 세상에서 존재의 변화를 일으킨다는 주장은 비웃음을 사게 된다. 선교하는 교회는 내적인 훈련을 통해서 그런 사실을 외부 세계에 보여줄 수 있도록 준비해야 한다. 지도자는 실천적 차원에서 율법주의(legalism)와 의로움(righteousness)을 민감하게 구분할 수 있어야 한다.

5) 자원

다행스럽게도 그 메시아적 공동체는 그 숭고한 소명을 따라 사는 것을 가능하게 해주는 엄청난 자산을 보유하고 있다. 그 공동체는 "만물을 회복"(행 3:21; 엡 1:10)하시겠다는 하나님의 약속의 성취로서 끊임없이 재진술되어야 할 예수의 이야기를 가지고 있다. 또한 사도적 공동체의 메시지는 "하나님의 큰일"(행 2:11)을 담고 있을 뿐만 아니라 구속 받은 삶의 실제적 내용을 말한다. 무엇이 적절하고도 알맞은가에 관한 논란이 많이 있음에도 불구하고, 그 공동체에는 찬양과 감사를 중심으로 진행되는 회중 예배의 삶이 있다. 이 점에서 교회는 자신의 존재와 삶의 주인을 인정하

---

[15] Stanley Hauerwas, *After Christendom?*, 93, 95, 96, 98, 105.

고, "끝없는 애정이 담긴 놀라운 은혜에 기초하여 삶을 살아간다"는 점을 늘 상기한다.16)

그 공동체에는 기도의 자산이 있어서 사람들은 그것에 의해 하나님 **안에서** – 그분의 인격적 현존을 끊임없이 인식하면서 – 그리고 하나님과 **함께** – 세상에서 활동하시는 그분의 사역을 통해서 – 살아간다. 거기에는 또한 특정한 경우에 죄와 악이 어떻게 극복되었는지에 관한, 그리고 치유의 기적들이 어떻게 일어났는지에 관한 간증이 주는 용기가 있다. 또한 "만물을 새롭게 하시기 위해" 구체적인 상황 속에서 일하시는 하나님의 능력을 실제적으로 드러내는 표징들도 있다. 그 하나님의 능력은 그리스도인들에게 "다른 사람들이 불가능하거나 쓸데없다고 말하는 것을 흔들림 없이 행할 수 있게 해주는 담대한 확신"을 준다.17)

선교를 공동체의 삶에서 분리시키는 것은 그리스도의 길을 따르는 선교를 가능하게 해주는 바로 이런 자원들을 무시하는 것과 같다. 비록 교회가 기대한 대로 살지 못하는 것처럼 보일지라도, 오직 이 공동체 안에서만 여전히 예수 이야기를 말하고 있고, 하나님의 은혜와 용서를 선포하고 있고, 매주 십자가에 달린 메시아의 '전복적 기억'(subversive memory)을 경축하고 있다. 그 공동체에는 은사의 활용을 통해 주어지는 용기와 힘이 있다. 교회를 포기한 사람들은 삶의 은혜로부터 차단되고 만다. 그러나 적절한 대체물은 그 어디에도 없다.

3. 세상에의 참여

1) 성(聖)과 속(俗)

일부 사회에서 교회는 '성스러운'(holy) 것과 '성스럽지 않은'(non-holy) 것

---

16) Lesslie Newbigin, *The Gospel in a Pluralist Society* (London, SPCK, 1989), 228.
17) Howard Snyder, *Models of the Kingdom*, 154.

사이의 음흉한 구분을 제거하기 위해 힘겨운 싸움을 벌인다. 성스러운 것(The sacred)은 종종 영적인 것, 종교, 신과 관련된 특별한 삶의 영역 혹은 특별한 사건이나 장소에 속한 것으로 이해된다. 성스러운 것은 경외되고 조심스럽게 다뤄진다. 반면에 세속적인 것(The secular)은 종교와 연관되지 않은 현세적이고 일상적인 것 혹은 물질계 너머의 삶과 관련된다. 특별한 역사적 전례들과 함께 일정한 세계관에 기초한 공통적 삶의 태도를 놓고 볼 때, 서구는 '세속적' 사회로 평가된다. 이때 '세속적'이란 말은 하나님에 대한 믿음이 더 이상 그 사회를 형성하는 주된 요소가 아니며, 구성원들이 종교적 헌신에 관심이 없다는 것을 의미한다.[18]

비록 가상적으로 설정된 두 영역이 서로 대립하고 있는 것으로 보이지는 않지만, 일반적으로는 그것들을 분리해서 생각한다. 전자는 삶의 특별한 계기들과 관계 있는데, 사람들은 그때 신 - 혹은 신적 존재와 동등한 것 - 이 가까이 있다고 느낀다. 후자는 일상적이고, 평범하고, 틀에 박힌 삶을 말한다. 전자를 최대한 향유하기 위해서는 후자로부터 멀리 떨어질 필요가 있다. 그것은 교회에 가거나, 수양회에 참여하거나, 아름다운 장소를 찾아가거나, 뛰어난 음악을 듣거나, 무언가 기분을 북돋우는 일 혹은 유별난 일을 함으로써 가능하다.

기독교적 관점에서 볼 때 성과 속의 구분은 옳지 않다. 일상적 삶의 정

---

18) 서구에서의 '민속'(folk) 종교 혹은 '내재적'(implicit) 종교의 범위와 영향은 논쟁의 여지가 있다.

민속 종교는 규범적 종교와 지역적 신념의 특별한 혼합물이다. 느슨하게 연결된 관습들의 집합체로서 그것은 종종 서로 모순을 일으키기도 한다. 그것은 현실에 대한 조리 있는 견해를 제공하기 위해서가 아니라 직접적인 결과를 산출하거나 삶의 전략을 제시하기는 데 사용된다… 그것은 나쁜 것을 피하고 선한 것과 결합하는 방법들을 제시한다(Mission Theological Advisory Group, *The Search for Faith and the Witness of the Church* <London, Church House Publishing, 1996>, 48).

또한 다음 자료들을 참조하라. J. Andrew Kirk, *Loosing the Chains*, chapter 1. 여러 현상이 '뉴 에이지'(New Age)라는 이름 아래 느슨한 형태로 모인 경우 역시 흥미롭다. 이런 영적 경향성의 징후에 대해서 탁월하게 연구한 것으로는 다음 자료를 참조하라. Lars Johannson, "Mystical Knowledge, New Age and Missiology" in Kirk and Vanhoozer (eds.), *To Stake a Claim*.

당한 과제 - 가족, 일, 과학적 조사, 정원 가꾸기, 취미, 여가, 우정, 정치적 과업, 지역 내에서의 봉사 - 로 이해되는 세속적인 것은 성스럽다. 성스러운 것은 이런 것들과 구분된 별개의 실체가 아니며, 모든 환상이 제거된 참으로 진정한 삶이다. 하나님과의 만남은 그 어떤 장소에서도 가능하며(요 4:21-24), 모든 음식은 깨끗하며(막 7:19; 행 10:15), 안식일은 사람을 위해 만들어졌으며(막 2:27), 순례의 장소들은 실제 사건이 일어난 지 약 300년이 지나서야 교회에 알려졌으며, 특별한 날과 절기를 철저하게 지키는 것은 그리스도 안에서 누리는 자유를 잃어버리는 것을 의미한다(갈 4:8-11; 골 2:16-17, 20-23).

성과 속에 대한 근대적 구분은 중세신학에서 자연과 은총 사이에 설정된 이분법에서부터 유래된 것으로 보인다. 자연은 하나님에 대한 특정 지식에 도달하는 데 충분한 매체이지만 초자연적 은총으로 채워져야 한다. 점차적으로 자연과 초자연은 분리된 영역으로 여겨졌으며, 단지 특별한 시간에만, 그리고 특별한 통로 - 성례전 - 를 통해서만 결합될 수 있다고 생각했다. 훗날 합리주의의 영향 아래에서 둘 사이의 분리는 고립으로, 결과적으로는 자율적 상태로 바뀌었다. 자연적인 것은 더 이상 초자연적인 것이 될 필요가 없었다. 인간의 이성에 의해 자기 교정이 가능하다고 생각했기 때문에 자연은 내적으로 완전하게 될 수 있다고 여겨졌다.

이분법적 사고는 건전한 선교관에 치명적이다. 왜냐하면 그런 사고가 일정한 문화에 퍼지면 예수 그리스도의 메시지는 삶의 비밀스런 부분 - 사람들이 사적으로 행하는 것 - 에만 적용될 수 있다고 생각되기 때문이다. 레슬리 뉴비긴(Lesslie Newbigin)은 서구교회가 복음을 '공적 진리'(Public Truth)로 선포하는 선교 과제에 참여해야 한다고 주장한다.[19] 그의 주장은 때때로 오해되기도 하지만, 적어도 그의 주장처럼 복음은 일정한 그리스도인들 중에서만 일어나는 해프닝이 되어서는 안 된다. 그것을 다른 방식

---

19) 현대 문화를 선교적 관점에서 연구한 뉴비긴에 대한 무게 있고 포괄적이며, 공감할만한 해석이 헌스버거에 의해 이루어졌다. George Hunsberger, *Bearing the Witness of the Spirit*.

으로 진술해 본다면, 삶의 그 어떤 부분도 – 소위 공적 혹은 사적 영역에서 – 심판과 은혜 안에서 행하시는 하나님의 통치 밖에 존재할 수 없다고 말할 수 있다. 구약 혹은 신약성경을 빠른 속도로 훑어 본 사람이라면 그런 관점을 매우 분명하게 이해할 것이다. 어쩌면 대문자 'T'가 사용된 형태의 진리(Truth)라는 단어가 반감을 살 수도 있다. 그러나 조금만 숙고한다면 자신이 관심 있는 특별한 캠페인이나 습관적으로 사용하는 언어를 위해서라도 모든 그리스도인은 진리의 개념을 이해해야 한다는 사실을 알 수 있을 것이다. 무엇이든지 참되거나 선하다는 것 혹은 무엇이든지 그르거나 악하다는 것을 동시에 부정하는 것은 모순으로서 그런 일은 실제 세계에서 결코 일어나지 않는다.

4. 정치와 선교

흔히 뼈 있는 농담으로, '우리가 역사를 통해서 배우는 유일한 것은 우리가 무엇인가를 배우는 데 상당히 부족하다는 사실이다'라는 말을 한다. 과거의 실수로부터 배우지 않는 사람은 역사를 반복할 수밖에 없다. 교회는 정치적 문제와 관련된 영역 – 사실 이것이야말로 매우 애매한 영역이다 – 에서 다른 그 어떤 조직체 못지않게 떳떳치 못하다.

정치의 실체는 복합적이며, 경험이 없는 사람들을 함정에 빠뜨리는 위험이 많이 도사리고 있다. 교회는 매우 다양한 상황 속에 존재한다. 예를 들어, 교회가 정치적으로 안정된 삶의 상황에 처할 수도 있고 빠르게 변화하는 상황에 처할 수도 있다. 교회가 속한 사회에서 민주주의적 원리가 준수될 수도 있고 그렇지 않을 수도 있다. 그 사회에서 기독교가 역사적 이유 혹은 그 나라의 전체 그리스도인 숫자 때문에 우세 종교가 될 수도 있고 소수 세력이 될 수도 있다. 교회가 정치적 영역에서 영향을 끼칠 수도 있고 전혀 아무런 영향도 끼치지 못할 수도 있다. 기독교 신앙을 허용하는 사회일 수도 있고, 제한하는 사회 혹은 적극적으로 핍박하는 사회일 수도 있다.

교회가 특별한 이슈에 대해서만 정치에 참여할 수 있다고 믿든지 혹은 대체적으로 정치적 삶에 참여할 수 있다고 믿든지 간에 정치 참여에 관심이 있다면 교회는 자신이 속한 사회의 정치적 상황이 내포하고 있는 본질적 특성을 이해해야 한다. 여기에는 과거에 교회가 정치에 참여했던 내용, 중요한 역사적 사건과 운동, 문화적 요소 – 민족성과 같은 – 와 이데올로기적 입장이 포함될 것이다. 정치적 수단을 통해 타인을 섬기는 것이 그리스도의 길을 따르는 선교가 드러내는 결정적 양상 가운데 하나라는 점을 가정한다면 – 실제로 그렇게 해야 한다면 – 우리는 교회의 역할을 다음 세 가지로 말할 수 있을 것이다.[20]

1) 예언자의 직무

성경적 관점에서 볼 때, 정치에 참여하는 사람은 하나님이 어떤 분이신가와 그분이 어떻게 행하시는지를 분명하게 알아야 한다. 바울이 로마총독 벨릭스와 그의 유대인 부인 드루실라에게 밝힌 바와 같이 하나님께서는 "의와 절제와 장차 오는 심판"(행 24:25)에 관심을 가지고 행하신다. 그 국가의 통치자들은 선과 악의 뚜렷한 구분에 기초한 법 규정을 유지하기 위해 임명되었다(롬 13:3-4). 그들은 하나님의 성품에서 근원을 찾을 수 있는 윤리규범을 존중해야 한다. '복종'(롬 13:1)은 강한 책임감으로 그 규범을 지킨다는 것을 포함한다. 이렇게 함으로써 우리는 정치적 권위를 진지하게 여긴다는 것을 드러낸다. 그들은 절대적 역할이나 신분을 가지고 있

---

[20] 정치적 삶과 연관된 교회의 선교적 접근방식에는 여러 가지가 있다. 다음 자료들을 참조하라. Oliver O'Donovan, *The Desire of the Nations: Rediscovering the Roots of Political Theology* (Cambridge, Cambridge University Press, 1996); John de Gruchy, *Christianity and Democracy* (Cambridge, Cambridge University Press, 1995); Philip Wogaman, *Christian Perspectives on Politics* (London, SCM Press, 1988); Jack Nelson-Pallmeyer, *The Politics of Compassion* (Maryknoll, Orbis Books, 1986); Glenn Tinder, *The Political Meaning of Christianity: The Prophetic Stance* (New York, HarperCollins, 1991); Robert Aboagye-Mensah, *Mission and Democracy in Africa: The Role of the Church* (Accra, Asempa Publishers, 1994).

지 않다는 점이 상기될 필요가 있다. 그들은 백성 혹은 각 개인의 운명을 결정짓는 사람들이 아니다.[21] 그들은 하나님의 법을 깨뜨릴 때 얻는 결과, 경제적 삶의 목적, 모든 인간의 상황 속에서 행하시는 하나님의 정의가 내포하는 의미를 알아야 한다. 교회는 정부가 너무 많은 권력을 가지고 있는지 혹은 메시아적 권리를 자신에게 부여하는지 등 정부의 모든 경향을 모니터링 함으로써 중요한 사명을 성취할 수 있다.

때때로, 교회는 엄청난 고난과 순교를 감수하면서 오만한 정치적 주장과 잔인한 정치적 억압에 맞서 강력한 예언자적 발언을 해왔다. 교회가 예언자의 역할을 수행할 때 반드시 기억해야 할 주의사항은 결코 정치적 권력이나 자신을 위한 특권을 추구하지 말아야 한다는 것이다. 예언자적 입장을 취할 때 교회는 자신의 목적을 위해 일해서는 안 되며, 오직 자신에게 위탁된 메시지만을 전해야 한다.

2) 종의 직무

교회는 모든 수준에서 공적 지도자들을 위해 중보기도해야 할 사명을 가진다. 그것은 단지 공식 모임 때만이 아니라 모든 구성원이 개인적으로 혹은 함께 모여 기도할 때에도 해야 한다. 기도는 오직 하나님께서 한 국가를 향해 호의를 가지고 행하실 때에만 사회적 삶이 조화를 이룰 수 있다는 생각을 입증해 준다. 그러나 또한 기도는 기도자가 기도 중에 옳은 편을 택하지 못하고 주저할 때 - "나의 원대로 마옵시고 아버지의 원대로 하옵소서"(막 14:36) - 교회와 국가의 분리를 입증하기도 한다. 그런 상황에서 정치 지도자는 종교적 명령으로부터 자유롭게 된다. 기도가 살아 있다는 것은 그 사회에서의 섬김을 위해 자신을 제물로 드린다는 것을 의미한다. 그리스도인이 적극적으로 참여할 수 있는 곳에서는,

---

21) 20세기에 스탈린(Iosif Vissarionovich Stalin), 히틀러(Adolf Hitler), 일본의 천황, 베트남에서의 린든 존슨(Lyndon Johnson), 이안 스미스(Ian Smith), 니카라과에서의 로널드 레이건(Ronald Reagan), 그 밖에 무수한 군사독재자들과 같은 다양한 종류의 사람들이 스스로 이런 입장을 취했다.

어떤 재정적 보답도 기대하지 않고 시민사회를 위해 자신의 은사와 경험과 훈련을 기꺼이 드리겠다고 하는 소명(vocation)이 선교의 필수불가결한 요소가 된다.

3) 전도자의 직무

정치적 삶 속에서 교회가 감당해야 할 선교를 구성할 때 전도를 한 부분으로 포함시키는 것이 이상하게 보일지도 모른다. 그러나 교회의 정치적 활동을 단지 직접적이고 실제적인 행위를 하는 것으로만 해석하는 것은 잘못이다. 어떤 사람들은 선교를 거의 전적으로 정의를 위한 투쟁에 국한시킨다. 그들은 선교를 모든 수준에서 모든 사람에게 동등한 기회를 제공하고, 사회에서 불이익을 당한 사람들의 실제적인 필요를 해결해 주는 것을 우선적인 과제로 여기고 도움을 줄 수 있는 정치구조를 만들어내는 것으로 해석한다. 그러나 이런 해석은 기독교 신앙의 가장 중심적인 내용을 놓치고 있다. 전도는 사회가 안고 있는 기본 문제들의 핵심 - "사람에게서 나오는 그것이 사람을 더럽게 하느니라 속에서 곧 사람의 마음에서 나오는 것..."(막 7:20-21) - 이 무엇인지를, 그리고 하나님의 은혜와 용서, 화해와 새로운 출발만이 해결책임을 그 사회에 알리는 가시적인 행위다. 전도는 또한 일상적인 정치적 삶 너머에 존재하는 권력을 근본적으로 변화시키는 현실을 가리킨다.[22]

물론 전도에는 다분히 정치적인 측면이 있다. 동시에 정치는 스스로 예수 그리스도의 복음을 들을 필요가 있는 사람들에 의해 수행된다. 만일 그리스도인은 모든 공적 표현으로부터 믿음을 거둬들이고 사사화(私

---

[22] 선교를 정치적 행동 - 가장 넓은 차원에 속한 - 에 제한한다는 비난을 받고 있기는 하지만 해방신학자들은 정치가 매우 영적인 문제임을 강조해 왔다. 예를 들어, 다음 자료들을 참조하라. Gustavo Gutiérrez, *On Job: God-Talk and the Suffering of the Innocent* (Maryknoll, Orbis Books, 1987); Gustavo Gutiérrez, *We Drink from Our Own Wells: The Spiritual Journey of a People* (Maryknoll, Orbis Books, 1984); Jon Sobrino, "Spirituality and the Following of Jesus" in Sobrino and Ellacuria, *Systematic Theology*, 233-56; Jon Sobrino, *The Principle of Mercy*.

事化)해서는 안 된다는 말이 참되다면 정치에 참여하는 사람들의 공적인 삶과 사적인 삶 사이에는 그 둘을 갈라놓는 어떤 쐐기도 있을 수 없다는 말도 참되다. 공적 페르소나(persona, 고대 그리스의 연극배우들이 썼던 가면으로서 오늘날에는 사람의 외적 인격을 가리킴 - 역주)는 사적 페르소나가 믿고 행하는 것으로부터 분리된다고 가정한다면 그것은 그다지 썩 좋은 소설이 될 수 없을 것이다. 한 정치인의 개인적 재정 문제는 공적 영역에서 매우 큰 의미를 지닌 것으로 여겨지지만 결혼한 사람의 간통은 별로 공적인 관심을 받지 않는다는 것은 현대문화의 윤리적 혼란을 암시하는 재미있는 설명이다. 교회는 이런 이원론에 맞서 그것이 잘못되었다는 것을 밝혀내야 한다.

5. 지역교회와 선교

교회갱신은 그리스도인들의 사고가 지역적 차원에서 행동, 기도와 적절하게 통합될 때 효과적으로 이뤄질 수 있다. 일반적으로 '지역교회'(local church)라는 용어가 일정한 지리적 범위 - 감독 관구, 지방과 같은 - 안에 속한 교회를 가리키는 말로 사용되고 있지만, 나는 매주 함께 모여서 예배와 기도와 기타 활동을 행하는 그리스도인들의 지역 공동체를 염두에 두고 있다. 그들은 고립된 집단이 아니며, 보다 넓은 차원에서 조직된 교회에 속한다. 그럼에도 불구하고, 그리스도인들은 도시 혹은 시골에서 지리적으로 한정된 범위 안에서 함께 모인 그리스도인들이 지역교회의 핵심을 이룬다.

1) 가는 교회(the going church)의 본질

세상의 중심으로 들어가 그곳에 존재하는 것이 선교의 본질이라고 가정한다면 교회는 움직이는 하나님의 백성으로 자신을 인식해야 한다. 동시에 그리스도인들은 세상의 중심**으로 들어가**(into) 고통과 궁핍의 현장에 존재하며, 하나님의 새로운 창조를 **향해**(towards) 나아가는 여행을 해야 한다. 교회는, 과거의 한 사건으로서 모든 부패한 것과 타락한 것을 새 생명으로 변화시키기를 고대하는(행 2:24, 31) '부활의 친교 공동체'(fellowship of the resurrection)다. 교회는 자석에 달라붙는 핀과 같이 전체 생명에 대한 하나님의 통치가 회복되는 것을 드러낸다. 교회는 미래를 바라보고 일정한 목표를 가진 공동체다.

많은 사람들이 교회는 마치 미래가 이미 실현된 것처럼 현재를 살아야 한다고 말해 왔다. 그런 시각은 아마도 대부분의 지역교회에 일종의 근본적인 사고의 전환 곧 교회란 **자신이 행하는 그 무엇**(what it does)이라는 생각으로부터 그것은 **하나님께서 행하시는 그 무엇**(what God does)이라는 생각으로의 전환을 요구할 것이다. 교회를 활동의 관점에서 생각하고, 갱신을 그 활동의 개선 혹은 혁신으로 생각하는 것은 자연스럽고 가장 쉬운 방법이기도 하다. 오늘날 지역교회마다 사명선언문(mission statement)을 작성하여 공식적으로 발표하는 것은 매우 일반적인 일이다. 그럼에도 불구하고, 이런 선언문 때문에 교회가 조직되는 방식에 근본적인 차이가 발생하는 일이 얼마나 흔하게 일어나는가? 교회가 자신의 비전에 비추어 삶을 재고하는 일이 과연 자주 일어나고 있는가? 얼마나 자주 그 선언문을 재검토하고 있는가?

2) 선교를 가능케 하는 구조

만일 선교하는 교회가 개인적으로 하든지 함께 하든지 간에 그리스도의 길을 따르는 선교에 근원을 둔 활동에 참여하는 그리스도인들의 공동체라면(요 17:15-18), 지역교회는 - 진정한 교회가 되기 위해서라도 - 그 선교 활동이 용이하게 진행되도록 자신의 삶을 정돈해야 한다. 교회가 이 원리를 무시할 수 있는 이론적 근거는 그 어디에도 없다. 이것은, 일부 교회들의 경우 그들이 행하는 활동을 과감하게 축소해야 할 필요가 있음을 의미할 수도 있다. 또 다른 교회들의 경우에는 그들의 활동을 재정비해야 할 필요가 있음을 의미할 수도 있다.

다소 도발적인 토론을 통해서 나는 그리스도인들의 지역 공동체는 매주 두 번 정도 함께 모이는 것이 이상적이라고 말하고 싶다. 한 번은 주일에 – 혹은 다른 편리한 날에 – 공동예배와 훈련을 위해 모이고, 다른 한 번은 주중에 소그룹에서 삶을 나누기 위해 모인다. 한 걸음 더 나아가, 나는 '가정 친교 그룹'(house fellowship groups)이 선교하는 지역교회에 – 영국 동부에 있는 노퍽 주의 시골, 중국의 시골, 영국 혹은 미국의 도시인 버밍엄, 도시 요하네스버그 등, 그 어디에 있든지 간에 – 가장 중요한 요소가 된다는 점을 말하고자 한다. 여러 가지 이름으로 불리는 이것의 역할은 그리스도인들로 하여금 세상에서 행하는 매일의 활동 속에서 복음의 진리를 증언하도록 격려하고 가능케 하는 것이다. 이 그룹은 구성원들의 삶의 이야기, 궁핍한 사람들의 필요를 위한 **기도**, 특정 상황과 선택의 기회 속에서 그리스도의 마음을 구하는 **성경공부**에 초점을 맞춘다.

그리스도인들은 자신의 은사, 소명, 가능한 시간에 따라 다양한 방식으로 그들이 속한 지역사회에 참여한다. 기도, 공부, 토론, 나눔과 행동을 통해서 이 그룹은 예수 그리스도의 복음을 모든 종류의 상황에 연결하도록 그리스도인들을 준비하는, 하나님 나라의 작업장 기능을 한다. 그것은 또한 완전한 국외자들(outsiders)이 기독교적 교제를 경험하는 첫 번째 자리가 된다는 의미에서 '중간 교회'(intermediate churches)로서 기능할 수 있다. 지역교회 지도자들이 반드시 감당해야 할 과제는 이 그룹이, 특별히 새롭게 등장하는 이슈들에 대해서 성숙한 성찰을 하게 함으로써 잘 기능하도록 구비(具備)하는 것이다.

지역사회에서의 이런 활동에 대한 강조는 선교의 한 목적인 교회의 수적 성장(numerical growth)이 무시되는 듯한 인상을 줄 수 있다. 교회성장에 관한 이 문제는 아래에서 논의할 것인데, 여기에서는 단지 내가 제안하고 있는 모델이 결코 "때를 얻든지 못 얻든지 항상"(딤후 4:2) 그리스도를 선포해야 할 직무를 과소평가하지 않는다는 점만 밝혀 두고자 한다. 오히려 이 모델은 그리스도께서 어느 때나 존재하신다는 점을 실천적으로 드러내고 증명함으로써 그렇게 행할 수 있는 새로운 컨텍스트를 제안한다.

참된 교회의 투쟁이 무관심하거나 적대적인 세계와 관련되지 않고 교회 자신의 전통적 유산과 관련되는 일은 아주 흔하게 일어난다. 선교는 '종교'(religion)가 제거된 신앙적 헌신(a faith-commitment)을 필요로 한다. 여기에서 나는 복음의 핵심이 아닌 인간의 전통에서 파생된 고착화된 의무들을 인습적으로 수행하는 것을 '종교'라고 말하고 있다.[23]

6. 교회성장

세계의 여러 지역에서 교회는 인구 증가보다 빠르게 성장하고 있다. 교회의 수적 성장은 교회 구성원수가 어떤 지역에서는 왜 폭발적으로 늘고 다른 지역에서는 그렇지 않은가에 관한 이유를 조사하기 위한, 사회문화적 분석의 대상으로 여겨졌을 뿐만 아니라 선교 이론의 주제로 여겨져 왔다.[24]

---

23) 나는 다른 책에서 기독교 신앙의 '무종교적'(religionless) 본성에 대해서 내가 이해하고 있는 바가 어떤 것인지, 그리고 그런 관점에서 기독교 신앙을 파악하는 것이 왜 중요한지를 보다 상세하게 설명하였다. 이것에 관해서는 다음 자료를 참조하라. J. Andrew Kirk, *Loosing the Chains*, chapters 6 and 7.

24) '선교학에서의 교회성장학파'에 관한 문헌은 방대하다. 여기에서 내 의도는 교회의 본질과 직무에 관한 일정한 확신을 둘러싼 선교학적 토론을 자세하게 다루는 것이 아니라 몇 가지 중요한 연구 경향들을 간략하게 설명하는 것이다. 토론이 계속해서 중요하게 여겨졌으며, 그들의 견해가 엄청난 영향을 미쳤다는 점은 의심의 여지가 없다. 이 내용에 관해서는 다음 자료들을 참조하라. Donald McGavran, *Understanding Church Growth*, 3rd edn, revised and edited by Peter Wagner (Grand Rapids, Eerdmans, 1990); Eddie Gibbs, *I Believe in Church Growth* (London, Hodder and Stoughton, 1981); Orlando Costas, *Christ Outside the Gate: Mission Beyond Christendom* (Maryknoll, Orbis Books, 1982), chapter 3; Wilbert Shenk (ed.), *Exploring Church Growth* (Grand Rapids, Eerdmans, 1983); Wayne Zunkel, *Church Growth under Fire* (Scottdale, Herald Press, 1987); Roger Bowen, *So I Send You*.

1) 성장의 원인

성장의 원인들은 단순한 공식으로 환원될 수 없다. 근본적으로 그것은 신비에 속한다. 그럼에도 불구하고, 교회가 성장하는 모든 영역에서 일정한 공통적 특징을 파악할 수 있다.[25]

(1) 목표

수적 성장은 하나님의 교회에 대한 그분 자신의 의지라고 믿는 신념이 있다. 이 성장은 단순 증가(addition)에 의한 성장이 아니라 배가(multiplication)에 의한 성장을 의미한다. 따라서 새 교회들을 개척하는 일을 선교의 기본 과업으로 여긴다. 이 신념은 기도로부터 영양분을 공급받고 다시 기도를 자극한다. 교회들은 자신에 대한 목표를 설정하고, 얼마 후에 새로 설립된 지역교회가 인근에 다른 지역교회를 설립한다. 부분적으로 성장은 헌신과 능력(competence)으로 수행되는, 정확하게 설정된 목표의 결과다.

(2) 헌신적인 전도

어떤 교회들의 경우, 목양 사역의 주된 조건은 새 교회를 설립하는 것이다. 전 교인이 전도를 위해 동원되어 사람들이 있는 곳이면 어디든지 간다. 그리스도를 위해 다른 사람들을 얻어야 할 사명이 모든 사람에게 부여된다. 특별히 새 회심자들에게는 곧바로 그들의 새 믿음을 증언하도록 요청된다. 어떤 경우에는 그런 행위를 그 사람이 구원 받았는지를 증명하는 한 방법으로 여기기도 한다.

(3) 치유 사역

성장의 현상은 많은 경우에 안수와 기도를 통한 광범위한 치유 사역과

---

25) 라틴 아메리카 교회들의 경우는 다음 자료를 참조하라. Philip Berryman, *Religion in the Megacity: Catholic and Protestant Portraits from Latin America* (London, Latin American Bureau, 1996); 또한 다음 자료를 참조하라. Wilbert Shenk (ed.), *Exploring Church Growth*, part 1.

함께 일어난다. 그런 사역은 하나님께서 직접적으로 역사하실 것이라는 기대를 전제하고 있다. 그런 치유 사역은 종종 전도 운동이 전개되는 상황 속에서, 특히 통상적인 의학에 거의 접근하지 못하는 지역에서 강하게 일어난다. 사회악 - 알코올 중독, 가정 폭력, 심각한 약물 중독과 같은 - 에 대한 치유의 효과는 삶을 변화하는 선포된 복음의 능력을 강하게 보여주는 증거가 된다.

(4) 사회 혼란

제3세계 국가의 주요 도시들 안에 있는 빈민가들은 성장이 가장 현저하게 나타나는 지역이다. 그런 빈민가에는 일반적으로 많은 사람이 모여 살고 있으며, 그들은 대체로 배경이 다른 다양한 인종들이 일자리를 찾아 먼 농촌 지역에서 몰려든 경우가 대부분이다. 소속감과 그들을 알아주는 사람들은 그들이 품위 있는 삶을 사는 데 필수적이다. 새 교회들은 그들에게 바로 그 소속감과 가치를 제공하는 대체 가족으로서 기능한다. 기존 교인들은 새 구성원들을 진정한 '형제'와 '자매'로서 대한다. 이런 교회 공동체에서 가난한 자들은 (일자리를 포함하여) 자기정체성과 참여에의 의지를 발견하게 된다.[26]

(5) '옛 신(神)들'의 실패

지금까지 새 교회들은 전통적인 신앙들과는 달리 그들의 구성원들이 빠른 사회적, 개인적 변화에 적응할 수 있도록 잘 도와줄 수 있음을 보여주었다. 전통적인 종교들은 그들이 잊고 지나치는 그 세계의 실패와 깊이 관련되어 있다. 반면에 기독교 메시지는 새로운 삶의 희망과 연결된다.

2) 동질 집단(Homogeneous units)

앞서 언급한 바와 같이, 교회성장학은 한때 인도에서 선교사로서 사역

---

26) Philip Berryman, *Religion in the Megacity*.

했던 도널드 맥가브란(Donald McGavran)이란 이름과 연결되어 있으며, 그에 의해 선교의 한 이론으로 정립되었다. 교회성장학파의 사상은 두 가지 기본적인 확신을 중심으로 형성되었는데, 첫째는 교회개척이 교회의 여러 선교 활동 중에 가장 우선시 되어야 한다는 것이고, 둘째는 사람들이 그리스도인이 되기 위해 불필요한 장애물을 건너는 일이 없어야 한다는 것이다.[27] 이것은 다음과 같은 두 가지 주요 가설을 낳았다.

(1) 동질 집단의 원리(The homogeneous unit principle)
맥가브란은 예수를 영접한 뒤에도 자신이 속한 민족적, 문화적 환경에 그대로 남아 있을 수 있을 때 사람들은 그리스도께 더 잘 반응할 수 있다는 사실을 관찰하였다. 분리된 집단들을 교회의 성장을 위해 지나치게 하나로 통합하려고 하는 것은, 만일 그런 시도 때문에 사람들이 복음을 들으려고 하지 않는 결과를 야기한다면 당연히 잘못된 일이 될 것이다.

(2) 종족 집단(People groups)
아직 끝나지 않은 세계 전도의 과제는 작으면서도 분명하게 정의된, 문화적으로 온전한 종족 집단들에 집중되어야 한다. 예를 들면, 우르두어를 사용하는 펀잡 지방의 이슬람 농부들, 동남아시아로부터 프랑스로 피난 간 광둥어를 사용하는 중국인들, 말레이시아 고무농장에서 일하는 타밀어를 사용하는 인도 노동자들을 들 수 있다. 세계에 존재하는 수많은 이 하위 집단들은 각각 개별적으로 확인되어야 하며, 각 집단마다 공동체 안에 문화적으로 적절한 교회가 개척되어야 한다.

① 원리에 대한 변호
미리엄 애드니(Miriam Adeney)는 그녀의 책 『하나님의 외교정책』(*God's*

---

[27] 최근의 선교 역사에서, 선교의 한 목적으로서의 성장하는 교회들의 원리와, 특정한 해석으로서의 교회성장의 이론과, 성장을 위한 전략을 명확하게 구분하는 일은 그리 쉽지 않았다. 후자의 양상에 대해서 심각한 의문을 제기한다고 해서 그것이 전자에 대한 거부를 암시하는 것은 결코 아니다.

Foreign Policy)[28]에서 민족별 교회의 개념을 지원해야 할 다섯 가지 이유를 제시한다.

- 하나님께서는 문화적 다양성에 의해 영광을 받으신다. 그것은 오직 동일한 문화에 속한 사람들로 구성된 교회들을 통해서 완전하게 표현될 수 있다.
- 모든 사람은 자신의 고유한 언어로 예배할 권리를 지니고 있다.
- 만일 여러 민족이 혼합된 회중을 강조한다면 다수 민족의 문화적 전통이 그 회중을 지배하게 될 것이다. 문화적 소수 민족들은 소외감을 느끼게 될 것이다.
- 그 교회들은 각각의 민족 공동체 내에서 보다 효과적으로 복음을 전할 것이다.
- 그 교회들은 임시로 외국에 거주하는 그리스도인들을 지원할 수 있는 가장 좋은 방편이 된다.

② 원리에 대한 비판

에디 깁스(Eddie Gibbs)는 교회성장에 관한 그의 책에서[29] 사람들을 하나로 묶는 동질성이 때때로 – 독일의 국민교회(Volkskirche)의 경우에서처럼 – 악한 형태로 나타날 수도 있다고 말한다. 만일 민족 정체성이 인종적, 문화적, 계층적 장애를 극복할 수 없게 만드는 한 이유로서 정당화된다면 그 교회는 나쁜 소식이 될 것이다. "회중이 배타적으로 하나의 집단과 동일시되는 교회는 자기중심적이고 무기력한 삶을 살 수도 있다… 그것은 대부분의 주변 주민을 배제하는 결과를 초래할 수도 있다."[30]

르네 파딜라(René Padilla)는 이 논쟁과 관련된 신약성경의 자료를 광범위

---

28) Miriam Adeney, *God's Foreign Policy* (Grand Rapids, Eerdmans, 1984), 94ff.; 또한 다음 자료를 참조하라. Roger Bowen, *So I Send You*.
29) Eddie Gibbs, *I Believe in Church Growth*.
30) ibid., 128.

하게 연구한 뒤에 다음과 같이 결론을 내린다.[31]

- 유대인과 이방인은 함께 복음을 들었다.
- 초대교회는 사람들을 분리시키는 장애를 제거하는 것을 단지 복음을 믿은 이후의 결과로서가 아니라 예수 그리스도의 복음 자체에 속한 한 부분으로 간주하였다.
- 초대교회의 성장은 단순한 성장이 아니라 문화적 장애를 넘은 성장이었다.
- 진정한 통일성은 획일성이 아니라 항상 다양성 안에서의 통일성을 가리킨다.
- 믿음과 실천에 순응하는 것은 때때로 기독교 신자에게 다른 문화에 들어가기 위해 자신의 문화를 포기함으로써 배신자가 돼야 하는 부담을 주기도 하였다.

사도들은… 복음을 기독교적 헌신에 본질적인 것으로서가 아니라 사람들의 입맛에 맞는 것으로 만들기 위해, 문화적 장애를 초월한 기독교 공동체를 환경이 그 공동체에 유리하게 작용할 때마다 누릴 수 있는 선택적 축복으로, 혹은 꼭 그렇게 할 필요가 없다고 생각될 경우 생략해도 되는 부록으로 여기지 않았다.[32]

민족별로 분리된 교회들이 복음의 부정(否定)으로 인식되었을 것이라는 점을 보여주는 신약성경의 분명한 증거들을 참고할 때, 민족 중심적 전도를 옹호하는 – 그리고 거기에서 **시작해야** 할 분명한 근거들이 있다고 주장하는 – 사람들은 그런 전도 방식이 어떻게 다민족적이고 다문화적인 교회를 만들 수 있는지 해명해야 한다. 그들은 또한 민족적으로, 문화적으로, 언어적으로 강한 의식을 가지고 있는 이런 교회들이, 받아들이기 어려운 민족적 혹은 문화적 쇼비니즘(chauvinism, 극단적 배타주의 – 역주)을

---

31) René Padilla, *Mission Between the Times*, 166-8.
32) ibid., 167-8.

조성하지 않을 뿐만 아니라 이미 사회 안에 존재하고 있는 장애들을 영속시키지 않는다는 점을 실천적으로 증명할 필요가 있다. 왜냐하면 그들의 주장을 무력화시키는 증거들이 현실 세계에 너무도 많이 나타나고 있기 때문이다.[33]

7. 기독교적 현존(Christian Presence)

어떤 그리스도인들은, 교회의 선교는 특정 상황에서 그리스도인들이 비신자들 속에 현존하면서 희생적으로 봉사하는 삶의 모습을 통해서, 그리고 타종교의 전통과 역사 속에 이미 찍혀 있는 하나님의 '발자국들'을 인정하는 태도를 통해서 그들의 신앙을 나타내는 방식으로 성취된다고 강하게 믿는다. 그런 선교적 입장은 구두 선포에 대해서 주저하며, 어느 정도 용인한다 하더라도 최소한 그것을 우선적인 전략으로 삼지 않는다. 종교가 삶에 강한 동기를 부여하는 사회에서 교회가 소수에 속하고, 복음을 확산하고 새 교회들을 개척하려는 열망은 있지만 별로 진척이 이루어지지 않는 경우, 개인적 증언을 통한 직접적인 구두 전도, 복음전도 집회, 문서 보급, 라디오 혹은 텔레비전 프로그램 등은 그리 적당한 선교 방식이 아니다.

이 선교적 입장은 다음과 같은 여러 가지 양상을 포함한다.

① 만일 성육신의 패턴 – 선교 활동 이전에 한 문화 안에서 태어나고 성장하는 – 을 따른다면 그리스도인들은 사람들과 보조를 맞춰 그들의 삶을 나누는 데 많은 시간을 사용해야 한다. 어느 사람에게든지 예수 그리스도의 이야기를 전하고자 할 때 우정, 이해, 신뢰는 반드시 필요한 전제 조건이다.

② 이 입장은 상대방과 접촉할 때 주도적으로 접근하기보다는 먼저 호기심

---

[33] 다음 자료들을 참조하라. Johannes Verkuyl, *Contemporary Missiology*, 192; Derek Tidball, "Scandal of the Church" in Billington, Lane and Turner (eds.), *Mission and Meaning*, 365.

과 궁금증을 자아내고자 한다. 공격적이라는 인상은 피해야 하며, 적어도 그런 인상을 최소화하려고 노력해야 한다.
③ 이 입장은 그리스도인들이 잠재적인 회심자로 여길만한 사람들에게 관심이 있다는 왜곡된 선교의 이미지를 바로잡는 데 관심을 기울인다.
④ 이 입장은 하나님께 대한 전적인 신뢰를 강조한다. 복음에 대한 응답은 전도자의 기술에 달려 있지 않고 성령의 사역에 달려 있다.
⑤ 이 입장은 그리스도께서 이미 사람들의 삶과 문화 속에서 일하는 선교사보다 앞서 행하신다는 사실을 강조한다. 선교사가 어느 정도는 그리스도를 '동반'한다고 가정하는 것은 우상숭배적 태도는 아닐지라도 적어도 교만한 태도로 여겨진다.[34]

어떤 의미에서, 타인에 대한 민감한 경청과 타인과의 동일성 확인을 뜻하는 '기독교적 현존'은 복음을 나누기 위한 준비 과정으로서 필수불가결하다. 그러나 다른 의미에서, 그 접근방식은 회개로 초대하여 복음을 믿게 한 뒤 예수 그리스도의 제자로 살아가게 만드는 엄숙한 전도 명령과 메시지 내용에 관한 확신이 부족하다는 점을 숨기고 있을 수 있다.[35]
마치 우리가 그리스도를 대동하고 다니는 것처럼, 혹은 우리가 우주의 주인이신 그분을 소유할 수 있는 것처럼 말하고 행동하는 것은 당연

---

[34] 현대에 '기독교적 현존'을 주장하는 가장 유명한 사람은 케네스 크래그(Kenneth Cragg)이다. 그는 매우 영향력이 있는 두 권의 저서를 통해서 이슬람교도를 위한 그리스도의 길고도 고통스러운 '회복'(retrieval)을 주장하였다. 다음 자료들을 참조하라. *The Call of the Minaret*, 2nd edn (Maryknoll, Orbis Books, 1985); *Sandals at the Mosque: Christian Presence amid Islam* (Oxford, Oxford University Press, 1959). 여기에서 '회복'이란 이슬람교도들이 그리스도에 관한 이야기가 나올 때마다 느끼는 소외를 원상태로 돌리고, 그들이 기회가 없어서 만나지 못한 그리스도를 그들에게로 되돌려주는 것을 의미한다. 크래그 자신은 그가 주장한 과정의 생생한 실례를 제공하기도 하였다. 그는 이슬람교의 신앙 내부를 향한 매우 공감적인 탐험을 시도하면서 동시에 예수 그리스도 안에 계시된 하나님에 관한 지식의 부족 때문에 자신의 이상을 성취할 수 없는 이슬람교의 방식들을 발견하는 과정에 대해서 말하였다. 크래그의 견해에 관한 간략한 설명은 다음 자료를 참조하라. T. Yates, *Christian Mission*, 150-5, 158. 보다 충분한 해석은 다음 자료를 참조하라. Christopher Lamb, *The Call to Retrieval: Kenneth Cragg's Christian Vocation to Islam* (London, Grey Seal, 1997).
[35] 다음 자료를 참조하라. T. Yates, *Christian Mission*, 159.

히 위험하다. 분명히 메시지의 정확한 본질에 관해서 지나치게 확신하는 경향과, 상황이 어떠하든지 간에 반복될 수 있는 것을 간단한 공식으로 환원하려는 경향이 있다. 그것은 사도적 선교를 조잡한 형태로 표현한 것에 불과하다. 그런 접근방식은 메시지의 수신자들을 미리 설정해 놓은 결과를 얻기 위해 조작할 수 있는 대상으로 여기는 위험성을 안고 있다.

어쨌든 '현존' 그 자체만으로는 선교의 한 수단이 되는 데 충분하지 않다. 이 세상에 홀로 남겨졌다고 느끼는 인간들은 그들이 이끌어가는 삶의 종류 곧 그들이 채택한 가장 표준적인 윤리규범을 따라 살아가는 삶의 내용에 구원의 문제가 달려 있다고 생각한다. 심지어 믿음도 그들에게는 하나의 공적(功績)으로 바뀔 수 있다. 그러나 예수 그리스도 안에서 하나님께서 제공하시는 구원은 독특하다. 그것은 혼자 힘으로 발견할 수 없다.

> 누구든지 주의 이름을 부르는 자는 구원을 받으리라 그런즉 그들이 믿지 아니하는 이를 어찌 부르리요 듣지도 못한 이를 어찌 믿으리요 전파하는 자가 없이 어찌 들으리요 보내심을 받지 아니하였으면 어찌 전파하리요…(롬 10:13-15).

바울의 논리는 흠 잡을 데 없이 완벽하다. 구원은 경험을 통해서 확증된다. 삶에서 드러나는 증거는 이미 한 개인의 잠재의식 안에 있는 어떤 진리를 일깨우는 것 이상이다. 사람들은 그리스도에 관한 사도적 말씀을 듣고, 믿도록 설득되고, 구원되어야 한다. 만일 이것이 1세기의 유대인들에게도 적용되었다면(롬 1:16; 3:30; 10:1 이하), 오늘날 다른 종류의 신앙을 가진 모든 사람에게 왜 적용될 수 없겠는가?[36]

---

36) 현대 다원주의자들과는 달리 '현존'을 선교의 한 정당한 양상으로 주장하는 사람들은 일반적으로 구원에 초점을 맞춘 견해를 가지고 그리스도에 관해 말해야 하는 소명을 잊어버렸다. 이슬람교도에 대한 적절하고도 민감하게 반응하는 자세를 잃지 않으면서도 크래그는 증언의 책임을 회피하지 않는다.

따라서 타인들의 삶과 열망을 잘 지각하고 수용함으로써 동질성을 확인하는 것은 기독교 증언의 본질적 양상 가운데 하나이며, 그것은 그런 방식으로 복음을 말한다. 오직 성령의 현존에 의지하면 누구든지 그 성령의 능력에 의해 교만하고 공격적인 모습과 상관없는 담대한 사람이 된다. 이것은 초대교회에 나타난 특징 가운데 하나였다(행 4:29; 9:27; 13:46; 14:3; 28:31; 엡 6:19; 빌 1:14).

그리스도가 그리스도이고, 교회가 자신과 그분을 알고 있는 한 이슬람교를 향한 선교는 계속될 것이다… 우리는 그분이 소개되어야 할 유일하고도 충분한 이유가 있기 때문에 그리스도를 소개한다… 우리는 그리스도께서 제자도를 요구하시고, 그분의 복음이 판단을 예상하는 그 무엇이라는 사실을 무시할 수 없다(*The Call of the Minaret*, 305).

토의과제

1. 선교하는 교회에 대한 적절한 상징들을 제시해 보자.

2. 교회와 정치는 서로 혼합되지 않는다는 통속적인 주장에 대해서 당신의 생각을 말해 보자.

3. 당신이 속한 지역교회를 위해 한 주간의 교회성장 훈련 프로그램을 개괄적으로 기획해 보자.

후기

선교는 어디로 가는가?

미래를 들여다보고 선교 이슈들의 발전 방향을 결정하려는 시도는 유혹적이긴 하지만 반면에 위험한 일이기도 하다. 한편으로, 앞으로 어떤 형태를 취할 것인지에 관한 자연적인 호기심이 있다. 다른 한편으로, 오늘날의 현실에 기초하여 동향을 알아맞히려는 시도는 그 근거가 매우 빈약하여 실패할 가능성이 높다는 인식도 있다. 인간은 놀라움으로 가득 찬 존재다. 그들이 만드는 역사는 셀 수 없이 무수한 변수로 가득 차 있다. 그것이 바로 미래에 관한 자신만만한 예측이 일반적으로는 정확한 징후들을 많이 놓치는 이유이기도 하다.

그럼에도 불구하고, 오직 현재에만 관심을 가지는 것은 너무 모험심이 없고 의욕이 없어 보인다. 미래에 대한 관심 중 어떤 것은 전적으로 사변적이거나 심지어 조작적일 수도 있지만 – 상업적 관심이 미래 시장을 지배하기 위해 시도하는 방식과 같이 – 그와는 달리 과거와 현재의 실수를 반복하지 않으려는 현실적 관심으로부터 생겨난 것 – 환경에 대한 관심과 같은 – 도 있다.

선교하는 교회는 미래를 내다보는 교회다. 비록 그 교회가 이면에 깔려 있는 역사와 전통에 의존하고 있기는 하지만, 그것은 마치 높은 산봉우리를 점령하기 위해 공격을 감행하면서 다양한 야영지를 만드는 것과 같다. 중요한 것은 산 정상에 도달하는 것이 목표라는 점이며, 그 목표를 이루기 위해 앞으로, 위로 나아가는 것이다. 비록 안개 속에 덮여 있을지라도 멀리 떨어져 있는 곳의 풍경을 바라보는 것은 부분적으로나마 앞으로 건너가야 할 지역을 파악할 수 있게 만들어 준다.

나는 선교적 여정을 미래와 연관 짓기 위해 세 가지 영역 – 여행의 상황, 사용할 지도, 여행자들의 상태 – 을 다루고자 한다.

1. 새천년의 상황

2000년도가 격변의 사건들과 더불어 도래하게 될 것이라는 험악한 경고들이 근거 없는 것으로 판명될 것을 가정한다면 우리는 21세기에 어떤 종류의 세계가 펼쳐질 것인지를 물을 필요가 있다. 어떤 특별한 순서 없이 세운 수많은 길안내 표식들이 보인다. 물론 여기에서 그 모든 것을 살펴볼 수는 없다.

전 지구적으로 지역의 문화적 정체성이 강하게 부상되는 일이 계속 일어날 것이다. 자신들은 역사적으로, 문화적으로, 사회적으로, 정치적으로, 경제적으로, 종교적으로 혜택을 받지 못한 사람들이라고 믿는 민족 집단들이 인정, 차별의 종식, 그리고 일정한 정도의 독립을 위해 노력할 것이다. 같은 인종에 속한 사람들보다도 다른 소수 집단들과 연대하여 차이점을 확인하려는 투쟁이 국가적, 문화적, 경제적, 민족적 기반 위에서 전개될 것이다.

따라서 포용력과 자기 결정에 대한 요구와 일관성과 통일성에 대한 욕구 사이에 해소되지 않는 긴장이 계속될 것이다. 많은 공동체가 파편화와 획일화의 힘이 경쟁적으로 작용하는 현실 속에서 살게 될 것이다. 이런 긴장의 결과로 지역화 되거나 지방화 된 많은 거친 갈등 – 발칸반도와 아프리카 동북부에서 계속되고 있는 사태와 같은 – 이 계속 존재하게 될 것이다.

정체성의 다양화가 확대되는 현상이 종교 기관과 종교 의식에 영향을 미칠 것이다. 한 세대 전에 가졌던 기대와는 달리 종교적 경험의 부흥이 세계 여러 곳에서 일어나고 있다. 그것은 조야(粗野)하고, 비밀스럽고, 매우 실용적이며, 본질적으로 혼합주의적인 특성을 띤다. 아마도 자기 성취의 기준을 제공하는 영성을 추구하는 현상이 증가할 것이며, 그것은 분명히 상업화의 대상이 될 것이다.

종교의 정체를 폭로시키려는 모든 시도에도 불구하고, 이런 경향은 서구에서 지금까지 꽤 강하게 생존해 온 잠재적 대중 종교성을 다른 지역에서처럼 보다 뚜렷하게 드러낼 것이다.

지금까지 상당한 정도의 구성원 감소를 겪어 온 조직화된 전통 종교들에 이 경향이 위로와 도움이 될지 여부가 뜨거운 논쟁의 이슈가 되었다. 그 논쟁은 지금도 계속 진행되고 있다.

후기 자본주의 경제 세력들이 세계화되는 현상이 모든 나라와 국민의 운명을 계속 주도할 것이다. 시장에서의 자유를 추구하는 이데올로기와, 진정한 인간적 삶으로부터 배제당한 사람들에 대한 관심에 기초하여 본질적인 수정을 요구하는 대항 세력들 사이의 싸움이 계속될 것이다.[1] 큰 변후가 없는 한 그것은 점점 더 강렬해질 것이다. 현 세계의 경제 질서가 그것이 만들어내는 분노와 모순에도 불구하고 계속 유지될 수 있는지는 앞으로 두고 볼 일이다.

윤리적 신념이나 실용적 연구에 의해 일어나는 태도의 변화는 경제적 목표를 가장 가난한 사람들의 필요를 채워주는 쪽으로 더욱 정향시킬 것이다. 서로 모순된 세력들이 통제할 수 없게 되면서 시스템 붕괴가 일어날 수도 있다. 그리고 지금까지 상당히 특별한 원칙에 의해 어느 정도 억제되고 있는, 동아시아와 남아메리카와 같은 곳의 국지적 위기에 대해서 말하자면, 대체로, 아니 적어도 단기적으로는 현재의 작동 방식이 수정되지 않은 채 지속될 가능성이 높다.

---

[1] 다음 자료를 참조하라. John Gray, *False Dawn: The Delusions of Global Capitalism* (London, Granta Publications, 1998).

만일 현재의 시나리오가 대체로 유지된다면 점점 더 많은 사람들이 인간 이하의 삶으로 내몰리게 될 것이고, 환경은 계속 약탈되고 파괴될 것이며, 대도시들은 더 커질 뿐만 아니라 심지어는 통제할 수 없을 정도로 확장될 것이다. 빈곤의 증가는 범죄의 증가와 비례할 것이고, 여행자와 외국인은 해외에서 갈수록 불안감을 느낄 것이다. 마피아 형의 갱들은 보다 쉽게 조직원을 모집하게 될 것이고, 어린 아이들은 계속해서 값싼 노동자, 성의 대상, 최전방 전사(戰士), 혹은 이 세 가지 중 몇 가지가 결합된 역할로 내몰려 착취당할 것이다.

상업 기술의 대상과 연계된 과학적 실험은 극적인 결과를 만들어내는 일에 매진할 것이다. 가장 의미 있는 결과는 아마도 유전학 분야에서 성취될 것이다. 인간의 경우든지 식물의 경우든지 상관없이, 유전자 분류와 수정의 긍정적 이득과 잠재적 위험성에 관해서는 격렬한 논쟁이 일어날 것이다. 정부들이 일어날 수도 있는 변화에 어느 정도 한계를 설정하느냐 - 예를 들면, 인간 복제의 금지 - 가 논쟁점이다.

발전된 과학적 연구가 이뤄지는 사회들은 옳고 그름이라는 본질적인 개념에 기초한 합의적 윤리가 부족한 경향을 보인다. 긴 안목으로 보면, 어쩌면 일정한 과학적 절차를 위해 혐오스러운 유전적 형질들을 없애려는 시도가 있을 것 같다. 동시에 고통의 완화, 수많은 사람들에게 유익을 줄 성공적인 농업혁신의 증진, 범죄와의 싸움 등 다양한 분야에서 놀라운 결과를 이뤄내기 위해 인간 종의 창의적 능력이 더욱 요청될 것이다.

아직까지 참여 민주주의가 이뤄지지 않은 곳에서는 철저하게 국민을 위해 책임적인 정치구조들을 설립하라는 압력이 증가할 것이다. 많은 경우에, 이것은 어려움을 내포할 것이며, 지배 엘리트들의 강한 저항에 부딪힐 것이다. 그러나 그 엘리트들은 보다 발전된 전 지구적 정보 접근에 의해 계속 증가하는 압력에 직면할 것이고, 그 결과로 쉽게 다른 의견을 억누르고 거짓 정보를 선전할 수 없는 어려움을 겪게 될 것이다. 새로 출범한 민주주의 구조들은 종종 부패, 시민의식의 부족, 파벌 행위에 취약한 모습을 보일 것이다. 그것들은 사회 내에 존재하는 여러 가지 상이한 입장을 취하는 세력들의 능력에 상당히 좌우될 것인데, 그 세력들은 대체로 자신의 영향력을 확대하기 위해 자기 입장을 옹호하면서 조직을 세워나간다.

2. 선교 사역을 위한 안내도

위에 요약적으로 제시된 경향들 중에 최소한 몇 가지가 그리스도인들이 예수 그리스도의 길을 따르는 선교를 충실하게 감당할 만한 상황을 만들 것이라고 가정한다면, 우리는 그들의 생각과 행동을 안내하기 위해 사용할 지도 - 선교학적 원리들 - 에 어떤 내용을 담을 것인가?

얀 용어네일(Jongeneel)과 얀 반 엥겔렌(van Engelen) - 암스투츠(Amstutz), 미터회퍼(Mitterhöfer), 크람(Kramm)이 뒤를 잇고 있다 - 은 오늘날 선교적 사고에 가장 근본적인 영향을 미친 세 가지 주요 선교신학이 있음을 주장하였다.[2]

① 선교를 하나님의 주도적 행위로 보는 '하나님의 선교'(missio Dei)의 신학
② 교회의 역할과 활동에 초점을 맞추는 선교학
③ 선교를 구속적 역사로서 강조하는 선교학

이 범주화는 그리스도인들에게 각 선교적 사고에 대한 대체적인 해석을 제공하는 데 도움을 줄 수 있을 것이다. 그러나 그것들이 내포하고 있는 문제점도 구체적으로 언급되었다. 위의 두 저자는 하나님의 선교 개념이 어떻게 '위로부터'(from above), 그리고 어떻게 '아래로부터'(from below) 해석되어왔는지 보여준다. 그들에 따르면, '위로부터'의 해석 방식은 성경을 세상 안에서, 그리고 세상을 위해서 행하시는 하나님의 목적을 이해하기 위한 교본(textbook)으로 사용하며, '아래로부터'의 해석 방식은 하나님께서 참여하시

---
2) Jan Jongeneel and Jan van Engelen, "Contemporary Currents in Missiology" in Verstraelen Camps, Heodemaker and Spindler, *Missiology, an Ecumenical Introduction*, 446ff.

는 방식을 결정하는 요소로 상황(context)을 사용한다. 이 구분은 여러 다른 사람들 중에 특히 낸시 머피(Nancey Murphy)가 근대성의 전형적 산물로 보는 '보수주의자들'과 '자유주의자들' 사이의 기본적인 차이를 반영한다.3)

동일한 가능성이 선교하는 교회의 환경에서도 일어난다. 교회는 선교의 목표로서 - 교회 중심적 해석에 의해 - 혹은 선교의 대행자로서 - 역사의 목적으로서의 하나님의 통치에 초점을 맞추는 해석에 의해 - 여겨질 수 있다. 우리가 구속적 역사로서의 선교에 관해 생각할 때에도 역시 마찬가지다. 그것은 역사 속에서 어떤 특별한 백성이 되도록 부르시는 하나님의 부르심에 응답하는 사람들의 구속 혹은 구원을 의미할 수 있다. 혹은 용서해 주시고 새 생명을 주시는 하나님의 은혜를 - 그러나 간접적으로 전달된 - 명백하게 거부하지 않는 모든 사람들을 의미할 수도 있다.4)

안내도를 만들면서, 나는 최소한 네 가지 경향이 미래에도 지속되리라고 생각한다. 첫 번째 집단의 사람들은 예수 그리스도에게서 받은 삶과 가르침을 충실하게 본받고자 모인 공동체의 관점에서 선교를 보는 경향을 보일 것이다. 비록 복음에 대한 증언이 본질적으로 사회구조 안에서 일어나야만 한다는 점을 확신하고 있음에도 불구하고, 그들은 인간 지혜의 능력, 자연에 대한 기술적 정복, 종교 간의 압력, 심지어 세계 내의 의미 있는 변화에 영향을 미치는 기독교적 현존에 관해서 회의적인 입장을 보일 것이다. 믿음과 순종에 관한 자기의식적 공동체를 통해서 하나님 나라의 모델을 만들려는 것이 그들의 선교적 구상이다. 기본적으로는, 다양한 사회 속에 존재하는 하나님 나라의 세포들(cells)인 기독교 공동체의 성장에 헌신하고 있지만, 그들은 회심자의 숫자를 늘리는 것보다 제자도의 질을 높이는 데 더 강조점을 둘 것이다. 그들은 근본적으로 **책임을 위한 선택**

---

3) 다음 자료를 참조하라. Nancey Murphy, *Beyond Liberalism and Fundamentalism: How Modern and Postmodern Philosophy Set the Theological Agenda* (Valley Forge, Trinity Press International, 1996).

4) 다음 자료를 참조하라. Michael Amaladoss, "The Challenges of Mission Today" in William Jenkinson and Helene O'sullivan, *Trends in Mission: Toward the Third Millennium* (Maryknoll, Orbis Books, 1991), 363-6.

(selection for responsibility)의 개념을 강조할 것이다.

두 번째 집단의 사람들은 제도적 교회의 중요성에 무관심할 것이다. 그들의 관심은 인간 역사의 흐름 속에서 활동하시는 하나님의 현존의 징조들을 해석하며, 선함과 연민을 반영하는 것처럼 보이는 계획과 행위를 촉진하기 위해 '최첨단'(cutting edge)에 나서는 것이다. 그들은 비신자들과의 동맹을 추구하고 하나님 나라에 관한 신학적 언어를 타종교들 혹은 세속인들이 받아들일 만한 언어로 조정하려는 경향을 보일 것이다. 그들은 근본적으로 **창조의 교리와 자연신학**에 대해서 강하게 강조할 것이다. 그들은 하나님의 나라가 인간의 번영의 관점에서 실현되며, 그런 번영의 실현을 하나님의 구원이 표현된 것으로 여길 것이다.

세 번째 집단은 교회개척과 사회 내에서 복음을 전하는 기독교 신자수의 증가라는 고전적인 관점에서 선교를 볼 것이다. 그들이 볼 때, 가장 적절한 커뮤니케이션 형태를 찾는 것이 선교의 최고 과제가 될 것이다. 복음을 제각기 다른 문화적 상황에 적합한 것이 되도록 만들 수 있는 혁신적인 방법을 찾는 데 많은 숙고와 실험이 투입될 것이다. 예수 그리스도를 믿는 데 불필요한 장애들을 제거하기 위해, 언어뿐만 아니라 교회 생활의 패턴들 – 예전, 리더십, 의식(儀式) – 과 가치들을 가능한 만큼 유연하게 변경할 것이다. 그들에게 선교의 우선순위는 개척자적인 복음화 곧 예수의 복음을 듣지 못했거나 복음이 적절하게 전달되지 않은 지역에 복음을 전하는 것이다. 그들은 예수를 믿도록 **개인적으로 초청하는 것**과 회심자들이 **그리스도의 몸에 소속되는 것**에 대해서 강조할 것이다.

마지막으로, 어떤 사람들은 위에서 언급한 내용들 중에 가장 좋은 점들만 골라서 종합하려고 애쓸 것이다. 그들의 선교학은 공통적인 사회적, 정치적 안건들, 특히 동기가 아주 분명한 안건들에 관해서 다른 사람들과 더불어 일해야 한다는 점을 강조할 것이다. 그들은 다른 신앙을 가진 사람들 혹은 아무 신앙도 없는 사람들과 함께 협력적으로 일하면서 적절한 시기에 예수 그리스도 안에서의 구원을 증언하고 싶어할 것이다. 그러면서도 그들은 이런 일을 구속적(救贖的)인 것으로 해석하는 데 신중한 태도를 취할 것이다.

그들은 '전 세계로 가야 하는' 명령에는 그 어떤 예외 지역도 없다고 믿는다. 그들은 어떤 상황 속에서 예수 그리스도의 메시지를 소개하는 데 매우 조심성 있게 접근해야 할 필요성을 인지하고 있지만, 그러면서도 그분을 알게 만들 수 있는 적절한 접촉점을 찾으려고 끊임없이 노력할 것이다. 그들은 예수를 믿는 새 공동체들이 건강하게 살고 성장하는 데 필요한 모든 자원을 가지게 되기를 바랄 것이다. 그들의 생각에 기초를 이루는 것은 로마 교회에 대한 바울의 확언이 될 것이다. "예루살렘으로부터 두루 행하여 일루리곤까지 그리스도의 **복음을 편만하게 전하였노라**"(롬 15:19). 여기에서 전했다는 말은 말씀과 삶의 간증을 의미한다.

3. 이동 중에 있는 하나님의 백성

어떤 의미에서, 우리는 이제 처음 시작했던 곳으로 돌아온다. 선교는 여행이다. 선교는 일정한 여정 중에 있다. 하나님께서 창조와 구원을 통해서 만유 안에 계신 만유의 주가 되실 그 때를 향하여(고전 15:28) 쉼 없이 움직이고 있다. 그리스도인들은 이동 중에 있다. 그들은 결코 현세에서 그들의 최종 목적지에 도달한 적이 없다. 복음의 부르심에는 그 어떤 휴가도 없다. "흔들리지 않는" 유일한 것은 하나님의 나라뿐이다(히 12:28).

그러므로 선교가 있기 때문에 교회가 있다(*missio sit ergo ecclesia sit*). 그리고 교회 공동체가 정의상(by definition) 선교적이기 때문에 각 구성원 역시 정의상 선교적이다. 그리고 선교가 전 지구적이기 때문에 선교사들 역시 전 지구적인 조망을 가진다. "선교사들은 모든 곳을 자기 집처럼 여기지만 그 어느 곳도 완전한 자기 집이 될 수는 없다. 그들은 한 곳에서 다른 곳으로, 한 문화에서 다른 문화로 쉽게 이동할 수 있는 사람들이지만 혼란을 느끼거나 당황하거나 활동을 하지 못하는 경우는 없다."[5]

---

5) Anthony Bellagamba, *Mission and Ministry in the Global Church* (Maryknoll, Orbis

현실의 교회가 지고한 부르심에 일치할 것이라고 믿는 것은 불행하게도 소원으로 끝나고 말 것이다. 서기 2000년의 경험은 제도의 대부분이 별 변화 없이 남아 있게 될 것을 암시해 준다. 그것들은 여행을 아예 시작조차 하지 않았기 때문에 변화도 없을 것이다. 제도 – 그것이 건물, 구조, 훈련 형태, 사회, 예전 행위 중 그 어느 것이든지 간에 – 의 유지가 선교보다 우선권을 취할 것이다. 무수한 문서와 포럼을 통해 이런 점이 인식되었음에도 불구하고, 힘을 유지하려는 경향이 변화의 속도를 늦출 것이다. 과거로부터 물려받은 형식과의 급진적인 단절은 소수의 사람을 제외한 모든 이에게 위험을 감수하기에는 심리적으로 너무 희생이 큰 일이다.[6]

그럼에도 불구하고, 선교는 계속될 것이다. 때때로 그것은 주류 교회로부터 이탈한 집단들을 통해서 이뤄질 것이다. 종종 그 집단들은 교회 제도가 너무 빈약하여 새로운 창의적 사업을 추구할 능력이 없을 때 혹은 그 제도 때문에 복음에 대한 좋지 않은 평판이 생길 때 정당화된다. 그러나 집단 내부에서 개인 간의 충돌 혹은 권력 투쟁에 의한 분열이 생길 때에는 불신을 받는다. 매우 종종 이런 집단들은 차례로 그들의 비전을 상실하게 되며, 그러면서 그런 순환을 계속 반복한다.

기독교 역사를 통해서 볼 때, 갱신은 주로 주류 교회의 변두리에서 일어났다. 사람들은 전체로서의 교회가 수행하지 못하는 일을 행하기 위해 자발적 공동체들로 들어갔다. 이 공동체들 혹은 모임들은 어떤 특정한 교회 내에 존재하거나 아니면 교회 영역을 넘어서 작용할 수도 있다. 어떤 의미에서 그것들은 초교파적(Para-Church)이고, 또 다른 의미에서 그것들은 운동장의 공백을 메우기 위해 투입되는 축구 예비선수와 같이, 광범위한 역할을 수행하는 교회다. 만일 가톨릭교회의 종교적 조직들이 어느 정도 이런 방식으로 기능하는 것을 인정한다면, 또한 개신교회들에 속한 수많은 비공식적 혹은 준공식적 단체들에 주목한다면, 상당히 높은 비율의 선교 활동이 이런 수

Books, 1992), 10.
6) 다소 완화된 형태로, 어떤 사람들은 교회가 결국에는 변화될 수밖에 없고, 따라서 변덕스럽고 순간적인 것으로 판명될 덧없는 운동들과 제휴할 여유가 없다고 주장할 수도 있다. 이런 주장은 어느 정도 옳다고 말할 수 있다. 그러나 그것의 진위는 전적으로 어떤 논거로, 그리고 어떤 맥락에서 사용되느냐에 달려 있다.

단에 의해 이뤄진다고 말하는 것이 옳을 것이다.

이것은 서구의 고답적인 교회보다 제3세계에 존재하는 '제3의 교회'(Third Church)에 더 해당된다고 볼 수 있다. '모든 곳에서부터 모든 곳으로'(from everywhere to everywhere) 가는 선교가 아프리카, 아시아, 라틴 아메리카의 교회들에서 잘 진행되고 있다. 만일 누군가 모든 선교 활동 – 이 책에서 가정하고 있는 바와 같이 넓은 의미에서의 선교 활동 – 이 온 세계에 걸쳐 일어나고 있다는 사실을 알 수 있다면, 아마도 성령의 의도 안에서 전개되고 있는 다양하고도 수많은 활동과 사업에서 선교적 마스터플랜 혹은 종합적인 전략을 발견할 수 있을 것이다. 그야말로 교회의 확장 시대가 이제 막 시작되었다고 말하는 것이 옳을 것이다.

위험을 무릅쓰고 나는 미래의 선교에 대해서 두 가지 추측을 말해 보고자 한다. 첫째로, 특정한 상황들은 교회가 복음에 대한 반응을 표현하는 방식에 항상 심대한 영향을 끼칠 것이다. 선교 해석학 – 잘 훈련된 신앙과 주마등 같이 스쳐 지나가는 사건들 사이의 상호작용 – 은 항상 교회의 사고와 행위를 안내하는 핵심 분야가 될 것이다. 이것은 실제로 그렇게 되어야만 한다. 오늘날 종종 말해지고 있는 바와 같이, 예수의 메시지는 현실 속에서 구체화되어야 하고, 교회 공동체는 오직 구체적인 시간과 공간 안에 존재해야 한다.

둘째로, 선교의 큰 틀은 이 책의 주요 부분에 묘사된 바와 같이 유지될 것이다. 새로운 상황에 어울리도록 생각이 바뀌고 선교의 수단이 달라질 것이다. 케이크를 자르는 방식이 다양하듯이 어떤 한 목표를 이루는 데에도 다양한 방식이 존재할 수 있다. 다시 말해서 선교의 다양한 측면이 선택적으로 결합될 수 있다. 그럼에도 불구하고, 문화적으로 적절한 방식으로 복음을 선포하는 것, 경제적 기능 장애와 환경 파괴와 갈등에 의해 야기되는 잘못을 바로 잡으려는 노력, 다른 신앙을 가진 사람들과 만나는 것, 새로운 제자 공동체를 세우는 것, 그리스도인들과 인간 사회와의 일치를 추구하는 것 등은 세 번째 천 년에도 여전히 우리의 지도자가 던지는 "나를 따라오라"는 초청에 응답하는 교회의 핵심적 선교 활동이 될 것이다.

참고문헌

Robert Aboagye-Mensah, *Mission and Democracy in Africa: The Role of the Church* (Accra: Asempa Publishers, 1994)

William Abraham, *The Logic of Evangelism* (Grand Rapids: Eerdmans, 1989)

Tim Allen and Alan Thomas, *Poverty and Development in the 1990s* (Oxford: OUP, 1992)

Allan Anderson, *Tumelo: The Faith of African Pentecostals in South Africa* (Pretoria: University of South Africa, 1993)

Allan Anderson, *African Reformation: The Rise and Development of African Instituted Churches in the Sub-Sahara* (forthcoming)

Gerald Anderson and Thomas Stransky (eds), *Christ's Lordship and Religious Pluralism* (Maryknoll: Orbis Books, 1981)

Maria Pilar Aquino, *Our Cry for Life: Feminist Theology from Latin America* (Maryknoll: Orbis Books, 1993)

Hannah Arendt, *On Violence* (Harmondsworth: Penguin Books, 1969)

Siga Arles, *Theological Education for the Mission of the Church in India: 1947–1987* (Frankfurt: Peter Lang, 1991)

Robin Attfield, *Environmental Philosophy: Principles and Prospects* (Aldershot: Ashgate, 1994)

Diane Austin-Broos, *Jamaica Genesis: Religion and the Politics of Moral Order* (Chicago: University of Chicago Press, 1997)

Abraham Ayrookuzhiel, *The Sacred in Popular Hinduism* (Madras: Christian Literature Society, 1983)

Paul Badham, *A John Hick Reader* (London: Macmillan, 1990)

Ian Ball, Margaret Goodhall, Clare Palmer and John Reader (eds), *The Earth Beneath: A Critical Guide to Green Theology* (London: SPCK, 1992)

Ian Barbour, *Ethics in an Age of Technology* (The Gifford Lectures, Vol. 2) (London: SCM Press, 1992)

Oliver Barclay (ed), *Pacifism and War* (Leicester: IVP, 1984)

Karl Barth, *Church Dogmatics: The Doctrine of the Word of God* (Vol.I, 2) (Edinburgh: T and T Clark, 1978)
Richard Bauckham, *The Bible in Politics: How to read the Bible Politically* (London: SPCK, 1989)
Richard Bauckham, *The Theology of the Book of Revelation* (Cambridge: CUP, 1993)
Zygmunt Bauman, *Postmodern Ethics* (Oxford: Blackwell, 1993)
Zygmunt Bauman, *Work, Consumerism and the New Poor* (Buckingham: Open University Press, 1998)
Tony Beck, *The Experience of Poverty: Fighting for Respect and Resources in Village India* (London: Intermediate Technology Publications, 1994)
T.O. Beidelman, *Colonial Evangelism: A Socio-Historical Study of an East African Mission at the Grassroots* (Bloomington: Indiana University Press, 1982)
Calvin Beisner, *Prosperity and Poverty: The Compassionate Use of Resources in a World of Scarcity* (Westchester: Crossway Books, 1988)
Patrick Benson (ed), *The Church and the Nations* (EFAC Bulletin, 47, 1996)
Philip Berryman, *Religion in the Megacity: Catholic and Protestant Portraits from Latin America* (London: Latin American Bureau, 1996)
Thomas Best and Wesley Granberg-Michaelson, *Koinonia and Justice, Peace and Creation: Costly Unity* (Geneva: WCC Publications, 1993)
Peter Biddy (ed), *Organised Abuse: The Current Debate* (Aldershot: Arena, 1996)
Anthony Billington, Tony Lane, Max Turner (eds), *Mission and Meaning* (Carlisle: Paternoster Press, 1995)
Graham Bird, *IMF Lending to Developing Countries: Issues and Evidence* (London: Routledge, 1995)
Leonardo Boff, *Ecclesiogenesis: The Base Communities Reinvent the Church* (Maryknoll: Orbis Books, 1986)
Leonardo Boff, *New Evangelization: Good News to the Poor* (Maryknoll: Orbis Books, 1991)
Leonardo Boff, *Ecology and Liberation: A New Paradigm* (Maryknoll: Orbis Books, 1995)
Leonardo Boff, *Cry of the Earth, Cry of the Poor* (Maryknoll: Orbis Books, 1997)
Leonardo Boff and Virgil Elizondo, *The Voice of the Victims* (London: SCM Press, 1991)
David Bosch, *Transforming Mission: Paradigm Shifts in the Theology of Mission* (Maryknoll: Orbis Books, 1991)

Tom Bottomore (ed), *A Dictionary of Marxist Thought* (Oxford: Blackwell, 1991)

Roger Bowen, *So I Send You: A Study Guide to Mission* (London: SPCK, 1996)

Carl Braaten, *The Apostolic Imperative* (Minneapolis: Augsburg Press, 1985)

Carl Braaten, *No Other Gospel! Christianity among the World's Religions* (Minneapolis: Fortress Press, 1992)

Rosi Braidotti (et al), *Women, the Environment and Sustainable Development: Towards a Theoretical Synthesis* (London: Zed Books, 1994)

Brandt Report, *North-South: A Programme for Survival* (London: Pan Books, 1980)

Ion Bria, *Go Forth in Peace: Orthodox Perspectives on Mission* (Geneva: WCC Publications, 1992)

Arthur Britain, *Masculinity and Power* (Oxford: Blackwell, 1989)

Peter Brock, *The Roots of War Resistance: Pacifism from the Early Church to Tolstoy* (Nyack: Fellowship of Reconciliation, 1981)

John Burton, *The Process of Solving Unsolved Social and Political Problems* (Oxford: Martin Robinson, 1979)

Lisa Cahill, *Sex, Gender and Christian Ethics* (Cambridge: CUP, 1996)

Bryan Cartledge (ed), *Population and the Environment* (Oxford: OUP, 1995)

Emilio Castro, *Freedom in Mission: The Perspective of the Kingdom of God* (Geneva: WCC Publications, 1985)

Andrew Chesnut, *Born Again in Brazil: The Pentecostal Boom and the Pathogens of Poverty* (New Brunswick: Rutgers University Press, 1997)

Peter Clarke (ed), *The World's Religions: Islam* (London: Routledge, 1990)

Philip Clayton, *God and Contemporary Science* (Edinburgh: Edinburgh University Press, 1998)

John Cobb, *Matters of Life and Death* (Louisville: Westminster/John Knox Press, 1991)

Guillermo Cook (ed), *Crosscurrents in Indigenous Spirituality: Interface of Maya, Catholic and Protestant Worldviews* (Leiden: Brill, 1997)

Tim Cooper, *Green Christianity: Caring for the Whole Creation* (London: Hodder and Stoughton, 1994)

Mariarosa Dalla Costa and Giovanna Dalla Costa (eds), *Paying the Price: Women and the Politics of International Economic Strategy* (London: Zed Books, 1995)

Orlando Costas, *Christ Outside the Gate: Mission Beyond Christendom* (Maryknoll: Orbis Books, 1982)

Orlando Costas, *Liberating News: A Theology of Contextual Evangelism* (Grand Rapids: Eerdmans, 1989)

Douglas Coupland, *Generation X: Tales for an Accelerated Culture* (London: Abacus, 1992)

Harvey Cox, *Fire from Heaven: The Rise of Pentecostal Spirituality and the Reshaping of Religion in the Twenty First Century* (London: Cassell, 1996)

Kenneth Cracknell, *Towards a New Relationship: Christians and People of Other Faiths* (London: Epworth Press, 1986)

Kenneth Cragg, *The Call of the Minaret* (Maryknoll: Orbis Books, 1985 – 2nd edition)

Kenneth Cragg, *Sandals at the Mosque: Christian Presence and Islam* (Oxford: OUP, 1959)

C.E.B. Cranfield, *On Romans and Other New Testament Essays* (Edinburgh: T and T Clark, 1998)

Joan Davidson, Dorothy Myers and Manab Chakraborty, *No Time to Waste: Poverty and the Global Environment* (Oxford: Oxfam, 1992)

Gavin D'Costa, *Theology and Religious Pluralism: The Challenge of Other Religions* (Oxford: Blackwell, 1986)

John de Gruchy, *Christianity and Democracy* (Cambridge: CUP, 1995)

Bill Deval and George Sessions, *Deep Ecology* (Salt Lake City: Peregrine Smith Books, 1985)

Louise Dignard and Jose Javet, *Women in Micro- and Small-Scale Enterprise Development* (Boulder: Westview Press, 1995)

John Drane, *Evangelism for a New Age* (London: Marshall Pickering, 1994)

Dinesh D'Souza, *The End of Racism: Principles for a Multiracial Society* (New York: The Free Press, 1995)

Ulrich Duchrow, *Alternatives to Global Capitalism Drawn from Biblical History, Designed for Political Action* (Utrecht: International Books, 1995)

Ulrich Duchrow and Gerhard Liedke, *Shalom: Biblical Perspectives on Creation, Justice and Peace* (Geneva: WCC Publications, 1989)

James Dunn, *The Parting of the Ways Between Christianity and Judaism and their Significance for the Character of Christianity* (London: SCM Press, 1991)

Alan Durning, *How Much is Enough? The Consumer Society and the Future of the Earth* (London: Earthscan, 1992)

Enrique Dussel (ed), *The Church in Latin America: 1492–1992* (Tunbridge Wells: Burns and Oates, 1992)
Michael Elliott, *Freedom, Justice and Christian Counter-Culture* (London: SCM Press, 1990)
Robert Elliott (ed), *Environmental Ethics* (Oxford: OUP, 1995)
Samuel Escobar and John Driver, *Christian Mission and Social Justice* (Scottdale: Herald Press, 1978)
Philomena Essed, *Understanding Everyday Racism: An Interdisciplinary Theory* (London: Sage Publications, 1991)
Edward Fashole-Luke, Richard Gray, Adrian Hastings and Godwin Tasie (eds), *Christianity in Independent Africa* (London: Rex Collins, 1978)
Sinclair Ferguson and David Wright (eds), *New Dictionary of Theology* (Leicester: Inter-Varsity Press, 1988)
John Finney, *Finding Faith Today: How Does it Happen?* (Swindon: Bible Society, 1992)
Elisabeth Schüssler Fiorenza, *Discipline of Equals: A Critical Feminist Ecclesia-logy of Liberation* (London: SCM Press, 1993)
John Fleming, *Structures for a Missionary Congregation: The Shape of the Christian Community in Asia Today* (Singapore: EACC, 1964)
David Ford, *The Modern Theologians: An Introduction to Christian Theology in the Twentieth Century* (Oxford: Blackwell, 1997)
Duncan Forrester, *Christian Justice and Public Policy* (Cambridge: CUP, 1997)
Frederick, *The San Antonio Report: Your Will Be Done, Mission in Christ's Way* (Geneva: WCC Publications, 1990)
Francis Fukuyama, *Trust: The Social Virtues and the Creation of Prosperity* (London: Penguin Books, 1996)
Raymond Fung, *Evangelistically Yours: Ecumenical Letters on Contemporary Evangelism* (Geneva: WCC Publications, 1992)
Raymond Fung and Georges Leucopolos, *Not a Solitary Way: Evangelism Stories from Around the World* (Geneva: WCC Publications, 1992)
Johann Galtung, *There are Alternatives: Four Roads to Peace and Security* (Nottingham: Spokesman, 1984)
George Gelber (ed), *Poverty and Power: Latin America after 500 Years* (London: CAFOD, 1992)
Eddie Gibbs, *I Believe in Church Growth* (London: Hodder and Stoughton, 1981)
Anthony Giddens, *Beyond Left and Right: The Future of Radical Politics* (Cambridge: Polity Press, 1994)

Maurice Ginsberg, *On Justice in Society* (Harmondsworth: Penguin Books, 1965)

Arthur Glasser and Donald McGavran (eds), *The Conciliar-Evangelical Debate* (Waco: Word Books, 1972)

Jerald Gort, Hendrik Voom, Rein Fernhout and Anton Wessels (eds), *Dialogue and Syncretism: An Interdisciplinary Approach* (Grand Rapids: Eerdmans, 1989)

Robert Gottfried, *Economics, Ecology and the Roots of Western Faith: Perspectives from the Garden* (Lanham: Rowman and Littlefield, 1995)

Elaine Graham, *Making the Difference: Gender, Personhood and Theology* (London: Mowbray, 1995)

John Gray, *False Dawn: The Delusions of Global Capitalism* (London: Granta Books, 1998)

A.C. Grayling (ed), *Philosophy: A Guide through the Subject* (Oxford: Oxford University Press)

Michael Green, *Evangelism in the Early Church* (London: Hodder and Stoughton, 1970)

Michael Green, *Evangelism through the Local Church* (London: Hodder and Stoughton, 1990)

Brian Griffiths, *The Creation of Wealth* (London: Hodder and Stoughton, 1984)

Morwena Griffiths, *Feminisms and the Self: The Web of Identity* (London: Routledge, 1995)

Gustavo Gutiérrez, *A Theology of Liberation: History, Politics and Salvation* (London: SCM Press, 1974)

Gustavo Gutiérrez, *The Power of the Poor in History* (London: SCM Press, 1983)

Gustavo Gutiérrez, *On Job: God-Talk and the Suffering of the Innocent* (Maryknoll: Orbis Books, 1987)

Gustavo Gutiérrez, *The Truth Shall Make You Free: Confrontations* (Maryknoll: Orbis Books, 1990)

Gustavo Gutiérrez, *We Drink from Our Own Wells: The Spiritual Journey of a People* (Maryknoll: Orbis Books, 1984)

Gustavo Gutiérrez, *Las Casas: in Search of the Poor of Jesus Christ* (Maryknoll: Orbis Books, 1993)

D. Hallman (ed), *Ecotheology: Voices from South and North* (Geneva: WCC, 1994)

Kenneth Hamilton, *The System and the Gospel: A Critique of Paul Tillich* (London: SCM Press, 1963)

Richard Harries, *Is There a Gospel for the Rich?* (London: Mowbray, 1992)

Paul Harrison, *The Third Revolution: Environment, Population and a Sustainable World* (London: Taurus, 1992)

Adrian Hastings, *A History of African Christianity, 1950-1975* (Cambridge: CUP, 1979)

Stanley Hauerwas, *After Christendom? How the Church is to Behave if Freedom, Justice and a Christian Nation are Bad Ideas* (Nashville: Abingdon Press, 1991)

David Hay (ed), *Pauline Theology (Vol II), 1 and 2 Corinthians* (Minneapolis: Fortress Press, 1993)

Paul Heelas, *The New Age Movement: The Celebration of Self and Sacralization of Modernity* (Oxford: Blackwell, 1996)

Mark Heim, *Is Christ the Only Way? Christian Faith in a Pluralistic World* (Valley Forge: Judson Press, 1985)

Susanne Heine, *Women and Early Christianity: Are the Feminist Scholars Right?* (London: SCM Press, 1987)

Wolfgang Heinrich, *Building the Peace: Experiences of Collaborative Peacebuilding in Somalia 1993-1996* (Uppsala: Life and Peace Institute, 1997)

John Helgeland (et al), *Christians and the Military: The Early Experience* (London: SCM Press, 1985)

Paul Helm, *Faith and Understanding* (Edinburgh: Edinburgh University Press, 1997)

John Hick, *God and the Universe of Faiths* (London: Macmillan, 1973)

John Hick, *God Has Many Names* (Basingstoke: Macmillan, 1980)

John Hick, *An Interpretation of Religion: Human Responses to the Transcendent* (London: Macmillan, 1989)

John Hick and Paul Knitter (eds), *The Myth of Christian Uniqueness: Toward a Pluralist Theology of Religions* (Maryknoll: Orbis Books, 1987)

Peter Hicks, *Evangelicals and Truth: A Creative Proposal for a Postmodern Age* (Leicester: Apollos, 1998)

John Hinnels (ed), *A Handbook of Living Religions* (London: Penguin Books, 1991)

John Hinnels (ed), *The Penguin Dictionary of Religions* (London: Penguin Books, 1997)

Paul Hirst and Grahame Thompson, *Globalization in Question* (Cambridge: Polity Press, 1996)

William Hocking, *Rethinking Missions: A Layman's Inquiry after One Hundred Years* (New York: 1933)

Bert Hoedemaker, *Secularization and Mission: A Theological Essay* (Harrisburg: Trinity Press International, 1998)

J.C. Hoekendijk, *The Church Inside Out* (London: SCM Press, 1967)

J.C. Hoekendijk, *Kirche und Volk in der deutscher Missionswissenschaft* (Munich: Kaiser Verlag, 1967)

Harvey Hoekstra, *The World Council of Churches and the Demise of Evangelism* (Wheaton: Tyndale House, 1979)

R.J. Holingdale, *A Nietzsche Reader* (Harmondsworth: Penguin Books, 1977)

Jean-Michel Hornus, *It is Not Lawful for Me to Fight: Early Christian Attitudes to War, Violence and the State* (Scottdale: Herald Press, 1980)

Colin Horseman, *Good News for a Postmodern World* (Cambridge: Grove Books, 1996)

Richard Horsley, *Jesus and the Spiral of Violence: Popular Jewish Resistance in Roman Palestine* (Minneapolis: Fortress Press, 1993)

Richard Horsley, *Sociology and the Jesus Movement* (New York: Continuum, 1994)

Gretchen Gaebelein Hull, *Equal to Serve: Women and Men in the Church and Home* (London: Scripture Union, 1989)

George Hunsberger, *Bearing the Witness of the Spirit: Lesslie Newbigin's Theology of Cultural Plurality* (Grand Rapids: Eerdmans, 1998)

Peter Janke (ed), *Ethnic and Religious Conflicts: Europe and Asia* (Aldershot: Dartmouth, 1994)

Idriss Jazairy, Mohiuddin Alamgir and Theresa Pannucio, *The State of Rural Poverty: An Inquiry into its Causes and Consequences* (London: Intermediate Technology Publications, 1992)

Rhys Jenkins, *Transnational Corporations and Uneven Development: The Internationalization of Capital and the Third World* (London: Methuen, 1987)

Joachim Jeremias, *New Testament Theology, Vol. I* (London: SCM Press, 1971)

John Paul II, *Encyclical on Missionary Activity: Redemptoris Missio*

Susan Johnson and Ben Rohaly, *Microfinance and Poverty Reduction* (Oxford: Oxfam, 1997)

Jan Jongeneel, *Philosophy, Science and Theology of Mission in the Nineteenth and Twentieth Centuries, Vols I and II* (Frankfurt: Peter Lang, 1995, 1997)

Kathy Keay (ed), *Men, Women and God* (Basingstoke: Marshall Pickering, 1987)

David Kemp, *Global Environment Issues: A Climatological Approach* (London: Routledge, 1994)
Philip King, *Good News for a Suffering World: What does the Christian Faith Really Have to Offer?* (Crowborough: Monarch Publications, 1996)
Ursula King (ed), *Feminist Theology from the Third World: A Reader* (London: SPCK, 1994)
Michael Kinnamon (ed), *Signs of the Spirit: Official Report, World Council of Churches Seventh Assembly* (Geneva: WCC Publications, 1992)
J. Andrew Kirk, *A New World Coming: A Fresh Look at the Gospel for Today* (Basingstoke: Marshalls, 1983)
J. Andrew Kirk, *God's Word for a Complex World: Discovering How the Bible Speaks Today* (Basingstoke: Marshall Pickering, 1987)
J. Andrew Kirk, *Loosing the Chains: Religion as Opium and Liberation* (London: Hodder and Stoughton, 1992)
J. Andrew Kirk, *The Mission of Theology and Theology as Mission* (Valley Forge: Trinity Press International, 1997)
J. Andrew Kirk, *The Meaning of Freedom: a Study of Secular, Muslim and Christian Views* (Carlisle: Paternoster Press, 1998)
J. Andrew Kirk (ed), *Handling Problems of Peace and War* (Basingstoke: Marshall Pickering, 1988)
J. Andrew Kirk and Kevin Vanhoozer (eds), *To Stake a Claim: Mission and the Western Crisis of Knowledge* (Maryknoll: Orbis Books, 1999)
Helmut Koester, *Introduction to the New Testament: History, Culture and Religion in the Hellenistic Age* (Philadelphia: Fortress Press, 1982)
Charles Kraft, *Anthropology for Christian Witness* (Maryknoll: Orbis Books, 1996)
Marguerite Kraft, *Worldview and the Communication of the Gospel: A Nigerian Case Study* (Pasadena: William Carey Library, 1978)
Christopher Lamb, *The Call to Retrieval: Kenneth Cragg's Christian Vocation to Islam* (London: Grey Seal, 1997)
Pinchas Lapide, *The Sermon on the Mount: Utopia or Program for Action* (Maryknoll: Orbis Books, 1986)
Lausanne Committee, The, *Evangelism and Social Responsibility: An Evangelical Commitment (The Grand Rapids Report)* (Exeter: Paternoster Press, 1982)
Kenneth Leech, *Struggle in Babylon: Racism in the Cities and Churches of Britain* (London: Sheldon Press, 1988)
George Lemopolous (ed), *Your Will Be Done: Orthodoxy in Mission* (Geneva: WCC Publications, 1989)

Gennadios Limouris, *Justice, Peace and the Integrity of Creation: Insights from Orthodoxy* (Geneva: WCC Publications, 1990)

George Lindbeck, *The Nature of Doctrine: Religion and Theology in a Post-Liberal Age* (London: SPCK, 1984)

Andrew Linzey, *Christianity and the Rights of Animals* (London: SPCK, 1987)

Andrew Linzey, *Animal Theology* (London: SCM Press, 1994)

Andrew Linzey and Tom Reagan (eds), *Animals and Christianity: A Book of Readings* (London: SPCK, 1989)

Carl Loegliger and Garry Trompf, *New Religious Movements in Melanesia* (Suva: University of the South Pacific, 1985)

Gerhard Lohfink, *Jesus and Community: The Social Dimension of Christian Faith* (London: SPCK, 1985)

Bernard Lonergan, *Method in Theology* (London: Darton, Longman and Todd, 1972)

Richard Longenecker, *The Road from Damascus: The Impact of Paul's Conversion on his Life, Thought and Ministry* (Grand Rapids: Eerdmans, 1997)

Ernest Lucas, *Science and the New Age Challenge* (Leicester: Apollos, 1996)

Michael Lund, *Preventing Violent Conflicts: A Strategy for Preventive Diplomacy* (Washington: US Institute of Peace, 1996)

Alistair MacLeod, *Tillich: An Essay on the Role of Ontology in his Philosophical Theology* (London: George, Allen and Unwin, 1973)

Denis Maceoin and Ahmed Al-Shahi, *Islam in the Modern World* (Beckenham: Croom Hill, 1983)

Bruce Marshall, *Theology and Dialogue: Essays in Conversation with George Lindbeck* (Notre Dame: University of Notre Dame Press, 1990)

David Martin, *Tongues of Fire: The Explosion of Protestantism in Latin America* (Oxford: Blackwell, 1990)

M-L Martin, *Kimbangu: An African Prophet and his Church* (Oxford: Blackwell, 1985)

Ralph Martin, *Word Biblical Commentary (Vol 40), 2 Corinthians* (Waco: Word Books, 1986)

Joseph Mattam and Sebastian Kim (eds), *Mission and Conversion: A Reappraisal* (Bandra, Mumbai: St Paul's, 1996)

Pedrito Maynard-Reid, *Poverty and Wealth in James* (Maryknoll: Orbis Books, 1987)

Ali Mazrui, *Cultural Forces in World Politics* (London: James Currey, 1990)

Zolile Mbale, *The Churches and Racism: A Black South African Perspective* (London: SCM Press, 1987)

Nancey Murphy, *Beyond Liberalism and Fundamentalism: How Modern and Postmodern Philosophy Set the Theological Agenda* (Valley Forge: Trinity Press International, 1996)

Sean McDonagh, *The Greening of the Church* (London: Geoffrey Chapman, 1990)

Sean McDonagh, *Passion for the Earth: The Christian Vocation to Promote Justice, Peace and the Integrity of Creation* (London: Geoffrey Chapman, 1994)

Donald McGavran, *Understanding Church Growth* (Third Edition revised and edited by Peter Wagner) (Grand Rapids: Eerdmans, 1990)

Alistair McGrath, *Historical Theology: An Introduction to the History of Christian Thought* (Oxford: Blackwell, 1998)

David McLellan, *The Thought of Karl Marx* (London: Macmillan, 1995–3rd edition)

Donella Meadows (et al), *The Limits to Growth* (New York: Universe, 1972)

Johann Baptist Metz, *Faith in History and Society: Toward a Practical Fundamental Theology* (London: Burns and Oates, 1980)

W Granberg Michaelson (ed), *Tending the Earth* (Grand Rapids: Eerdmans, 1987)

John Mihevc, *The Market Tells Them So: The World Bank and Economic Fundamentalism in Africa* (London: Zed Books, 1992)

Jose Miguez Bonino, *Christians and Marxists: The Mutual Challenge to Revolution* (London: Hodder and Stoughton, 1975)

Daniel Miller (ed), *Coming of Age: Protestantism in Contemporary Latin America* (Lanham: University Press of America, 1994)

Mission Theological Advisory Group, *The Search for Faith and the Witness of the Church* (London: Church House Publishing, 1996)

Jürgen Moltmann, *A Theology of Hope* (London: SCM Press, 1967)

Jürgen Moltmann, *The Way of Jesus Christ: Christology in Messianic Dimensions* (London: SCM Press, 1990)

Jürgen Moltmann, *The Trinity and the Kingdom of God* (London: SCM Press, 1981)

Paul Mojzes and Leonard Swidler (eds), *Christian Mission and Interreligious Dialogue* (Lewiston: Edwin Mellen Press, 1990)

Paul Mojzes and Leonard Swidler (eds), *The Uniqueness of Jesus: A Dialogue with Paul F. Knitter* (Maryknoll: Orbis Books, 1997)

Eric Moonman, *The Violent Society* (London: Frank Cass, 1987)

John Mott, *Addresses and Papers of John R. Mott: Volume V, The International Missionary Council* (New York: Association Press, 1947)

Ronaldo Munoz, *The God of Christians* (Tunbridge Wells: Burns and Oates, 1991)

David Munro and Martin Holgate, *Caring for the Earth: A Strategy for Sustainable Living* (Grand: IUCN, UNEP, WWF, 1991)

Bill Musk, *The Unseen Faces of Islam: Sharing the Gospel with Ordinary Muslims* (Eastbourne: MARC, 1989)

Donald Musser and Joseph Price (eds), *A New Handbook of Christian Theology* (Nashville: Abingdon Press and Cambridge: Lutterworth Press, 1992)

Michael Nazir Ali, *From Everywhere to Everywhere: A World View of Christian Mission* (London: Collins, 1990)

Michael Nazir Ali, *Mission and Dialogue* (London: SPCK, 1995)

Alan Neely, *Christian Mission: A Case Study Approach* (Maryknoll: Orbis Books, 1995)

Stephen Neill, *Crises of Belief: The Christian Dialogue with Faith and no Faith* (London: Hodder and Stoughton, 1984)

Jack Nelson-Pallmeyer, *The Politics of Compassion* (Maryknoll: Orbis Books, 1986)

Jacob Neusner (ed), *The Social World of Formative Christianity and Judaism* (Philadelphia: Fortress Press, 1988)

Herbert Neve, *Sources for Change: Searching for Flexible Church Structures* (Geneva: WCC Publications, 1968)

Lesslie Newbigin, *The Open Secret: An Introduction to the Theology of Mission* (London: SPCK, 1995)

Lesslie Newbigin, *Sign of the Kingdom* (Grand Rapids: Eerdmans, 1980)

Lesslie Newbigin, *The Gospel in a Pluralist Society* (London: SPCK, 1989)

James Nickoloff (ed.), *Gustavo Gutiérrez Essential Writings* (Maryknoll: Orbis Books, 1996)

Richard Niebuhr, *Christ and Culture* (New York: Harper, 1951)

Friedrich Nietzsche, *Thus Spake Zarathustra: A Book for Everyone and No One* (Harmondsworth: Penguin Books, 1961)

Daniel Niles, *That They May Have Life* (New York: Harper and Brothers, 1951)

Preman Niles, *Resisting the Threats to Life: Covenanting for Justice, Peace and the Integrity of Creation* (Geneva: WCC Publications, 1989)

Johannes Nissen, *Poverty and Mission: New Testament Perspectives* (Leiden: IIMO, 1984)

John Nolland, *Luke 1–9.20 (World Biblical Commentary Volume 35A)* (Dallas: Word Books, 1989)

Carolyn Nordstrom, *Girls and Warzones: Troubling Questions* (Uppsala: Life and Peace Institute, 1997)

Michael Northcott, *The Environment and Christian Ethics* (Cambridge: CUP, 1996)

Jerome Murphy O'Connor, *The Theology of the Second Letter to the Corinthians* (Cambridge: CUP, 1991)

Oliver O'Donovan, *The Desire of the Nations: Rediscovering the Roots of Political Theology* (Cambridge: CUP, 1996)

Cyril Okorocha, *The Meaning of Religious Conversion in Africa; The Case of the Igbo of Nigeria* (Aldershot: Avebury, 1987)

R.K. Orchard (ed), *Witness in Six Continents: Records of the CWME ... Mexico City 1963* (London: Edinburgh House Press, 1964)

Lawrence Osborn, *Guardians of Creation: Nature in Theology and the Christian Life* (Leicester: Apollos, 1993)

René Padilla, *Mission Between the Times: Essays on the Kingdom* (Grand Rapids: Eerdmans, 1985)

Olof Palme (et al), *Common Security: A Programme for Disarmament* (London: Pan Books, 1982)

Joon Surh Park and Naozumi Etop (eds), *Theology and Theological Education in Asia: Today and Tomorrow* (Seoul: NEAATS, 1992)

Patrick Parkinson, *Child Sexual Abuse and the Churches* (London: Hodder and Stoughton, 1997)

John Parratt, *A Guide to Doing Theology* (London: SPCK, 1996)

David Paton, *The Ministry of the Spirit: Selected Writings by Roland Allen* (Grand Rapids: Eerdmans, 1962)

John Piper, *Love Your Enemies: Jesus' Love Command in the Synoptic Gospels and the early Christian Paraenesis* (Cambridge: CUP, 1979)

Jorge Pixley and Clodovis Boff, *The Bible, the Church and the Poor* (Tunbridge Wells: Burns and Oates, 1989)

Jack Porter and Ruth Taplin, *Conflict and Conflict Resolution* (Lanham: University of America Press, 1987)

Gerard Prunier, *The Rwanda Crisis (1959–1994): History of a Genocide* (London: Hurst and Co., 1995)

Vinoth Ramachandra, *The Recovery of Mission: Beyond the Pluralist Paradigm* (Carlisle: Paternoster Press, 1996)

Paul Ramsay, *War and the Christian Conscience: How Shall Modern War Be Conducted Justly?* (Durham: Duke University Press, 1961)

Paul Ramsay, *The Just War, Force and Political Responsibility* (Lanham: University Press of America, 1983)

Tom Regan, *The Case for Animal Rights* (Berkeley: University of California Press, 1983)

J. Remenyi, *Where Credit is Due* (London: Intermediate Technology Publications, 1991)

Rosemary Radford Reuther, *Sexism and God-Talk: Toward a Feminist Theology* (London: SCM Press, 1983)

Pablo Richard (et al), *The Idols of Death and the God of Life* (Maryknoll: Orbis Books, 1983)

L. Rivera, *A Violent Evangelism: The Political and Religious Conquest of the Americas* (Louisville: Westminster/John Knox Press, 1992)

M. Ruokanen, *The Catholic Doctrine of the Non-Christian Religions According to the Second Vatican Council* (Leiden: IIMO, 1992)

Willem Saayman and Klippies Kritzinger (eds), *Mission in Bold Humility: David Bosch's Work Considered* (Maryknoll: Orbis Books, 1996)

Vinay Samuel and Chris Sugden, *The Church in Response to Human Need* (Oxford: Regnum Books, 1987)

Lamin Sanneh, *Translating the Message: The Missionary Impact on Culture* (Maryknoll: Orbis Books, 1992)

Lamin Sanneh, *Religion and the Variety of Culture: A Study in Origin and Practice* (Valley Forge: Trinity Press International, 1996)

Philip Sarre and John Blundon (eds), *An Overcrowded World? Population, Resources and the Environment* (Oxford: OUP, 1995)

Harry Sawyerr, *Creative Evangelism: Towards a New Christian Encounter with Africa* (London: Lutterworth Press, 1968)

Daniel Schipani (ed), *Religious Education Encounters Liberation Theology* (Birmingham, Al.: Religious Education Press, 1988)

Daniel Schipani (ed), *Freedom and Discipleship: Liberation Theology in Anabaptist Perspective* (Maryknoll: Orbis Books, 1989)

H. Schlossberg (et al), *Freedom, Justice and Hope: Toward a Strategy for the Poor and Oppressed* (Westchester: Crossway Books, 1988)

Wolfgang Schrage, *The Ethics of the New Testament* (Edinburgh: T and T Clark, 1988)

Robert Schreiter, *Constructing Local Theologies* (London: SCM Press, 1985)

Roger Scruton, *Modern Philosophy: An Introduction and Survey* (London: Mandarin, 1994)

Juan Luis Segundo, *Faith and Ideologies* (London: Sheed and Ward, 1984)

Juan Luis Segundo, *The Humanist Christology of Paul* (Maryknoll: Orbis Books, 1986)

Donald Senior and Carroll Stuhlmueller, *The Biblical Foundations for Mission* (London: SCM Press, 1983)

Jack Seymour and Donald Miller, *Theological Approaches to Christian Education* (Nashville: Abingdon Press, 1990)

Stephen Sharot, *Messianism, Mysticism and Magic: A Sociological Analysis of Jewish Religious Movements* (Chapel Hill: University of North Carolina Press, 1982)

Richard Shaull, *Encounter with Revolution* (New York: Association Press, 1955)

David Shenk, *Global Gods: Exploring the Role of Religions in Modern Societies* (Scottdale: Herald Press, 1995)

David Shenk (ed), *Ministry in Partnership with African Independent Churches* (Elkhart: Mennonite Board of Missions, 1991)

Gerald Shenk, *God with Us? The Roles of Religion in the Former Yugoslavia* (Uppsala: Life and Peace Institute, 1993)

Wilbert Shenk, *Write the Vision: The Church Renewed* (Valley Forge: Trinity Press International, 1995)

Wilbert Shenk (ed), *Exploring Church Growth* (Grand Rapids: Eerdmans, 1983)

Aylward Shorter, *Toward a Theology of Inculturation* (Maryknoll: Orbis Books, 1988)

Peter Singer, *Animal Liberation* (New York: Random House, 1990 – 2nd edition)

Peter Singer, *A Companion to Ethics* (Oxford: Blackwell, 1993)

Ninian Smart, *The Religious Experience of Mankind* (London: Collins, 1971)

Howard Snyder, *Kingdom Lifestyle: Calling the Church to Live under God's Reign* (Basingstoke: Marshall Pickering, 1986)

Howard Snyder, *Models of the Kingdom* (Nashville: Abingdon Press, 1991)

Jon Sobrino, *Christology at the Crossroads: A Latin American Approach* (London: SCM Press, 1978)

Jon Sobrino, *The Principle of Mercy: Taking the Crucified People from the Cross* (Maryknoll: Orbis Books, 1994)

Jon Sobrino and Ignacio Ellacuria, *Systematic Theology: Perspectives from Liberation Theology* (Maryknoll: Orbis Books, 1996)

John Solomos, *Race and Racism in Contemporary Britain* (Basingstoke: Macmillan, 1989)

Friedrich Steinbauer, *Melanesian Cargo Cults: New Salvation Movements in the South Pacific* (London: George Prior, 1979)

James Sterber (et al), *Morality and Social Justice; Point/Counterpoint* (Lanham: Rowman and Littlefield, 1995)

Charles Stewart and Rosalind Shaw, *Syncretism/Anti-Syncretism; The Politics of Religious Synthesis* (London: Routledge, 1994)

Elaine Storkey, *What's Right with Feminism* (London: SPCK, 1985)

John Stott, *Christian Mission in the Modern World* (London: Falcon Books, 1975)

John Stott, *Christian Counter-culture: The Message of the Sermon on the Mount* (Leicester: IVP, 1978)

George Strecker, *The Sermon on the Mount: An Exegetical Commentary* (Edinburgh: T and T Clark, 1988)

Willard Swartley, *Israel's Scripture Tradition and the Synoptic Gospels: Story Shaping Story* (Peabody: Hendrickson Publishers, 1994)

Charles Taber, *The World is Too Much with Us: 'Culture' in Modern Protestant Missions* (Macon: Mercer University Press, 1991)

Elsa Tamez (ed), *Through Her Eyes: Women's Theology from Latin America* (Maryknoll: Orbis Books, 1989)

Robert Tannehill, *The Narrative Unity of Luke-Acts: A Literary Interpretation (Volume I, The Gospel according to Luke)* (Philadelphia: Fortress Press, 1986)

Gerd Theissen, *The Gospels in Context: Social and Political History in the Synoptic Tradition* (Minneapolis: Fortress Press, 1991)

Gerd Theissen, *Social Reality and the Early Church: Theology, Ethics and the World of the New Testament* (Minneapolis: Fortress Press, 1992)

Third World First, *Freedom from Debt* (Oxford: Third World First, 1989)

Anthony Thiselton, *New Horizons in Hermeneutics: The Theory and Practice of Transforming Biblical Reading* (London: HarperCollins, 1992)

Susan Thistlethwaite and George Cairns (eds), *Beyond Theological Tourism: Mentoring as a Grassroots Approach to Theological Education* (Maryknoll: Orbis Books, 1994)

Norman Thomas (ed), *Classic Texts in Mission and World Christianity* (Maryknoll: Orbis Books, 1995)

Henry David Thoreau, *Walden* (New York: WW Norton, 1951 (reprint of 1854 original))

Glenn Tinder, *The Political Meaning of Christianity: The Prophetic Stance* (New York: HarperCollins, 1991)

Helen Todd (ed), *Cloning Grameen Bank: Replicating a Poverty Reduction Model in India, Nepal and Vietnam* (London: Intermediate Technology Publications, 1996)

Paul Tournier, *The Gift of Feeling* (London: SCM Press, 1981)

Charles Van Engen, Dean Gilliland and Paul Pierson (eds), *The Good News of the Kingdom: Mission Theology for the Third Millenium* (Maryknoll: Orbis Books, 1993)

A.T. Van Leeuwen, *Christianity in World History: The Meeting of Faiths East and West* (New York: Scribners, 1964)

Jacques Van Nieuwenhove and Berma Klein Goldewijk (eds), *Popular Religion, Liberation and Contextual Theology* (Kampen: Kok, 1991)

Johannes Verkuyl, *Contemporary Missiology: An Introduction* (Grand Rapids: Eerdmans, 1978)

F.J. Verstraelen, A. Camps, L.A. Hoedemaker and M.R. Spindler, *Missiology, an Ecumenical Introduction: Texts and Contexts of Global Christianity* (Grand Rapids: Eerdmans, 1995)

Charles Villa-Vicencio (ed), *Theology and Violence: The South African Debate* (Braamfontein: Skotaville, 1987)

W.A. Visser't Hooft, *No Other Name: The Choice between Syncretism and Christian Universalism* (London: SCM Press, 1963)

Hendrik Vroom, *No Other Gods: Christian Belief in Dialogue with Buddhism, Hinduism and Islam* (Grand Rapids: Eerdmans, 1996)

Pius Wakatama, *Independence for the Third World Church; An African's Perspective on Missionary Work* (Downers Grove: IVP, 1976)

Jim Wallis, *The Call to Conversion* (San Francisco: Harper and Row, 1981)

David Wells, *God the Evangelist: How the Holy Spirit Works to Bring Men and Women to Faith* (Grand Rapids: Eerdmans, 1987)

James Williams, *The Bible, Violence and the Sacred* (New York: HarperCollins, 1989)

Andrew Wingate, *The Church and Conversion* (Delhi: SPCK, 1997)

Walter Wink, *Naming the Powers: The Language of Power in the New Testament* (Philadelphia: Fortress Press, 1984)

Walter Wink, *Unmasking the Powers: The Invisible Forces that Determine Human Existence* (Philadelphia: Fortress Press, 1986)

Walter Wink, *Engaging the Powers: Discernment and Resistance in a World of Domination* (Philadelphia: Fortress Press, 1993)

Walter Wink, *Healing a Nation's Wounds: Reconciliation on the Road to Democracy* (Uppsala: Life and Peace Institute, 1997)

Walter Wink, *The Powers that Be* (London: Cassell, 1998)

Bo Wirmark (ed), *Government-NGO Relations in Preventing Violence, Transforming Conflict and Building Peace* (Stockholm: Peace Team Forum, 1998)

Ben Witherington, *Women in the Earliest Churches* (Cambridge: CUP, 1988)

Philip Wogaman, *Christian Perspectives on Politics* (London: SCM Press, 1988)
Nicholas Wolterstorff, *Divine Discourse: Philosophical Reflections on the Claim that God Speaks* (Cambridge: CUP, 1995)
Geoffrey Wood and Iffath Sharif, *Who Needs Credit? Poverty and Finance in Bangladesh* (London: Zed Books, 1997)
John Woodbridge and Thomas McComiskey, *Doing Theology in Today's World* (Grand Rapids: Zondervan, 1991)
World Council of Churches, *Planning for Mission* (New York: 1966)
World Council of Churches, *The Church for Others* (Geneva: WCC Publications, 1967)
World Council of Churches, *Your Kingdom Come: Report on the World Conference on Mission and Evangelism* (Geneva: WCC Publications, 1980)
World Council of Churches, *Gathered for Life: Report of the Vancouver Assembly* (Geneva: WCC Publications, 1983)
World Council of Churches, *Mission and Evangelism: An Ecumenical Affirmation* (Geneva: WCC Publications, 1983)
World Council of Churches, *Programme to Overcome Violence: An Introduction* (Geneva: WCC Publications, 1994)
Tom Wright, *Jesus and the Victory of God* (London: SPCK, 1996)
Tom Wright, *The New Testament and the People of God* (London: SPCK, 1992)
Tim Yates, *Christian Mission in the Twentieth Century* (Cambridge: CUP, 1994)
Steven Yearley, *Sociology, Environmentalism, Globalization: Reinventing the Globe* (London: Sage, 1996)
Paul Zagorski, *Democracy vs National Security: Civil-Military Relations in Latin America* (London: Lynne Rienner, 1992)
Wayne Zunkel, *Church Growth under Fire* (Scottdale: Herald Press, 1987)

주제색인

ㄱ

가난 19, 31, 61, 84, 85, 100, 110, 111, 142, 157, 158-169, 171, 173, 175-179, 179 각주 30, 181-183, 187, 194, 234, 257, 276, 284, 290, 336, 347

가난과 어린이 158, 159, 177, 246, 249

가난의 결과 161, 162

가난의 원인 162-164

가난의 해결책 164-167

가난의 상황 158-160

도시의 가난 161

가난한 자 169, 171, 173, 175-179, 179 각주 30, 180, 181-183, 187, 194, 234, 276, 284, 290, 336

가난한 자들에 대한 우선적 선택 19

가부장제 246

가정 친교 그룹(house fellowship groups) 333

가치 15, 31, 32, 34, 39, 61, 67, 76, 83, 86, 100, 113 각주 29, 121, 123, 124, 134, 139-141, 143, 144, 159, 163, 165, 167, 172, 172 각주 24, 174, 185-187, 200, 201, 208, 215, 227, 242 각주 19, 244, 245, 248, 258, 259, 261 각주 15, 262-265, 267, 271, 272, 274 각주 36, 276, 294, 295, 309, 315, 320, 322, 336, 351

간디, M. 296

갈등 35, 39, 72, 79, 81-83, 87, 109, 110, 114, 138, 170, 176, 219, 223, 225, 226, 226 각주 2, 232, 233, 237, 238, 240, 242-244, 247-252, 248 각주 28, 265, 267, 317, 346, 354

갈등의 예방 247

갈등의 해소 248, 249

개발 7, 32 각주 16, 92, 146, 163, 164, 175, 176, 176 각주 28, 177, 237, 248 각주 28, 261, 269, 272, 273, 292, 309

걸프전 237
경제 체제 158, 162, 173, 184, 184 각주 38, 240
계몽주의 25, 54 각주 10
공리주의 259, 260, 266-268
공통의 안전보장 (common security) 237
공해 159, 253, 257, 266, 279
광고 185, 187
교회 17-19, 23, 27, 28, 31, 33, 34, 38, 40, 41, 45, 47-49, 49 각주 2, 51, 53, 54 각주 10, 58-71, 65 각주 27, 67 각주 29, 73-76, 92, 99-107, 100 각주 4, 105 각주 16, 119, 120, 124, 129, 133-135, 134 각주 8, 137, 147-155, 148 각주 37, 157, 158, 171, 175, 176, 178, 180, 189, 189 각주 2, 205, 208, 213, 218 각주 46, 226, 228, 230, 231, 239, 242-244, 247, 247 각주 26, 248, 249, 251, 252, 256-258, 280-283, 283 각주 5, 284, 284 각주 7, 285-292, 285 각주 9, 285 각주 10, 294-269, 300-308, 310, 313-317, 315 각주 3, 319, 321-328, 328 각주 20, 329-334, 334 각주 24, 335, 335 각주 25, 336-345, 337 각주 27, 342 각주 36, 349-354, 353 각주 6
교회병행 단체 (para-church agencies) 301
교회선교회 (Church Mission Society) 303

교회성장 7-9, 103, 292, 333, 334, 334 각주 24, 336-338, 337 각주 27, 344
교회와 국가 73, 239, 329
구원 19, 35, 38, 45, 60, 63, 65 각주 27, 67, 68, 76, 78, 88-91, 103, 106, 108-111, 114, 116, 118, 128, 131, 133, 135, 169, 171, 189 각주 2, 191, 191 각주 6, 192, 199, 202-209, 212, 214-216, 219, 220, 224, 290 각주 16, 299, 307, 314, 317-320, 322, 335, 342, 342 각주 36, 350-352
구원과 성경 214-216, 219, 220
구티에레즈, G. 157, 178
국제사법재판소 236
군벌(軍閥) 248
권력(power) 60, 85-87, 112-114, 112 각주 25, 132, 142, 152, 160, 227, 238, 243 244, 246, 296 각주 21, 297, 298 각주 22, 307 각주 32, 314, 329, 330, 353
　권력과 성경 238, 246
　정치적 권력 86, 87, 329
　힘의 사용 235, 297, 299-301
권세들 239, 298
권한 위임(empowerment) 177
그리스도의 마음 32
기도 35 각주 19, 43, 56, 88, 89, 102, 207, 291, 297, 324, 329, 331, 333, 335, 339
기술 7, 64, 74, 123, 129, 145, 147,

149 각주 40, 158, 161, 175-177, 195, 241, 248, 248 각주 28, 254, 260, 261 각주 15, 273, 277, 278, 300, 302, 304, 323, 341, 348, 350
기적 34, 80, 324
긴스버그, M. 167
길키, L. 260
깁스, E. 338

ㄴ

나사렛 선언 171
나지르 알리, M. 303
나크필(Nacpil) 284
낙태 143, 245
남아프리카공화국 14, 294
네비게이토선교회 308
노동 35, 84, 121, 143, 158, 159, 163, 166, 172, 172 각주 24, 272, 275, 276, 278, 337, 348
농업 172, 249, 254, 254 각주 2, 257, 265, 273, 279, 348
뉴만, L. 153
뉴비긴, L. 139 각주 16, 326, 326 각주 19
니버, R. 151
니터, P. 213, 214, 216, 220, 329

ㄷ

다문화주의 138,
다원주의 28, 60, 194, 202, 203, 214, 219, 342 각주 36,
대위임령 118
대화, 종교간의 5, 19, 127, 176 각주 26, 198, 210 각주 29, 214, 215, 217, 218, 223, 243, 313
데 노빌리, R. 146
도덕 27, 31, 35 각주 19, 54, 78, 80, 115, 122, 129, 130, 134, 143, 168, 176, 180, 186, 207, 219, 230, 245, 261-265, 261 각주 15, 267, 268, 276, 277, 314, 321-323,
돈 86, 121, 168, 293, 306
동물의 권리(animal rights) 261, 263, 264
동질 집단(homogeneous units) 336, 337

ㄹ

라이트, T. 86, 318 각주 7
래쉬, C. 185
레이건, T. 264, 329 각주 21,
로마 가톨릭의 조직 308
로잔언약(Lausanne Covenant) 302

르네상스 259
리치, M. 146, 146 각주 30

ㅁ

마르크스주의 35, 261, 274 각주 36,
마즈루이, A. 164
마틴슨, M. 194
맥가브란, D. 103, 337,
머피, N. 350
메시아 58, 76, 81, 82, 85, 89, 90, 93, 109, 111, 121, 218, 317, 322-324, 329
메시아 비밀 81,
멕시코시티대회(Mexico City Conference, CWME) 49, 286
모트, J. 125 각주 42, 282, 308,
모피트, R. 308, 308 각주 33
몰트만, J. 35 각주 20, 71, 71 각주 2, 85 각주 14, 115, 115 각주 31, 254 각주 1, 259, 259 각주 10, 263, 263 각주 20, 278 각주 40,
무기 거래 166,
무뇨즈, R. 181, 181 각주 35
무신론 51, 180, 199
무역 163, 166, 166 각주 14
문화 19, 26-28, 28 각주 11, 32 각주 16, 38, 39, 47, 48, 65, 66, 68, 73, 80 각주 7, 87 각주 18, 102, 117, 122-124, 127-141, 131 각주 3, 132 각주 4, 135 각주 10, 137 각주 14, 144-149, 144 각주 26, 149 각주 40, 151-155, 159, 163, 164, 176, 177, 179, 187, 195, 199, 200, 206, 210 각주 30, 215, 226-228, 237, 246-248, 248 각주 28, 255, 257-261, 257 각주 6, 281 각주 1, 285 각주 10, 286, 296, 305, 313, 314, 322, 326, 326 각주 19, 328, 331, 334, 337-341, 346, 351, 352, 354
    문화 유형 141, 145
    문화의 외적 형식 144
    문화의 정의 140, 141
    성경의 문화 128-130
문화화(inculturation) 19, 147, 148, 152-154
물질주의 178, 184, 185, 199, 276, 296
민족주의 28, 66, 83, 230
민주주의 103, 139, 150, 166, 239, 240, 243, 248, 248 각주 28, 249, 255, 307 각주 32, 315, 327, 348

ㅂ

바르 미츠바(bar mitzvah) 129
바르트, K. 33, 193, 193 각주 9
바리새파 320
바버, I. 254 각주 2, 258, 265 각주 25, 268 각주 29

박티 요가(bhakti yoga) 201
반 엥겔렌 349, 349 각주 2
반크로프트, E. H. 25
방콕 대회(Bangkok Conference, WCC) 103
밴 르우웬, A. T. 64, 64 각주 23
버카일, J. 40 각주 23, 52, 52 각주 5, 225 각주 1, 340 각주 33
번역 110, 136, 138, 147, 154, 170, 175, 290, 302
번영의 가르침 375
범신론 272, 272 각주 34
범죄 111, 122, 161, 207, 219, 234, 250, 251, 348
벤, H. 147
변증학 31, 32, 375
보니노, H. M. 149, 125 각주 44, 199 각주 16
보쉬, D. 13, 40, 40 각주 23, 41 각주 24, 53 각주 7, 99 각주 2, 100 각주 4, 105, 105 각주 15, 118 각주 34, 180 각주 34, 183 각주 37, 189, 189 각주 1, 225 각주 1, 239 각주 15, 282 각주 2, 295 각주 19, 306 각주 31
보프, L. 85 각주 14, 102 각주 7, 148 각주 37, 257 각주 6
복음 28 각주 11, 35, 41, 43, 44, 47, 54 각주 10, 58, 59, 61 각주 17, 62, 64-66, 68, 69, 72-79, 83, 84, 87, 90-93, 95, 99-109, 106 각주 17, 107 각주 22, 113-116, 117 각주 32, 119-130, 133-139, 135 각주 10, 146-149, 151-155, 158, 171, 178, 180, 184, 187, 189, 189 각주 2, 202-207, 213, 220, 227, 228, 238 각주 14, 242, 243, 250, 282, 283, 285 각주 9, 288, 290, 290 각주 16, 291, 298, 303, 305-309, 313, 314, 319, 326, 330, 333, 334, 336-341, 343, 343 각주 36, 350-354
  구약성경에서의 복음 109, 111
  복음과 문화 127, 129, 135, 136
  복음의 내용 108
  신약성경에서의 복음 114
  복음의 언어 138
복지 54 각주 9, 64, 93, 110, 152, 173-175, 174 각주 25, 240, 265-267, 278
봉사 32, 62, 100, 240, 247, 248, 285, 289, 300, 302, 307 각주 32, 326, 340
부채 31 각주 14, 162, 163, 166, 242, 307
부활 58, 59, 66 각주 27, 89-91, 113, 191, 206, 222, 275, 287, 297, 332
불교 201, 265
브라텐, C. 120 각주 37, 189, 189 각주 2
브란트 보고서(Brandt Report) 255
브리아, I. 24 각주 3, 67 각주 29, 106 각주 18, 119, 119 각주 35, 164 각주 12,
비폭력 92, 93, 201, 227, 230 각주 5, 232, 237, 240, 246-248, 248 각주 28, 252, 266

빌링엔대회(Willingen Conference, IMC) 49

ㅅ

사네, L. 136
사도직 48
사두개파 87, 88
사랑 92, 107 각주 22, 115 각주 30, 118-119, 138, 164, 169, 207-208, 228, 290, 299, 306-307, 320-322
사이크스, S. 296 각주 21, 300-301
사적 소유 174, 259,
사회계약 168
산상설교 82, 321,
산헤드린 공의회 87
상황화(contextualisation) 149-151
샌안토니오 대회(San Antonio Conference, CWME) 71, 104, 258
생명의 존중 265
생물학적 체계 254
생태학 255, 265, 267, 273
생태학적 전체주의 265
선교
   교회의 선교 91-94,
   서구로부터의 선교 41-42, 47, 64-66, 134-137, 148, 175-176, 286-287
   선교신학 40, 43
   선교와 정치적 삶 149, 328-331

선교와 지역교회 331-334
선교의 의미 59
   하나님의 선교 54-55, 349-351
성경 36, 42, 57, 135, 194, 198
성과 속 195-196, 324-327
성령 33, 37, 53, 58, 63, 116, 118, 124-125, 133, 222, 239, 258 각주 7, 287, 288, 289, 291, 292, 294, 341, 343, 354
성장의 한계(Limits to Growth) 256, 277
성전 87-90
세군도, J. L. 182
세례 79, 102, 108, 119, 134, 203, 235, 287
소규모 사업 투자 177
소명(vocation) 330
소비주의 121, 184 각주 38
소외 149, 159, 170, 190, 199, 206, 227, 244, 338, 341 각주 34
소외된 사람들 84, 159
쉔크, W. 53, 68, 286
슈라이터, R. 30
슐라이에르마허 40
슐로스버그, H. 163
스마트, N. 196
스미스, 메어리 캐롤 112-113
스미스, E. 104
스크루턴, R. 271
스타워즈 241
승리주의 124, 315

시민권 64, 234, 238, 239
신념(beliefs) 19, 38, 130, 131, 141, 142 각주 23, 143, 144, 180 각주 33, 196, 200, 212, 214, 217, 220, 241, 245, 258, 259, 262, 265 각주 26, 272, 273, 274, 276 각주 38, 301, 314, 315, 322, 325 각주 18, 347
신학 23
  신학의 가정들 27
  신학의 과제들 30, 149
  신학의 방법들 35
  신학의 선교적 본질 29
신흥 종교운동 197
실증주의 196, 260
심판 58, 63, 79, 88, 89, 111, 113, 115, 180, 181, 239, 318, 322, 326, 328
십자가 58, 59, 75, 90, 115, 133, 207, 212, 227, 292, 298, 299, 324
싱어, P. 263

ㅇ

아마야, I. 65
아말라도스, M. 216
알랜, R. 147
알스트랜드, K. 215
액튼 경 296 각주 21
앤더슨, R. 146
양식비평 74-75

양심 35 각주 19, 125, 129, 130, 231, 235, 238, 264, 293
어거스틴(히포의) 231
에든버러 대회(Edinburgh Conference〈1910〉) 124
에세네파 320
여성 10년(Decade of Women) 150
역사적 탐구 76
영국 기독교 핸드북 304
예루살렘 대회(Jerusalem Conference〈IMC〉) 282
예수 27, 32, 37, 38, 43, 53, 56, 57, 60, 61, 62, 66, 68, 71, 72, 73, 77-79, 80 각주 7, 81-83, 84 각주 11, 85-94, 100-101, 104, 106, 107 각주 22, 108-109, 114-116, 118, 119-120, 123, 124, 128-129, 133, 138-139, 148-149, 151, 171-172, 179, 183, 189 각주 2, 191 각주 6, 193, 195, 200, 201-207, 210, 211, 213, 214, 216-218, 219 각주 48, 220, 222, 227-228, 230, 235, 239, 250, 275, 284, 287, 288 각주 13, 290, 292, 297, 299, 307, 313, 317, 318 각주 7, 39-320, 322, 324, 326, 330, 333, 337, 339, 340, 341 각주 34, 349-352, 354
  역사적 예수 73, 76-77
  예수의 공생애 72, 79, 90
  예수의 유일성 213, 214-216
예언자적 발언 181, 329,
오그덴, S. 27, 30

요더, J. 28
요스트, H. 144
용어네일, J. 225 각주 1, 256, 269, 349
우상숭배 68, 88, 179, 180, 182, 185, 209, 220, 273-274, 341
웁살라 총회(Uppsala Assembly 〈(WCC)〉) 103
웨슬리, J. 107 각주 22, 124
윌리엄스, B. 267
윙크, W. 240, 251, 298 각주 22
유대교 52, 78, 83, 120, 129, 191, 268, 269
유엔(United Nations) 236, 237 각주 13, 255, 277
유예(moratorium) 283
유월절 87, 129, 319
율법 82-84, 116, 129, 168 각주 17, 169-171, 207, 242, 320-323
이데올로기 27-28, 30, 34, 44, 64-65, 67, 71, 103, 112, 140, 149, 176 각주 26, 180 각주 33, 190, 200, 233, 261, 301, 307, 328, 347
이성 24, 26, 33-35, 190, 221, 264, 326
이성의 시대(the Age of Reason) 190
이슬람교 52, 191, 192 각주 7, 217, 237, 341 각주 34, 342 각주 36
익명의 그리스도인(anonymous Christians) 208
인구 증가 255

인식론 217, 222, 223 각주 56
인종차별정책(apartheid) 14
일리치, I. 284,
일치성, 기독교의 354
임금, 공정한 172
잉여가치 172 각주 24

ㅈ

자유주의 54 각주 9, 113, 143, 300-301, 350
적응(accommodation) 85, 146, 336
적하 신앙(cargo cult) 61
전도
  전도와 문명화 135
  전도와 선교 100
  전도와 정치적 삶 329-331
  10년 전도(Decade of Evangelism) 101-102
  전도의 목적 117-118
  전도의 의미 99, 101, 105
  전도의 수단 18, 123
  전도의 이유 120, 123
  전도의 유보 조건 101-102
전쟁 124, 226, 231-233, 234 각주 10, 236-237, 240, 241-242, 248-249
정당한 전쟁 231, 236-237
전쟁에 대한 비판 236-238
전통 24, 27, 31, 33-34, 40-41, 48, 52-

54, 59, 67, 82, 100, 104, 106, 131, 134, 135-136, 138, 139, 142, 145, 148, 154, 164, 177, 191, 194-196, 198, 201, 202, 206, 208, 211, 213-216, 219, 220-223, 244, 269, 281, 294, 303, 307, 334, 336, 338, 340, 345, 347

정의 53, 54 각주 9, 58, 67, 78, 82, 91-92, 103, 107, 12, 114, 115-116, 118, 127, 138, 149 각주 40, 158, 167, 168 각주 18, 169, 170, 171-173, 178-180, 194-195, 225, 226-227, 230, 234-235, 237, 238, 243, 257-258, 300 각주 24, 313, 330

    정의구현 178-186
    정의와 성경 168-173
    정의와 전쟁 234-236
    정의의 의미 170-173

제자도 73, 82, 123, 231, 235 각주 12, 343 각주 36

죄 56-57, 79, 84 각주 13, 90, 103, 107 각주 22, 111,114-115, 116, 118-119, 122, 125, 143, 162, 180, 182, 220, 250, 324

주빌리 2000 연합(Jubilee 2000 Coalition) 166 각주 14, 307

중국 기독교 134

중생 118

종교 189-190, 334
    계시와 종교 199-203
    기독교와 종교 192-194, 199-200

    성경과 종교 194, 198-199, 200-201, 206, 207-208, 210-213, 217-220
    예수 그리스도와 종교 190-191, 213-221
    종교와 구원 191, 202-223
    종교와 세속 198-199
    종교와 진리 221-223
    종교의 본질 189-190
    종교의 의미 195-199
    통속 종교 197, 346-347

증언 21, 217-219, 231, 319, 333, 335, 340, 342 각주 36

진리 26, 30, 34, 37, 42, 58, 62, 102, 112, 118, 192 각주 7, 200, 202, 207, 210, 214, 216-217, 218 각주 47, 220, 221 각주 52, 222, 250, 269, 271-272, 274, 276, 297, 300 각주 24, 321, 326-327, 333, 342

진리와 화해 위원회(Truth and Reconciliation Commissions) 250

창조 43, 52, 54 각주 9, 55-56, 58, 68, 82, 92-93, 104, 106, 111, 116, 118, 131, 133, 141, 145 각주 26, 148 각주 37, 167, 174, 192, 202, 239, 242, 247, 258, 260 각주 11, 269-270, 272 각주 34, 273, 274 각주 36, 275, 278, 300

각주 24, 332, 351-352
챈드란, R. 146
천연자원 253-254
치유 사역 148 각주 37, 335-336

ㅋ

카라다그, C. 176
카모디, D. and J. 216
카스트로, E. 53, 53 각주 6, 59 각주 16, 67, 68 각주 30, 153 각주 47
칸트, I. 221, 264
커뮤니케이션 36, 37, 137, 149 각주 40, 248, 351
타문화 커뮤니케이션 137
코, S. 149 각주 40
코스타스, O. 105 각주 14, 112 각주 26, 113, 113 각주 28, 334 각주 24
큐피트, D. 51, 378
크래그, K. 215, 219

ㅌ

태버, C. 63 각주 21, 132 각주 4, 136, 137 각주 14, 137 각주 15, 139 각주 16, 141 각주 21, 145 각주 27
토착화(indigenisation) 146, 147

ㅍ

파니카, R. 192, 215, 218 각주 45
파딜라, R. 109 각주 24, 117 각주 32, 338
파타야 대회 (Pattaya Conference 〈1980〉) 302
파트너십(partnership) 48, 135 각주 11, 176 각주 27, 281-283, 281 각주 1, 283 각주 5, 287-296, 301, 302, 308-310
  파트너십과 성경 287-292
  파트너십의 장애 292-295
평신도의 탐구 (Layman's Inquiry) 104, 104 각주 11
평화 43, 67, 93, 109, 110, 114, 127, 150, 179, 183, 201, 204, 225-231, 238, 240- 244, 247-251, 248 각주 28, 256, 258, 276, 313
평화 수립 238, 242, 256
포드, D. 26, 26 각주 8, 31 각주 15
포스트모더니티 40 각주 17, 112
폭력 18, 43, 68, 72, 82, 87, 89, 93, 109, 114, 116, 122, 142, 150, 159, 201, 225-238, 240, 242, 244-248, 248 각주 28, 249, 257, 275, 299, 336
  폭력과 군복무 231
  폭력의 원인 227, 244
  폭력 극복 150, 238, 242
피노크, C. 210 각주 29, 216

ㅎ

하나님의 나라 51, 57, 58, 63, 66, 70, 83, 85, 107, 183, 320 각주 11, 322, 351, 352
    하나님의 나라와 교회 63
하우어와스, S. 65 각주 27, 103 각주 8, 322, 323, 323 각주 15
하지, C. 25
해방 30, 33, 35, 52-54, 58, 60, 71, 80, 88, 89, 91, 103, 106, 108, 110-114, 116, 120-123, 128, 136, 157, 159, 169, 170, 179, 180 각주 33, 183, 184, 186, 194, 210 각주 28, 260, 266, 309, 319, 330 각주 22
    해방신학 25, 31, 33, 71, 149 각주 39, 180 각주 33, 330 각주 22
해석학 35-38, 167 각주 15, 211, 354
핵억지력 241
현존, 기독교적 56, 77, 148, 152, 180 각주 33, 194, 324, 340, 341, 341 각주 34, 342, 342 각주 36, 343, 350, 351
호켄다이크, J. C. 64, 64 각주 23, 64 각주 25, 65
혼합주의 137, 347
화해 43, 66, 67, 110, 113, 116, 117, 119, 131, 133, 138, 204, 213, 219, 225, 227, 228, 242, 243, 248, 250, 251, 306, 307 각주 32, 321, 330
환경 19, 72, 76-78, 93, 102, 109, 127, 129, 130, 142, 143, 159, 197 각주 13, 228, 237, 253-258, 255 각주 5, 257 각주 6, 258 각주 7, 260, 261, 264, 265 각주 23, 266-269, 271, 274, 276, 277, 279, 280, 313, 314, 337, 339, 345, 348, 350, 354
환경과 윤리 261-268
환경과 성경 269-276
회개 30, 79, 90, 124, 125, 206, 235, 250, 251, 305, 341
회심 47, 117-119, 117 각주 33, 184, 204, 238, 316, 335, 341, 350, 351
회의주의 221
획스트라, H. 103, 104 각주 10
후세인, 사담 237
훈련 23, 32, 122, 159, 161, 243, 248, 252, 300 각주 24, 322, 323, 330, 333, 344, 353, 354
희년 31 각주 14, 170, 171, 171 각주 20
히버트, P. 144, 144 각주 26, 125 각주 43
힉, J. 50 각주 3, 53, 53 각주 8, 53 각주 9, 190 각주 3, 205 각주 21, 208, 208 각주 26, 217 각주 44, 222 각주 54, 289 각주 15
힌두교 201, 224

선교란 무엇인가

What is Mission?

2009년 5월 1일 초판 발행
2016년 3월 14일 초판 2쇄 발행

지 은 이 | J. 앤드류 커크
옮 긴 이 | 최동규

펴 낸 곳 | 사) 기독교문서선교회
등   록 | 제16-25호(1980. 1. 18)
주   소 | 서울시 서초구 방배로 68
전   화 | 02) 586-8761~3(본사)   031) 942-8761(영업부)
팩   스 | 02) 523-0131(본사)   031) 942-8763(영업부)
홈페이지 | www.clcbook.com
이 메 일 | clckor@gmail.com
온 라 인 | 기업은행 073-000308-04-020, 국민은행 043-01-0379-646
            예금주: 사)기독교문서선교회

ISBN 978-89-341-1034-7 (93230)

※ 낙장·파본은 교환해 드립니다.